한반도철도의 정치경제학

-일제의 침략통로에서 동북아공동체의 평화철도로-

이 저서는 2011년 대한민국 교육부와 한국학중앙연구원(한국학진흥사업단)의
한국학총서사업(모던코리아 학술총서)의 지원을 받아 수행된 연구임
(AKS-2011-DAE-3105)

한반도철도의 정치경제학

-일제의 침략통로에서 동북아공동체의 평화철도로-

초판 1쇄 발행 2017년 1월 20일

지은이 │ 정태헌
펴낸이 │ 윤관백
펴낸곳 │ 🔲도서출판선인

등 록 │ 제5-77호(1998.11.4)
주 소 │ 서울시 마포구 마포대로 4다길 4(마포동 324-1) 곳마루 B/D 1층
전 화 │ 02) 718-6252 / 6257
팩 스 │ 02) 718-6253
E-mail │ sunin72@chol.com

정가   25,000원
ISBN   979-11-6068-012-6 94900
       979-11-6068-010-2 (세트)

한반도철도의 정치경제학

-일제의 침략통로에서 동북아공동체의 평화철도로-

정태헌 지음

도서출판 선인

19세기 유럽에서 출현한 철도는 유럽인들에게 혁명과 진보의 상징이었다. 석탄과 철이 결합된 증기시대의 화신 즉, 산업혁명의 총아였다. 개인적 주체로서 자신을 자각하기 시작한 근대인들은 철도가 이성과 합리성의 세계를 열었고 무한한 진보로 나아가는 통로라고 생각했다. 철도는 근대문명과 사상의 전령사라고 인식된 것이다. 그러나 제국주의와 침략의 대명사로서 철도가 드러낸 야누스의 얼굴을 지나쳐서는 안 된다. 철도는 식민지에서 국민경제의 형성을 왜곡하고 현지의 주체적 발전을 억압하는 최첨단 도구였다. 두 차례 세계대전 이후 제국주의적 세계질서가 재편되고 냉전체제가 붕괴된 21세기의 철도, 특히 한반도철도의 역할은 무엇일까? 우리의 연구는 이 질문으로부터 시작하였다.

과거는 미래를 비춰주는 거울이다. 우리의 미래를 비춰줄 한반도철도 100여 년의 역사는 어떠한 모습이었을까? 우리의 연구는 이 질문의 대답을 찾아가는 과정이었다. 1899년 경인철도의 부설로 시작된 한반도철도의 역사는 수탈과 개발의 식민지기와 압축성장을 이룬 1970~80년대를 거쳐 KTX로 상징되는 현재에 이르기까지 수많은 굴곡의 과정을 겪어 왔다. 한반도철도는 일본제국주의의 침략선으로 출발했다. 이 유산을 안은 채 해방 이후 독립국가가 수립되면서 경제성장과 문화교류, 사회통합의 수단으로 중요한 역할을 수행함과 동시에 지역불균등을 심화시키기도 했다. 이제 한반도철도는 한반도의 지정학적 위치를 활용하여 동북아 평화공존과 번영의 핵심라인, 즉 공생발전선의 역할을 수행해야 한다.

한국학중앙연구원 한국학진흥사업단의 한국학진흥사업의 일환으로 진행된 이 연구는 한반도철도의 역사와 미래를 함축하는 개념으로 '침략의 길에서 공생발전의 길로'라는 부제를 달고 시작했다. 역사지리·정치·사회·문화·경제 등 다섯 범주로 나누어 3년간의 연구와 2년간의 정리, 저술 작업을 거쳐『한국 철도의 역사와 문화 총서』5권을 발간하게 되었다. 각 권별로 독립적인 체제를 갖추고 기존 연구를 넘어서는 새로운 시각을 제시하고자 했다. 아울러 총서로서 통일성을 갖추기 위해 나름대로 노력했다. 그러나 여전히 아쉬움이 남는다. 혹시 있을지 모를 내용상 오류와 시각의 불명확함은 오로지 필자들의 책임이라는 말로 총서 발간의 무거움과 두려움을 표한다.

한반도철도의 역할은 단순한 교통수단에 그치는 것이 아니다. 한국 근현대 100년의 시간 동안 정치·경제·사회·문화 각 영역에서 소통의 아이콘으로 변화·발전을 모색하고 있다. 이런 이유로 미래의 한반도철도는 동북아 공생발전망의 핵심으로 발전하여야 한다. 한반도철도의 역사와 문화를 다룬 본 총서가 향후 한반도의 통일과 경제발전 그리고 동북아 평화의 정책적 비전을 제시하는 데 조그마한 도움이라도 되었으면 하는 바람이다.

한반도철도의 역사와 문화를 연구하고 본 총서를 발간할 수 있도록 지원해 준 한국학중앙연구원 한국학진흥사업단에 감사의 말씀을 드린다. 앞으로도 근현대 한국 사회를 들여다볼 수 있는 연구에 대한 지속적인 지원이 한국에서 인문학을 육성하는 데 기여하리라고 기대한다. 또한 어려운

출판환경에서도 쾌히 본 총서의 발간을 맡아주신 도서출판 선인에게도 심심한 감사의 뜻을 표한다.

2016년 11월
〈한국 철도의 역사와 문화 총서〉 연구책임자 정태헌 외 필자 일동

철도주권 인식의 취약함, 식민지자본주의 레일을 달린 한반도철도

흔히 근대의 사전(encyclopedia)적 특징으로 근대(주권)국가, 자본주의, 국민주권(개인주의, 민주화) 등을 거론한다. '세계사 차원'의 시대구분 개념으로 근대를 차용하지만, 이러한 근대 개념은 식민지에 적용될 수 없다. 세계사 차원에서 근대는, 근대와 식민지적 근대로 구성된 가운데 전개되었다. 유럽인들이 비서구지역에서 약탈과 대학살을 자행하면서 시작된 근대가 세계화됨에 따라 (반)식민지에도 제국주의(자본)가 운영 주체인 자본주의 체제가 이식되었다. 이는 식민지 지배와 수탈의 효율성을 극대화하기 위한 최적의 시스템이었다. 이러한 경제를 '식민지자본주의' 개념으로 통칭할 수 있다. 물론 일제강점기의 조선(인)[1]처럼, 식민지자본주의 아래에서 국가 주권과 개인의 인권, 언어·문화적 정체성이 송두리째 부정되었다. 세계화한 근대가 드러낸 큰 특징이었다.[2]

일제강점기의 한반도 경제 역시 자본주의 체제로 작동되었고 운영의 주체는 일본 정부, 조선총독부, 일본과 조선의 일본인자본가였다. 조선인(기업)에게는 '국가 없는' 식민지자본주의였던 것이다. 한반도는 식민지자본주의 '성장'의 결과 해방 후 최빈국이 되어 있었다.[3] 그만큼 식민지자본주의의 수탈은 효율적이었다.

자본주의와 국가의 관계는 태아와 엄마의 관계와 같다. 태아는 엄마 없이 살 수가 없다. 특히 자본주의 경제의 세 주체(개인, 기업, 정부) 중 주권국가-정부의 존재는 필수적이다. 국가는 자국 기업을 위한 국내외정책을 시행하고 거대한 시장을 조성하면서 자국 경제와 기업의 상황에 따라 19세기 30~40년대의 영국과 독일처럼 자유무역정책 또는 그와 반대로 보호무역정책을 추진했다. 오늘날 자유무역, 세계화의 선봉자인 미국도 제2차 세계대전 전까지 강력한 보호무역정책을 시행한 나라였다.

근대나 자본주의를 거론하면서 정작 가장 중요한 국가주권 문제를 간과하는 경우가 많다. 이런 인식은 일본이 수탈과 지배의 효율성을 높이기 위해 한반도에 세운 철도, 학교, 공장 등 근대의 겉모습을 보고 착시현상에 빠지곤 한다. 근대-자본주의와 식민지적 근대-식민지자본주의 사이에서 겹치는 부분이 바로 이러한 겉모습이다. 양자의 질적 차이를 혼동하는 근대주의 역사상은 기간산업인 철도를 볼 때도 철도주권 문제를 간과한다. 근대주의에 매몰된 상황 인식은 '국망'으로 귀결되었다. 그러나 오늘날에도 근대주의 망령은 여전히 한국 사회를 배회하고 있다.

철도는 근대와 식민지적 근대의 차이를 몰각한 근대주의 환상을 시각(視覺)적으로 깊게 심어준 '근대 문물'이었다. 이광수는 조선총독부 기관지 『매일신보』에 연재(1917.1.1~6.14)한 소설 『무정』에서 증기기관차와 공장에서 나오는 "도회의 소리"인 "문명의 소리"를 모르는 한성의 "흰옷 입은 사람들"을 "불쌍"하다고[4] 질책했다. 최남선의 〈경부철도가〉 역시 우렁찬 기적소리를 내며 빠르게 달리는 기차 안에서 모든 사람들이 친해지고 딴 세상이 이뤄졌다고 예찬하면서 경부철도를 통해 일본의 문물을 동경했다.

미국에게 '개항'된 일본이 조선과 크게 달랐던 점은, 바로 철저한 철도주권 인식이었다. 반면에 조선의 철도주권 인식은 취약했다. 1899년 9월 18일, 경인철도가 개통되었다. 한반도 최초의 일이었다. 오늘날에도 이 날을

'철도의 날로 기념하고 있다. 그러나 경인철도는 일본이 부설한 철도였다. 그런데 『독립신문』 기자는 인천~영등포 간을 우레와 같은 소리를 내며 "나는 새도 미쳐 따르지 못"할 속도로 "순식간에 당도"하여 "대한사람의 눈을" 놀라게 한 경이로움에 갇혀, 인천항의 일본인들이 자기 집에 일장기(히노마루)를 내걸고 자축하는(1899.9.19)[5] 어색한 상황도 전혀 인식하지 못했다. 철도부설이 한국을 위해 일본이 베푼 시혜라는 일본의 정상(政商) 시부자와 에이이치(澁澤榮一)의 주장과 차이가 없었다.

『독립신문』은 나라의 부강함은 상업 번성에 있고 이를 위해 "철도가 제일이라"(1897.10.19)면서 정부가 미국인 모스와 경인철도 부설을 계약하여 "미국 돈 2백만 원"이 들어오면 수천 명이 벌어먹게 되고 개화의 실상을 알게 될 것이라고(1896.7.2)고 강조했다. 정부가 미국인, 프랑스인을 "시켜" 철도를 부설하면 경제가 "변혁"되고 나라가 "부강"해져 "완고한 사람들"도 "문명진보"가 나라에 도움이 된다는 것을 깨닫게(1896.12.29) 된다는 것이다.[6] 근대주의적 자유시장 논리(외자 도입 → 고용효과)에 대한 막연한 믿음은 당시에도 그 영향력이 매우 컸다.

따라서 왜 열강들이, 특히 일본이 그토록 한반도철도 부설에 집착하는가에 대한 문제의식은 취약했다. 『황성신문』은 경부철도가 완성되면 한성~시모노세키(下關) 간을 20시간 내에 도달하여 무역과 일본인 어민 및 어선이 늘어나기 때문에 "일본인의 손으로 속히 부설"해야 한다, 시베리아철도와 둥칭(東淸)철도가 완성되면 경부철도를 통해 21일 만에 파리에 도착한다면서 일본이 한국을 "위하여 교통기관을 완비케" 해야 한다는(1900.2.19) 일본인신문 논조를 그대로 인용 보도했다. 일제가 일본인 식민(植民)을 위해 정거장 부지를 과대하게 설정한 것에 대해서도 일본인 신문 『목포신문』 기사를 인용하여 이 부지에 "다행히" 일본농민들이 들어오면 "생산력을 증가"시킬 것이라고(1900.10.26) 보도했다. 이미 식민사관 논리가 지식층에게 여과 없이 수용되고 있었다. 대한제국 주권이 상실된 상황에서도 "속히 가

는" "기차 고동 한 소리에" 완고한 세상이 허물어지고 빠르게 "개화세상"이
열린다는(『대한매일신보』 1908.8.16) 낙관적 전망이 팽배해 있었다.[7]

개망초라는 꽃이 있다. 경부철도 부설을 위해 미국에서 들여온 부설 자
재에 이 꽃씨가 섞여 들어와 철도 연선을 따라 엄청난 속도로 꽃이 퍼져나
갔다. 그러나 민초들은 이 예쁜 꽃을 나라를 망하게 한 풀이라면서 망국초,
왜풀이라고 불렀다. 일본이 부설한 철도의 본질을 지식층보다 더 정확하게
꿰뚫어 본 것이다. 〈우생가(愚生歌)〉는 "경부철도 빠른 기차 나오나니 일병
(日兵)이요, 이골 저골 곳곳마다 일어난 게 의병일세, 울리나니 총소리요
들리나니 울음이라"면서 철도의 침략성을 직시했다. 『무정』이나 〈경부철
도가〉가 찬미하는 철도의 세계와 너무나 이질적이다. 철도부설을 방해한
죄로 체포된 의병들이 형틀에 묶인 채 일본군에게 처형당하는 장면의 그림
을 본 독자들이 많을 것이다. 왜 당시의 의병, 민초들은 일본이 부설한 철
도에 적대적이었고 열차에 돌을 던졌을까를 되돌아봐야 한다.

물론 당시 언론도 철도부설의 주체와 주권에 대한 문제의식을 보여주기
도 했다. 『대한매일신보』는 "산천초목 슬퍼하고" "농부가 호미 놓고 거리에
서 방황한다"(1908.1.11), "군용철도 부역하니 땅 받치고 종 되었네, 일년 농
사 실업하고 유리개걸(遊離丐乞) 눈물이라"(1908.2.7), "산아 산아 청진항을
개방하고 경편철도 부설하니" "살던 백성들은 절로 유리거산(遊離擧散)일
세"(1908.5.14)라면서 일본 군용철도 부설이 불러온 민중의 비참한 실상을
보도했다. 『황성신문』은 경부철도를 어렵더라도 "[한국] 인민의 안공(眼孔)
과 수법으로" 부설해야 했는데 일본인이 부설의 "거대한 이익을" 거둬 가
("着鞭") 한국에는 빈껍데기("空殼")만 남을 것(1900.12.18)이라고 우려했다.
철도는 개통되었지만 "생각해보면 실로 개탄스럽고 한심(慨歎寒心)"하다는
(1903.12.7) 것이다. 그러나 이러한 비판은 근대주의 인식에 휘둘려 갈팡질
팡하는 한탄에 머물러 있었다.

일제가 부설권, 나아가서 소유권까지 장악한 한반도철도의 운영 주체는

일본정부와 그 하부기관인 통감부·조선총독부(때로는 남만주철도주식회사)였다. 신설 및 개량 노선 선정, 그에 필요한 공채 발행 등에 관한 최종 결정권자는 일본 정부(대장성)였다. 사상 초유의 대공사인 부설공사가 전국에 걸쳐 진행되었지만, 조선인 철도자본은 소멸되었고 조선인 토목자본의 성장은 봉쇄되었다. 반대로 일본의 철도자본과 토목자본은 세계적 기업으로 성장하는 발판을 마련할 수 있었다.

특이한 점이 한 가지 있다. 한반도철도를 일본육군의 주도로 설립된 남만주철도주식회사(만철)가 7년 8개월 간 위탁경영한 것이다. 테라우치 마사타케(寺內正毅)는 조선총독(1910.10~1916.10)을 거쳐, 일본총리(1916.10~1918.9)로 재임할 때 조선-만주 철도의 통일적 운영을 명목으로 위탁경영을 결정(1917.7.31)했다. 그러나 제1차 세계대전 종전 후 일본의 중국침략정책에 대한 열강들의 견제가 커지면서 육군의 영향력도 일시 위축되었다. 3·1운동 후 해군 출신 사이토 마코토(齋藤實)가 1919년 8월, 조선총독으로 부임하면서 직영 환원 주장이 거세졌다. 위탁경영이 한반도철도 정책을 불철저하게 하고 조선총독(부)의 '권위'를 훼손시킨다는 논리였다. 결국 육군의 반대 속에서 일본 정부는 직영 환원을 결정(1924.10.28)했다.

물론 한반도철도의 위탁경영과 직영 사이에 식민지성의 본질적 차이는 없었다. 일제의 한반도 식민정책은 시기를 떠나 만주침략정책에 종속된 가운데 운영되었기 때문이다. 일본 정부가 한반도철도를 조선총독부 직영으로 환원시키고 특히 함경도 지방 철도망 구축의 중요성을 강조한 것은 당시의 시기적 조건이나 국제환경에 비춰 그것이 만주침략정책에 효율적이고 이를 위해 한반도에 식민지자본주의 '개발-수탈'체제를 구축할 필요가 있다고 판단한 결과였다.

조선왕조-대한제국은 철도부설 용지를 제공하고 계약대로 15년 후 소유권자 될 수 있다고 생각했다. 그러나 결국 일본에게 사실상 무상으로 토지를 제공한 꼴이 되었다. 특히 경부·경의철도 부설과정에서 일제는 노동력을 부역동원하여 한반도철도를 값싸게 부설하는 '성과'도 거뒀다. 조선인 철도자본과 토목자본은 자신들을 뒷받침할 국가권력이 없는 상태에서 결국 소멸되었다. 조선인이 단순노무직에 집중된 고용구조는 일제강점기 내내 지속되어 해방 후 일본인들이 퇴각했을 때 철도 운영이 불가능할 정도였다. 일본인들이 철도 운영에 필요한 고급기술을 독점했기 때문이다.

일제가 부설한 한반도철도 노선의 특징은 경부-경의 라인을 따라 종관노선 중심으로 설정되었다는 점이다. 일제의 대륙침략 요구에 따라 군대(군수) 수송, 한반도의 농산물과 지하자원 반출에 편리하도록 '일-선-만'(일본-조선-만주)을 빠르게 연결하면서 식민도시 중심으로 선정된 것이다. 북한 지역에 철도 부설이 집중된 것은 풍부한 지하자원을 일본-만주로 신속하게 반출하기 위해서였다. 함경도의 '북선 3항'(청진·나진·웅기)이 중시된 것도 일본-만주 사이를 최단거리로 연결하기 위해서였다.

종관노선은 한반도철도가 '일-선-만'을 잇는 경유지로서의 역할에 규정되었다는 뜻이다. 따라서 한반도의 경제발전과 산업연관에 필요한 노선은 애초부터 고려대상이 될 수 없었다. 식민지 철도였기 때문이다. 식민지자본주의 레일 위를 달린 한반도철도는 그만큼 '개발-수탈'의 효율성도 높았다. 1911~43년 한반도철도의 수익(철도수입-비용) 21억 3,400여만 엔에서 공채비(공채 원리금) 14억여 엔을 뺀 순이익은 7억 3,260만여 엔에 이르렀다. 철도 이외의 공채 이자까지 지불할 수 있을 정도였다.[8] 그리고 해방이 되었을 때 한반도 경제는 세계 최빈국 대열에 포함되었다.

01

철도의 정치경제학

1) '속도의 혁명'과 시장 통합

인력거와 우마차, 19세기 초까지 세계 모든 곳의 운송수단

우마차와 인력거는 2천 년 이상 오랜 주요 운송수단으로서, 철도망이 확대되고 자동차의 대량생산이 시작된 이후에도 여전히 중요한 수송수단이었다. 1956년 3월 우마차조합이 800여대 우마차를 동원하여 이승만 대통령의 3선출마를 촉구하는 어용집회를 열 정도로[1] 세를 과시했으며, 영화 〈마부〉(1961)에서 주인공이 마차를 끌고 가는 배경장소가 광화문 앞 대로였다.

18세기 전반기까지 유럽의 수송수단은 칭키즈칸의 기마부대가 유럽 천지를 벌벌 떨게 했던 13세기보다 크게 나아지지 않았다. 프랑스 시인 폴 발레리(Paul Valery)의 표현대로 "나폴레옹은 율리우스 카이사르와 같은 느린 속도로 이동했다." 1816년에도 사륜마차로 프랑스의 파리~보르도(Bordeaux) 간을 이동하는데 120시간이나 걸렸다. 17세기까지만 해도 유럽의 도로 대부분은 행인이 없다면 길인지 알아보기도 힘들 정도였다. 마차 운송에 편

한 직선도로나 포장도로도 거의 없었다. 비가 오면 마부는 진흙탕 속에서 말을 끌고 가야 했다. 도시에 대로가 건설되고 도로 정비가 시작된 것은 1745~1760년의 일이었다. 그것도 주요 대로에 국한되었다.[2]

영국에서는 1760~1774년에 도로 건설 및 유지에 관한 452건의 조례 통과로 북부지방의 도로가 정비되기 시작했다. 1776년부터 일주일에 두 차례 운행되는 워링턴(Warrington) 급행 역마차가 런던에서 리버풀(Liverpool)과 맨체스터(Manchester)를 3일 거리로 단축시켰다. 그러나 운임이 비쌌다. 단거리 요금은 더 비쌌다. 30마일 거리인 리버풀~맨체스터 간 1톤당 수송비는 40실링이 넘었다. 이 때문에 잉글랜드의 많은 농촌에서는 18세기 말까지도 감자, 설탕, 솜 등을 본 적이 없었다. 스코틀랜드의 많은 농촌도 상업의 영향권 밖에 있었다.[3]

많은 영방으로 나뉜 채 중세적 유산이 강하게 남아 있던 독일의 도로 상황은 더 뒤떨어졌다. 영방 군주들이 도로 사용료와 통행세 수입이 줄어드는 점만 걱정하면서 굴곡이 많고 험한 지형을 군사적 방어에 활용했기 때문이다. 그러나 18세기 들어 남부 바이에른(Bayern)의 막시밀리안(Maximilian) 3세, 동부 프로이센(Preussen)의 프리드리히(Friedrich) 3세 등은 상인들에게 징수한 통행세(관세)를 재원으로 도로 건설에 나섰다. 그 결과 도로는 1780년 총연장 2천여㎞에서 1800년 5천여㎞, 1835년에 2만 5천여㎞로 급증했다. 도로의 굴곡과 기복을 깎아 평평하게 다진 것에 불과했지만 속도를 높여 1톤당 수송비를 크게 절감(은 3g → 1.8~2.2g)시켰다. 철광지대, 석탄지대 등 원료생산지와 금속, 제련 등 가공공업지대를 잇는 수로도 건설되어 내륙 깊은 곳까지 수송이 가능해졌다. 한편 운하는 1786~1836년에 증가(총연장 2,250㎞ → 3천여㎞)했지만 여전히 배 수송량은 소규모(1척당 40톤 미만)였다.[4]

생산력 증가에 맞춰 상업이 확대되려면 새로운 교통수단이 절실했다. 결국 앞 사람이 고안한 방안이 하나하나 개량되면서 혁명적 교통수단이 발명되기에 이르렀다. 18세기 초 영국에서 목조레일을 따라 달리는 궤도마차가 탄광과 운하 사이를 운행하기 시작했다. 속도가 빨라졌다. 그러나 나무 궤도는 수명이 짧았다. 18세기 중엽 이후에는 철제레일을 사용하기 시작했다. 강도가 높고 마찰력이 적어 말 한 필의 적재량은 도로를 달릴 때보다 50배나 컸다.[5]

미국은 19세기 들어 루이지애나와 플로리다를 매입하여 독립 당시보다 1820년대에 영토가 3배나 늘어났다. 미국의 영토 팽창은 19세기 내내 계속되었다. 1845년에 스페인령 텍사스를, 1846년에는 영국 관할의 오레곤 지역을 매입했다. 1848년에는 무력으로 뉴멕시코와 캘리포니아 지역을 병합했고, 1867년 러시아로부터 알래스카를 매입한데 이어 1898년에는 태평양 지배를 위한 거점으로 하와이를 합병했다. 도로는 1800~30년에 6배(4,600마일→2만 8천마일)나 급증했다. 그러나 방대한 영토에 비해 여전히 미흡했다. 이런 상황에서 증기선과 운하가 마차의 한계를 넘어서는 대안의 교통수단이 되어 운하건설붐이 일어났다. 1820년대에 처음으로 버펄로(Buffalo)~올버니(Albany) 구간 운하가 건설되어 톤당 수송료를 격감(90달러→8달러)시켰다.[6] 그러나 운하 수송은 속도(시속 3~4마일)가 느렸을 뿐 아니라 수평을 맞추기 위한 수문 공사로 건설비가 많이 들고 각 수문 통과에 소요되는 시간 또한 적지 않았다. 더구나 가뭄이 심하거나 겨울에 얼면 사용할 수 없었다.

동력의 혁명, 증기기관을 활용한 기차의 등장

마차에 의존하던 육상수송이나 운하는 석탄 수송에 필요한 대규모 물류의 과제를 해결하지 못했다. 탄광에서 운하나 강으로 석탄수레를 운반할 때 말의 힘과 속도를 넘어설 수 있는 새로운 동력이 절실했다. 이러한 상황에서 트레비식(Richard Trevithick)이 증기기관 실험을 최초로 시도(1797년)

했다. 그리고 1801년에 4륜 증기기관차가 등장했고 1805년에는 운행에 성공했다. 대규모의 빠른 수송을 갈구하던 인간들의 지혜가 모아져 비로소 기차가 탄생한 것이다. 그러나 트레비식은 철도를 상업화하지 못했다. 트레비식의 실험 이후 10여 년 세월이 소요된 끝에 스티븐슨(George Stephenson)이 증기기관차와 철도를 상업화시켰다. 1814~15년에 트레비식의 증기기관을 응용하여 시운전에 성공한 것이다.

▲ 철도의 선구자 조지 스티븐슨(George Stephenson)

1814년 모델의 평균속도는 시속 4마일이었다. 1815년 모델은 증기폭발력으로 속도를 배가시켰다. 이후 다시 10년이 소요된 끝에 1825년에 달링턴(Darlington)~스톡턴(Stockton) 구간에 철도가 부설되었다. 영국에서 세계 최초로 기차가 등장한 것이다. 1829년 영국의 리버풀~맨체스터, 1830년 미국의 볼티모어(Baltimore)~일리컷(Ellicott) 구간의 정기 철도운행이 시작되었다.[7] 내륙의 탄전에서 강이나 해안으로 연결된 철도는 엄청난 사회경제적 변화를 불러왔다. 석탄의 대량판매는 철도 건설비를 상쇄하고도 큰 이익을 제공해 철도 건설을 촉진시켰다.[8] 철도 수송은 당시 사람들에게 큰 충격으로 다가왔다. 무엇보다 수송의 속도와 규모 때문이었다.

한반도철도의 정치경제학

영국에서 최초로 철도가 운행된 직후 1828~1832년에는 프랑스에서도 공업도시 생테티엔(Saint tienne)에 철도가 건설되었다. 이후 1834년 아일랜드, 1835년 독일과 벨기에, 1836년 캐나다에서 철도가 잇달아 개통되었다. 독일에서 철도 부설을 추동한 가장 큰 동력은 관세동맹이었다. 1818년 영방의 리더 프로이센이 관세폐지와 자유무역을 선언한 이후 1834년에 18개 영방이 관세동맹을 맺었다. 관세동맹은 주변 영방을 자유무역 영역으로 끌어들이는 견인차 역할을 했다. 1835년 바이에른의 뉘른베르크(Nürnberg)~퓌르트(Fürth) 3.75마일 짧은 구간이 개통된 이후 1840년대에는 각 영방이 본격적으로 철도 건설에 나섰다.[9] 미국에서 망명생활을 하다 1833년에 귀국한 프리드리히 리스트(Friedrich List)가 후진국 독일의 보호무역과 철도의 중요성을 강조할 무렵이었다.

철도의 역할은 국토가 넓은 미국에서 그 진가가 두드러지게 나타났다. 철도는 운하 수송의 난점인 속도 문제를 일거에 해결했다. 시속이 운하(4마일)보다 4배(15~16마일)나 빨랐기 때문이다. 철도는 지형 등 자연환경에 따른 제약을 피해 부설에 편리한 평지를 따라 부설할 수 있어 운하보다 건설비도 훨씬 적게 들었다. 남북전쟁 이전에 철도에 의한 수송비 절감액(연간 1억 7,500만여 달러)은 당시 국민소득의 4%에 이를 정도였다. 1830년 볼티모어~일리컷 구간 14마일 단거리 철도 개통 후 불과 10년만인 1840년에 2,820마일로 늘어난 노선은 영국(838마일)의 3.4배나 되었고 이후 1850년 9,020마일, 1860년 30,630마일로 급증했다.[10]

시간과 공간의 통일, 사회통합의 견인차

철도라는 혁명적 교통수단은 이전까지 지역별로 분산되어 있던 경제를 전국시장으로 통합하여 사회의 근본적 변화를 이끌었다. 기존의 자급자족적 지역경제를 전국적 시장경제, 국민경제로 통합하는 동력으로 작용하였다. 서유럽의 근대국가는 철도 부설을 적극 추진했다. 철도역을 주요 거점으로 한 도시경제는 주변 지역을 흡수, 확대해가면서 지역경제의 분산성과 폐쇄성을 일소하였다. 특히 19세기 중후반 서유럽 각국의 산업화 수준을 상징하는 간선철도망은 국가 내의 지역 간 경제통합을 혁명적으로 진전시켰다.

철도는 19세기 중후반을 지나는 동안 수송력의 규모와 속도에서 이전 시기와 비교할 수 없을 정도로 질적인 변화를 불러왔다. 당시 서유럽에서 철도는 증기선과 함께 자본의 회전기간을 단축시켜 유통비용을 감소시킨 핵심 산업이었다.[11] 철도와 증기선이, 아무리 멀리 떨어진 곳이라도 방대한 양의 물자와 많은 사람을 이제까지 겪어보지 못했던 빠른 속도로 연결시켜 주었기 때문이다.[12]

이제 자본이 시간과 공간을 지배하게 되었다. 바로 철도에 의해서였다. 철도가 등장하기 이전 각 지역의 경제와 문화는 전통적으로 이어져 내려온 고유한 관습에 따라 작동되고 있었다. 그 고유함의 차이나 여행, 상품수송에 소요되는 시간과 비용은 거리에 비례했다. 그러나 기차 속도가 빨라짐에 따라 공간의 차이는 점차 축소되거나 무의미해졌다. 흩어져있던 도시나 지역경제들이 하나의 대도시로 흡수되었다. 특히 독일에서 철도는 관세동맹의 원동력이었다. 독일 전역을 단일한 수요-공급 경쟁의 영역으로 묶어 가격 단일화를 이뤄냈다.[13] 이처럼 철도는 자본주의 생산양식이 전국을 통일된 생산-소비의 공간으로 흡수하는 교통수단이었다.

철도는 근대의 속도를 상징한다. 자본이 요구하는 속도는 인간의 삶과 생활을 본질적으로 변화시켰다. 일국 내 모든 개인을 같은 시간 개념으로 묶어놓고 지역마다 독자적으로 운영되던 경제와 개인의 삶을 전국적으로 통일된 열차시간표가 상징하는 일정, 시간 개념에 맞추도록 요구했다. 근대를 살아가는 한, 구성원들은 이를 수용해야 했다. 품값도 시간을 기준으로 산정하는 시대가 되었다. 지역별로 서로 다른 시간 개념은 허용되지 않았다. 인류는 자연의 시간을 버리고 '문명'의 시간에 지배되기 시작했다.[14] '문명'의 시간이란 곧 자본이 모든 구성원들에게 요구한 통일된 시간이었다. 비인간적이고 자연의 순리를 거스르는 시간이기도 했다. 철로와 열차 차량의 기술적 통일성은 본래의 주체적 개별성을 인정하지 않았고 수송의 독점까지 불러왔다.

나아가 열차시간은 국제적 표준시간으로 채택되었다. 1880년에 열차시간은 영국에서 표준시간이 되었고, 1884년 워싱턴에서 열린 국제표준시간 회의는 세계를 시간대로 나누었다. 독일은 1893년에 공식적으로 이 시간대에 들어왔다.[15] 철도가 등장하기 이전에는 시골 구석구석까지 모든 구성원들을 같은 시간과 공간으로 통합하는 힘은 존재하지 않았다. 그러나 철도가 지역적으로 분산된 채 영위되던 삶을 전국을 의식하는 삶으로 바꾸어놓으면서 국가 또는 민족의 구성원으로서 동질감을 각인시켜 준 것이다.

이처럼 철도는 19세기 중후반을 지나는 동안 구미 사회에서 인간과 물자의 수송 규모와 속도에서 기존의 다른 교통수단을 압도하면서 중요 교통수단으로 빠르게 자리 잡았다. 국내의 산업발전을 뒷받침하고 국가권력의 중앙집중화, 지역별로 분산된 경제의 통합, 국민의식 고취에 크게 기여했다. 기술적 측면에서도 철도산업은 자본과 기술의 집중을 통한 산업구조 변화와 함께 경영학, 특히 회계·고용·관리 측면에서 질적 변화를 불러왔다.

2) 서구의 철도투자붐과 식민지철도 부설

19세기 구미 금융자본의 철도투자 열풍

영국, 독일, 프랑스 등 서유럽 3개국과 미국에서 19세기 중후반은 가히 '철도의 시대'였다. 철도망은 1840~80년 40년 사이에 미국 33.2배, 영국 21.4

배, 독일 60.7배, 프랑스 40.3배나 급증했다. 특히 뒤늦게 국가 통일을 이룬 독일의 급증이 두드러졌다. 철도는 동맥경화에 시달리던 물류 문제를 일거에 해결해줬다. 구미의 자본주의는 바로 철도를 통해 비유럽 지역과 현격한 차이를 보이면서 급속한 산업화를 추진할 수 있었다.

영국에서는 1829년 34마일의 리버풀~맨체스터 구간 개통 후 런던을 중심으로 1833년 런던~버밍엄(Birmingham)~맨체스터, 1834년 런던~사우스앰프턴(Southampton), 1835년에 런던~브리스톨(Bristol) 구간이 계속 개통되었다.[16] 철도망은 1840년 840마일에서 10년만인 1850년에 6,600마일로 급증했다. 간선철도망은 유럽의 다른 나라보다 훨씬 앞선 1850년에 기본 틀이 잡혀졌다. 1850년 영국의 철도망은 프랑스의 3.5배, 독일의 1.8배나 되었다. 이후 1860년에 1만 마일, 1870년에 1만 5천마일 이상으로 급증했다.[17]

1830~40년대 영국에서는 두 차례의 철도투자 열풍(1835~37년, 1845~47년)을 지나는 동안 6천여 마일이 개통되었다. 1850~70년에도 8,400마일이 개통되었다. 이 무렵에 주요 철도망이 갖춰진 것이다. 1870~80년에는 2,400여 마일 증가(15,540 → 17,930마일)에 그쳤다. 철도투자 열풍의 영향은 지대했다. 1840년대에 2억 파운드 이상이 철도건설에 투자되었는데, 1846~48년에 20만여 명에 이르는 철도 관련 고용은 다른 부문의 고용도 촉진시켰다. 철도건설에 의해 산업연관(석탄, 철 등 자본재산업의 급증 → 기계제작과 조선업 등의 확대) 경제구조가 형성된 것이다. 1850~80년에 생산량은 선철 3.4배(225만 톤 → 775만 톤), 강철 29.4배(4만 9천 톤 → 144만 톤), 석탄은 3배(4,900만 톤 → 1억 4,700만 톤)나 증가했다.[18] 1845~70년에 수출 증가율도 철도용 철강재 2.9배(130만 톤 → 380만 톤), 철도용 기계류 5배(5천 톤 → 2만 5천 톤)나 되었다.[19]

이처럼 철도의 시대에 급성장한 기계제작, 조선 등 생산재 산업부문에 고용된 노동자가 30년 동안(1851~81년) 2배나 늘어났다. 산업구조 뿐 아니라 노동자의 수와 질에 현격한 변화를 불러와 노동운동에 의해 노동조건도

한반도철도의 정치경제학

개선되었다. 보다 나은 고용조건을 찾아 대규모의 일자리 이동이 발생했고 이는 생활수준 개선으로 이어졌다. 철도는 영국의 '황금기'로 불리는 빅토리아 시대 중기에 사회적 긴장을 완화시키는 역할도 수행했다.

영국에서 철도가 급성장한 것은 대규모로 신속한 수송을 필요로 하는 산업기반과 수요가 존재했기 때문이었다. 그러나 단기적으로 보면 다른 이유도 있었다. 유휴자본의 철도투자 쏠림이 큰 영향을 미쳤기 때문이다. 영국 국토의 대부분은 바다, 강, 운하를 통해 쉽게 접근할 수 있었다. 따라서 정기 선박항로가 있으면 부패 우려가 적은 상품은 수송 속도가 절실한 문제가 아니었다. 농산물, 생선류처럼 부패하기 쉬운 상품도 수송 문제로 발전이 심각하게 저해되었다는 증거도 사실 찾기 어렵다. 반대로 철도붐으로 건설된 초기의 철도는 비합리적으로 운영되거나 최소한의 이익 이상을 안겨주지 못한 경우가 적지 않았다.[20]

산업혁명기인 1820년대에 영국 수출액의 60%나 차지했던 면업은 높은 경쟁력으로 영국 경제를 이끄는 견인차였다. 그러나 다른 나라에서 면제품 생산이 증가하고 비유럽 지역에서의 시장 확대가 한계에 이르면서 수출 비중도 1840년 48.1%, 1880년 34.2%, 1900년 23.9%로 계속 축소되었다. 면업의 위축은 1830년대부터 차티즘, 급진주의, 빈곤 등 각종 사회문제를 불러왔다. 그런데 이러한 위기는 1830년대 후반과 1840년대 후반 두 차례의 철도투자 열풍으로 해소되었다. 상대적 잉여자본(유휴자본)의 매력적 투자처가 된 철도가 투자 지형을 바꿔놓은 것이다. 영국의 거대자본은 공채 수익(3.4%) 이상의 투자대상을 찾고 있었다. 1845~47년 '2차 철도열풍'으로 2년 사이에 철도업의 납입자본금은 2억 파운드로, 4배나 급증했다.[21] 당시의 철도투자 열풍 분위기가 어떠했는지를 잘 보여준다.

그러나 철도투자의 큰 문제는 자본회전이 늦다는 점이다. 긴 공사 기간에는 투자만 소요된다. 완공 후에도 역과 연선의 산업이 발전되어 수송이 늘어나 수익을 올리려면 일정 기간이 지나야 한다. 결국 영국의 철도 부설과 투자 열풍은 공황을 불러왔다. 최초의 세계경제공황으로 일컬어지는 1857년과 1866년 공황의 주요 원인은 바로 철도투자붐이었다. 호황 때 유휴자금이 철도투자에 쏠리면서 자금 경색을 불러왔기 때문이다.[22)

프랑스에서는 1832년 공업도시 생테티엔에 민간자본으로 철도를 부설한 이후 정부가 하부공사 자금을 지원(투자)하고 철도영업과 차량조달은 민간회사에 맡겼다. 1840년 360마일에 불과했던 철도망은 1850년 1,890마일, 1860년 5,900마일, 1870년 9,800마일, 1880년에 14,500마일로 늘어났다.[23) 영국에서 증가가 주춤했던 1870~80년에 프랑스에서는 4,700마일이나 급증했다.

독일에서는 1840년대 들어 영방국가들이 본격적으로 철도 건설에 나섰다. 1840년 독일(341마일)의 철도망은 영국(838마일)보다 크게 떨어졌지만 프랑스(360마일)와 비슷했다. 철도 개통 13년만인 1848년 혁명 전야에 3,125마일, 1850년에 3,640마일로 늘어나 이미 프랑스(1,890마일)의 2배나 되었다. 이 무렵 철도망은 베를린(Berlin) 중심의 북부와 중부 철도권, 쾰른(Köln) 중심의 라인강 하류 철도권, 프랑크푸르트(Frankfurt) 중심의 서남 철도권, 그리고 뮌헨(Munich)과 뉘른베르크 중심의 바이에른 철도권 등 4개 권역으로 나뉘어져 있었다. 상호 연결되지 않았던 이들 4개 철도망은 1850년대 들어 연결선이 부설되고 인근 외국 철도망과도 연결되면서 전국 노선으로 통일되었다. 철도망은 이후 1860년 6,980마일, 1870년 11,730마일, 1880년에 20,690마일로 늘어나 영국을 앞질렀다. 통일국가를 이룬 1870~80년 10년간에는 9천여 마일이나 신설되었다. 철도투자 비중은 1851~54년 11.9%에서 1855~59년 19.7%, 1875~79년에는 25.9%로 급증했다. 19세기 후반 독일의 철도망은 대부분의 도시와 영방국가들을 연결시켜 통합경제권 구축에 일조했다. 1871년의 정치적 통일 또한 이 때문에 가능했고, 통일은 더욱 철도망 건설에 박차를 가했다. 철도 확장은 제철업과 석탄업을 촉진시켰다. 철광 생산량은 1838~50년에 27만 톤 → 55만 톤으로, 선철 생산량은 1837~52년에

10만 톤→17만 톤으로 급증했다.[24]

독일의 철도 발달은 수송 속도를 크게 높여 수송비를 크게 절감시켰다. 철도노선의 1km당 1톤 화물운임은 포장도로(은 1.8~2.2g)의 1/10 정도(0.2g)에 불과했다. 도로로 1개월이나 걸리던 수송시간을 철도는 15시간으로 단축시켰다. 철강 관련 산업의 발전은 기관차와 관련 부속품, 객차와 선로의 수요를 증가시켜 기계공장과 부품산업의 번성으로 이어졌다. 철도건설에 필요한 대규모 자금 공급을 위해 주요 도시에 은행과 주식회사가 설립되어 1850~70년에 관세동맹 지역 내에서 유통되었던 은행권과 투자자본은 3배나 늘어났다.[25]

미국은 철도로 자본주의의 꽃을 가장 화려하게 피운 나라였다. 남북전쟁(1861~65년)이 끝날 무렵 착수되어 1869년에 완공된 1,756마일 대륙횡단철도는 이 시기 미국의 철도전성시대를 상징한다. 원주민들의 처절한 생존권 투쟁을 동반하면서 부설된 대륙횡단철도는 연선 곳곳에 대도시 발전을 촉진시켰다. 1870년 5만 3,400마일, 1880년 9만 3,670마일, 1890년에 16만 7천마일로 급증한 철도망은 서부지역을 새로운 시장으로 열면서 폭발적 경제성장을 이끌었다. 철강 생산은 곧 자본주의의 위력을 보여준다. 1865~1900년 철광석 생산량 증가(200만 톤→2,700만 톤)와 1869~1900년 철강 생산량 증가(3.1만 톤→1,018.8만 톤)는 기하급수적인 것이었다. 철도건설→철강산업→철도건설을 촉진하는 순환구조에 의해 미국은 1900년대 초에 세계 최대 철강생산국이 되었다. 세계 최대 제철소를 건설한 카네기(Andrew Carnegie), 새로운 제철공법을 개발한 켈리(William Kelly)와 영국인 베서머(Henry Bessemer)의 시대이기도 했다.[26] 철도가 있었기에 가능한 일이었다.

철도시대가 열리면서 급속하게 발전한 미국의 교통업, 운수업은 산업혁명에 박차를 가했다. 철도는 대공업 발전에 소요되는 원료 및 완제품의 신속한 수송을 가능하게 했고 대규모로 유입되는 이민 인구를 계속 변방지역인 서부로 실어 날랐다.[27]

제국주의가 (반)식민지에 철도를 부설한 이유

철도는 구미사회가 만들어낸 대표적 근대문물이었다. 근대가 상징하는 여러 개념들(근대국가, 국민, 민족, 자본주의)을 구체화하는 원동력이었다. 그러나 근대를 이해할 때 국가의 주권과 개인의 인권-정체성을 빼놓을 수 없다. 특히 한 나라의 기간산업인 철도는 국가주권과 분리해서 생각할 수 없다. 경제주권 특히 철도주권의 행방 여하는 결국 근대 세계사에서 비서구 지역의 향방을 가늠하는 지렛대였다.

따라서 근대문물인 철도가 비서구 지역에 부설되었다고 해서 그곳에서도 철도의 기능이 구미, 일본에서의 그것과 같았다고 혼동하면 안 된다. (반)식민지 지역에서 철도는 그곳의 경제적 필요에 의해서가 아니라 부설권을 장악한 제국주의 국가의 자본, 상품, 군대, 이민이 깊숙한 곳까지 침투하고 지하자원 및 원료나 식량을 신속하게 반출하는 **효율적 교통수단**으로 이용되었기 때문이다. 제국주의의 식민지 지배가 전근대시대의 약탈 수준을 넘어서려면 제도화된 식민지 경영시스템을 구축해야 한다. 이때 제국주의가 식민정책을 효율적으로 집행하는 일차적 관건이 당시로서는 혁명적 교통수단인 철도의 부설권을 장악하는 것이었다.

(반)식민지 지역에서 철도는 제국주의의 의도가 폭력적으로 관철되는 공간이었다. 이들 지역에서는 철도의 건설과 운영 주체, 즉 철도주권 측면에서 구미나 일본과 질적 차이가 있었다. 이러한 질적 차이와 그 과정은 한반도에서 국가주권 상실과 궤를 같이 한다. 그만큼 일제의 한반도철도 부설권 장악은 한반도와 대륙 침략정책을 위한 결정적 수단이었다.

19세기 말~20세기 초에 아시아, 아프리카, 라틴아메리카 지역에서 구미 제국주의가 부설한 철도는 이들 지역의 시장 지배와 침략정책 수행을 위해, 그리고 이들 지역을 자국과의 수직적 위계질서 속에 재편하는 필수적 수단이었다. 서구 자본주의가 본격적으로 제국주의 시대를 열 수 있었던

▲ 몸바사 근교의 우간다 철도 (1899년경)

것도 근대문물의 총아였던 철도가 있었기 때문에 가능했다.

　실제로 제국주의 열강은 자국의 식민지뿐 아니라 장래에 영향력을 미치겠다고 구상한 지역에서 철도부설권을 장악하는 데 주력했다. 중국 영내를 지나는 철도를 대표적 예로 들 수 있다. 프랑스 정부와 인도차이나총독부, 그리고 프랑스 철도회사들이 철도의 부설 계획부터 건설에 참여했던 윈난(雲南)철도[28](베트남 하이퐁~중국 쿤밍)나 독일이 중국 산둥성을 지배하기 위해 부설한 자오지철도[膠濟鐵道: 칭다오(靑島)~지난(濟南)]를 들 수 있다. 독일 해군청장 티르피츠(Alfred von Tirpitz)는 독일의 가장 기본적인 이익인 철도 부설을 통해 독일의 영향력이 산둥에 기반을 마련할 것이라고[29] 강조했다.

　유럽 제국주의 열강들이 아프리카 내륙 깊숙한 곳까지 침투 통로를 만들 수 있었던 것은 철도 때문에 가능했다. 1853년 영국 동인도회사가 인도 뭄바이 지역에 아시아에서 처음으로 철도를 부설한 이래, 1880년경 이집트, 알제리, 케이프타운(Cape Town)에는 이미 철도망이 갖춰져 있었다. 20세기 들어서도 1901년 몸바사(Mombasa)~빅토리아 호(Lake Victoria), 1905년 세네 갈~나이저 강(Niger River), 1912년 라고스(Lagos)~카노(Kano), 1914년에는 다르에스살람(Dar Es Salaam)~탕가니카 호(Lake Tanganyika) 구간이 부설되었다. 열강들은 철도를 통해 운송비를 90~95%나 절감하면서 아프리카 내륙에서 생산된 원료의 판로를 확장해갔다.[30]

유럽의 은행과 토목회사는 자국에서 철도가 불러 온 엄청난 경제적 파급력을 실감한 19세기 중엽부터 해외철도사업에 관심을 기울이기 시작했다. 이들은 자국에서 주요철도망 건설이 일정하게 마무리되는 19세기 말부터 아시아, 아프리카, 라틴아메리카에서 철도사업을 적극 추진했다. 1850년 이전까지 이 세 대륙에는 철도가 없었다. 그러나 1870년에는 아시아 8,400㎞, 아프리카 1,800㎞, 라틴아메리카 3,000㎞ 등 1만 3천여㎞에 이르는 철도망이 부설되었다. 제1차 세계대전 발발 직전인 1913년에는 각각 10만 8천여㎞, 4만 4천여㎞, 10만 7천여㎞로 급증했다.[31] 구미 자본이 이 세 대륙에 건설한 철도는 자본축적을 지속적으로 확대하는 중요한 수단이었다.

이처럼 19세기를 지나는 동안 (반)식민지 지역에 많은 철도가 구미자본의 영리사업으로 건설되었다. 물론 국가주권이 있는 동안에 대한제국이 그러했듯이, 이들 지역의 정부는 기간산업인 철도의 중요성을 인식하고 철도를 자체적으로 부설하려고 시도하기도 했다. 그러나 부설에 필요한 기술과 자본, 철도주권에 대한 인식, 정치력과 군사력이 부족한 상황에서 철도부설권의 대부분은 열강이나 열강의 민간자본에게 넘어갔다.

철도를 통해 구미와 일본 제국주의가 비서구 지역에서 정치적, 경제적 지배력을 장악해가는 과정에는 정형화된 방식이 발견된다. 제국주의 열강이 온갖 로비와 책략을 동원하여 철도부설권을 장악한 후, 정작 부설 후에는 해당 지역 정부가 감당할 수 없도록 과대 계상한 건설비를 요구하면서 건설비를 보상받는 대신 철도 주변의 개발권과 토지수용권을 확보하는 것이었다. 러시아가 청(淸)으로부터 확보한 둥칭철도(東淸鐵道: 中東鐵道로도 불림) 부설권을 활용하여 청 영토 안에 사실상 러시아 영토를 만들어놓은 경우가 이에 속한다. 일본은 러일전쟁 승리 후 러시아로부터 그 이권을 그대로 승계했다. 그리고 한반도에서는 대한제국이 토지를 제공한다는 조약을 활용하여 부지를 사실상 무상으로 점유함으로써 저렴하게 철도를 부설하고 장악했다. 이는 적은 초기비용으로 (반)식민지 지역을 지배하는 방식으로서 19세기 말~20세기 초에 비서구 지역에서 제국주의가 그토록 철도부설권 장악에 집착했던 한 이유이기도 했다.

구미와 일본에서 철도는 분명히 근대 '문명'의 이기였다. 그러나 비서구 지역, 가령 한반도에서는 철도가 제국주의 지배와 수탈의 수단으로서 한반도의 땅과 주민의 피를 머금으면서 부설 주체인 일제의 침략논리에 따라 뿌리를 내렸다. 일제의 한반도철도 부설권 장악을 전후한 시점에서 한반도의 주인은 일본(인)으로 바뀌어갔다. 남에서 북으로 뻗어나간 한반도철도가 압록강과 두만강 건너 만주로 이어지면서 일제의 침략전쟁 범위는 그들이 부설하거나 장악한 철도의 연장길이에 비례하여 넓어졌다. 한반도철도 부설정책에서 조선(인)을 위한 경제정책적 고려나 요구는 원천적으로 배제되었다.

3) 일본이 한반도철도 장악에 집착한 이유

19세기 말 동북아에서 철도부설권을 둘러싼 제국주의 열강의 대립

제국주의 열강들은 19세기 말~20세기 초에 한반도에서 철도부설권을 장악하기 위해 치열하게 대립했다. 이는 단순히 경제적 이유 때문만이 아니었다. 한반도철도 부설권 장악은 한반도, 나아가 동북아에 대한 침략과 지배의 교두보를 확보하고자 하는 열강들의 주요 관심사였다.

중국에서도 열강들 간에 철도지배 경쟁이 본격화되었다. 청의 리훙장(李鴻章)은 1878년 석탄 수송을 위해 영국의 기술과 자본으로 징펑(京奉)철도(北京~新民屯~奉天) 공사를 시작했다. 징펑철도는 1890년에 산하이관(山海關)에서 펑톈(奉天)·지린(吉林)을 경유하여 훈춘(琿春)까지 연장되었다. 징펑철도가 부설된 배경에는 석탄 수송이라는 경제적 이유뿐만 아니라, 러시아의 만주 진출을 견제하려는 청과 영국의 군사적 이해관계가 맞아 떨어진 조건이 작용했다. 징펑철도 부설은 동북아에서 영국과 러시아가 대립하는 접점의 산물이었다.

제2차 아편전쟁(1856~60년)으로 무력해진 청이 영국, 프랑스, 러시아 3개국과 각기 체결한 베이징조약(1860.10)으로 영국은 주룽(九龍)을, 러시아는 연해주를 차지했다. 러시아는 극동의 부동항을 차지한 이래 이 지역에 자국 농민들을 이주시켜 대외침략의 교두보 마련에 박차를 가했다. 철강제품 및 면방직물 판매시장으로서 중국과 만주를 확보하기 위해 육상수송력 강화에도 주력했다. 이러한 계획을 실현하기 위해 러시아는 광활한 영토를 가로지르는 시베리아횡단철도(모스크바~블라디보스톡) 부설공사에 착수했다. 1891년 첼랴빈스크~블라디보스톡 구간 공사에서 시작된 시베리아횡단철도는 유럽과 동아시아를 잇는 최단거리 노선으로서 1894년에 바이칼 지역까지 부설을 끝냈다. 그러나 바이칼~아무르 지역을 잇는 구간의 난공사로 1895년 이후 큰 진척을 보이지 못했다. 난공사 구간을 피하고 노선을 단축하기 위해서는 시베리아횡단철도를 만주지역으로 연결할 필요가 있었다. 러시아는 이 문제를 해결하기 위해 '삼국간섭'의 대가로 랴오둥(遼東)반도를 조차했다. 그리고 1896년 대일방어동맹인 '러청밀약'(李·로마노프 협정)을 통해 러시아가 부설권을 장악한[32] 둥칭철도는 시베리아철도의 난공사 구간을 해결하고 노선을 단축(650km)시키는 효과를 불러왔다.[33] 러시아와 청의 접경도시 하얼빈(哈爾濱)을 중심으로 만추어리(滿洲里)~쑤이펀허(綏芬河) 구간을 통해 블라디보스톡으로 연결되었기 때문이다. 1897년 8월 러시아는 만추어리에서 하얼빈을 지나 둥닝(東寧)에 이르는 1,500km 공사에 착수했다. 광궤노선인 둥칭철도는 1901년부터 운행을 시작했다.[34]

독일은 구미 열강 가운데 한반도와 가장 가까운 산둥(山東)반도에 처음 들어온 열강이었다. 1897년 11월, 독일은 자국 선교사 두 명이 산둥성의 한 교회에서 살해당하는 일[자오저우(膠州)만 사건]을 빌미로 칭다오(靑島)를 점령하여 동아시아에서 최초로 식민지를 건설했다. 러시아는 이를 빌미로 뤼순(旅順)과 다롄(大連)에 함대를 투입하여 청에게 둥칭철도 연장을 요구했다.[35] 결국 청은 1898년 3월 러시아가 점령한 뤼순, 다롄 및 랴오둥반도에 대한 25년 조차를 받아들여야 했다.

이로써 둥칭철도 남만주지선은 하얼빈~창춘(長春)~펑톈을 거쳐 다롄에 이르는 950km 노선으로, 뤼순과는 45km 지선으로 연결되었다. 1903년 7월 총연장 2,400km 둥칭철도 대부분의 노선이 개통되었다. 러시아는 철도연변에 자국이 행정권, 경찰권, 군대주둔권을 장악한 '철도부속지' 제도를 통해 다롄과 하얼빈과 같은 식민도시를 청 영토에 건설했다.[36] 철도부속지 제도는 러일전쟁 후 둥칭철도 남만주지선이 일본의 '국책'회사 만철로 이양될 때 그대로 이어졌다. 러시아는 시베리아철도 종단항으로서 한반도 동해안의 원산을 상정하고 원산과 블라디보스톡을 잇는 철도 부설계획까지 세웠다. 1904년 초 시베리아횡단철도는 중국과 국경 근처에 있는 아무르선만 개통되지 못한 상태였다. 러시아로서는 정작 러일전쟁 당시 군수 및 군대 수송에 가장 필요했던 만주 지역 구간만 부설하지 못한 셈이었다.

이처럼 만주 지역 철도부설권 장악을 둘러싼 제국주의 경쟁은 치열했다. 러시아가 시베리아횡단철도와 만주 지역의 둥칭철도를 이용하여 동아시아로 진출하고 이 철도를 북경까지 연장한다면, 이는 영국의 이해를 반영하는 징펑철도와 충돌할 수밖에 없었다.[37] 19세기 말 이래 러시아의 계속된 동아시아 진출은 일본의 대륙침략 정책에도 가장 큰 위협이었다. 일본은 이 지역의 철도부설권을 장악하기 위하여 저돌적으로 끼어들었다. 그리고 그 전단계로서 한반도의 경부철도 부설권 장악을 대외정책의 최우선 과제로 설정했다.

일본의 만주침략 교두보로 설정된 한반도철도

메이지유신 후 일본 정부는 대륙침략과 자국의 발전을 같은 궤로 설정했다. 19세기 말 일본 사회를 풍미했던 선전구호("國防共衛 經濟共通")는 이를 잘 보여준다. 이를 실현하기 위한 첫 작업이 바로 한반도철도 부설권 장악이었다. 일본은 조선왕조-대한제국보다 한반도철도에 더 큰 관심을 기울이면서 부설권 장악에 집중했다. 그리고 1898년 한반도철도 부설권을 장악한 직후 러일전쟁을 도발하면서 대륙침략을 실행에 옮겼다. 일본이 자국과 만주를 연결하는 데 가장 빠르고 편리한 경유 노선으로 한반도철도의 역할을 설정한 것 역시 한반도 식민지화를 넘어 만주 침략에 필요한 병참 수송로를 확보하기 위해서였다. 따라서 일본이 부설권을 장악하고 건설한 한반도철도는 구미나 일본의 철도가 국내 사회에서 수행한 역할과 질적으로 다를 수밖에 없었다. 즉 일본이 부설한 한반도철도는 기본적으로 침략 전쟁과 폭력, 무엇보다 한반도 예속을 전제한 것이었고 식민성을 관철시키는 통로였다.

특히 일본과 가까운 한반도 남부지역에 부설되는 경부철도 노선이 중시되었다. 일본군 참모본부는 1876년 '조일수호조규'를 체결하자마자, 한반도 지리를 극비리에 조사한 적이 있었다. 불과 4년 전의 일이었지만 1872년 도쿄~요코하마 구간에 부설한 철도의 위력을 실감했던 경험을 재빠르게 대외침략에 활용한 것이다. 일본 사회에서 한반도철도 부설권 장악이 한반도 지배와 대륙침략을 위한 관건이라는 인식이 나타난 계기는 1873년부터 대두되어 세이난(西南)전쟁 발발의 명분이기도 했던 정한론(征韓論)이 1882년 '임오군란'을 전후하여 팽배해지면서였다. 일본의 군부와 정계 핵심세력들은 1880년대 들어 대륙침략정책을 가시화하면서 이를 위한 통로로서 한성~부산 구간의 철도를 일본이 장악해서 부설해야 한다고 구상했다.[38]

이에 따라 1885년에 미야자키(宮崎)현 출신의 마츠다 유키타카(松田行藏)는 철도부설을 위해 한반도 전역의 지세, 교통, 경제상황 등을 조사했다. 그 이유는 일본의 철도가 중국대륙과 시베리아를 거쳐 유럽까지 연결되려면 일본이 한반도 종관철도를 장악해서 일본의 손으로 건설하는 것이 급선무라는 마에지마 히소카(前島密) 역체장(驛遞頭: 1885년 12월 農商務省의 驛遞局과 管船局, 工部省의 電信局과 燈臺局을 합쳐 遞信省으로 발족함)의 주장에서[39] 명확하게 드러났다.

1890년대 들어 육군을 중심으로 한 일본군국주의자들은 대륙침략과 자국의 경제적 이익을 위해 한반도철도 장악을 사활적 문제로 설정하기에 이르렀다. 심지어 조선국왕이 방해가 된다면 폐위시켜서라도 목적을 달성해야 한다고 생각했다. 일본에서는 이러한 침략 의도가 대대적이고 노골적으로 선전되었다. 수단과 방법을 가리지 않고 한반도철도 부설권을 장악하는 방안이 제기되었다. 그 중에는 초보적 수단으로써 일본제일은행 두취로서 대표적인 정상(政商)자본가인 시부자와 에이이치(澁澤榮一) 등을 앞세워 조선 정부에 차관의 굴레를 씌워 경제적 속박장치를 만드는 방안도 있었다.[40]

청일전쟁 직전인 1894년 7월 일본 외상 무츠 무네미츠(陸奧宗光)가 조선에 파견한 다케우치 츠나(竹內綱)는 당시 조선정부에 초빙되어 있던 일본 제58은행장 출신 오오미와 초베에(大三輪長兵衛)와 오자키 사부로(尾崎三郎)와 함께 경부철도 부설을 구상했다. 8월, 청일전쟁이 발발하자 일본은 한성~부산, 한성~인천 구간의 군용철도를 시급하게 부설하기 위해 조선 정부를 겁박하여 경부·경인철도 부설권을 '잠정적으로' 장악한 '조일잠정합동조관(朝日暫定合同條款)'을 체결했다. 일본군 대본영은 전쟁이 한창인 10월, 운수통신원 철도기사 공학박사 센고쿠 미쓰구(仙石貢)에게 경부·경인 두 철도노선 지역을 답사하도록 했다. 대본영은 공사비 200만 엔으로 경인철도 부설부터 착수하려 했는데, 전황이 급속하게 일본군 승리로 기울면서 일단 중지했다.[41]

청일전쟁 당시 조선주둔 제1군사령관이었던 육군 군벌의 리더 야마가타 아리모토(山縣有朋)는 일본의 주권선을 지키려면 일본의 이익선 안에 있는 한반도 방위가 필요하다고 강조했다. 청일전쟁 기간에 부산~의주 구간 병참수송과 부대이동이 멀고 불편했다면서 일본이 아시아대륙을 제패하려면 반드시 한반도 종관철도를 부설해야 한다는 주장이었다.[42] 실제로 이 구상대로 이후 한반도철도는 남북 종관철도 중심으로 부설되었다. 경부·경의 철도를 만주와 연결한다는 일본육군의 구상은 철저하게 만주침략을 위한 병참노선에 초점을 둔 것이었다. 한반도철도 부설의 가장 중요한 목적은 한반도의 주요자원 생산지를 관통하면서 만주 철도와 연결시켜 만주 및 일본으로의 물자 및 군수(군대) 수송을 원활하게 하는 것이었다. 이 때문에 노선 선정에서 한반도 안에서의 물자유통 균형, 산업발전이나 지역개발의 균형 등은 애초부터 고려 대상이 되지 않았다. 철도주권이 없는 철도 건설의 당연한 결과였다.

일본인 식민(植民)을 위한 광대한 부지 확보

일본 참모본부 및 외무성은 철도 부설용지(用地)로 가급적 "넓은 땅을 차지하여 정거장에 창고 및 상관(商館)을 설치하여 상업을 융창"시킨다는[43] 확고한 입장을 밀어붙였다. 일제가 광활한 철도부지를 강탈하려고 한 이유는 크게 두 가지였다.

첫째, 경부철도가 장차 시베리아횡단철도 및 중국철도와 연결되고 태평양 항로로 이어지는 세계적인 대간선철도망의 한 축이[44] 되어야 한다는 원대한 침략욕구 때문이었다. 즉 일본이 한반도에서 확보한 토지를 대륙침략에 필요한 군사기지로[45] 활용한다는 구상이었다. 러일전쟁 당시 육군대신이었던 테라우치 마사타케(寺內正毅)는 경의, 경부 철도가 향후 둥칭철도를 거쳐 중국의 철도 및 시베리아철도와 연결되는 간선이 될 것이므로 군사적 견지에서 철도용지를 충분히 수용하고 부설지를 정거장에 접근시키라고 명령했다.[46] 둘째, '식민', 다시 말해 한반도에 일본의 경제기반을 조성하는 데 필수적인 일본인 정착기지를 조성하기 위해서였다.

물론 이 두 요인은 복합적으로 얽혀 있었다. 일본은 1898년 미국인 모스로부터 경인철도 부설권을 넘겨받을 때, 경부철도 부설권까지 다시 장악한 후 "속성(速成)" 방침을 결정했다. 러일전쟁에 대비하고 일본인 식민을 확대하기 위해서도 필요했기 때문이다. 일본에게 경부철도 속성과 '식민'사업은 동전의 양면이었다. 경부철도 연선지역에 일본 농민을 대거 이주시키고 일본으로 반출할 농산물을 증산하여 "철도의 번창"을 기대한 것이다. 실제로 19세기 말의 부산은 이미 일본의 마을("市町")과 같다고 할 정도로 일본인 이주가 급증했다. 당시 언론도 부산의 일본인 마을이 일본인들에게는 마치 "고향에 돌아"온 것과 같은 느낌을 준다고 묘사했다.[47] 당시 일본 사회에는 일본인이 많이 이주하여 '무능한' 한국인들의 개발을 지도하면, 한국인의 '독립'의식도 불식시킬 수 있다는 침략적 지배의식이 널리 퍼져 있었다.

여기에 일본이 한반도철도 지배를 통한 경제적 이익의 기대감도 크게 작용했다. 이는 게이오 의숙(慶應義塾: 蘭學塾의 후신)을 세운 후쿠자와 유키치(福澤俞吉)와 더불어 일본 문명개화론의 상징적 존재로서, 메이지 정부 하에서 총리(1898.6.30~1898.11.8)와 외무대신, 농상무대신을 지냈고 와세다(早稻田)대학을 설립한 오오쿠마 시게노부(大隈重信)의 주장에서 잘 드러난다.

오오쿠마는 일본이 한반도에서 경부철도뿐 아니라 경의철도, 경원철도, 함경철도까지 부설하여 시베리아횡단철도 및 일본의 철도와 연결시켜 세계의 간선철도로 만들면 상당한 수입을 거둘 수 있다고 주장했다.[48] 경부철도 연선 지역이 비옥하고 인구가 많아 일본이 효율적인 대륙침략정책을 수행하기 위해서는 일본인을 한반도에 식민하는 것이 하와이나 다른 지역보다 훨씬 낫다는 주장도 했다. 경부철도주식회사 발기위원 오오에(大江卓)도 1896년 발기인 총회에서 경부철도 부설지가 한반도 인구의 7/10, 생산물의 5/7 이상을 포함한다면서 연선 지역을 일본인 이주지역으로 재편성하면 일본이 한반도의 경제권을 일거에 장악할 수 있다고 강조했다.

일본은 1900년 4월 한국 정부에 정거장 부지로 남대문 11만 평, 영등포 6만 평, 초량 16만 평, 부산진 21만 평을, 군소 정거장 부지로 평균 20만 평씩 요구했다. 당시 일본의 주요 정거장 평수는 3만 평 정도에 불과했다.[49] 이 때문에 실제로 공사관 서기로 도쿄에 근무했던 철도원 감독 박용화(朴鏞和)도 경부철도주식회사 발기인 다케우치 츠나(竹內綱)에게 신바시(新橋), 우에노(上野) 두 정거장이 모두 3만 평도 안 되고 사택이나 여관도 없다면서 일본의 무리한 요구를 공박했다.

결국 경부철도 부설을 서둘러야 했던 일본과 철도용지를 제공해야 했던 한국 정부는 1902년 7월 '남대문외경부철도정차장부지계획서'에 합의하여 남대문 정거장 부지를 5만 1,819평으로, 영등포 4만 1천여 평, 초량 5만여 평, 부산진 3만 평, 기타 군소정거장 3만 평으로 일단 결정했다. 모든 구간은 단선철도로 정하고 그에 필요한 폭 18m 부지를 제공하기로 합의한 것이다. 애초 구상보다 크게 줄었지만 여전히 일본의 역에 비하면 매우 넓은 부지였다.

이처럼 일제의 한반도철도 부설과정에 드러난 큰 특징은 역 부지를 과도하게 넓게 설정하고 이를 강압적으로 밀어붙였다는 점이다. 러일전쟁을 전후해서는 특히 강압적 모습을 띠었다. 「한일의정서」 체결 3일 후인 1904년 2월 26일 일본군 병참총감은 군수품 집적을 위해 최대한 넓은 철도용지를 수용하고 정거장 및 창고 용지는 처음부터 복선용으로 수용하라고 지시했다. 또 개인의 건축물 외에는 어떤 토지도 무상 탈점할 수 있다고 강조했다. 이에 따라 일본이 확보한 경의철도 용지면적은 총 487만 1,406평, 정거장 평균 용지면적은 10만 5,892평에 이르렀다. 특히 용산 역은 50만 4,935평, 평양 역은 35만 2,268평, 신의주 역은 62만 1,879평이나 되었다.[50] 일제는 상상 이상의 광대한 토지를 사실상 강탈했다.

02

한일 근대사의 향방을 가른 철도주권

1) 조선-한국의 취약한 철도주권 인식과 일본의 부설권 장악

일본 정부의 확고한 철도주권 인식과 철도망 확대

일본근대사에서 주목되는 점 중 하나는 메이지정부의 철도주권 인식이 철저했다는 점이다. 1853년 6월 3일, 에도만(江戶灣) 우라가(浦賀) 앞바다에 일본을 개항시키기 위해 페리(Matthew C. Perry) 제독이 끌고 온 4척의 거대한 전함을 본 일본 사회는 '쿠로후네(黑船) 소동'에 빠졌다. 일본 사회역시 새로운 문물에 엄청난 충격을 받은 것이다. 흑선 명칭은 전함이 검은색이었다는 이유 외에 이전까지 보지도 듣지도 못한 큰 배를 보고 당시 일본인들의 눈앞이 깜깜해진 상황도 은유한다. 문제는 후속 처리 및 진행 과정에 있다.

우선 메이지정부는 막부가 개항 후 미국인, 영국인 등과 체결했던 불평등한 철도부설계약(도쿄~요코하마 구간)을 파기했다.[1] 그리고 철도를 부국강병, 식산흥업을 위한 중심산업(방적, 광업, 철강, 조선, 철도)의 하나로 설정하고 철도에 대한 외국자본의 직접투자를 금지했다. 일본이 지킨 철도주권은 국내경제권을 통합하고 국민경제의 힘을 집중시키는 중요한 요소가 되었다. 이 점은 결국 조선과 일본의 철도 부설 성과를 천양지차로 만들었다.

일본에서는 구미 사회에서 주요 철도망 구축이 마무리된 1870년 들어 철도부설이 시작되었다. 구미에 비해 반세기 가량 늦은 셈이었다. 아시아에서는 영국의 식민지였던 인도의 뭄바이 지역에 1853년 철도가 부설된 이후 처음이었다. 일본정부는 메이지유신 이듬해 1869년 12월, 도쿄~교토~오사카~효고(兵庫) 구간의 나카센도(中山道) 간선과 도쿄~요코하마(橫濱)~비와코(琵琶湖)~츠루가 구간 지선을 건설하기로 결정했다. 1870년 4월 25일, 도쿄의 신바시~카나가와현의 요코하마 구간 공사가 시작되어 2년 반이 지난 1872년 10월 14일, 29km 노선이 완공되었다. 일본의 철도시대가 열린 것이다. 메이지정부는 영국 동양은행에 기채를 의뢰하여 30만 파운드의 건설자금을 마련했다.[2] 일본은 확고한 철도주권 인식 아래 영국으로부터 차관, 자재 도입, 기술자 고용을 통해 철도 부설에 착수한 것이다.

메이지유신 2년 전에 출판되어 일본 사회에 엄청난 지적 충격을 안겨준 후쿠자와 유키치(福澤諭吉)의 『西洋事情』(1866년)에는 유럽의 철도가 상세히 소개되었다. 그로부터 불과 3년 만에 신바시~요코하마 구간 부설이 결정된 것이다. 메이지정부는 신문물 도입에 그만큼 적극적이었고 빨랐다. 메이지정부의 이런 결정은 수송력 확충을 위한 경제정책적 고려 때문만은 아니었다. 정치적 배경도 크게 작용했다. 당시 메이지유신 추진세력들은 막번 세력을 진압하고 천황 중심의 강력한 중앙집권체제를 빨리 구축해야 한다는 절박감을 갖고 있었다. 이런 상황에서 사람들을 놀라게 할 정치적 이벤트로서 철도를 주목한 것이다.[3] 물론 잔존 막부세력을 진압하기 위한 빠른 수송력도 절실했다. 실제로 1877년 가고시마(鹿兒島) 토족세력이 일으킨 세이난(西南)전쟁 때에는 신바시~요코하마 구간 열차를 신속한 병력수송에 활용했다.[4]

경제적 측면에서도 개항 후 1850년대를 지나면서 생사와 면직물 수출이 급증하여 생산지에서 수출항(요코하마)까지 대규모의 빠른 수송이 필요한 시점이었다. 최초로 부설된 철도 구간(요코하마~도쿄)도 이런 이유가 컸다. 철도가 1872년 10월에 개통되어 시간과 수송비를 크게 절약하자 철도의 화물 수송량은 1874~84년에 17.8배나 급증(1만 7,701톤 → 31만 4,810톤)했다. 이전까지 주요 수송도로였던 요코하마~다카사키(高崎) 구간 130여km는 5~6일이나 걸렸고 도중에 상품이 파손되는 경우가 많았다. 수운이 수송기간을 2~3일로 단축시켰지만, 배로 환적할 때 파손율(10~20%)이 높았다. 그러나 1884년에 일본철도주식회사가 우에노~다카사키 구간을 부설하자 수송량이 3만 6,723톤으로 증가했다. 우에노~아오모리(青森) 전구간이 개통된 1891년에는 45만 550톤으로 급증(12배)했다.[5]

우에노~다카사키 구간 철도는 일본의 수송구조를 근본적으로 변화시켰다. 이 구간에서 신바시, 요코하마로 직통하는 화물열차가 운행되어 다카사키에서 적재된 누에, 생사, 견직물을 중간 환적 없이 직송이 가능해졌다. 7시간이면 요코하마에 도착할 수 있었다. 군마(群馬), 나가노(中野)에서 생산된 누에, 생사의 수송시간이 크게 단축되었고 수송상품의 질까지 보존할 수 있었다. 가마로 19일이나 걸렸던 도쿄~오사카 구간은 철도로 19시간 거리에 불과했다. 수송비용도 도쿄~요코하마 구간은 52%, 도쿄~나고야 구간은 65%, 도쿄~오사카 구간은 68%나 경감되었다.[6]

철도는 석탄의 대량 생산과 수송에 혁명적 변화를 불러왔다. 철도가 일본의 산업혁명을 불러온 것이다. 기타큐슈(北九州) 지방에서는 급증하는 석탄 수요를 하천 수송으로 감당할 수 없게 되자 1891년 8월, 지쿠호(筑豊) 흥업철도회사가 25km의 와카마츠(若松)~나오가타(直方) 구간을 개통했다. 나오가타로 집중된 석탄을 토가가와(都賀川) 강을 따라 부설된 철도로 와카마츠로 수송한 뒤 여기에서 다시 오사카 등 각 수요처로 보내는 노선이었다. 석탄수송의 철도이용률은 1897년 60~70%, 1907년에 83%로 상승했다.

1890년에는 누에, 생사 생산지와 이세사키(伊勢崎), 키류(桐生), 아시카가(足利) 등 견직물 생산지에서 출하된 제품을 요코하마로 수송하기 위해 료모(兩毛)철도가 부설되었다. 간사이(關西)철도, 나고야(名古屋)와 오사카 등 대도시를 연결하는 철도, 석탄수송노선인 홋카이도(北海道)탄광철도가 개통되었다. 1891년 규슈철도의 모지코(門司港)~구마모토(熊本) 구간과 일본철도의 우에노~아오모리 구간, 1894년 산요(山陽)철도의 고베(神戶)~히로시마 구간(1901년 시모노세키까지 연장)이 개통되었다.[7]

이처럼 일본 철도망이 1872~1910년에 급증(29km→7,836km)하자 일본정부는 1906년에 사설철도를 국유화했다. 철도 담당기구로 1870년 4월 철도괘(鐵道掛)가 설치된 이후 1885년 12월 관설(官設)철도를 경영하고 민간철도를 감독하는 철도국(鐵道局)이 신설되었다.[8] 1906년 철도국유화 조치 이후 1907년 4월 제국철도청이 설치되었고 1908년 12월 철도원(鐵道院)으로 바뀌었다. 철도원은 1920년 5월 철도성(1943년 11월에 운수통신성으로, 1945년 5월에 운수성으로 개편되어 산하에 철도총국을 둠)이 설치되기까지 국철(國鐵)을 경영했다. 일본 철도는 막번 토족을 진압하거나 대외침략을 위한 병력 수송에도 중요하게 활용되었다. 청일전쟁 때는 종관간선 중 아오모리~히로시마 노선이 개통되어 출항지 히로시마 우지나(宇品)항까지 병력을 수송했다. 러일전쟁 때는 아사히카와(旭川)~구마모토 구간 종관간선을 통해 100만여 명의 병력을 신속하게 동원했다.[9]

조선정부의 취약한 철도주권 인식

임진왜란과 병자호란 등 대전란을 겪었음에도 불구하고 17세기 이후 조선왕조의 주류 엘리트들은 외부의 변화에 적극 대응하는 경험을 축적하지 못했다. 물론 실학자 그룹이나, 병자호란 후 청의 수도 선양(瀋陽: 일본이 만주점령 후 奉川으로 개칭)에 억류된 상황에서 동북아 정세의 변화와 서양학문을 학습한 소현세자(인조의 아들, 효종의 형)와 같은 '북학'의 흐름이 있었다. 그러나 주류세력은 성리학적 명분론에 입각한 '북벌'론적 정세인식과 외부 변화에 대한 수구적 대응으로 두 세기 이상의 시간을 흘려보냈다.[10]

이 사이 인도를 포함한 아시아의 서반부는 아편전쟁 이전에 이미 유럽의 식민지로 전락했다. 마젤란(Ferdinand Magellan)의 스페인 원정대 도착(1521년) 후 필리핀은 스페인의 식민지(1898년 미국-스페인 전쟁으로 괌과 함께 미국 지배하에 들어감)가 되었다. 17세기 들어 인도가 영국, 인도네시아가 네덜란드의 식민지배 하에 들어갔다. 아편전쟁을 전후하여 버마(1989년 미얀마로 개칭)가 1823~85년에 영국의 식민지가 되었다. 베트남은 제2차 아편전쟁이 끝나는 1862년부터 프랑스의 식민지배를 받기 시작했다. 아시아 서반부의 상황까지는 잘 몰랐더라도, 유럽의 총포 앞에 청이 속절없이 무너진 아편전쟁에 대한 경각심이나 충격도 조선은 일본보다 훨씬 적었다. 곧 다가올 위기조차 현실 문제로 체감하지 않는 한, 제대로 된 대응은 나오기 어려웠다.

1876년 4월 김기수(金綺秀)는 '조일수호조규' 이후 수신사 일행으로 일본을 방문해 철도를 처음 보고 큰 충격을 받았다. 그가 본 철도는 일본에서 최초로 개통된 지 3년 반밖에 지나지 않은 신바시~요코하마 구간 열차였다. 그가 이듬해에 쓴 『일동기유(日東記游)』에서 이 기차를 처음 탄 인상을 보면 그 충격이 어느 정도였는지 알 수 있다. 수십 칸이 연결된 "긴 물체"를 보고도 기차[火輪車]인줄 몰랐던 그는 "우뢰와 번개처럼 달리고 바람과 제비같이 날세"게 한 시간에 3~4백리를 달리는 기차를 타고 "말문이 막"혔다.[11] 평생 우마차만 봐왔던 그가 도저히 상상할 수 없었던, 쇠로 만들어진 차를 처음 탔을 때의 경이로움이 충분히 짐작된다. 그러나 조선왕조의 반응은 미지근했다. 다르게 보면 경각심도 없었고 후속조치도 강구하지 않은 사실 자체가 놀라울 정도였다. 새로운 문물 도입에 적극적이었던 일본과 너무나 대조적이었다.

1880년 일본에 다녀온 김홍집(金弘集)은 복명서(復命書)에서, 1887년 8월 주미전권공사로 부임하여 1888년 1~11월에 워싱턴에서 근무한 박정양(朴定陽)은『미속습유(美俗拾遺)』에서 철도를 언급했다. 1881년 4월 일본에 파견된 어윤중(魚允中)은 메이지정부가 철도를 부설하고 전신, 우편 등 통신체계를 정비한 점에 주목했다. 일본 정부가 조선소를 직영하거나 민간기업인 우선(郵船)회사에 자금과 설비를 지원하는 등 육상, 해상 교통수단을 확충한 점을 인상 깊게 본 것이다. 그러나 그는 철도 부설에 회의적이었다. 국채로 조성한 막대한 부설비가 재정악화를 불러온다는 우려 때문이었다. 그는 1년에 운영수익금 80여만 엔 중 철로보수비 등 50만 엔을 빼고 남는 30만 엔으로 부설비를 상환하려면 30년이 걸린다면서 철도의 수익성 보장이 어렵다고 생각했다.12)

당시 조선의 엘리트들은 열강들이 이미 한반도철도 부설에 관심을 드러냈고 중국에서 철도부설을 두고 각축을 벌리는 상황을 냉철하게 고찰하지 못했다. 기간산업으로서 철도의 정치적 경제적 의미보다 수지타산 대상으로만 생각할 뿐이었다. 러시아 대장성이 펴낸『한국지(韓國誌)』(1905년)에 따르면 1882년에 영국과 일본 등이 철도부설권을 요구했고 재정고문 묄렌도르프가 고종에게 국고 결핍 때문에 철도부설을 연기하라고 조언했다는 내용이 들어 있다. 그런데 1885년에는 도로·교량의 수축과 철도부설의 필요성을 제안했지만 자금 조달 문제로 성사되지 못했다고 한다.13) 외부의 압력으로 개항을 했더라도 이후의 국가 운명을 가늠할 골든타임인 1880년대를 지나는 동안 조선정부는 주체적으로 철도부설을 추진할 수 있는 기회를 흘려보낸 셈이었다.

결국 조선정부는, 동학농민전쟁 진압을 위해 군대를 보낸 일본이 청일전쟁 발발 이틀 전에 경복궁을 점령(1894.7.23)한 상황에서 외부대신 김윤식(金允植)과 일본공사 오오토리 케이스케(大鳥圭介)가 '조일잠정합동조관

(朝日暫定合同條款)'(1894.8.20)을 체결함으로써 경인, 경부 철도부설권을 일본[정부 또는 公司(회사)]에게 내주기로 '잠정' 합의해야 했다. 그리고 갑오경장에 의해 궁내부와 분리된 의정부 산하 8개 아문 가운데 공무아문(工務衙門) 산하에 철도국이 처음으로 신설(1894.7.20)되었다.[14] 철도국 신설은 조선정부의 주체적 부설 의지였다기보다 일본의 한반도철도 부설권 장악 구상과 맞물린 측면이 컸다.

정부는 청일전쟁이 끝난 직후 잠깐 동안의 삼국간섭 틈을 활용하여 1896년 3월 29일 미국인 모스(James R. Morse)에게 경인철도 부설권을 넘겼다. 7월 3일에는 그릴(Grille)이 대표인 프랑스 기업 피브릴르(Fives Lile) 상사에게 경의철도 부설권을 허가했다.

20세기를 코앞에 둔 시점에서도 고종을 비롯해서 정부 관료나 엘리트층 대부분은 철도주권 인식이 여전히 취약했다. 따라서 열강들, 특히 일본이 왜 남의 나라에서 그토록 철도 부설에 관심을 갖는가 하는 문제의식이나 경각심도 약했다. 삼국간섭기에 경인철도 부설권을 미국 기업에게 넘겨준 것도 국제정세를 활용한 적극적 외교정책의 산물이었다기보다 명성황후 시해(1895.10.8)에 따른 반일감정에 좌우된 측면이 컸다.

정부의 철도주권 표방과 기구 조직, 그리고 한계

프랑스 피브릴르 상사에게 경의철도 부설권을 준 직후 농상공부는 6개조 '국내철도규칙(國內鐵道規則)'(칙령 제31호. 1896.7.15)을 반포하여 "인민 왕래"와 "물품 출입"에 편리한 철도를 각 지방에 설치한다(제1조)고 공포했다.[15] 그런데 '국내철도규칙'에 따르면 철도 부설의 주체는 "본국인이나 외국인"(제5조) 모두 될 수 있었다. 이미 외국인에게 두 노선(경인, 경의) 부설권을 이양한 상황을 사후 규정한 것이다.

그러나 관립(官立)철도 기차의 표값(또는 물품운반비)을 농상공부 대신이 정한다는(제4조) 조항은 정부가 장차 철도를 부설하겠다는 의지를 표명했다는 의의가 있다. 외국인이 철도를 부설하는 경우 역사(驛舍) 안이나 근처에서 외국인의 영업장 개설을 불허하는 규정(칙령 제40호. 1896.8.4)이 추가되었다. 정부가 경인, 경의 철도부설권은 외국인에게 줬더라도 역사운영을 통한 수익사업을 통제하겠다는 의지를 보인 것이다.

정부가 경인철도 부설권을 일본에서 미국 기업으로 바꿔 넘겨주고, 경의철도 부설권을 프랑스 기업에 준 직후인 1896년 8월, 일본은 대륙침략의 통로로 가장 중시했던 경부철도 부설권을 「조일잠정합동조관」에 따라 다시 달라고 스스럼없이 요구했다. 이에 정부는 스스로 부설하겠다고[16] 대응했다. 9월 30일에는 경의철도 부설권자인 피브릴르 상사가 프랑스 공사를 통해 경원(한성~원산), 경목(한성~목포) 철도 부설권까지 요구하자 외부대신(李完用)이 불가하다고 통보(10.16)했다.[17] 정부가 비로소 철도주권을 표방한 것이다.

이 와중에 1896년 11월 15일, 고종은 향후 1년간 외국인에게 철도합동을 허가하지 않고 부설에 필요한 용지나 가옥은 정부가 매입한다는 조칙을[18] 공포했다. 철도부설권을 두고 러시아와 일본 사이에 긴장이 높아진 상황에서 정부가 이미 부설공사에 들어간 경인철도 용지 매입에 재정적 어려움을 겪었기 때문이다.[19] 즉 '1년 간' 외국인에게 부설권을 주지 않겠다는 유예조치는 재정 문제 때문이었고 이후 재정 수요를 충당할 수 있다는 낙관적인 기대에 따른 일시적 조치였다. 따라서 이 조칙 공포는 경인, 경의 철도외에는 다른 나라에게 다시는 부설권을 주지 않겠다는 강한 의지를 표명한것이 아니었다.

정부가 열강의 부설권 요구에 강경하게 대처하는 모습을 보인 것은 대한제국 선포(1897.10.12) 이후였다. 고종은 의정부가 상주한 '국내철도, 광산의 외국인 합동을 불허하는 건'(1898.1.12)을 재가(裁可)했다.[20] 그리고 한성~목포(호남선) 구간을 정부가 자체적으로 부설하기로 결정(1898.6.19)했다.[21] 자금난 때문에 착공하지는 못했지만, 정부가 특정 노선을 직접 부설하겠다는 의지를 처음으로 표명한 것이다. 영국 등 열강들의 한성~목포 구간 철도부설권 요구를 거절한 직후였다.

그런데 이번에는 독일이 부설권을 요구했다. 1898년 8월, 독일 총영사 크린(Krien. F.)이 경인, 경의 철도부설권을 미국과 프랑스에 주었으니 경원철도 부설권을 독일의 세창양행(世昌洋行)에게 주라고 요구한 것이다. 경원철도는 일본도 관심이 큰 노선이어서 1899년 6월에는 하야시 곤스케(林權助) 대리공사가 부설권을 요구했다. 물론 정부는 양국의 요구를 모두 불허했다.[22] 이 무렵에는 재야의 문명개화파 세력도 철도주권의 중요성을 인식하고 있었다. 가령 독립협회가 절정에 이른 1898년 10월 29일 만민공동회 집회 후 고종에게 건의한 '헌의(獻議) 6조'에는 철도(및 광산, 탄광, 삼림) 개발과 차관에 관한 조약에 대해 각부 대신과 중주원 의장의 합동 서명 후 시행하라는 내용이 들어 있었다.

이러한 분위기 속에서 정부는 대한국내철도용달회사에게 1899년 6월에 경원철도(한성~원산) 부설권을, 7월에는 피브릴르 상사가 공사 착수를 미뤄 부설권이 소멸된(1899.6.30) 경의철도 부설권을 외국인에게 전매 금지를 전제로 허가했다.[23] 그러나 대한국내철도용달회사의 자금모집이 원활하지 않았다. 이 틈을 노리고 라인슈톨프(F. Reinsdorf: 賴思德) 독일영사는 1899년 8월, 독일에게 경원철도 부설권을 주고 이익을 나누자(同濟)고 제안했다. 9월에는 대한철도회사에 자본금을 대여하겠다는 수차례에 걸친 제안과 더불어 노선을 바꿔 평양~증(진)남포, 평양~원산 구간 부설권을 요구했다. 외부대신 서리(俞箕煥)는 대한철도회사가 부설비를 스스로 마련할 수 있으니 독일의 차관은 필요 없고 평증 및 평원 구간 역시 정부가 이미 철도국을 설치하여 부설할 예정이어서 허가하지 않겠다고 회답했다.[24] 외국에게 경인, 경의 철도 이외의 다른 노선 부설권을 주지 않겠다는 대한제국의 의지는 강한 편이었다.

정부는 철도 전담 행정기구도 조직했다. 경인철도와 경부철도 부설권이 다시 일본에게 넘어가 철도주권이 훼손된 상황이었지만 1898년 7월 6일, 농상공부 산하에 철도사(鐵道司: 감독 李容翊)를 신설한 것이다. 철도사는 "국내철도를 장차 부설"할('철도사관제' 제1조: 칙령 제26호. 1898.7.6) 때 관설철도의 부설보존 및 운수, 사설철도 허가 및 관리, 관설철도 세입세출 예산결산출납과 수용물품 구매, 보관 및 출납에 관한 사항(제6조) 등을 담당하는 행정기구였다. 정부가 관설철도와 사설철도의 관리를 관장한다고 규정함으로써 철도주권 의지를 강하게 드러낸 것이다. 철도사 조직은 농상공부 대신의 지휘명령을 받아 사무를 관장하는 감독(칙임 2등 이하), 감독의 명을 받아 사무를 주재하는 사장(주임)을 1명씩 두고 그 밑에 주임급 기사 2명, 판임급 주사 2명, 판임급 기사(기수) 5명으로 구성되었다(제1~5조). 3주 후 철도사는 철도국(鐵道局)으로 개칭되었다(칙령 제29호. 1898.7.27).[25]

그 직후에 정부는 1898년 8월 21일, 총세무사 브라운(Brown, J.M.)에게 독자적으로 철도를 부설할 주요 예정노선을 파악하도록 지시했다. 이때 설정한 4개 주요노선은 한성~목포, 한성~원산~경흥, 원산~평양~진남포, 경흥~의주 구간이었다.[26] 일본이 대륙침략을 위해 중시했던 부산~의주 간 종단노선과 달리, 한반도 경제의 필요를 반영한 횡단노선과 서부남단의 종단노선이었다. 철도 부설 주체에 따라 노선의 특징은 그만큼 달라진다.

1900년 이후 철도 업무 관장은 궁내부(宮內府)로 이관되었다. 1900년 4월 1일 궁내부에 철도원(총재는 농상공부 대신 閔丙奭이 겸임)을 신설하고 경인, 경부 철도의 감독 사무를 관장하도록 규정했다. 일본에게 부설권을 줬더라도 정부가 관리, 감독하겠다는 의지를 표명한 것이다. 정부의 달라진 철도 인식이었다. 9월 13일에는 '궁내부관제'를 개정하여 경의, 경원 철도를 궁내부 직영으로 부설하기 위해 내장원(內藏院: 궁내부 소속관청으로서 황실재정을 담당)에 서북철도국(총재 李容翊)을 설치했다.[27] 이후 '철도국관제'는 폐지(칙령 제15호. 1901.6.1)되었지만 '농상공부관제'(칙령 제25호.

1905.2.26)에 철도국 관련 조항을 추가했고 '농상공부관제'를 개정(칙령 제 36호. 1906.7.27)하여 철도국 관장 업무로 "전기철도 및 마차철도에 관한 사항"(제7조)을 추가했다.[28]

1890년대 말 한반도를 둘러싼 국제정세는 철도부설권을 매개로 요동치고 있었다. 영국, 독일, 프랑스, 러시아 등 열강들은 한성에 군대를 주둔시킨 일본에게 경부철도 부설권을 "속히 놓으라"고 요구했다.[29] 당시 정부에게 절실하게 필요한 것은 철도부설을 비롯한 국가 운영에 대한 주권의식과 정책 추진, 그리고 한반도가 일본에게 기울어지는 것을 용인하지 않았던 열강들의 이해관계를 활용하는 지혜였다. 그러나 철도주권을 지키고자 한 정부의 역량은 열강들 사이에서 구사된 일본의 능란한 외교정책에 휘둘리면서 한계를 드러냈다.

한 이유로 당시 고종이나 정부의 철도주권 인식 수준이 불안정했다는 점을 들 수 있다. 철도주권을 표방한 후에도 정부는 경인, 경의 철도의 경우 부설용지를 정부가 제공하므로 계약대로 15년 후 소유권 및 경영권을 갖는 데 문제가 없고 부설권만 '주체적으로' 양여한 것으로 생각했다. 상황을 객관적으로 보기보다 주관적 해석에 빠졌던 것이다. 따라서 불가피하게 양여하더라도 부설권을 매개로 국제관계를 활용하는 혜안을 발휘하기는 어려웠다. 어느 나라와 계약을 맺어도 결과적으로 부설용지를 무상 공급하는 불평등계약으로 귀결되는 것은 마찬가지였다. 실제로 정부는 신설한 철도원 총재에 농상공부 대신(閔丙奭)을 임명하면서 일본의 '국책'회사인 경부철도주식회사 발기인(大三輪長兵衛, 大江卓)을 총무위원에 임명했다.[30] 철도원이 일본에 휘둘리는 구조가 된 것이다.

일제의 한반도 종단철도 부설권 장악

일본은 조선정부가 1896년 3월과 7월에 경인, 경의 철도부설권을 미국과 프랑스 기업에게 넘겨준 상황에서 향방이 애매해진 경부철도 부설권을 다시 장악하는 데 주력했다. 구체적 대책으로 경부철도주식회사 설립을 구상하고 이후 경인, 경부 철도부설권을 다시 장악하는 데 2년이 채 걸리지 않았다.

청일전쟁 승리를 만끽하기도 전에 삼국간섭 상황을 맞은 일본은 한 걸음 물러서 외교적 방식을 모색했다. 먼저 조선정부에게는 일본이 경인철도 부설권을 우선적으로 갖고 있다고 항의했다. 이와 동시에 미국에게는 이런 항의가 모스의 공사 착수를 방해하려는 의도가 아니라면서 경인철도를 공동으로 부설하자고 제안했다. 일본은 불리한 국제환경에서 독점적 부설권에 집착하지 않고 일단 공동부설권이라도 갖자는 실리적 대안에 집중한 것이다.

여기에 일본은 모스의 브로커 성향을 간파하고 자금난에 빠진 모스에게 경인철도 부설사업 전체를 넘기라고 제안했다. 이를 위해 1897년 5월 경인철도인수조합(1899년 5월 17일 경인철도합자회사로 개칭, 1903년 9월 23일 경부철도주식회사에 합병)을 조직했다. 결국 일본은 입지가 약화된 상황에서도 웃돈을 붙여 부설권을 매각하는 데에 관심이 컸던 모스의 속내를 파악하고 빠른 시간에 다시 경인철도 부설권을 장악했다. 모스는 일부 토목공사와 한강에 교각 3개 세우는데 그쳤지만 경인철도인수조합에 부설권을 넘기면서 거액(171만 2천여 원)을 손에 쥐었다. 대한제국은 모스가 제3자와 양도계약을 맺는 과정에서 아무런 권한도 행사하지 못했다. 그리고 일본은 한국정부와 '경부철도합동조약'(1898.9.8)을 체결함으로써 경부철도 부설권까지 장악했다.

일본은 대한제국이 철도주권을 강하게 표방한 상황에서도 노회하게 대응했다. 1899년 9월 하야시 곤스케 대리공사는 한국정부가 외국인에게 특정 노선의 철도부설권을 허가하면 일본에게도 다른 노선의 부설권을 허가해야 한다고[31] 요구했다. 대한제국이 다른 나라에 부설권을 주지 말라는 의미였다. 당시 한반도를 둘러싸고 다른 열강들과의 관계가 유리하지 않던 일본은 대한제국이 다른 열강들에게 부설권을 주지 않고 현상을 유지하도록 유도한 것이다. 이 무렵은 경인철도인수조합이 모스와 경인철도 인수계약(1898.5.10)을 맺은 뒤였고 '경부철도합동조약'까지 체결되어 경인, 경부 철도부설권이 일본에게 넘어간 상황이었다.

일본은 이후 러일전쟁 도발 직전인 1903년에 경부철도와 연결되어 일본과 만주를 직결하는 경의철도 부설을 서둘렀다. 일제의 경의철도 장악 과정은 두 단계를 거쳤다. 부설권을 가진 대한국내철도용달회사를 금융적으로 종속시켰다가 러일전쟁 직후 체결한 '한일의정서'(1904.2.23)를 기화로 아예 임의로 군용철도로 부설에 나선 것이다.[32] 이로써 일제는 침략정책을 위해 청일전쟁 때부터 장악하려 했던 한반도 종단철도인 경부~경의철도 부설권을 최종적으로 장악했다.

2) 한반도 초유의 대공사, 한국인 토목자본 성장의 봉쇄

관련산업(용달업에서 토목업까지) 성장의 가능성

일본에게 경인, 경부 철도부설권을 빼앗겼더라도 한반도 내에서 진행되는 사상 초유의 대공사가 불러오는 경제적 산업연관효과는 클 수밖에 없었다. 철도부설은 토목업(건축업)은 물론 각종 물품 및 인력을 조달하는 용달업 등 관련산업이 급성장하는 계기가 되기 때문이다.[33] 실제로 한국인 자산층은 부설공사에 필요한 물품과 인력의 조달을 자신들이 담당하게 해달라고 정부에 적극 요청했다.

이들 대부분은 '고관(高官)'이 아닌 양반(非大官則兩班)[34]으로서 고위관료와 유착관계를 맺을 수 있고 재력으로 양반 신분을 샀을 가능성이 높은 자산층이었다. 정부가 특허회사를 지정해 노동력을 공급하는 방식을 취하자 용달회사 설립 신청이 쇄도했다. 토목자본이 성장할 가능성이 매우 컸다. 수직적 고용체계를 갖는 토목업의 특성상 사기성 노동력 모집과 금품 사취 행위가 속출한 것은 당시 이러한 기대감이 매우 컸던 상황을 반증한다.

사기행위는 경인, 경부, 경의 철도부설권 향방을 가늠할 수 없던 때부터 나타났다. 가령 1897년 9월, 강성원(康聖元)이 염치명(廉致明)과 함께 20~40 원씩 돈을 "먼저 받고 철도 패장 표지를" 팔았다.[35] 2년 후에도 염치명은 철도 총무국장을 사칭하면서 "수만금을 도식"했다. 이들은 관료들과 유착 하여 한성 "남천변 등지"나 "니현 일인여관에" 머무르며 "우매한 인민"들의 재산을 앗아("奪財")갔다.[36] 김인식은 "경부철도용달회사" 간판을 달고 "기 백량을" 내면("納하면") "천인장 백인장(千人長 百人長)을 차정"해주겠다는 "협잡"행위를 벌였다.[37] 1902년에 경부철도를 부설한다는 소문이 퍼지자 "기백량씩 자본금을 구입하면 공역 시 무궁한 이익이 있다고 우민을 선동 하면서 회사를 설립한 자가 무수"할[38] 정도였다.

하청용달업에 머무른 한국인 토목자본 성장의 봉쇄

1901년 8월 경부철도 공사가 기공된 후 공사에 필요한 물자 및 인력을 조달하는 대표적인 한국인 용달회사로 대한국내철도용달회사와 대한운수 회사 등 4개 회사(그 외에 경성토목회사, 경부철도특허회사)를 들 수 있다. 초기에는 일본인 회사가 한국인 회사 명의를 사용하는 대신 역가(役價)의 6%를 제공했기 때문에 수수료 수입도 적지 않았다.[39] 이 소절에서는 뒤(2장 의 3)절)에 서술할 한국 철도자본 동향과 관련하여 대한국내철도용달회사 와 대한운수회사 등 두 회사를 살펴보기로 한다.

1899년 3월, 박기종(朴琪淙: 1839~1907)은 학부(學部) 주사를 지낸 홍긍섭 (洪肯燮) 등과 함께 조동[棗洞(대추나무골):『서울지명사전』(서울특별시사

편찬위, 2009)에 따르면 오늘날 장교동과 을지로 2가가 걸쳐 있던 곳에 사무실을 내고 이하영(李夏榮) 사장, 지석영(池錫永) 부사장, 박기종 사무장으로 구성된 대한국내철도용달회사(이하 대한철도회사)를 조직했다. 이후 6월에 투자자들을 더 모아 사무소를 확대하면서 궁내부 대신 이재순(李載純) 사장, 김종한(金宗漢) 부사장 체제로 바꾸었고 자본금(股本)은 1고(股: 株)당 20원(元)씩이었다.[40]

이하영은 주미공사관에 근무하다 기관차모형을 갖고 귀국한 이후 한성부관찰사, 주일공사, 중추원의장을 지냈고 외부대신(1904.4~1905.9) 재임시 일본에 각종 이권을 넘겨주는 각서와 약정서를 체결하여 '국망' 후 일본으로부터 작위(자작)를 받은 '고관'이었다. 김종한 역시 궁내부협판, 장예원경(掌禮院卿), 한성은행장을 지냈고 '국망' 후 작위(남작)를 받았다.[41] 이재순은 박기종이 부하철도회사를 설립할 때 도(都)사장으로 초빙한 종친 고관으로서 판서(예조, 형조), 시종원경을 역임했는데 '춘생문 사건' 후 대한철도회사 사장이 될 때 궁내부 대신으로 재임 중이었다. 17세기 인도와 인도네시아를 침략한 영국과 네덜란드의 동인도회사가 상징하듯이, 관상(官商)유착-정경유착은 어느 나라에서든 동서를 떠나 초기 자본주의일수록 그 모습을 노골적으로 드러낸 일반적 현상이었다.

대한철도회사가 자본금 모집 광고를 낼 때, 사업의 내용은 용달업이었다. 설립 다음 달인 1899년 5월 말, 일본경인철도회사와 "합동계약을 맺었는데, 그 내용은 "대한사람"을 모집하는[42] 것이었다. 그리고 대한철도회사가 각종 물품을 구매하여 일본(경인)철도회사에 조달하는 '합동계약'을 의정했으니 이 사업에 관심 있는 자(재하청)들의 상의를 바란다는 광고를 『황성신문』에 한 달간(1899.6.12~7.11) 게재했다. 조달 물품은 목재, 석재, 석회, 석탄에서부터 철로침목(枕木), 그리고 미곡, 반찬거리(饌需), 칡(葛), 마(麻) 등 노동자 식사용품에 이르기까지 다양했다. 이와 동시에 6월 28일부터는 1주[股]당 21원(原股金 20원+영업비1원)씩 자본금[股金]을 모집한다는 광고를 한 달간(1899.6.27~7.27) 『황성신문』과 『독립신문』에 게재했다.[43] 1900년 3월 말에는 경부철도주식회사 발기인 오오미와 초베에(大三輪長兵衛)에게 경부철도 부설에 필요한 토목, 석재, 노동자(役夫)와 물품 조달을 모두 담당하겠다는 제안을 했고 4월에 긍정적 답을 받았다.[44]

서오순(徐午淳)은 1899년 9월, 남대문 밖 경인철도 정거장(남대문역 → 경성역) 근처에 대한운수회사를 설립했다.[45] 이듬해인 1900년 7월 6~10일 나흘에 걸쳐 경인철도의 상인[商旅]과 여객[行客]의 화물 수송을 편리하게 하기 위해 회사를 특설(特設)했다는 광고를 '운수회사 총무장 서오순' 이름으로 게재했다. 1900년 11월에는 정부의 허가를 받았다. 한국 정부가 경인철도를 15년 후 환수하므로 대한운수회사도 15년간 화물수송 대금에서 원금[股金]과 이자를 뺀 다소의 이익을 정부에 납부하여 철도를 돌려받을[還退] 때 힘을 보탤[補助] 방침이니 주식 모집에 동참해달라는 신문광고를 8개월여 동안(1900.11.10~1901.7.16) 무려 100여회 이상 게재했다.[46]

서오순은 애국심을 자극하는 공격적 마케팅 전략을 구사했다. 직접 자신의 이름으로 광고를 냈고 홍보에 매우 적극적이었다. 1902년 초 인천항에서는 화폐교환을 통한 사기행위[欺人騙財]가 빈번하게 일어났다. 이 와중에 서오순은 경위원(警衛院)에 체포되었다가 곧 풀려나기도 했다. 1월 말에 그는 경인철도 수송물품의 전담(擔任)을 승인받은 대한운수회사가 농상공부의 관련 물품 수송을 담당(管領)하도록 인허해달라고 농상공부에 청원했다.[47] 이 무렵 대한운수회사는 일본이 부설하는 경부철도 공사의 하청용달사업에도 적극 참여하여 하청공사를 독점하고 분배("均給")를 막는다는 비난까지[48] 받았다.

그러나 경부철도주식회사와 임시군용철도감부는 러일전쟁 발발 이후 경부, 경의 철도를 속성으로 최단 기간에 완공한다는 명분으로 일본인 토목회사에 공사를 몰아줬다.[49] 역사상 초유의 대공사가 전국적으로 진행되었음에도 불구하고, 특히 러일전쟁 이후 경의철도를 포함한 모든 철도부설권을 일본이 장악하고 한국의 주권이 형해화된 상태에서 한국인 토목자본은 성장할 수 없었다.

물론 「경부철도합동조약」에는 한국인 노동자를 우선 고용한다는 조항이 있었다. 그러나 경부철도주식회사는 한국인 회사가 숙련도가 떨어지고 기계도 구비하지 못했다는 이유를 대면서 공사는 물론, 작은 이익조차 공유하지 않으려 했다. 『황성신문』은 이런 현상이 경부철도주식회사의 불성실함 때문이고 대금 지급을 하지 않거나 공갈 위협을 하는 경우도 일본인 공사장에서 일어나는 일이라고 비판했다.[50]

결국 한국 고관들과 경부철도주식회사의 유착 속에 제한적 시기와 상황에서 존재했던 용달업을 비롯한 한국 토목자본이 기댈 수 있는 기생적 이익 공간은 사라졌다. 소규모 하청업체 정도만 존재할 수 있었다. 자신을 뒷받침해줘야 할 국가가 제 구실을 못하는 상황은 당시 한국인 기업이 처한 냉혹한 현실이었다.

반면에 일본 토목회사 중에는 한반도철도 부설 시장을 활용하여 자본과 기술을 축적하면서 국제적 토목기업으로 성장하기도 했다.[51] 일제로서는 통감부 설치를 계기로 한국의 주권을 사실상 장악했고 철도부설의 경우 용지까지 획득한 상황에서 이미 이용가치가 없어진 한국 고관들을 매개로 한국 업자에게 이권-공사청부권을 줄 필요성도 없었다.

3) 정부의 자금조달정책 부재와 한국인 철도자본의 소멸

정부의 철도부설자금 조달정책 부재

철도는 부설에 대규모 자금이 집중 소요되는 반면, 투자이익 회수에 오랜 기간이 필요하다. 이 때문에 철도는 독점성과 공공성을 함께 지닐 수밖에 없다. 국영이든 사영이든 국가의 정책적 지원과 금융적 뒷받침이 필수적이다. 어느 제국주의 국가든 자국에서 철도의 부설과 효율적 운영의 관건은 국가가 철도부설에 필요한 행정편의와 자금을 얼마나 집중적으로 지원하는가에 달려 있었다. 특히 제국주의 국가 가운데 늦게 철도부설에 나선 일본의 정재계 리더들은 철도주권의 중요성을 강조하면서 부설에 필요한 행정력과 금융 지원을 집중했다.

반면에 조선왕조는 철도주권에 대한 인식도, 부설 추진력도 약했다. 대한제국 선포 이후 비로소 철도주권을 강하게 표방했지만, 차관이든 주식모금이든 확실한 자금조달 정책을 통해 철도자본을 지원하지 못했다. 이런 상황에서 한국인 철도자본은 일본이 부설권을 장악한 경인, 경부 철도 이외의 노선에 대한 부설 계획을 세우고 실행하고자 했다. 그러나 민간회사는 부설을 위한 자금과 기술력이 부족했다. 물론 정부가 나서서 궁내부 관할의 서북철도국이나 철도원을 신설하여 착공과 건설이 지체되었던 구간의 공사를 직접 담당하기도 했지만, 자금을 집중해서 조달하는 행정력이나 리더십을 발휘하지 못했다.

철도부설의 주체가 정부든 민간자본이든 중요한 문제는 부설에 소요되는 대규모 자금을 어떻게 효율적으로 집중시켜 조달하는가에 있다. 결국 정부의 자금조달 정책이 관건이다. 당시에 한국인 철도자본에 의한 부설이 불가능한 상황은 아니었다. 자금이 부족한 상황은 일본도 마찬가지였다. 철도주권 인식 여하에서 비롯된 것이지만 양국의 차이는 정부가 민간자금을 효율적으로 동원하여 집중시키는 행정력을 발휘했는가, 그렇지 못했는가에서 갈렸다. 그 차이는 결국 한반도의 경우 식민지라는 결과로 귀결되었다.

일본에서는 한반도에 대륙침략용 철도를 부설하기 위한 경부철도주식회사의 주식을 사는 것이 '애국'이라는 캠페인을 통해 자금조달에 큰 성과를 거뒀다. 그러나 비슷한 상황에서 조선정부의 정책은 아쉬움을 많이 남겼다. 당시 조선정부도 은행과 주식, 채권 발행제도를 구비하여 흩어져 있는 민간자금을 모으는 정책을 집중할 필요가 있었다. 유럽이나 일본에서 근대적 은행이 정경유착을 통해 출범했듯이, 고위관료들과의 유착을 토대로 출범한 한성은행이나 대한천일은행도 정부의 금융정책이 설정되고 추진되었다면 철도부설을 위한 금융지원이나 자금 조달을 담당할 수 있었다.

그러나 정부는 이를 위한 구체적 정책방안이 없었다. 철도자본의 자금모집 대안도 수용하지 못했다. 그런데 당시 정부가 철도부설에 필요한 노동력을 모집하는 특허회사를 지정하자[52] 각지의 자산가들이 나서서 용달회사를 설립하겠다는 신청이 붐을 이뤘다. 이런 분위기에서 역부(力夫)의 공사 참여조건으로 은화 20원씩 내라면서 사람들을 속이는 자가 부지기수였다.[53] 이처럼 철도공사에 동원할 인부 고용을 두고 사기행위가 빈발했다는 것은 한국 사회에도 자금조달의 여지가 제법 넓었고 철도부설이 불러올 관련 산업 성장에 대한 기대감이 매우 컸다는 사실을 반증한다. 문제는 정책의 집중력과 행정력 여하였다.

부설 자금을 국내에서만 조달할 필요는 없었다. 당시는 열강들이 한반도 철도 부설에 관심을 집중하고 있을 때였다. 특히 대한제국을 선포한 1890년대 말은 열강들이 한반도에 대한 일본의 영향력을 심하게 견제할 때였다. 가령 1899년 9월에 라인슈톨프 독일영사는 외부대신에게 경원철도 부설권자인 대한국내철도용달회사에게 자본금을 대여하겠다고 수차례에 걸쳐 제안했다. 이에 대해 외부대신은 대한철도회사가 경비를 마련할 수 있으니 차관을 들일 필요가 없다[54]고 답했다. 물론 독일의 의도는 한국정부에게 경원철도 부설권을 요구하면서 거부될 경우의 대안으로 차관을 통해 경영권을 장악하겠다는 구상이었을 것이다. 그러나 독일은 열강 가운데 한반도 지배에 대한 직접적 이해관계가 가장 적은 나라였다. 아쉽게도 당시 정부는 이러한 국제상황을 활용하여 차관을 통한 자금 조달을 관철하는 혜안을 과시하지 못했다.

한 가지 지적할 수 있는 것은 당시 정부가 민간자본의 외국차관 도입을 불안하게 생각했다는 점이다. 이는 이듬해 1900년 9월, 내장원에 신설된 서북철도국이 프랑스 자금을 빌려 경의철도를 부설한다는 계획을 세워 공사에 착수한 것에서 드러난다. 이 계획 역시 자금난에 처했다. 정부가 부설권을 외국에 주지 않으려는 의지는 강했지만, 문제는 자금모집과 실천의 집중력, 국제환경을 활용하는 외교력이 뒷받침되지 못한 것이다. 대한제국이 철도정책의 중심을 잡고 있었다면, 제국주의 국가들이 대립하는 상황을 활용하여 철도주권을 지키는 선에서 외자 도입은 충분히 가능한 일이었다.

유럽에서도 철도부설은 개인의 자금만으로 이뤄진 것이 아니라 방대한 자금을 모을 수 있는 주식회사 방식으로 이뤄졌다. 일본의 경우 국내에서 자금 모집이 어려웠던 초기에는 부설자금 대부분을 영국에서 들여왔다. 확고한 철도주권 의식에 정책적 뒷받침이 병행되었기 때문에 철도의 자체 부설이 가능했다.

박기종과 대한국내철도용달회사의 4개 노선 부설 노력과 좌절

이 와중에 조선인 민간자본에 의해 철도부설이 시도되었는데 그 중 박기종이 선구적이다. 박기종은 정부가 일본과 맺은 「조일잠정합동조관」을 무효화하고 경인, 경의 철도부설권을 미국과 프랑스 회사에게 넘겨준 이듬해 1897년 9월, 부산~하단포 구간 부설권을 정부에 요청했다. 이 소식이 알려지자 부하철도가 부설되면 상업이 번성해질 것이라는 지역 상인들의 기대감도 컸다.[55] 그만큼 상공인들 사이에서 철도부설에 대한 지지 기반이 넓었다. 문제는 이를 실현하기 위해 국가정책과 철도자본이 힘을 모으는 집중력 여하에 달려 있었다.

박기종은 팔상고[八商賈: 대마도 종씨(宗氏)와 사(私)무역을 하던 동래부 지정상인(商賈)이 8명이라고 해서 그 명칭이 유래됨]를 드나들며 일본인의 상술과 일본어를 학습했다. 당시의 '신지식'을 배운 그는 1876년 김기수 등이 일본을 방문할 때 통역관(譯官)으로 수행하면서 철도를 보고 큰 충격을 받았다. 그 후 1895년 5월, 동래 유지 5명과 함께 3,060원을 모아 개성학교[→ 공립부산실업학교(1909.4) → 부산공립상업학교(1911.11) → 부산상업고등학교(1950.5)→개성고등학교(2004.11)로 개칭]를 설립했다. 이와 함께 철도 사업에 역점을 둔 그는 일본에서 오는 화물의 집결지인 낙동강 하단포와 부산을 철도로 잇기 위해 부하(釜下)철도회사를 조직(都社長 李載純, 사장 安駉壽, 부사장 閔泳喆, 經務員 박기종)하여 부설권을 인가받았다(1898.6.3).[56] 짧은 경편철도 노선(9.6km)이었지만 정부가 국내 민간 철도자본에게 부설을 허가한 첫 사례였다.

그러나 얼마 지나지 않아 부하철도 부설은 중단되었다. 많은 사재와 부채를 투입한 박기종이 부설허가를 받은 지 불과 3개월 후 「경부철도합동조약」이 체결되어 일본이 경부철도 부설권을 장악했기 때문이다. 정부는 국내 철도자본에 대한 아무런 보호막도 대안도 제공하지 못했다. 한국 철도자본은 출범하자마자 허망한 상황을 맞게 된 것이다.

박기종이 이듬해 1899년 3월에 설립한 대한철도회사의 영업은, 일본이 부설하던 경인철도 공사에 필요한 물자를 조달하는 용달업과 철도업 등 두 영역이었다. 먼저 용달업에서 시작했고, 철도업도 동시에 진행했다. 실제로 대한철도회사는 1899년 6월 17일 외국인에게 전매하면 엄중처벌[依律重勘]을 받는다는 전제 아래 경원철도(한성~원산) 부설권을 정부로부터 인가받았다. 황실 투자[內下錢: 200만 원]의 약속까지 수반되었다.[57] 정부가 자주적 철도부설 의지를 표명한 이듬해였다.

한성에서 동북 방향으로 한반도를 횡단하면서 종단하는 경원철도는 독일과 일본이 집요하게 부설권을 요구했던 노선이었다. 경원철도 부설권을 허가받은 직후 대한철도회사는 1899년 7월 21일 동소문 밖 삼선동을 기점으로 의정부를 거쳐 양주군 비우점(碑隅點)에 이르는 40km 구간의 선로측량을 시작했다. 농상공부는 "대한국내철도용달회사에서 김명집" 등 7명이 일본인 기사와 함께 철도 선로를 답사 측량할 때 "양주군으로부터 덕원부까지 연로 각 군에 훈령하여 별도히 보호하여 거리낌이 없"도록 하라고[58] 지시하는 등 행정 지원을 독려했다. 대륙침략을 최우선시한 일제가 한반도 종단철도 부설권 장악에 집중한 것과 달리, 한국인 철도자본은 국내경제권 연결을 위해 횡단철도 부설을 실행한 것이다.

대한철도회사는 경의철도 부설권도 허가받았다. 피브릴르 상사가 경의철도 공사 착수를 미루다 부설권이 소멸(1899.6.30)되자 정부가 1899년 7월 8일 외국인에게 전매 금지, 5년 내 기공, 15년 내 준공의 조건으로 부설권을 대한철도회사에 허가한 것이다.[59] 이로써 대한철도회사는 1899년 6월과 7월에 두 노선의 부설권을 허가받았다. 대한제국이 철도주권을 강하게 표출한 상황의 산물이었다.

정부의 적극적 의지를 안고 경의철도 부설권을 허가받은 직후 박기종은 몇 가지 자금모집안을 정부에 제안했다. 부설권 청원 당시부터 '관민합자'를 전제로 한 경원철도 예정공사비 1천만 원 조달을 위해 조세로 매년 1결당 1원씩 5년간 증징, "대소 관원" 봉급에서 일정 부분을 주식 형태로 출자(주임관 월급에서 2/10, 판임관 월급에서 1/10)하는 등의 방안이었다. 당시 대한철도회사는 120여 명이 20원씩 출자한 2,400여 원으로 시작했는데 측량비 조달도 어려운 형편이었다.[60] 정부의 투자 제공 약속도 실현되지 않은 상황에서 박기종의 제안은 일본이 경부철도주식회사 설립에 필요한 주식을 '애국' 캠페인으로 소화한 것보다 구체적이어서 오히려 한 단계 나아간 방식이었다. 그러나 정부는 이 제안을 수용하지 않았다.

이런 상황을 틈 타 1899년 8월, 라인슈톨프 독일영사는 대한철도회사가 경원철도 공사비(3천여만 원) 예산이 없어 10년이 지나도 준공하기 어려우니 독일에게 부설권을 주고 이익을 나누자(同濟)고 제안했다. 다시 9월에는 대한철도회사에 자본금을 대여하겠다는 수차례에 걸친 제안과 더불어 평양~증(진)남포, 평양~원산 구간 부설권을 요구했다. 이 두 요구에 대해 외부대신은 거부했다. 부설권을 허가받은 대한철도회사가 경비를 스스로 마련할 수 있으니 차관은 필요 없고, 평증 및 평원 구간 철도 역시 정부가 이미 철도국을 설치하여 부설할 예정이어서 외국인에게는 이미 허가한 노선 외에 다시 허가하지 않는다는 것이었다.[61] 결국 독일의 경원철도 부설 시도는 이뤄지지 못했다. 동시에 대한철도회사의 노력도 물거품이 되었다.

그런데 경의철도 부설에서도 문제가 생겼다. 정부가 이듬해 1900년 9월 내장원에 신설한 서북철도국이 경의철도를 부설한다는 계획을 세웠기 때문이다. 대한철도회사의 경의철도 부설권은 애매한 상태에 빠졌다. 정부의 행정처리가 미봉적이었다고도, 반대로 민간자본의 차관도입을 불신한 정부가 직접 부설하겠다는 의지가 강했다고도 볼 수 있다. 그러나 자금모집과 실천이 집중되지 않는 한, 결과는 마찬가지였다. 서북철도국의 계획은 프랑스 자금으로 선로측량에 착수하여 1901년 7월까지 한성~개성 구간을 먼저 개통하고 자금이 확보되는 대로 계속 건설한다는 것이었다.[62] 이는 경의철도 부설권을 반환한 프랑스가 어떻게든 철도부설과 관련하여 이해관계를 관철시키려는 집요함을 보인 결과이기도 했다. 이후 서북철도국은 한성~개성 구간 공사에 착공(1902.3)하고 경의철도 기공식(1902.5.8)까지 가졌지만, 역시 자금난에 처했다. 그러자 러시아가 경의철도 부설권을 요구(1903.2.16)했다.[63]

경의철도 부설권을 사실상 박탈당한 박기종은 1903년 2월, 자신이 자금을 모으는 중이니 외국인에게 부설권을 주지 말고 이미 "특허"를 받은 바 있는 경의철도 부설권을 다시 인정해달라고 정부에 요구했다.[64] 정부는 처음에 서북철도국이 공사를 이미 시작했기 때문에 어렵다고[65] 거부했다. 그러나 우여곡절 끝에 서북철도국을 감독자로, 대한철도회사를 공사와 운영 전담자로 나누는 형식으로 정리되었다. 이러한 결정의 이면에는 일제가 일본 제일은행의 차관을 통해 대한철도회사를 장악한다는 계략이 스며있었다.

실제로 1903년 7월 13일 한성~평양 구간 부설을 대한철도회사에 맡긴다는 칙령이 내려졌다. 8월 19일에는 서북철도국과 대한철도회사 사이에 '대한철도회사전담협정'이 체결되어 대한철도회사가 서북철도국이 부설하기로 했던 한성~개성 구간 부설권을 인정받아 공사를 계승했다. 그리고 3주 후인 9월 8일 일본제일은행과 대한철도회사는 '경의철도차관계약'을 체결했다. 일본은 차관을 통해 대한철도회사의 경의철도 부설권을 장악한 것이다.[66] 철도부설에서 외국 자금을 들이면 안 되고 '관민합자'로 조달해야 한다는 박기종의 부설자금 모집 '원칙'은 현실 앞에서 속절없이 무너졌다.

이 무렵 대한철도회사가 부설권을 외국인에게 매도했다는 소문이 돌았다. 이 때문에 사장 정현철(鄭顯哲)이 부설권 허가를 취소하겠다는 서북철도국 총재와 외부대신에게 사실이 아니라고 변명도 해야 했다. 대한철도회사는 차관을 얻는 것일 뿐 자신이 부설권자라고 생각했다. 그러나 『황성신문』은 일본 정부가 경의철도 부설권을 갖게 되었다는 10월 8일자 일본 신문(『日本萬朝新報』) 보도를 소개했다. 한국 정부가 외국인에게 부설권을 주지 않는 상황에서 부설권자인 대한철도회사에 일본이 2,500만 원을 대여하고 실제의 공사와 영업권을 갖는(專托) 형식이었다.[67] 이러한 차관 형식마저도 러일전쟁 후 일본육군이 경의철도를 군용철도로 '접수'하면서 폐지되었다.

삼마선의 경우도 비슷한 과정을 보였다. 박기종이 중심이 되어 1902년 6월에 설립한 영남지선(支線)철도회사가 농상공부로부터 삼마선(삼랑진~마산포) 부설권을 허가(1902.12.18)받았지만 그 직후 일본제일은행과 출자계약을 체결(1902.12.30)했다.[68] 애초부터 영남지선철도회사가 부설권만 가졌을 뿐 일본제일은행의 출자가 전제된 것이었다. 그마저도 러일전쟁으로 폐지되고 일본군이 1904년 10월 삼마선을 군용철도로 자의적으로 부설했다. 마산은 진해와 함께 일제가 남부해안에서 군사적으로 중시한 항구였고 일본과 한반도를 잇는 요충지로서 영호남 지역의 물자가 집합하는 곳이었다.[69] 대한철도회사와 영남지선철도회사가 금융적으로 일본에 종속된 상태에서 경의철도와 삼마선은 「한일의정서」에 따라 일본군 임시군용철도감부(臨時軍用鐵道監部)에 의해 자의적으로 부설되었다. 이후 삼마선은 1905년 12월에 개통되었다.[70]

호남철도주식회사의 분투와 좌절

호남지역에서는 경부철도 공사 하청을 독점하여 비난을 받기도 한 서오순(徐午淳)의 주도로 호남철도 부설이 구체화되었다. 대한운수회사와 별도로 러일전쟁 발발 초기인 1904년 5월 이윤용(李允用) 사장, 서오순 전무(총사무장) 체제의 호남철도주식회사가 새문 밖에 설립되었다. 한성~목포 구간은 영국의 부설권 요구를 거부한 정부가 부설할 계획이었으나 자금난에 부딪히자 1904년 6월 호남철도회사에 직산(조치원)~강경~군산 구간과 공주~목포 구간 부설권을 허가한 것이다. 이후 일본이 부설하는 경부철도의 지선(조치원~공주~목포)으로 계획이 변경되었다.

호남철도 부설운동은 세 시기로 구분된다. 제1시기(1904.6~1906.11)에는 서오순의 주도로 두 차례 측량작업을 실시했다. 일본이 정부에 호남철도회사의 부설권을 취소하라고 압박하는 상황에서 자금모집도 부진하여 제1차 측량 이후 거의 2년이 지나서야 제2차 측량이 실시되는 등 어려움이 따랐다. 토공작업을 추진한 제2시기(1906.11~1908.2)에는 관료들과 한성 기업인들의 주식모집 지원에도 불구하고 자금난을 해결하지 못해 일본인과 합작을 꾀해야 하는 상황으로 몰렸다. 제3시기(1908.2~1908.11)에는 통감부가 유길준 등의 주식모집활동을 저지함으로써 호남철도 부설은 실패로 끝났다.[71]

호남철도회사는 설립 직후 총사무장 서오순의 명의로 1904년 6월 11~22일에 6회 이상의 신문광고를 냈다. 전라도와 충청도를 지나는 지선철도(직산~군산, 공주~목포) 부설 허가를 철도원으로부터 받았고 이미 철로와 기관 등을 구비했으며 치도(治道)비, 건축비 등 400만 원을 조달하기 위해 1주(股)에 50원(10회 분납가능)씩 주식[股金]으로 8만주를 모집한다는 내용이었다. 그러나 일본 공사는 이 노선을 허가하면 경부철도 부설의 뜻이 왜곡되고 한국인이 거액의 공사비를 조달하기 어렵다면서 외부대신(李夏榮)에게 허가 취소를 요구했다. 외부는 철도원 조회를 거쳐 경부철도 지선 부설은 한국 정부나 인민에게 허가하는 것이라고 답했다.[72] 일본의 압력에 대응해 정부가 한국 철도회사의 부설권을 비호한 마지막 조치였다.

그러나 러일전쟁으로 한국의 주권이 노골적으로 잠식당하는 상황에서 주식 모집이 원활할 수 없었다. 이 때문에 호남철도회사는 1905년에 곧 부설공사에 들어갈 것이라면서 2월 23일~3월 2일에 7회 이상, 5월 12~15일에 3회 이상 주식모집을 독려하는 신문광고를 냈다. 통감부가 설치된 이후에도 1906년 7월 18일~8월 25일에 35회 이상의 독려 광고를 게재하면서 공주와 강경에 지사를 설치했다는 내용도 홍보했다.[73] 이와 동시에 1906년 5월 서오순은 동경으로 가서 차관도입을 추진했다. 1906년 7월에는 통감부가 서오순에게 허가한 것을 시행하지 말라고 정부에 강요했다.[74] 서오순 역시 차관도입과 부설권은 별개라고 생각했다.

주식 모집도 차관 도입도 어렵게 되자 서오순은 1906년 12월 15일과 17일, 『황성신문』에 정부가 국고로 찬조하고 관민이 주식으로 출자해줄 것을 간청하는 장문의 "기서(奇書)"를 게재했다. 철도가 나라의 혈맥[全國之血]이고 독립의 원인인데 철도회사에 대한 관민의 관심이 미미[寥寥]하다면서 한국인의 힘으로 호남에 철도가 개통되면 다른 지역으로 파급될 것이라고 강조한 것이다.[75] 1907년 1월 말에는 "대한독립의 근간[原因]은 호남철도에 있으며, 우리 동포의 공력(共力)으로 호남철도가 준공되어야 열강의 웃음거리를 면할 수 있다"는 36자(漢字)로 된 처절한 단지(斷指)혈서까지 썼다.[76]

서오순의 강한 부설 의지에도 불구하고 1908년 2월 말 현재 모집한 주는 목표액 8만 주 중 2만 주에 불과했다. 결국 1909년 6월에 호남철도회사는 청산 절차에 들어갔다. 서오순은 7월 23일경 피신하는 처지에 이르렀다.[77] 한국의 주권을 틀어쥔 통감부가 한국인의 호남철도 부설을 반대하는 상황에서 한국 정부는 할 수 있는 것이 없었다. 이런 상황에서 출자를 해야 할 자산층들도 서오순의 호소를 외면했다.

4) 값싼 부설과 역(驛) 선정의 식민지성

토지 강탈로 점철된 철도 부설

한반도철도 건설 과정에는 일제가 강점한 토지와 무력으로 동원된 한국인의 피가 배어있었다. 일제는 한반도철도를 헐값으로 부설하면서 침략정책을 강행할 수 있었다. 실제로 1마일 당 경부, 경의 철도부설비(6만 2천여 원)는 다른 나라 부설비(16만여 원)의[78] 39%에 불과했다.

철도 부설에는 선로와 역 외에 역 운영에 필요한 공작창이나 창고, 종사원 편의시설을 위한 토지가 소요된다. 공사가 편리한 평지에는 전답과 주거지가 많아 거액의 토지수용 자금이 필요하다. 그러나 일제는 「경부철도합동계약」에 따라 부지를 사실상 거의 무상으로 확보할 수 있었다. 토지를 매입해서 부설권자인 일본에 제공해야 하는 부담만 안은 대한제국 정부가 철도 소유권자라는 조항조차 결국 통감부 설치 이후 휴지조각으로 전락했다. 결국 부설용지는 약탈된 것이다.

경인철도는 노선이 짧은데다 가장 먼저 공사에 착수해서 정부의 재정 부담이 상대적으로 가벼운 편이었다. 그러나 경부철도의 경우는 부지 제공 부담이 한국 정부의 능력을 크게 벗어났다. 특히 「한일의정서」(1904.2.23)

체결 이후 경부, 경의 철도의 토지수용 과정은 참혹함 그 자체였다.[79] 일본 군은 경부철도 부설 당시 현금 대신 500냥짜리 군표로 토지를 구입하고 완 공 후 현금지불을 하겠다고 했지만 대가를 받은 경우는 없었다. 민초들 사 이에는 경부철도를 비꼬는 타령조 가락이 유행했다.

> "산 뚫고 1천여 리에 지반가(地盤價) 뉘 받았노.
> 군표 제조비는 500냥 들었다네
> 500냥 자본으로 경부철도 놓았다네."

경인철도 부설에 필요한 용지수용 대금 4만 6천 원도 지불하지 못한 정 부는 결국 경부철도 토지보상 문제에 부딪쳤다. 경부철도에 편입된 269만 7천여 평 중 공전(公田)은 5.45%에 불과했다. 대부분 사유전답으로서 연선 에 산재한 주민이 1만여 명에 이르렀다.[80] 의병이 왜 철도를 파괴했는가를 짐작할 수 있다. 정부는 민유지 전답을 3등급(上·中·下)으로 구분하여 논 (평당 40전, 30전, 17전), 밭(16전, 2전, 8전) 별로 수용대금 표준액을 정했 다.[81] 정부에게는 큰 부담이었다. 더구나 불법이었던 외국인(대부분 일본 인) 소유지까지 보상해야 했다. 경부철도의 용지대금은 완공 후 2년이 훨 씬 지난 1907년 10월까지 초량 부근 일부분에 대해서만 지급된[82] 상태였 다.

일제는 경부철도 부설준비에 박차를 가하던 1899년 3월경 정부의 부지 매수자금 지불이 어려워진 상황을 기화로 한국의 금융까지 장악한다는 구 상도 했다. 일본제58은행장을 지내고 경부철도주식회사 발기인인 오오미 와 초베에(大三輪長兵衛)는 일한은행을 창설하여 한국의 태환은행 권리를 갖고 토지매수자금을 공급하자고 아오키 슈조(靑木周藏) 일본 외상에게 제 안했다. 이에 동의한 일본 외상은 공사 속성을 위해 가토 마쓰오(加藤增雄) 공사에게 한국정부와 교섭하라고 명령했다.[83] 결국 일본은 1902년 7월 용 지수용비 27만 6천여 원(이자율 연 6%)을 한국에 제공하기로 했다. 그러나 이 융자금은 경부철도 완공 후에 입금되었고, 그나마 상당액은 부채상환 명목으로 공제되어 실제 전달된 금액은 필요액에 크게 못 미쳤다.

러일전쟁 발발 이전에도 이미 대한제국은 경부철도주식회사의 불법적 토지점탈 행위를 통제하지 못하는 형편이었다. 주권을 행사하지 못했던 것이다. 1902년 4월 철도국 감독 민영선(閔泳璇)을 교체한 이유도 역설적이게도 그가 자신의 임무를 제대로 수행했기 때문이다. 당시 언론은 철도국 허가도 없이 영등포역 부지를 점거해 가옥을 건립한 경부철도주식회사 일본인 직원을 민영선이 질책하자, 일본공사가 민영선에게 불만을 터뜨려 교체되었다고 보도했다.[84] 한국정부의 통제에서 벗어나 있던 경부철도주식회사는 불법건축 가옥을 철거하라는 철도국의 요구에 동경으로부터 답을 기다린다면서[85] 뭉개는 식으로 대응했다.

토지수용 문제는 전혀 다른 국면으로 전환되었다. 러일전쟁 발발 직후 일본군이 한성을 점령한 상황에서 한국의 주권 상실을 사실상 '법제화'한 「한일의정서」가 체결되었기 때문이다. 일본군은 「한일의정서」 제4조에 따라 철도용지나 군사전략상 필요하다고 판단한 지역을 무단 전용할 수 있었다. 먼저 경의철도를 군용철도로 지정하고 일방적으로 부설권을 빼앗았다. 대한철도회사와 영남지선철도회사가 부설권을 갖고 있던 경의철도나 삼마선(마산선으로 개칭함)의 수용 규모와 방식은 특히 악랄했다.[86] 일본 영사가 경의철도 연선(용산~공덕리)을 답사한 후 한성부에 이 지역의 무덤을 하루 이틀 내에 옮기지 않으면 그냥 파서 옮기겠다고[87] 통고할 정도였다.

러일전쟁이 끝난 후에도 임시군용철도감부는 경의철도 용지대금을 일본이 부담한다면서 직접 용지 매수에 나섰다. 군용철도 명목으로 최저한으로 설정한 용지 매입비를 미끼로 경의철도를 완전히 수중에 넣겠다는 발상이었다. 토지의 소유주나 지목에 대한 사전조사도 없이 임시군용철도감부 임의로 수용이 이뤄졌다. 공정한 보상비는 애초부터 불가능했다. 게다가 명목상의 보상가액조차 경부철도의 경우처럼 시가의 1/10~1/20에 불과했다.

그마저도 매판적 관료나 일본인의 농간으로 중간에서 갈취당하는 경우가 많았다.[88]

통감부는 3개조로 구성된 「임시군용급철도용지조사국관제(臨時軍用及 鐵道用地調査局官制)」(칙령 제19호: 1907.9.31)를 제정하여 내부(內部)에 '임시군용급철도용지조사국'을 설치하고(제1조) 일본육해군 군용지와 철도 용지 매수업무를 담당하도록(제2조) 했다. 강탈한 토지를 매입으로 정리하 기 위해 설치된 이 조사국은 그 역할을 다한 후 1909년에 폐지되었다(칙령 제9호. 1909.2.4).[89]

식민도시와 일본인거주지(전통도시) 중심으로 선정된 철도역

한반도에 대거 정착하기 시작한 일본인 상공업자들은 1906년 2월 통감부 설치를 전후하여 각지에 이익단체인 상업회의소를 조직했다. 자신들의 이 해관계를 충족시키기 위해 경성상업회의소는 "만한연락철도속성건(滿韓聯 絡鐵道速成件)"을, 인천상업회의소는 철도요금 인하를 제안했다.[90] 일본인 들이 한반도와 한반도철도의 주인이 된 것이다.

한반도철도는 식민지철도로서 한반도를 일제와 일본인들이 지배하는 경 제공간으로 탈바꿈시키는 데 큰 역할을 했다. 한반도의 농산물이나 광산물 생산지를 주요도시와 연결하고 이를 다시 항구나 국경지대와 연결하여 일 본이나 만주로 신속히 수송하는 기능을 담당한 것이다. 철도연선을 따라 일본인들이 내륙으로 깊이 들어올수록 토지를 몰수당하거나 헐값에 넘긴 한국인들 삶의 영역은 그만큼 줄어들었다. 철도는 한국인과 일본인에게 대 조적 현상을 불러왔다.

한반도에서 전통도시나 포구, 장시 등은 지리적 경제적 특성에 따라 각 지에서 상권 중심지로 발전해왔다. 그런데 일본은 철도 노선, 즉 역의 위치 를 선정할 때 전통도시를 가급적 배제하고 방대한 수용지를 기반으로 건설된 식민도시 중심으로 역을 선정했다. 식민도시 안에 식민통치의 행정기관이나 금융기관 등이 설치되고 일본인 중심가가 확대되었다. 일본인들은 연선 요충지나 역 근처에서 금융업, 잡화상, 식당, 미곡상 등을 운영하면서 통감부-조선총독부에 의존하여 지역의 지배자로 부상했다. 부산, 제물포, 영등포, 대전 등지에서는 일찍부터 일본인 마을이 형성되었다. 특히 러일전쟁 이후 일본인 이주와 일본상품 유입이 급증했다.

불가피하게 전통도시에 역을 설치하는 경우에도 기존 중심지에서 떨어진 곳으로 이주한 일본인 거주지에 역사(驛舍)를 건설했다. 물론 대도시에 역을 건설할 경우에는 매수 부담 때문에 중심지에서 멀리 떨어진 곳을 선정하게 마련이다. 그러나 당시 한국의 전통도시는 중심 시가지가 본격적으로 개발되지 않은 경우가 대부분이어서 역을 기존 중심지에 건설해도 큰 문제는 없었다. 일제의 노선 선정과 역 건설 방식은 전통도시 내에서도 기존의 중심지를 쇠퇴시키고 일본인 거주지를 새로운 중심지로 발전시켰다.

경부철도의 경우 전통도시를 우회하고 식민도시 중심으로 역을 선정하는 방침이 특히 노골적이었다. 전통도시에 역을 선정할 경우 전통도시를 횡단하면서 일본인 거주지 중심으로 역을 선정했다. 가령 대구에서는 경산군 고모역에서 남문 밖으로 직행하지 않고 굳이 대구의 동쪽을 크게 돌아 북문 밖에 역을 설치했다. 그 결과 경상감영이 있던 기존 중심지 남부 지역은 쇠퇴하고 일본인 거주지인 북부 지역이 급성장했다.[91] 마산에서는 일본인 거주지역을 신마산이라고 불렀다. 일본의 지배에 편리하도록 일본인 중심으로 한반도의 경제공간이 재편성된 것이다. 이러한 역과 노선 선정은 한반도 남부의 물산 수송노선을 경부철도에 집중시켜 한반도 경제를 일본 경제에 종속적으로 포섭하는 데 주안점을 둔 것이었다.

노선 선정에서 한국 정부나 지역민들의 의견은 철저하게 무시되었다. 경부철도 노선 선정에서 전통도시인 수원 지역의 경우 화산(花山)과 지지대(遲遲臺) 고개 때문에 한국정부와 충돌을 빚은 대표적 사례였다. 융릉(隆

陵: 사도세자와 혜경궁 홍씨를 합장한 릉)과 건릉(健陵: 정조와 효의왕후를 합장한 릉)이 있는 화산은 한국인들의 정서상 철도가 통과할 수 없었다. 일본은 이를 무시하고 화산과 안산 사이로, 그리고 수원성 축성과 관련된 지지대 고개 아래로 철도가 지나가도록 공사를 강행했다.[92]

대전 부근 노선은 경부철도 개통 1년 전에야 결정되었다. 3차 답사 때의 우회안(전의~공주~금산~영동)과 4차 답사 때의 직행안(전의~회덕~영동)을 두고 5차 답사 때 노선(전의~회덕~대전~영동~추풍령)이 결정되었기 때문이다. 일본은 한반도 내 지역경제의 연결을 무시한 채 최단거리 노선을 선정하고 곡창지대 호남지방과 접하는 노선을 완성했다.[93] 부산~삼랑진~밀양~대구 구간도 1차 답사 때부터 고려된 대로 신속한 수송(군수, 군대, 상품)에 초점을 둔 가운데 최단거리 노선으로 선정되었다. 이 과정에서 일본이 군항으로 주목했고 특히 러일전쟁 발발로 더욱 중시된 마산과 일본을 연결하는 문제는 마산선(마산~삼랑진)을 경부철도 지선으로 연결하는 방식[94]을 통해 해결했다.

무상 또는 저임으로 부설공사에 동원된 한국인

여기에 공사 규모가 커지고 속성공사가 강조되면서 대규모 노동력 동원을 위한 일본의 강압이 심해졌다. 한국인들은 저임 또는 무상으로 동원되거나 철도국 하급직원으로 근무하면서 식민지배의 객체로 전락했다. 일제는 초기에 대한제국의 행정기구를 활용하는 방식을 취했다. 사실상 일방적 통보였지만 해당 지방관에게 노동력 동원에 필요한 '협조'를 구하는 절차를 밟기도 했다. 그러나 공사가 급박해지자 위협을 가하고 비협조적이거나 소극적 자세를 보이는 지방관의 즉각 교체를 한국 정부에 요구하기까지 했다.[95] 일본 토목회사 직원들이 일본군 비호를 받으면서 공사 지역의 지방관을 협박하여 노동자를 사실상 강제동원하는 일은 일상적이었다. 한국인들은 노동력뿐 아니라, 경부철도주식회사와 토목회사의 직원이나 일본인 노동자들에게까지 숙사와 음식을 제공했다. 일제는 철로 침목 조달을 위해 한반도의 삼림도 마구잡이로 벌채했다.[96]

이러한 상황은 러일전쟁 후 더욱 악화되었다. 1905년 8월 개성부주차(駐箚)일본군사령부는 부윤, 군수와 철도공사 노동자 수급에 관한 15개조 계약을 체결했다. 공사 지역의 부윤과 군수는 군사용 철도 수리 및 공사에 필요한 인부를 공급하고(제1조) 인민의 성명부(姓名簿)를 만들어 일본군사령부에 제출해야 했다(제2조). 이를 게을리 하면 부윤과 군수는 처벌을 받아야 했다(제5조).[97] 특히 제2조 사항은 일본군이 노동력 징발 외에 지방행정을 장악하기 위한 자료수집의 성격도 지녔다. 한국의 주권은 이미 상실된 상태였다.

러일전쟁기에 임시군용철도감부가 지휘·감독하고 일본군 공병대대가 부설한 경의철도는 대부분 부역노동으로 공사를 강행하여 폭력의 강도가 특히 심했다. 한국인 노동자는 미숙련 분야에 집중 고용되었고 임금은 일본인의 1/3 정도에 불과했다. 공사장 연선의 노동자조차 한국인 임금은 일본인의 절반 정도에 불과했다. 노선 개량공사 때에는 겨우 30~40전 일당을 받았다. 1904년 한성의 일가족 평균생활비는 67전 정도였다. 중간관리자를 거치면서 임금이 2~3전씩 공제되고 경우에 따라 10~16전이 공제되어 최종적으로 하루 여비도 안 되는 임금을 받는 경우가 허다했다. 더구나 임금은 현금이 아니라 일본군 편의를 위해 한전증표(韓錢證票) 또는 군용수표(軍用手票)로 지급되는 경우가 많았는데 일본은 부설공사가 끝나자 이러한 수표의 교환을 금지시켰다.[98] 결국 무상노동이 된 것이다.

일제의 대륙침략 통로가 된 한반도철도

1) 일제가 부설한 한반도 최초의 철도, 경인철도

1899년 9월 18일 한반도에서 최초로 철도가 부설되었다. 제물포~노량진 구간(33.8km)을 잇는 경인철도였다. 그러나 부설 주체는 일본(경인철도합자회사)이었다. 경인철도는 러시아와의 전쟁에 대비하여 한성으로 들어오는 길목 교통로를 장악하기 위해 일본이 해외에 최초로 부설한 철도였다.

일본은 청일전쟁 직후 경부·경인 철도부설권을 '잠정' 장악했다. 그러나 전승을 만끽하기도 전에 삼국간섭이라는 상황을 맞았다. 이 틈을 타고 조선정부가 경인철도 부설권을 미국인 모스에게 넘겨주자 일본은 미국에게 공동부설안까지 제안하면서 부설권을 다시 장악하기 위해 경인철도인수조합을 조직했다. 결국 부설권을 팔아 차익 챙기기에 관심이 컸던 모스와 경인철도인수조합은 다음과 같이 계약 내용을 조율했다.

① 철도 건설은 모스의 계획에 따르되 완성 후 일본에게 양도하고 일본인이
공사 감독을 하며 기공은 1897년 4월 1일, 준공은 1898년 3월 31일로 한다.

② 철도는 광궤 단선으로 하고 총대금 미화 97만 5천 불, 즉 약 2백만 원을
　 모스에게 양도한다.
③ 완공 후 모스는 전권을 일본에 넘긴다.[1]

　요컨대 모스가 조선 정부로부터 인정받은 경인철도에 관한 모든 권리와
재산을 부설 후 경인철도인수조합에 매각 양도한다는 것이었다.
　이 조율에 따라 일본정부의 지원을 받은 경인철도인수조합은 모스와 인
수계약(1898.5.10)을 맺었다. 일본은 계약금으로 5만 달러(일화 10만 3,626
엔)를 지불했는데 모스가 기탁금 30만 달러 전액을 주지 않으면 계약을 해
지하고 경의철도 부설권자인 프랑스인 그릴(Grille)에게 300만 원에 전매하
겠다고 위협했다.[2] 모스는 능수능란했다. 결국 조합은 일본의회의 승인을
받아 1898년 12월 170만 2,452원을 지불하고 비로소 양도증서를 넘겨받았
다.[3] 일본은 이처럼 대한제국 성립 후 입지가 약화된 상황에서도 모스의
자금난 사정과 속내를 파악하여 빠른 시간 안에 경인철도 부설권을 다시
장악하고 대한제국과 「경인철도합동조약」을 체결했다. 이전의 불평등계약
을 답습한 이 조약의 주요 내용은 다음과 같다.

① 철도 건설과 운용에 필요한 용지를 정부가 사들여 철도회사에 빌려주고
　 교통권 대여에 대한 보수로 정부 우편물, 한국군인 및 군수품의 무료 수
　 송 허용
② 철도 공사용 운전용 재료의 수입에 대한 비과세
③ 철도 건설 완성 후 15년이 경과되면 한국정부가 철도 및 전 재산을 당시
　 시가로 매수할 것[4]

　대한제국은 철도부설 용지를 사서 '빌려주기만' 할 뿐, 정부우편물이나
군인 및 군수품의 무료수송 외에 경영권이나 감독권 등에 대해 아무 권한
도, 부지 대여료조차 없는 계약을 체결한 것이다.

▲ 경인철도 개통식(1899년 11월 12일)

　경인철도인수조합은 경인철도를 매수한 후 1899년 들어 공사를 재개했다(1899.1.1). 3월에 설립된 경인철도합자회사(1903년 9월 23일, 경부철도주식회사에 합병됨)는 일본정부 예산 180만 원, 자본금 72만 5천 원을 확보했다. 1899년 4월 23일 인천에서 성대한 기공식을 거행하고 6월부터 부설공사에 착수하여 6월 19일 열차 운행을 시작했다. 그리고 9월 18일 전구간(제물포~노량진) 영업이 시작되었다. 제물포와 노량진에서 오전, 오후 각 1회씩 발차했고 소요시간은 1시간 40분이었다. 이듬해에 한강철교가 준공(1900.7.5)되어 노량진~용산 구간이 이어져 한성으로 직결되었다. 개통 당시 역은 7개(우각동, 인천, 부평, 소사, 오류동, 영등포, 노량진), 종사원은 119명, 최고속도 60㎞/h, 평균속도 30㎞/h이었다. 증기기관차 4대, 객차 6량, 화차 28량 등 총38량을 보유하고 3량의 객차를 연결하여 운행했다. 1등차는 외국인, 2등차는 내국인, 3등차는 부녀자 전용이었다. 한강철교 준공 이

후 1일 3회 왕복 운행으로 늘어났다. 요금은 1등 1원 50전, 2등 80전, 3등 40전이었다.[5]

일본이 경인철도 부설에 집착했던 대표적 이유는 두 가지를 들 수 있다. 첫째, 경부철도 부설권을 장악하기 위한 전 단계였다. 이 점과 관련하여『인천부사(仁川府史)』(松島淸, 1933)는 경부철도를 장악하기 전에 먼저 경인철도 부설에 착수하여 한국에서 일본의 국방 및 경제적 경영의 기초를 공고히 하고 일본의 국책에 순응하도록 해야 한다고 기술했다. 둘째, 일본에게 경제적 실익이 컸다. 수도인 한성과 가장 가까운 개항장 인천에는 이미 일본인들이 대거 거주하고 있었다. 이들은 일본정부에게 경인철도 부설을 강하게 요구했다. 일제로서도 인천~한성 구간 교통로를 장악하여 일본인의 경제력을 확대할 필요가 있었다. 모스가 경인철도를 부설하더라도 자재 조달을 위해 일본인 토목업자가 건설공사에 참여할 여지도 매우 컸다.[6]

실제로 일본 상인들은 경인철도 개통으로 얻게 될 경제적 효과에 기대감이 컸고 상당 부분 충족되었다. 첫째, '수송비 절감 → 수입품 가격 인하'라는 연쇄효과를 불러왔다. 한강 수운에 의존하던 한성~인천 구간 수송비가 철도 개통으로 절감되었기 때문이다. 경인철도는 신속함과 안전성의 장점을 살려 화물수송을 대거 흡수했다. 한성에서는 수입품 가격이 한성~인천 구간의 운임 차액 이상으로 비쌌지만, 경인철도 개통으로 한성의 일본상인들이 경인철도합자회사와 운임 인하까지 교섭하여 가격경쟁력을 크게 높였다. 둘째, 금융에 미치는 영향도 컸다. 수운은 한강이 어는 기간인 3개월 동안 두절되었다. 이 때문에 상인들은 거액을 들여 화물을 미리 사두어야 했는데 철도 개통으로 그럴 필요가 없어졌다. 일본에서 수입하는 화물의 가격환전도 인천에서 이뤄졌지만, 철도 개통 후에는 한성에서 직접 이뤄졌다.[7]

2) 일본의 '애국철도', 경부철도

한반도 종관철도의 축, 경부철도 장악에 집요했던 일본

일본은 비교적 쉽게 경인철도 부설권을 다시 장악했다. 그러나 정작 일본이 가장 중시했던 경부철도 부설권의 추이는 삼국간섭 이후 일본에게 계속 불리하게 흘러갔다. 무엇보다 러시아의 견제가 커서 경부철도 부설권의 향방은 국제정치적 문제로 부각되었다. 청일전쟁 후 열강들의 각축에서 밀리는 형국을 보인 일본으로서는 버거운 형편이었다. 프랑스의 피브릴르 상사는 이미 부설권을 쥔 경의철도 외에도 한성~공주, 한성~원산 구간(경원철도)에도 관심을 드러냈다. 독일도 한반도를 횡단하는 철도가 되는 한성~원산, 평양~원산 구간에 깊은 관심을 보였다.

이러한 상황에서 일본에서는 경부철도 부설권을 다시 장악하기 위해 1896년 7월 6일, 시부사와 에이이치를 비롯해 다케우치 츠나, 오오미와 초베에 등 정상(政商)자본과 거류민단 155명이 경부철도주식회사발기위원회를 조직했다. 7월 17일에는 대표를 조선에 파견하여 외무대신 이완용과 부설권 교섭에 적극 나섰다.

일본은 러시아와의 조율에도 적극 나서 외무대신 니시도쿠 지로(西德二郞)가 도쿄에서 주일 러시아 공사 로젠(Roman Romanovich Rosen)과 '만한(滿韓)교환론'에 입각한 「로젠-니시협정」(1898.4.25)을 체결했다. 경부철도 부설권 장악에 유리한 국제정세를 조성하기 위해서였다. 협정의 골자는 다음과 같다.[8]

① 일본과 러시아 정부는 한국의 주권과 완전한 독립을 인정하며 한국의 국내문제에 직접 개입을 자제한다.
② 한국이 일본이나 러시아에 조언과 협력을 요구할 경우, 군사교관과 재정고문 임명에서 상호 의견이 일치하지 않으면 어떠한 수단도 취하지 않는다.

③ 한국 거주 일본인과 일본의 상공업 회사들이 한국에서 상권이 확대되는 상
황을 직시하고 러시아 정부는 한일간의 상공업 발전을 저해하지 않는다.

한국과 만주를 두고 러일 간의 일시적인 나눠 먹기식 담판이었다. 이 무
렵 러시아는 한국에 대한 지배력을 적극 관철시킨다는 방침에서 일시 물러
서는 제스처를 취했다. 불과 한 달 전 러시아가 랴오둥반도를 강점하자 다
른 열강의 견제가 심해진 상황을 의식할 필요가 있었기 때문이다.[9] 그러나
당시 조선정부에는 '삼국간섭'과 아관파천(1896.2.11~1897.2.20)을 계기로
친러파가 득세하고 니시첸스키(Nisichensky)가 함경북도 경원과 경성의 광
산채굴권(1896.4)을, 블라디보스톡 상인 브린너(Bryner)가 두만강, 압록강
유역과 울릉도 삼림채벌권(1896.9)을 장악하는 등 이미 러시아의 한반도정
책은 유리한 고지를 점령한 상황이었다. 실제로 이후 러일전쟁 때까지 러
시아의 한반도 지배 욕구는 결코 주춤한 적이 없었다. 만주 지배정책은 더
욱 적극적이었다. 특히 중국의 반외세운동인 의화단사건(1899.11~1901.9)에
군사적으로 개입한 제국주의 8개국[러·일·독·영·미·프·伊(이탈리
아)·墺(오스트리아)] 가운데 러시아는 만리장성까지 철도연장 부설권을
장악했고, 철도 보호를 명분으로 만주에 군대까지 주둔시켰다.

대한제국은 이런 상황에서 열강의 영향력에 휘둘리면서도 대일교섭 담
당자를 교체함으로써 경부철도 부설권을 집요하게 요구하는 일본과의 협
상을 지연시켰다. 그러나 「로젠-니시」협정으로 한반도에 대한 러시아의 직
접적 간섭을 제거한 일본은 대한제국에게 부설권을 둘러싼 「세목협정」을
체결하도록 강압했다. 주한공사 가토 마쓰오(加藤增雄)는 일본정부에 군함
을 한반도 해역에 파견하도록 요청하면서 협정이 조기 타결되지 않으면 '조
일잠정합동조관'에 따라 부설에 착수하겠다고 윽박질렀다. 일본정부는 이
와 더불어 청을 방문 중이던 이토 히로부미(伊藤博文)를 대한제국에 파견
하여 부설권 문제를 매듭짓도록 종용했다. 결국 일본은 한국정부와 「경부

철도합동조약」(1898.9.8)을 체결했다.10) 「경인철도합동조약」을 체결한 직후였다.

전형적인 불평등조약인 「경부철도합동조약」의 내용은 다음과 같다.11)

① 철로 폭은 경인철도에 준하고 부지, 정거장, 창고 등에 필요한 토지는 한국이 제공한다.
② 건설에 소요되는 기구 등을 수입할 때는 관세를 면제하며 그밖에 철도에 관계되는 징세도 면제한다.
③ 철도 건설 노동자의 9/10는 한국인을 고용하고 외국인 고용 시 준공 후에는 반드시 본국으로 송환하며 그들이 입출항 할 때 해관에서 이름을 조사하여 잔류자가 없도록 한다.
④ 지선 부설에 타국 정부와 국민은 불허한다.
⑤ 조약 체결 후 3년 이내에 회사(경부철도주식회사: 필자)를 설립하고 기공하며 기공 후 10년 내에 준공해야 한다.
⑥ 철도 준공 후 15년 말에 한국정부가 이 철도를 매수할 수 있되 불가능할 때에는 매 10년간 연기할 수 있다.
⑦ 한국민이나 한국 회사는 철도회사 주주가 될 수 있으며 어떠한 경우에도 제3국인에게 양도할 수 없다.

이 조약에 따르면 한국정부는 부설용지를 제공하면서도 부설 관련 물품에 대한 징세권도 없었다. 준공 후 15년 내에 한국정부가 매수할 수 있다는 규정은 실현될 전망이 없었다. 경부철도주식회사가 설립되면 한국 정부나 한국인은 주주가 될 수 있지만, 주식을 제3국인에게 팔 수 없어 주식매매의 자유도 부정되는 등 사실상 아무런 권리도 보장받지 못했다.

일본의 '애국' 캠페인 이벤트, 경부철도주식회사 주주모집

한편 만주에서는 러시아가 시베리아횡단철도의 지선인 둥칭철도를 부설

하면서 영향력을 확대해 갔다. 일본 사회에서는 러시아에 대적하기 위해 경부철도를 일본이 반드시 장악해야 한다는 여론이 빠르게 확산되어 갔다. 여기에 경의철도 부설권자인 피브릴르 상사가 러시아 정부의 위장회사라는 헛소문까지 나돌았다.[12] 일본은 더욱 초조해졌다.

일본은 1896년 7월 경부철도주식회사 창립발기인총회를 열고 부설권 교섭에 적극 나섰다. 이후 「경부철도합동조약」 ⑤항(계약 체결 후 3년 이내에 회사를 설립한다)에 따라 경부철도주식회사 발기인총회가 개최(1900.2.12)된 이듬해에 경부철도주식회사가 설립(1901.6.25)되었다. 1902년에 경부철도주식회사는 경인철도합자회사를 인수하여 경인·경부 두 철도의 운영권을 통합했다.[13]

일본정부의 국책회사인 경부철도주식회사는 천황가로부터 화족(華族), 정상자본가, 시골촌장과 일반국민에 이르기까지 일본의 전 신민(臣民)을 대소 주주로 포섭했다. 일본 전역에 걸쳐 벌어진 경부철도주식회사 주주모집 캠페인은 한반도와 대륙 침략을 위해 일본 사회를 결집시키는 정치적 이벤트로 기능했다. 일본에게 경부철도는 단순히 한 국책회사의 영리를 위해 외국에 건설하는 철도가 아니고 한반도지배와 대륙침략을 이끄는 대동맥이었다. 이에 대한 투자야말로 일본인의 '애국' 행위라고 선전된 캠페인은 큰 효과를 거둬 외채 한 푼 없이 자본금 2,500만 엔 전액을 조달할 수 있었다.[14] 오오에 다쿠(大江卓), 시부자와, 오오미와, 다케우치, 갑신정변 전후 과정에 개입했던 이노우에 가쿠고로(井上角五郎) 등이 자본금 모집 방법을 논의했지만,[15] 일본경제의 침체 때문에 아무 대책 없이 때를 기다려야("徒俟時機") 할[16] 정도로 자본 모집이 순조롭지 않아 회사 출범 자체가 지체되고 있던 상황을 '애국' 캠페인이 일거에 타개한 것이다.

일본 제국의회도 경부철도주식회사와 투자자에게 큰 혜택을 제공하는 법안을 입법하여 힘을 보탰다. 1900년 2월 귀족원과 중의원은 「외국에서 제국신민의 철도부설에 관한 법률안」을 제정하여 경부철도주식회사에 대해서는 국내 상법을 적용하지 않고 자본금의 1/4 불입, 제1회 주식 불입만으로 회사 설립이 가능하도록 했다. 또한 불입자본금의 10배에 달하는 사채(社債) 모집까지 가능하도록 자금조달의 기회를 열어줬다. 1900년 9월에는 「경부철도주식회사에 대한 특별보조명령」을 통해 경부철도주식회사의 주식과 사채에 대해 15년간 연 6% 이자 지급도 보증했다.[17]

　그만큼 경부철도 부설은 일본에게 절대절명의 국가적 사업이었다. 일본 사회에서 그렇게 선전되었다. 일본 제국의회의 전폭적 지지는 일본인들에게 경부철도 부설이 일본의 국방·경제상 필수불가결할 뿐 아니라 안전한 투자대상이라는 인식을 강하게 심어줬다. 일본 황실과 정부가 중심이 되어 자본모집에 나선 결과 광범위한 계층을 주주로 포섭할 수 있었다. 일본의 한반도철도 부설권 장악이 일본의 제국주의화를 '애국심'으로 뒷받침하는 결과를 낳은 것이다. 경부철도주식회사는 일본의 대외침략을 실행하는 '애국기업'의 상징이었다.

　주식, 사채 모집에서 일본정부가 2중 3중으로 특혜를 제공한 가운데 일본과 대한제국 황실의 주식소유가 1, 2위에 달하고, 정책금융기관(日本興業銀行이나 橫賓正金銀行)이 사채를 일부 인수했다. 정부자금이 컸던 경인철도와 달리, 경부철도는 총 건설자금 1,878만 엔 중 정부자금이 378만 엔(보조금 220만 엔, 무이자 대부금 158만 엔)에 불과했다. 나머지는 주식조달(2,500만 엔 중 불입금액 1,500만 엔)과 금융기관이 인수한 사채(1천만 엔)로 조달했다. 이 가운데 주식모금 비중이 압도적이었다. 초기 불입자본 소유주(1,500만 주) 구성을 보면 일본 황실 5천주, 대한제국 황실 3,500주, 발기인(190명) 평균 173.9주, 대부분 소액주주인 일반대중(5,759명) 평균 10.8주 등이었다.[18] 주식투자자의 중심은 한일 양국의 황실과 일본의 정상자본가들이었다. 한반도를 둘러싼 국제정세가 일본에게 유리하지 않은 상황이었는데도 주권국가였던 대한제국의 황실은 일본의 '애국' 캠페인을 위한 자금동원 대상으로 전락한 것이다.

일본의 러일전쟁 수행을 위한 최단거리 속성 건설

　일본은 경부철도 노선 선정을 위해 1892년 이래 다섯 차례나 현지답사를 하면서 노선을 계속 수정했다. 1차 답사 때 정한 구간(서울~용인~죽산~청주~문의~상주~대구~밀양~삼랑진~부산진)은 기존 교통로에서 인구, 경작지, 물산 등을 검토한 후 한반도 남부의 경제적 중심지역을 일본의 군사 · 경제적 이해관계에 종속시키도록 선정한 것이었다. 그 후 1894년 청일전쟁 와중에 일본 군부는 신속한 병참수송을 위해 2차 답사를 실시했다. 이때는 한성~부산 구간 최단거리 연결을 목적으로 중간 지점에 추풍령을 횡단하여 영동을 경유하는 노선을 정했다.[19]

　일본이 경부철도 부설권을 최종 장악한 이듬해인 1899년 3월 경부철도주식회사 발기인 시부자와 에이이치는 경부철도의 영리성에 주목하면서 시베리아횡단철도와 둥칭철도가 곧 개통되므로 경부철도를 빨리 부설해야 한다고 강조했다.[20] 이런 분위기에서 이뤄진 1899년 3차 답사 때는 상품유통이 활발한 경기도, 충청도, 경상도의 평야지대를 지나 충청도 서남지역으로 우회하는 노선을 선정했다. 전라북도 지역까지 최단거리 지선을 부설하여 일본으로의 농산물 반출 효율성을 중시했다. 그러나 러시아와의 전쟁을 대비한 1900년 4차 답사 때는 다시 군사적 필요에 따른 속성공사를 강조했다.[21]

　일본 중의원과 귀족원도 경부철도가 중국과 유럽 대륙으로 연결되는 아시아의 간선이라면서 1900년 2월 6일과 8일에 연이어 '경부철도 속성안'을 가결했다. 더구나 1901년 9월은 「경부철도합동조약」 ⑤항(계약 체결 후 3년 내에 부설을 시공해야 한다)에 따른 시공 만료시한이었다. 일본 정계에서는 8~9월의 홍수, 1~2월의 빙결로 측량이 불편하므로 특별조례를 설치하여[22] 부설을 서둘러야 한다는 분위기가 조성되었다. 이에 따라 경부철도 북부 지역은 군사적 필요를 우선하여 직행노선(전의~회덕~영동)을, 남부 지역은 평지 노선(대구~청도~밀양~삼랑진~초량~부산진)을 정했다. 장차

▲ 경부선 기공식(1901년 8월 21일)

"경의철도 부설권도 양수"받아 러일전쟁을 대비해야 하는 상황에서 일본의
정재계는 "상공무역 상 경영에 전력하여 평화적 국권을 확장"하기 위해 경
부철도 부설을 더 이상 미룰 수 없다고("無暇") 강조했다.23)

　경부철도주식회사는 1901년 8월 21일 영등포에서 북부기공식(영등포~명
학동 구간 공사 착공)을, 9월 21일 초량에서 남부기공식(초량~구포 구간 착공)
을 거행했다.24) 일본은 경부철도를 러시아와의 전쟁 수행에 필요한 병참로
로 활용하기 위해 속성 공사를 강행했다. 그러나 1902년 10월에 초량~구포
구간, 러일전쟁 도발 직전인 1903년 12월에도 한성~수원 구간 150여km를 부
설하는 데 그쳤다. 상황이 조급해지자 긴급칙령 제291호로 발포된 '경부철
도속성칙령'(1903.12.28)은 1904년 중에 부설을 완료하라는 명령과 함께25)
경부철도주식회사에 대한 일본정부의 감독권을 강화했다. 이런 상황에서

1903년에 이뤄진 5차 답사 결과도 경제성보다 군사적 필요에 따른 건설속도를 중시하여 최단거리 연결을 강조했다. 부산~한성~만주를 연결하는 운행시간을 최대한 단축하고 공사비 절약을 위해 북부지역은 군사적 필요를 중시한 4차 답사에서 정한 대로 직행노선(전의~회덕~영동)을 택했다.[26]

최종결정된 노선(남대문~수원~평택~천안~조치원~대전~영동~황간~김천~대구~삼량진~부산)은 경기도 서부지역을 종관하면서 남쪽으로 내려와 대전에서 경상도로 우회하는 노선이었다. 한성~부산 구간을 가장 빠르게 관통하는 노선이었다. 한반도 남부지방을 정치·군사·경제적으로 지배하고 일본과 시공간적으로 최대한 밀착시키는 데 주안점을 둔 노선이었다. 한성의 관문 인천과 일제 대륙침략의 일차적 교두보인 부산을 연결시켜 군사작전의 효율을 높이고, 전략적으로 우회로를 얻을 수 있는 노선이었다.[27] 철도주권을 빼앗긴 상황에서 경부철도 노선은 한반도의 정치, 사회, 경제적 필요는 배제된 채 일제의 대륙침략정책 수행을 최우선 목적으로 선정된 것이다.

▲ 남대문역에서 거행된 경부철도 개통식
(1905년 5월 25일)
출처: 철도청 편, 『(사진으로 본) 한국철도 100년』, 철도청, 1999, 171쪽(코레일 제공).

　러일전쟁은 일제가 경부철도 노선을 최단거리로 선정하는 결정적 배경으로 작용했다. 속성 부설을 강조한 것도 초기에 자금난으로 많은 시간을 지체한데다 러시아와의 전쟁 대비가 급선무였기 때문이다. 결국 경부철도는 속성 부설을 통해 1904년 11월 한성~대전 구간이 개통되었다. 난공사였던 대구~대전 구간이 가장 늦게 개통되었다. 일본이 뤼순을 함락하기 직전인 1905년 1월 1일에 영등포~초량 전구간(445.6㎞)이 개통되었다. 이를 기념하기 위해 일본 황족인 후시미노미야 히로야스(伏見宮博恭王)까지 방문했다.[28] 그 만큼 경부철도 완공은 일본이 군국주의 체제 구축을 마무리 짓는 일대 이벤트였다. 게다가 1905년 5월 27일 진해만에서 대기하고 있던 도고 헤이하치로(東鄕平八郞)의 일본연합함대는 24시간 계속된 해전에서 발틱함대를 격파하고, 함대사령관 로제스트벤스키(Rozhestvensky, Z.P.) 제독까지 포로로 잡았다. 그 이틀 전인 5월 25일 시공 3년 9개월 만에 남대문역에서 경부철도 개통식이 화려하게 열렸다. 러시아와의 전쟁에서 승리한 일본의 '대축제'였다.

3) 일제의 만주침략 직통로, 경의철도

차관을 통한 경의철도 부설권 장악

일제의 대륙침략 출발점은 한반도 종관철도인 경부·경의 철도를 매개로 일본과 아시아 대륙을 최단거리로 연결하는 철도망을 완전히 장악하는 것이었다. 경부, 경인 철도부설권을 장악한 후 러일전쟁에서 우세를 확보할 즈음 일본은 한반도 종관철도의 북부노선인 경의철도를 부설하여 만주지역 철도와 연결하는 데 주력했다. 경부철도와 함께 신의주에서 압록강을 건너 안평철도(安東~奉川)와 연결되는 경의철도 장악이 필수적이었기 때문이다.[29]

경의철도는 만주와 인접한 노선의 지리적 특성 때문에 1890년대 들어 한반도와 만주에 대한 지배권을 선점하려는 열강들의 치열한 다툼 대상이 되었다. 러시아와 일본이 이 노선 부설권을 둘러싸고 격하게 대립하고 프랑스와 영국이 이 두 열강을 후원하는 형국이 벌어졌다.

일본은 1892년 이래 프랑스와 동맹관계에 있는 러시아가 곧 만주횡단철도를 건설할 것이라고 예상하면서 이 철도가 시베리아횡단철도, 경의철도와 연결될 가능성을 크게 우려했다. 결국 경의철도 부설권의 향방은 러시아가 경의철도를 둥칭철도와 연결하여 만주에서 한반도까지 세력을 확장할 것인지, 아니면 일본이 경부철도와 경의철도를 연결하여 만주로 세력을 확장할 것인가를 판가름하는 문제가 되었다.[30]

경의철도 부설권을 가장 먼저 손에 쥔 열강은 프랑스였다. 정부가 청일전쟁이 끝나고 삼국간섭의 틈새 정세에 놓인 1896년 4월 프랑스공사는 한성~의주, 한성~공주 구간 부설권을 정부에 요구했다. 그 후 몇 차례 교섭 끝에 정부와 피브릴르 상사는 「경의철도합동조약」(1896.7.3)을 체결하였다. 조약 내용은 3년 내에 공사 시작, 9년 이내 공사 완료, 공사 완료 15년 후 정부가 경의철도를 구입한다는 것이었다.[31] 경부철도의 그것과 비슷했다.

일본에게는 뼈아픈 일이었다. 그런데 의외의 상황이 벌어졌다. 피브릴르 상사가 계약 후 3년째인 1899년 6월 30일까지 공사에 착수하지 못한 것이다. 이는 자금난 때문이기도 하지만, 프랑스의 아시아정책 전환으로 경의철도 부설로 얻을 수 있는 이익을 회의적으로 봤기 때문이기도 했다.[32] 그러자 피브릴르 상사는 부설권 매각을 위해 재빠른 접촉을 시작했다. 접촉 대상은 경의철도에 초미의 관심을 두던 일본과 러시아였다.

그런데 당시 러시아는 시베리아횡단철도 부설자금도 프랑스에 의존하는 상황이었다. 게다가 둥칭철도와 남만주지역 지선철도(뤼순~하얼빈) 부설 자금도 조달이 어려운 형편이었다. 이러한 상황은 일본에게 한반도 종단철도를 완전히 장악하는 절호의 기회가 되었다. 실제로 피브릴르 상사는 부설권 소멸 직전인 1899년 5월 말에 일본에게 부설권 매각을 시도했다. 그러나 양도조건 타협은 이뤄지지 않았다. 일본으로서는 피브릴르 상사의 요구조건이 과도했거니와 경부철도 부설자금도 '애국' 캠페인으로 조달하는 형편이었다. 부설권 시효가 얼마 남지 않은 상황에서 굳이 매수를 서두를 필요도 없었다.[33] 일본은 피브릴르 상사의 부설권 시효 만료 후 부설권 획득에 나서도 승산이 있다고 생각한 것으로 보인다. 게다가 일본이 경의철도 부설권을 매수하더라도 한국정부가 부설권 기한을 연장해줘야 하는 상황이었다.

러시아와 일본이 각자의 이해관계와 국내 상황에 따라 미적대는 사이에 피브릴르 상사는 아무 실익도 거두지 못한 채 계약기간 만료일을 맞았다. 결국 부설권을 반환해야 했다. 그런데 프랑스 공사는 한국정부에게 이후 철도를 부설할 때 프랑스의 물자를 사서 쓰고 프랑스인 기사를 고용해야 한다면서[34] 측량 등에 소요된 비용을 물자 구입과 프랑스인 기사 고용을 통해 배상해야 한다는 무리한 주장을 했다.[35] 이에 대해 정부는 공사착수 기한을 어겨 부설권을 환수한 것일 뿐 측량비는 거론할 바가 아니지만, 한국과 프랑스 사이의 교의(交誼)가 두텁고 프랑스 기사와 기계가 다른 나라보다 좋으니 피브릴르 상사의 의견을 수락한다고 답했다.[36] 프랑스의 요구를 사실상 수용한 것이다. 제국주의의 이해관계 추구는 이처럼 집요했다. 정부는 철도주권을 지키지 못한 채 이러한 요구에 끌려 다니고 있었다.

그런데 또 다른 상황이 전개되었다. 피브릴르 상사의 경의철도 부설권이 소멸된 지 8일이 지난 1899년 7월 8일, 정부가 절대로 외국인에게 매도하지 않는다는 조건으로 박기종의 대한철도회사에 부설권을 넘겨준 것이다.[37] 그러나 대한철도회사의 자금난으로 부설 착수가 미뤄지자 정부는 1900년 9월 내장원에 서북철도국을 설치하여 경의철도를 직접 건설하려 했다. 이 또한 자금난으로 성사되지 못했다. 일본은 이러한 상황을 잘 활용했다. 서북철도국을 형식적 감독관청으로 전락시키고 부설권자인 대한철도회사에 차관의 굴레를 씌워 합자 형식으로 지배하는 구상을 한 것이다.

실제로 대한철도회사는 정부에 경의철도 부설권을 다시 인정해달라고 요구했다. 결국 1903년 7월 13일 한성~평양 구간 부설을 대한철도회사에 맡긴다는 칙령이 내려졌다. 같은 해 8월 19일 서북철도국과 대한철도회사는 「대한철도회사전담협정」을 체결했다. 대한철도회사가 서북철도국이 부설하려 했던 한성~개성 구간 부설권을 인정받은 것이다. 그러나 그 직후인 1903년 9월 8일 대한철도회사는 일본제일은행과 「경의철도차관계약」을 체결했다. 일본은 차관을 통해 대한철도회사의 경의철도 부설권을 사실상 장악했다.[38] 당시 언론도 일본 정부가 경의철도 부설권을 갖게 되었다는 일본의 보도를 소개했다.[39] 한국 정부가 경의철도 부설권을 외국인에게 허가하지 않겠다는 의지는 부설권을 허가받은 대한철도회사의 자금줄을 일본이 장악함으로써 형해화되었다.

러일전쟁기 차관계약 폐기, 군용철도로서 경의철도 부설

일제가 경의철도 부설권을 장악하기 위해 금융을 통한 종속 방식을 취한 것은 미약하나마 대한제국의 주권이 존재했기 때문이었다. 그러나 러일전쟁을 계기로 일제는 이러한 형식적 절차마저 제거한 채 노골적인 폭력을 앞세우면서 자의적으로 경의철도 부설에 나섰다.

1900년 들어 경의철도 부설권을 둘러싼 러일 간의 대립은 전운을 풍기면서 훨씬 심각해졌다. 러시아는 '의화단사건'(1899.11~1901.9)을 계기로 더욱 적극적으로 만주 지배정책을 강행했다. 일본 또한 1901년 9월 고무라 주타로(小村壽太郎) 외상이 취임하면서 경의철도 부설권을 장악하기 위한 시도를 구체화하고[40] 제1차 영일동맹(1902.1)을 체결하는 등 한반도와 만주 지배에 우호적 국제환경을 조성하는 데 주력했다. 러일관계는 극도로 악화되었다. 대한제국은 1903년 용암포에 대한 러시아의 조차(租借) 요구와 일본의 개항 요구를 동시에 접하는 곤혹스러운 처지에 놓인 가운데 러일전쟁 발발 직후인 1904년 3월 일본의 강압에 밀려 용암포를 개항장[通商口岸]으로 선언했다.

당시 러시아는 일본의 이익 범위에서 만주를 제외하는 방안으로서 한반도의 39도선 이북 지역 중립화안을 일본에 제안했다. 그러나 당시 일본은 경의철도를 만주지역으로 연결하는 데 집중했다. 이에 따라 일본은 39도선 이북 지역 중립화안을 철회할 것, 만주로의 경의철도 확장을 방해하지 말 것, 만주에서 일본인의 상업 자유를 인정할 것 등을 러시아에 요구했다. 만주에서의 러시아군 철수까지 요구하면서 경의철도 부설권 장악에 박차를 가한 것이다. 결국 러일 간에 39도선 이북 중립화안과 만주지역으로의 경의철도 연결 문제를 쟁점으로 한 6개월간의 협상은 결렬되었다. 그 결과 러일전쟁이 발발했다. 일본은 선전포고 3일 전인 1904년 2월 6일, 군대(군수) 수송을 위한 군용철도로 경의철도를 부설하기로 자의적으로 결정하고 육군병참총감 휘하의 임시군용철도감부를 편성(2.21)했다.[41]

이틀 후 「한일의정서」 체결(1904.2.23)을 통해 일본정부는 한국정부에 경의철도 군용화 방침을 '통고'했다.[42] 대한제국의 주권은 사실상 완전히 부정되었다. 「한일의정서」 전문 6개조의 내용은 다음과 같다.

> 제1조 한일 양국 사이의 항구적이고 변함없는 친교를 유지하고 동양(東洋)의 평화를 확립하기 위해 대한제국 정부는 대일본제국 정부를 확신하고 시정(施政) 개선에 관한 충고를 받아들인다.
> 제2조 대일본제국 정부는 대한제국 황실을 확실한 친의(親誼)로서 안전 강녕(安全康寧)하게 한다.
> 제3조 대일본제국 정부는 대한제국의 독립과 영토 보전을 확실하게 보증한다.
> 제4조 제삼국의 침략이나 내란으로 인해 대한제국 황실의 안녕과 영토의 보전에 위험이 있을 경우 대일본제국 정부는 속히 정황에 따라 필요한 조치를 취할 수 있다. 그러나 대한제국 정부는 앞에 말한 대일본제국의 행동이 용이하도록 십분(十分) 편의를 제공한다. 대일본제국 정부는 앞항의 목적을 이루기 위해 군략(軍略)상 필요한 지점을 정황에 따라 차지(借地)하여 이용할 수 있다.

제5조 대한제국 정부와 대일본제국 정부는 상호 승인을 거치지 않고는 앞으로 본 협정의 취지를 위반하는 협약을 제삼국과 맺을 수 없다.

제6조 본 협약에 관련되는 미비한 세부 조항은 대일본제국 대표자와 대한제국 외부대신 사이에서 그때그때 협정한다.[43]

가장 문제가 되는 조항은 제4조였다. 일본군에게 병력이동과 토지수용 권한을 부여함으로써 일본군이 전쟁 수행에 필요하다고 판단하면 한국의 영토와 시설을 자의적으로 사용할 수 있게 된 것이다.

4일 후 일본공사는 정부에 경의철도를 속성 건설해 일본군의 수송을 원활하게 할 수 있도록 부설권을 넘기라고 통고(2.27)했다.[44] 이후 일주일도 안 되어 임시군용철도감부 소속 철도대대가 인천에 상륙했다(3.4). 일제에게 거추장스러운 절차였던 '경의철도차관계약'은 일방적으로 파기(3.12)되었다. 용산~개성 구간 공사가 착수되자마자 임시군용철도감부는 한국주차군사령관 휘하로 전속(3.14)되었다. 나아가서 대한철도회사가 부설권을 갖고 있던 경원철도를 군용철도로 부설한다는 결정(8.27)에 이어 일본공사는 한국 정부에 마산선(삼마선의 개칭: 마산포~삼랑진)까지 군용철도로서 부설에 착수한다고 통고(9.14)했다.[45] 영남지선철도회사가 1901년에 부설권을 허가받았던 마산선까지 일본군이 군용철도로 접수한 것이다.[46] 마산은 한국과 일본을 연결하는 요충지로서 일제가 진해와 더불어 한반도 남부해안에서 군사적으로 중시했던 항구였다. 철도주권의 상실은 일본의 대륙침략 필요에 따라 한반도철도 노선이 결정되고 대일종속적 경제구조가 고착되는 결과로 이어졌다.

이듬해 1905년에 평양~신의주 구간 운행(1.26)이 시작되었고 대동강철교 준공(3.29) 후 용산~신의주 구간 연락운전이 개시(4.28)되었다. 1906년에는 난공사였던 청천강철교 준공(2.25)으로 한성(용산)~신의주 전구간이 개통(4.3)되었다.[47] 일본군은 중국을 왕래하던 조선왕조 사신들의 행로와 대체로 일치시켜 최단 거리로 경의철도를 부설했다. 경부철도가 5차례에 걸친 노선답사와 측량이 이루어진 것과 대조적이었다. 전쟁 수행이라는 긴급한 군사적 필요에 따라 한성~신의주 구간을 중국의 안펑철도와 연결시킨다는 의도로 속성 부설된 것이다.

▲ 1906년 군용철도 시대의 평양역
출처: 철도청 편, 『(사진으로 본) 한국철도 100년』, 철도청, 1999, 93쪽(코레일 제공).

碑 念 紀 設 創 道 鐵 義 京
(前 驛 壤 平)
築建日十二月六年十四治明

▲ 평양역 앞의 경의철도 창설기념비
출처: 森尾人志, 『朝鮮の鐵道陣營』, 1936년(국립중앙도서관 소장).

실제로 경의철도 부설기간은 733일에 불과했다. 하루 평균 730m를 부설한 셈이었다. 공사기간을 줄이기 위해 큰 터널은 파지 않고 우회했다. 급조한 교량은 졸속 공사로 이뤄질 수밖에 없었다. 부지를 무단 강점하고 군대까지 투입해서 부설함으로써 공사비를 최소화했다. 그러나 이후 대대적인 개량공사를 피할 수 없었다.

4) 일제의 한반도철도 '국유화'와 5대 간선철도망 구축

만주지역 철도와 연결하기 위한 철로 궤간, 궤조 선정 및 교체

일제의 한반도 종관철도(경부~경의) 장악 정책은 한반도를 넘어 만주 침략을 위한 병참간선의 확보가 주요한 목적이었다. 한반도와 중국대륙에 대한 일본의 침략 구상에 가장 큰 장애였던 러시아와의 전쟁에서 우세를 확보할 즈음 일제는 종관철도 북부노선인 경의철도를 만주지역 철도와 연결하는 데 중점을 두었다.

러일전쟁 후에도 일본 육군은 러시아의 잠재력을 계속 의식하고 경계했다. 1906년에 한반도철도와 만주지역 철도를 연결시켜야 '일-선-만'을 연결한 공간에서 러시아에 대한 군사 · 경제적 지배력을 확보할 수 있다고 강조했다. 지창철도(吉林~長春)를 둔화(敦化), 궈쯔지에(國子街: 延吉), 훈춘(琿春)으로 연장하면 만주에서 일본의 세력권을 넓히고 우수리 지역에서의 군사작전도 유리하게 이끌 수 있다는 것이다. 나아가서 이 철도를 한반도의 나진이나 웅기로 연결하면 둥칭-안펑 두 철도 노선과 연계되어 쑹화(松花)강 이남에서 러시아의 작전을 무력화시킬 수 있다는[48] 판단이었다.

특히 육군 군벌 리더인 야마가타 아리토모(山縣有朋)는 한반도 '병합' 후에 작성한 「군사상 요구에 기초한 조선, 만주에서의 철도경영 방책 의견서」

(1911.6)에서 시베리아철도 복선이 완성된 후 만주지역에서 전쟁이 일어나면 일본의 수송력이 러시아보다 열세에 놓이기 때문에 일본이 한반도 종관철도, 안펑철도, 만주북부 철도를 군대수송 간선으로 반드시 장악해야 한다고 강조했다. 실제로 야마가타의 구상은 이후 일제의 한반도 철도정책에서 뼈대가 되었다.[49] 이에 따라 야마가타의 심복인 테라우치 마사타케가 조선총독(1910.10~1916.10)으로 재임한 동안에는 한반도~만주 철도 연결을 위해 궤간을 같게 하는 개수공사가 이뤄지고 한반도~만주 직통열차도 개통되었다.[50]

철도부설에서 중요한 기술적 요소로 열차의 크기와 중량을 결정하는 궤간(철로의 폭)과 궤조(레일, 鋼材의 자재)의 선정 문제를 들 수 있다. 제국주의의 이해관계에 따라 한반도철도의 궤간 및 궤조가 바뀌어간 과정은 한국근대사의 한 특징을 그대로 상징한다.

원래 조선정부는 1896년 7월에 공포한 「국내철도규칙」에서 표준궤를 채택했다. 이는 당시 중국의 철도나 경인철도 부설권을 갖게 된 미국의 철도가 표준궤였던 것과 관련을 가진다. 그러나 시베리아횡단철도~경인철도의 연결을 고려한 러시아의 압력으로 같은 해 11월 칙령 제32호를 통해 광궤, 60파운드 궤조로 바꿨다.[51] 시베리아철도 및 둥칭철도의 궤간과 일치시키기 위해서였다. 이러한 궤간, 궤조의 변동은 일본을 긴장시켰고[52] 결국 미국과 일본에 의하여 무산되었다. 이후 일본은 1898년 「경부철도합동조약」을 통해 경부철도가 대륙의 철도와 연결되는 국제간선이라고 주장하면서 표준궤로 다시 수정했다.[53]

애초에 일본은 부설 기간과 비용을 절약하고 자국에서 사용하고 있어 유사시 일본 자재만으로 부설할 수 있는 협궤, 50파운드 궤조를 구상했다. 그러나 대륙침략을 구상하던 군부의 의도대로 표준궤와 카네기 철강회사로부터 수입해야 하는 75파운드 궤조를 선정했다.[54] 당시 만주에는 영국이 부설한 징펑철도(北京~奉天)가 있었다. 그러나 일본은 러일전쟁 후 만주-

한반도를 연결하는 교통로로서 안펑철도 부설권을 장악한 후 러시아가 광궤로 부설하려고 했던 안펑철도를 표준궤, 75파운드 궤조로 바꾸었다. 안펑철도는 러일전쟁 때 일본 육군 임시군용철도감부가 군용 경편철도(궤폭 2피트 6인치)로 급하게 건설한 것이어서 한반도철도와 연결시키려면 궤간 및 궤조 교체작업이 필요했다. 전쟁이 끝난 후 임시군용철도감부가 해산되어(1906.9.1) 안펑철도 관리 주체는 야전철도제리(提理)부로, 다시 9개월 후에 남만주철도주식회사로 이관(1907.4.1)되었다. 1909년 8월부터 궤간을 표준궤로 교체하는 작업이 착수되어 압록강철교 완공으로 전 구간이 표준궤로 개통(1911.11.1)되었다. 이튿날부터 경성~펑텐 간 직통열차가 운행되었다.55) 일제는 궤간과 궤조를 교체함으로써 경의철도~안펑철도~징펑철도로 이어지는 만주침략의 노선을 완벽하게 장악할 수 있었다. 남만주의 중심 펑텐, 중국의 수도 베이징과 한반도의 끝, 부산이 하나의 노선으로 연결되어 일본과 이어진 것이다. 한반도철도는 일제의 대륙침략 통로로 전락했다.

일본 정부 소유('국유')가 된 한반도철도

일제는 러일전쟁기를 전후하여 신속하게 한반도 남북을 종관하는 1,000km 이상에 이르는 경부·경의 철도를 부설했다. 1899년 9월 경인철도 개통을 시작으로 1905년 12월에는 경부철도의 지선인 삼마선까지 개통되었다. 통감부 설치(1906.2.1) 이전에 이미 일제는 한반도철도의 운영과 운수정책을 완전히 장악했다. 그러나 러일전쟁기에 병력 및 군수 수송을 위해 속성으로 부설한 한반도철도 운영을 체계화할 필요가 있었다.

러일전쟁 이후 일본 정부 내에서는 한반도철도에 대한 일원적 지배 방식을 두고 내각과 군부의 이해관계에 따라 격론이 벌어졌다. ① 경부·경의·삼마 철도를 모두 체신성이 경영하는 안, ② 경부철도를 국유화하여 군용철도로 만들어 육군성이 경부·경의·삼마 철도를 모두 장악해야 한다는 군부의 주장, ③ 외형상 민간자본인 경부철도주식회사가 경의·삼마 철도를 매수하여 일괄 경영하자는 대장성 안 등 세 가지 안이 거론되었다.[56]

일본 정부는 이 가운데 1905년 8월 경부철도주식회사를 인수하여 경부철도를 일본 정부의 소유('국유')로 전환한 후 체신성이 한반도철도를 일괄 경영하는 방침을 결정했다. 이는 당시 일본에서 추진되고 있던 철도국유화 정책에 조응한 것이었다. 결국 한반도철도는 통감부 설치 직후인 1906년 7월 15일 경부철도주식회사가 통감부 철도관리국(1906.7.1)에 매수되는(총 연장 1,020.6km, 매수가격 20,123,800원) 형식으로[57] '국유화'되었다. 경부철도주식회사에 흡수된 경인철도도 자동적으로 '국유화'되었다.

동시에 「경부철도합동조약」 등 한국 정부와 체결한 이전의 철도 관련 계약도 일방적으로 폐기되어 휴지조각이 되었다. 한국 황실까지 주주로 참여한 경부철도주식회사가 '국유화'됨에 따라 한국인 주주의 권리도, 한국 정부의 경부철도 매수권리도 사라졌다. 「경부철도합동조약」에 따르면 일본은 15년간 영업권을 가진 것이었을 뿐 궁극적 소유자는 대한제국이었다. 경의철도와 삼마선은 러일전쟁을 틈 타 일본군이 사실상 토지를 몰수하고 한국인을 동원하여 군용철도로 부설되었지만, 전쟁 후 일정한 매수절차를 통해 대한제국에 반환되어야 했다. 그러나 한반도철도가 일본정부의 소유('국유')로 전락하면서 이러한 전제조건 역시 일방적으로 폐기되었다.

이에 대해 아무런 대응수단도 발휘하지 못한 대한제국의 철도주권은 완전히 상실되었다. 일제는 통감부 철도관리국을 통해 한반도철도의 소유권과 경영권을 완전히 장악했다. 그리고 임시철도건설부를 설치하여 러일전쟁기에 급하게 부설했던 경의철도와 삼마선의 개량에 나섰다. 사실상 개축에 가까울 정도의 대공사였다. 1908년에는 경부, 경의 철도를 잇는 부산~신의주 구간 최초의 급행열차 융희호가 운행을 시작했다.

'국망' 후 5대 간선철도망의 근간과 주요 지선 구축

한반도철도 관할 주체는 통감부 설치 후 통감부 철도관리국(1906.7.1), 통감부 철도청(1909.3.16), 일본철도원 한국철도관리국(1909.12.16)에서 '국망'과 더불어 조선총독부 철도국(1910.10.1)으로 바뀌었다.

먼저 '국망'을 전후한 시기에는 신의주~안둥(安東: 1965년 丹東으로 개칭) 구간, 즉 경의철도~안평철도를 잇는 압록강철교 공사가 1909년 8월부터 착수되어 1911년 10월에 완공되었다. 이로써 한반도 종관철도(경부, 경의 철도)가 만주지역 철도와 연결되었다. 1911년 말 경의철도 개량공사와 안평철도 표준궤 개축공사가 완료되어[58] 일제의 만주침략을 위한 숙원사업이었던 경부~경의~안평 철도가 연결된 것이다.

이로써 한반도철도는 만주의 안둥까지 연장되었다. 남대문~창춘(長春) 구간 주 3회의 직통급행열차가 운행을 시작했다. 일제가 일본~한반도~만주를 잇는 철도로 아시아와 유럽까지 연결된 국제적 철도망을 구축한 것이다.[59] 1912년 9월에는 제2한강철교 준공으로 영등포~남대문 구간이 연결되어 경부철도가 온전하게 개통되었다.

동시에 조선총독부는 계획된 5대 간선철도망(경부, 경의, 호남, 경원, 함경철도)을 완성하기 위해 '국망' 직전에 공사 착수가 시작된 호남철도(대전~목포)와 경원철도(경성~원산) 완공에 주력했다. 두 철도 모두 한국인 철도자본이 부설권을 갖고 있다가 일제에게 빼앗긴 노선이었다.

1910년 1월 1일 경부철도의 큰 지선인 호남철도 부설공사(대전~연산)가 착수되어 1914년 1월 22일 정읍~송정리 구간 개통과 더불어 목포에서 전 구간(261.1㎞) 개통식을 가졌다. 원래는 한국 정부가 직접 부설하려다가 호남철도회사에 직산~강경~군산 구간과 공주~목포 구간 부설권을 허가했는데 일제의 경부철도 속성공사에 따라 경부철도의 대전에서 분기하는 노선으로 바뀌었다.[60] 호남철도 부설로 곡창지대의 쌀과 목화 등 풍부한 농산물을 목포, 군산 등 식민도시 항구나 경부철도로 연결하여 일본으로 반출해가는 주요교통로가 완성된 것이다.

대한철도회사가 부설권을 갖고 있던 경원철도는 한반도의 서부지역을 남북으로 종단하는 경부~경의 철도와 달리, 한반도의 서해안과 동해안을 서북방향으로 횡단하여 두만강에서 일본의 서북지방~한반도~만주 동북부 지역을 잇는 간선철도였다. 러일전쟁 발발 후 일본군이 1904년 6월 29일 한성~원산 구간 속성답사를 하여 8월 27일 군용철도로 부설한다고 발표한 후 러일전쟁이 끝나면서 공사가 일시 중단된 상태였다. 이후 '국망' 직전인 1910년 3월 원산, 4월 용산에서 각기 두 방향에서 측량을 시작한 후 10월에 기공식을 가졌다. 1911년 10월 용산~의정부 구간(31.2㎞)이 처음 개통되었다. 1914년 8월 세포~고산 구간(26.1㎞) 개통으로 전 구간(222.7㎞)이 개통되어[61] 9월 16일 원산에서 전통(全通)식이 열렸다.[62]

▲ 경원철도 중 용산-철원 구간 개통식
출처: 『매일신보』 1912.10.24.

▲ 철원역 개통기념식 (1912년 12월 21일)
출처: 철도청 편, 『(사진으로 본) 한국철도 100년』, 철도청, 1999, 190쪽(코레일 제공).

　호남철도는 한반도의 서남 지역을, 경원철도는 동북 지역을 종관하는 노선으로서 두 노선이 연결되어 목포~원산을 잇는 동서횡단철도가 되는 셈이었다. 이로써 일제는 대한제국 '국망' 이전에 완공한 경부철도와 경인철도와 더불어 19세기말 이래 대륙침략을 위해 구상해오던, 한반도를 ᐱ형으로 종관하는 4개 간선철도망을 마무리했다.[63] 이를 기념하여 조선총독부는 1915년 경복궁 근정전에서 '鮮鐵 1千哩(1,000마일) 축하연'(10.3)을 개최했다.[64]

　그러나 일제로서는 만주 및 중국 침략을 효율적으로 준비하고 러시아와의 전쟁에 대비하기 위해, 그리고 접경지역인 함경도 지방의 풍부한 지하자원, 수산물, 수력자원을 '개발'하여 빠르게 수송하는 노선이 절대적으로 필요했다. 그것은 바로 일본이 일찍부터 '안보'노선으로 중시한 함경철도 (원산~회령)였다.[65]

　함경철도는 함경도 해안을 따라 영흥, 함흥, 북청, 성진, 나남, 청진을 거쳐 두만강 연안의 회령에 이르는 한반도 동북부 연해지방을 종단하는 노선이었다. 길주, 회령 등 탄광지대와 신포 등 동해안의 수산기지, 청진과 성진 등 주요 항구들, 함경도 산림지대를 거쳐 만주의 지린(吉林) 등으로 연결되었다.[66] 함경철도는 일제가 한반도에 식민지 '개발-수탈' 체제를 구축하기 위한 필수 노선이었던 것이다.

▲1915년 조선철도 1천마일 기념 축하연
출처: 『매일신보』 1915.10.4.

조선 거주 일본상공인들은 '국망' 후 북만주와 함경도의 수송 연결을 위해 지린~회령 구간(길회선)을 시급하게 개통해달라고 요구했다. 1913년 3월 제31회 제국의회도 5개년 계속사업으로 원산~영흥, 청진~회령 구간 부설계획을 의결했다. 조선총독부는 경원철도 완공(1914.4)과 때를 맞춰 청진건설사무소를 설치(1914.6)하고 1914년 10월 함경철도의 남쪽 구간(원산~문천)과 북쪽 구간(청진~수성~회령)에서 각기 공사에 착수했다. 북쪽 구간은 1905년 9월 러일전쟁 때 일본 육군이 군수 수송을 위해 속성으로 부설한 청진~회령, 수성~경성 구간의 협궤철로 개수 작업도 병행되었다. 1915년 9월에는 웅진건설사무소가 설치되었다. 조선총독 테라우치는 일본총리로 부임하기 직전인 1916년 2월 오오쿠마 시게노부 총리에게 길회선 부설의 시급함을 강조했다.[67] 남만주철도주식회사를 통한 남만주 장악에 이어 함경도를 지나 북만주에 이르는 철도 부설의 필요성을 역설한 것이다.

1914년 10월에 착공한 남쪽과 북쪽의 두 구간은 각기 1915년 8월, 1916년 11월에 개통되었다.[68] 그러나 함경철도 완공은 이후 일본 육군의 대륙침략 첨병인 남만주철도주식회사와 조선총독부가 한반도철도 경영권을 둘러싸고 대립하는 상황과 맞물려 계속 지체되었다.

5개 종관철도망의 종착지(부산, 목포, 원산, 신의주, 회령)는 화물과 여객이 오가는 관문이었다. 따라서 사람과 물자가 집중되는 종관간선철도망의 각 종착지를 연결하는 지선을 부설할 필요성이 대두되었다. 경인철도 역시 경부철도와 연결되는 지선이었다.[69] 지선은 간선철도가 지나는 지역의 주요 도시나 배후지를 간선철도의 관문 항구와 연결하는 교통로였다. 경부철도의 삼마선(삼랑진~마산항), 경의철도의 평남선(평양~진남포), 호남철도의 군산선(이리~군산항)처럼 간선철도 중간 지점에 주요 항구와 연결되는 지선이 이에 속한다.

삼마선은 애초에 영남지선철도회사가 부설권을 갖고 있었지만, 러일전쟁 때 부산항으로 군수물자가 집중되는 것을 분산시키기 위해 1905년 5월 일본군 임시군용철도감부가 군용철도로 자의적으로 부설한 노선이었다. 평남선은 평양에서 서해의 진남포로 연결된 관문 노선으로서 임시군용철도감부가 1905년 8월 측량을 마치고 1909년 9월에 착공하여 '국망' 직후인 1910년 10월에 완공되었다. 군산선은 곡창지대인 전라북도의 풍부한 농산물을 이 지역의 대표적 식민도시인 군산항을 통해 일본으로 반출하기 위해 1912년 3월에 부설되었다. '국망' 직후 1911년 9월에는 평양탄광선의 대동강~사동 구간 개통 후 1918년 5월 사동~승호리 구간 개통으로 전 구간(대동강~승호리: 23.3km)이 개통되었다.

04

일제의 대륙침략 첨병, 만철(滿鐵)의 한반도철도 위탁경영*

1) 남만주철도주식회사의 설립과 '만선(滿鮮)철도합동론'

일본 육군의 만주침략 선봉, 만철

일본은 1905년 러일전쟁 승리 후 포츠머스 조약과 '만주에 관한 청일협약'에 따라 러시아로부터 랴오둥반도 남단(旅順, 大連 및 주변지역) 조차권, 둥칭철도 남만주지선(長春~旅順)과 부속탄광을 양도받았다. 그리고 '청일협약' 부속협정을 통해 철도수비병 주둔, 군용철도인 안펑철도 개축 허가, 지창철도(吉林~長春) 부설권, 일본의 이권을 침해하는 외국인 철도부설 금지 등의[1] 이권까지 추가로 챙겼다.

일본 육군은 만주 지역을 식민지로 만들겠다는 구상 아래 랴오둥반도 남단지역을 가리키는 관동성(關東省)을 관동주(關東州)로 개칭하고 1905년 9월 관동총독부(關東總督府)를 랴오양(遼陽)에 설치했다(1906.5 뤼순으로 이

---

* 4장의 내용은 정태헌, 「조선철도에 대한 滿鐵 委託經營과 총독부 直營으로의 환원 과정 및 배경」, 『한국사학보』 60호, 2015의 2장과 3장 참조.

전). 그러나 뤼순, 다롄 조차권은 한시적(1923년까지)인데다 일본의 경제력도 청을 외교적, 재정적으로 지지하는 구미 열강보다 크게 떨어졌다.[2] 당시 구미 열강은 청에 대한 일본의 지배력이 커지는 것을 경계했다.

그러나 일본 육군의 만주침략 구상은 이러한 국제정세와 조응하지 않았다. 이 때문에 한국통감 이토 히로부미(伊藤博文)와 외상 가토 다카아키(加藤高明) 등 내각의 반대에 부딪혔다. 영국과 미국이 다롄, 잉커우(營口) 등의 항구를 양국에게도 개방하는 조건으로 러일전쟁 때 일본을 지지했고 양국의 금융 지원을 받아야 하는 일본이 만주에서 군사적 관제를 실행하면 보복으로 이어질 수 있다는 우려 때문이었다. 반면에 대만총독(1898.3~1906.4), 러일전쟁 때 만주군 총참모장을 지낸 고다마 겐타로(兒玉源太郎)는 1906년 5월 22일 '만주문제협의회'에서 만주 경영권을 한 사람에게 위임시켜 지휘하는 관청을 신설해야 한다고 주장했다. 이토는 이러한 주장이 만주에서 일본의 지위를 착각한 것이라면서 일본의 권리는 러시아에게 넘겨받은 랴오둥반도 조차지와 부속철도에 불과하다고 반박했다. 결국 이토의 주장이 수용되었다. 일본 정부는 9월 1일 군정기구인 관동총독부를 폐지하고 '민정' 기구인 관동도독부(關東都督府)를 설치했다.[3]

그러나 관동도독을 육군(대장이나 중장)이 맡았기 때문에 관동주는 여전히 육군의 영향력 아래 있었다. 특히 육군의 만주침략정책을 밀어붙이는 선봉장 역할을 한 고다마는 자신이 대만총독으로 재임할 때 민정장관을 지낸 고토 신페이(後藤新平)와 러일전쟁 중에 펑톈에서 만나 만주에 독자적 철도회사 설립안을 구상했다. 이로써 남만주철도주식회사(이하 만철)의 창립위원장 고토 신페이 등의 주도로 만철이 설립되었다. 테라우치 마사타케는 자신의 일기에 만철 초대 총재로 고토를 임명하는 데 자신이 깊이 관여했다고 썼다.[4] 관동주와 만철을 매개로 만주에 대한 식민지배를 실현하겠다는 일본 육군의 영향력이 강해지고 있었다.

만철은 1906년 6월 7일 설립에 대한 칙령 선포 후 1906년 11월 26일 설치되었다. 자본금 2억 엔(정부 1억 엔, 주식 및 사채 1억 엔)의 반관반민 형식으로 운영되었는데 일본 정부, 실질적으로는 일본 육군이 경영을 좌우하는 '국책'회사였다. 만철은 러시아가 그랬던 것처럼 철로연변의 부속지를 활용하여 전기, 가스, 숙박업, 병원, 농장, 공장, 탄광 등 다양한 부대사업을 운영했다. 특히 푸순(撫順)탄광과 안산제강소는 달러박스였다.[5] 누가 봐도 명백한 '통치기구'(관동총독부)를 설치하여 만주를 직접 지배하려 했던 일본 육군의 구상은 이토 히로부미가 우려한 것처럼 구미열강과 충돌을 불러올 수 있었다. 결국 만철은 국제적 이해관계가 얽혀있는 만주를 바로 일본의 식민지로 만들기 어려운 상황에서 국제적 비난을 피하기 위한 '회사'의 얼굴로 일본 육군의 만주침략정책 열망을 관철시키는 대리기구였다. 고토 신페이 초대 만철 총재(1906.11~1908.7)는 다롄의 본사와 도쿄의 지사에 만철조사부와 동아경제조사국을 신설하고 중앙시험소(기술개발)와 지질연구소를 설치했다. 특히 조사부는 만주침략정책에 큰 영향을 미쳤다.[6]

▲ 만철의 상징 특급 아시아호

일본 육군의 만주침략 열망은 만철을 통해 관철되었다. 만철은 설립 이 듬해인 1907년부터 기존 철도망 정비에 나서기 시작했다. 둥칭철도는 러시 아 궤간(5피트)이었지만, 일본 육군이 러일전쟁 중에 군용철도로 사용하기 위해 협궤(3피트 6인치)로 바꾼 이후 한반도철도와 연결시키기 위해 다시 표준궤(4피트 8인치 반)로 교체하였다. 1907년 5월부터 1909년 10월까지 다 렌~수자툰(蘇家屯) 구간 복선공사가 시행되었다. 1909년에는 안펑철도 표 준궤도화가 완성되었다. 이외에 지창철도가 1912년에 완공되었고 스타오 철도(四平街~洮南)가 1915년부터 1924년에 걸쳐 개통되었다.[7]

특히 안펑철도는 만주-한반도를 철도로 연결하는 필수적 전략노선이었 다. 이 때문에 러일전쟁 당시 일본 육군 임시군용철도감부는 안둥, 펑황청 (鳳凰城), 하마탕(蝦蟆塘)을 지나 펑톈 남단에 이르는 경편철도(궤폭 2피트 6인치)를 속성으로 부설했다. 러일전쟁 후 임시군용철도감부가 해산(1906. 9.1)됨에 따라 안펑철도 관리업무는 야전철도제리부를 거쳐 만철로 이관 (1907.4.1)되었다. 만철은 개업 초기에 러일전쟁 때 군용으로 급하게 부설 했던 철도를 정비하기 시작했는데 둥칭철도 남만주 지선인 다렌~창춘 구 간의 궤간 개조, 다렌~수자툰 구간의 복선화에 중점을 뒀다. 안펑철도는 노선 변화와 철도부속지 관련 문제로 중국과 마찰을 빚으면서 1909년 8월 6일부터 표준궤로 바꾸는 작업이 시작되었다.

만철은 1910년 11월 3일 동쪽의 안둥~지꽌샨(鷄冠山) 구간을, 1911년 1월 15일 안펑철도와 푸순선(撫順線)의 분기점인 무안~번시후(本溪湖) 구간을, 11월 1일에 무안~안둥 구간을 개통했다. 1919년 12월에는 천샹(陳相)~우자 툰(五家屯)~수자툰 연결 노선을 완성했다. 복선화 공사도 진행되어 1909년 10월에 다렌~수자툰 구간, 1920년 11월에 수잔툰~펑톈 구간의 복선화가 완 료되었다. 안펑철도~경의철도 연결을 위해 압록강철교 공사가 이뤄져 안 펑철도 전 구간이 표준궤로 개통(1911.11.1)된 이튿날부터 경성~펑톈 간 직 통열차가 운행되었다. 이는 한반도 남부의 부산과 남만주 중부의 펑톈을

하나의 노선으로 연결하여 만주~한반도를 묶는 작업이었다.[8]

일본 육군의 만주지배 자신감의 발로, '만선(滿鮮)철도합동론'

러일전쟁에 승리한 이후 테라우치 마사타케를 리더로 하는 일본 육군의 대륙침략 야욕은 제1차 세계대전기까지 만주 지배에 대한 자신감으로 가득 차 있었다. 이러한 분위기를 타고 러일전쟁이 한창일 때 고토 신페이는 펑톈에서 만주정책 입안자 고다마 겐타로 대장을 만나 만철이 한반도철도까지 통일경영해야 한다고 주장한 바 있다.[9] 이후 일본 육군이 반복해 주장하던 '만선철도합동론'의 원형을 제시한 것이다. 이는 일본이 만주를 독점적으로 지배하지 못한 상황에서 불가피하게 회사의 얼굴을 한 만철을 운영하더라도, 궁극적으로 만철이 한반도철도를 병합하여 통합 운영하는 것을 의미했다.

한반도철도를 대륙으로 잇는 경유지로서 종관철도망 중심으로 설정한 일본 육군은 대륙침략의 첨병인 만철을 중심으로 철도정책이 운영되어야 한다고 생각했다. 조선총독이 관동도독을 겸해야 한다는 초대 조선총독 테라우치 측근들의 주장은[10] 한반도-만주를 통합한 일본 육군의 거대한 식민지 경영 욕망을 거침없이 드러낸 것이었다. 조선주차군 지휘부도 늘 대륙침략 방안을 의식했다. 가령 조선주차헌병대 사령관 겸 조선총독부 경무총장 아카이시 모토지로(明石元二郎)는 조선의 시정(施政)을 넘어 항상 대륙을 주시해야 한다고 주장했다.[11] 조선주차군사령관 아키야마 요시후루(秋山好古)도 조선 지배를 위한 치안유지가 가장 중요하지만, 이 때문에 만몽(滿蒙)의 지배 문제를 소홀히 하면 안 되고 이 지역을 반드시 일본의 세력권으로 편입시켜야 한다고 강조했다.[12]

일본 육군과 조선총독부는 1911년 10월 신해혁명 발발에 따른 중국의 '혼란'이 만주에서 일본의 권익을 확대할 수 있는 호기라고 인식했다. 동시에 이들은 신해혁명의 영향이 만주로 전파되면 조선 지배가 불안정해질 수 있다는 점도 우려했다.[13] 제1차 세계대전 발발은 동아시아에서 서구열강의 일시적 후퇴, 그에 따른 위안스카이(袁世凱) 정부의 대일 저항력 약화, 전쟁 호경기를 탄 일본 경제의 비약을 불러왔다. 러일전쟁 후 일제의 중국침략정책을 억누르고 있던 세 요인이 제1차 세계대전을 계기로 한꺼번에 완화된 것이다.[14]

테라우치는 조선총독으로 재임 중이던 1914년 만주경영에 관한 메모에서 유럽의 전란이라는 좋은 기회를 계기로 일본이 미국의 참견을 거절하고 중국의 치안을 담당하여 중국 지배정책을 본격적으로 진행해야 한다고 생각했다.[15] 일본이 국가의 근본을 구축하는 현 형세에서 국시(國是)를 하나로 통일시켜야 한다면서 '한국병합' 후 만주 경영의 숙제가 더 긴급해졌다고 강조했다. 그리고 만주 경영을 위해 상당한 권력을 가진 중심기관이 필요하고 이 역할을 조선총독(=자신)이 맡아야 하며, 그 기관의 본부를 한반도철도~안펑철도의 종착역인 펑텐에 둬야 한다고 주장했다. 나아가 일본 이민자들의 사업을 보호하기 위해 만주에 1개 사단을 증파해야 한다는 주장까지 했다.[16]

이 무렵 오오쿠마 시게노부 내각(1914.4~1916.10)도 대전쟁에 휘말린 유럽열강들이 피폐해졌고 미국이 아직 일본에 큰 위협이 되지 못한다는 판단 아래 1915년 1월 18일 위안스카이 총통에게 산둥반도의 독일 권익을 일본이 계승한다는 '21개조 요구'를 강요했다. 결국 최후통첩 이틀 만인 5월 9일 위안스카이가 굴복하자 25일에는 '남만주 및 동부 내몽고에 관한 조약'까지 체결했다. 이로써 남만주 지역에서 일본인들의 자유로운 상공업 종사와 거주왕래가 가능해졌다.[17] 일본이 패전국 독일의 조차지였던 칭따오(靑島)를 장악하자 일본 정계에서는 조선총독부를 한반도와 만주의 중심지인 신의주나 안둥으로 옮겨야 한다는 주장까지 나왔다.[18]

다른 한편 일본은 중국 '진출'을 본격화함에 따라 대립이 불가피해진 미국, 영국과 화해하는 제스처 차원에서 '런던선언'에 가입(1915.10.19)했다. 영국, 프랑스, 러시아와 일본이 독일 블록과 단독강화를 하지 않고 강화조건을 협의하기로 약속한 것이다. 이어서 일본은 러시아와 제4차 러일협약(1916.7.3)을 체결했다. 만주와 몽고를 분할 지배하기 위한 제3차 협약까지와 달리, 제4차 협약은 한 걸음 더 나아가 미국에 대항하기 위해 전 중국을 대상으로 한 러일 간의 비밀군사동맹이었다. 이듬해 미국은 독일에 선전포고(1917.4.6)를 하고 제1차 세계대전에 참전했다. 일본 육군은 러시아혁명을 막기 위해 블라디보스톡에 출병(1918.4.5)했지만, 제국의회의 승인을 받지 못했다. 그러나 육군 참모본부는 상황이 유리하다는 자의적 판단으로 2개 사단을 블라디보스톡에 상륙(1918.8.2)시켰다.[19]

제1차 세계대전 중반기 들어 동아시아에서 '패권'을 장악했다는 일본 육군의 자신감은 거리낄 것이 없을 정도였다. 이를 반영하여 테라우치 총리(1916년 10월 16일 조선총독을 사임하고 10월 19일 총리에 취임함)는 1917년 들어 만주~한반도 철도 통합, 즉 '선만일원화(鮮滿一元化)' 정책을 적극 추진했다.

일본의 침략 구상은 북만주와 시베리아로까지 확대되었다. "선만(鮮滿)"의 철도 연결을 넘어 "선만몽(鮮滿蒙)"의 경제적 통일이 부각되었다. '제국' 국방의 외곽으로서 남만주와 동몽골 지역을 식민지로 지배하고 북만주와 외몽골 지역을 일본의 영향력 아래 두기 위해 한반도-'만몽'의 교통기관 연결, 이 지역의 자원[富源] 개발을 통해 국방의 기초를 다져야[20] 한다는 목소리가 일본 정계에서 높아졌다. 전쟁 종반기에 고토 신페이는 한반도철도와 만철의 철도를 통일경영하게 되면 이는 '세계교통의 대동맥'을 동양에 건설하는 실례(實例)가 될 것이라고[21] 주장했다.

그런데 이를 실현하기 위한 전제가 하나 있었다. 전쟁 특수에 힘입어 철도망을 확대해가던 만철을 일본 본국의 국유철도제를 따라 국유화한다는 것이었다. 일본의 배타적 지배 지역이 아닌 만주에서 국유철도를 운영할 수 있다고 생각할 만큼 이 무렵 일본 육군은 만주 지배에 대한 자신감으로 팽배해 있었다.

2) 만철의 한반도철도 병합 내정 후 위탁경영으로의 급전환

테라우치 내각의 결정, 만철의 한반도철도 병합

테라우치 내각은 '21개조 요구'를 계기로 만주·몽골 지역의 이권이 거의 완전하고 영구적으로 일본에 속하게 되었다고 확신하면서 한반도철도를 만철에 통일시키기로 결정했다. 양 철도의 통일 방식에는 한반도철도에 대한 만철의 병합안, 위탁경영안 등 두 가지가 있었다. 어느 안을 선택하는가 하는 문제는 중국침략정책을 위한 수단으로서 효율성을 판단하는 내각과 육군의 영향력 여하, 그리고 이를 반영한 두 기관(만철, 조선총독부)의 역 관계에 달려 있었다.

이 가운데 테라우치 내각이 정한 애초의 방침은 '병합'이었다. 일제의 침략 동향에 민감할 수밖에 없던 중국 언론도 병합으로 이해했다. 1917년 5월 『민시바오(民視報)』는 만철이 한반도철도를 병합하면 군사 수송이 통일되어 일본(군)이 러시아에 대항력을 갖고 남만주에서 본격적으로 세력을 팽창할 수 있다고 보았다. 중국이 철도주권을 지키는 것은 더 어려워질 것이라는 비관적 전망도 드러냈다.[22] 『지린신공허바오(吉林新共和報)』도 테라우치가 조선총독 시절부터 추진한 병합안이 남만주 겸병정책과 관련이 있다면서[23] 경계했다.

테라우치 총리는 1917년 5월 11일 하세가와 요시미치(長谷川好道) 조선 총독(1916.10~1919.8)에게 '선만'의 결합을 위해 조선총독의 관동도독 겸임도 중요하지만, 이는 외교정세 상 실행하기 어려우므로 먼저 양 철도의 '합

동'을 실시한다고 통보했다.[24]

5월 18일 하세가와 총독이 보낸 답변에 대해 고다마 히데오(兒玉秀雄) 내각 서기관장은 테라우치 총리도 찬성한다는 내용의 전보를 보냈다.[25] 그러나 하세가와 총독의 답변은 총리가 통보한 내용과 일정한 차이가 있었다. 총독은 만철과 한반도철도를 완전히 통일하려면 먼저 만철을 국유화하거나 조선총독이 관동도독을 겸직해 정치적 측면에서 만주와 조선을 결합시켜야 한다는 점을 전제했다. 다만 현실적으로 이를 실현하기 어려우므로 위탁경영만 우선 실시하자는 의견에 "부득이" 동의한다는 것이었다. 테라우치 총리가 통보한 양 철도의 합동에 대해 하세가와 총독은 위탁경영으로 정리하고 여러 정황상 불가피하게 동의한다는 의미였다. 이와 더불어 하세가와 총독은 만철이 공정하게 양 철도를 경영하도록 하려면 조선과 만주에 철도감리부 설치, 테라우치가 조선총독 시절 주장한 철도사업본부 설치(펑톈), 만철 중역 임면 시 조선총독과의 협의를 바란다는 의견까지 첨부했다.[26]

그러나 이로부터 한 달 후 『매일신보(每日申報)』의 이에 관한 최초 보도에 따르면 일본 정부가 결정한 내용은 만철의 한반도철도 병합이었다.[27] 만주에서의 국제환경이 허락하지 않는 상황에서도 테라우치 내각은 한 달 전 하세가와 총독에게 통보한 양 철도 합동의 방식을 위탁경영이 아니라 병합으로 내정한 것이다. 그리고 이 결정에 따라 테라우치 내각은 특별의회에 양 철도 병합에 필요한 예산안도 신속하게 제출했다. 6월 15~25일에는 구니자와 신베에(國澤新兵衛) 만철 부총재가 경성을 방문하여 18일부터 조선총독부와 "병합 교섭"을 시작하기로 예정되었다. 교섭의 주요 안건은 한반도철도 건설 및 개량비 투자액을 시가(1억 4,670만 엔)로 설정하여 만철이 한반도철도를 인수한다는 것이었다.[28]

물론 만철이 일본 정부에 현금을 주고 인수한다는 것은 아니었다. 만철은 설립 당시 일본 정부 투자분을 현물(철로 및 관련 시설)로 조달(1억 엔)

하고 나머지를 주식 모집으로 조달(1억 엔)했다. 이러한 '반관반민' 투자 구성 방식을 따라 병합의 형식을 빌려 한반도철도에 대한 일본 정부의 출자분(1억 5천여 만 엔) 외에 그에 조응하는 민간출자를 더해 총 3억 엔을 증자(增資)한다는 구상이었다. 만철의 주 관심은 병합 자체가 아니라, 증자의 수단으로서 병합에 있었다. 즉 병합에 의한 증자 형식을 통해 1억 5천만 엔의 민간자금을 끌어들이는 것이 목적이었다. 이후 만철이 위탁경영 착수 1년 만인 1918년부터 끊임없이 병합안 관철에 주력한 것도 이 때문이었다. 이 원안이 만철로서는 가장 손쉬운 증자 실현 방안이기도 했다.

만철 위탁경영으로의 급전환과 일제의 만주정책 변화

그러나 일본 언론은 양 철도의 '합동' 문제가 공개 거론되기 시작하던 1917년 5월 초에 이미 병합이 어렵다고 예상하고 있었다. 테라우치 총리의 지론인 '선만'일치론에서 비롯된 병합안은 일중관계에 장애를 주기 때문에 결국 만철에게 한반도철도 경영을 위임하는 형식으로 수정되는 용두사미로 귀결될 것이라는 전망이었다.[29] 이러한 보도는 이 무렵 중국에서 열강들과의 역관계 상황이 일본에 유리하지 않다는 일본 정계 안팎의 현실적 판단을 반영한 것이었다. 즉 병합안은 테라우치의 적극적 추진 의지와 달리, 이미 양 철도 합동이 거론되던 초기부터 일본 정계에서는 실현 가능성이 떨어져 큰 호응을 받지 못했다.

그럼에도 불구하고 6월 중순경 테라우치 내각은 병합 방침을 밀어붙인 것이다. 그러나 이후 7월 14일 추밀원위원회 심의가 종료될[30] 때까지 한 달여 사이에 다시 상황이 바뀌었다. 5월 초의 일본 언론 보도대로 위탁경영으로 최종 결정이 난 것이다. 그리고 7월 31일 조선총독부 정무총감 야마가타 이사부로(山縣伊三郎)와 만철 부총재 구니자와는 한반도철도를 만철이 위탁경영하기로 계약했다.[31] 9월 26일에는 만철 이사 구보 요조(久保要藏)

가 경성관리국(1923년 6월 4일, 직제개편에 따라 경성철도국으로 개칭) 국장에 임명되었다.

이처럼 두 달 사이에 일본 정계에서 병합안과 위탁경영안을 두고 충돌이 일어나면서 양 철도 합동의 내용이 병합에서 위탁경영으로 뒤바뀌었다. 그런데 철도 합동이라는 중요한 정책이 결정되는 과정에서 식민통치의 일차적 주체였던 조선총독부는 영향력도 제한적이었고 상황 파악도 정확하지 못했다. 테라우치 내각도 이 결정 과정에서 조선총독부와의 조율을 크게 신경 쓰지 않았다. 1939년 『조선철도협회회지』에 게재된 한 증언에 의하면 당시 총리 테라우치와 그의 사위이자 내각 서기관장인 고다마 히데오가 위탁경영을 직접 강행했다. "나는 새도 떨어뜨리는 위세를 가졌다"는 조선총독부 철도국장관 오오야 곤페이(大屋權平)가 강하게 반대했지만 결국 "떨떠름한 얼굴로 도장을 찍을 수밖에 없었다"는 것이다.[32] 병합에서 위탁경영으로 결정 내용이 급변하는 과정을 거치면서, 조선총독부조차 일본 정부의 위탁경영 결정을 흔쾌히 수용하지 않았던 것이다.

물론 조선총독부가 '선만' 철도통일의 대원칙 자체를 부정한 것은 결코 아니었다. 그럴 수도 없었다. 1917년 7월 조선총독부 기관지 『매일신보』는 사설을 통해 일제의 중국지배가 "국시"라고 천명하면서 "메이지대제(明治大帝)의 대업"인 중국 지배정책을 테라우치 내각이 실행했다고 강조했다. 제국주의 식민정책과 '평화적' 세계정책이 타이완과 한국 병합, 만주경영으로 발현되었으며 그 구체적 실천의 하나가 '선만' 철도통일이라는 주장이었다.[33] 이때의 양 철도 통일 방식은 일종의 타협안으로서 위탁경영이었다. 일본 정부가 애초에 내정한 병합안을 수정하여 위탁경영을 결정한 것은 중국침략정책의 효율성과 이를 명분으로 한 부서 간 힘겨루기가 어우러진 '일본 내 정치'의 산물이었다.

여기서 한 가지 흥미로운 점이 발견된다. '만선통일론'에 입각한 정무기관 통일(조선총독의 관동도독 겸임)과 양 철도 통일의 관계는 제기하는 주체가 어느 위치에 있는가에 따라 큰 차이를 보였다는 점이다. 가령 양자를 두고 테라우치가 조선총독일 때는 같은 것으로, 그러나 일본총리일 때는 분리하는 입장에서 하세가와 총독에게 병합을 강조한 것이다. 전쟁 호경기를 배경으로 육군의 만주 지배에 대한 자신감이 넘치는 분위기에서 테라우치는 일본 총리가 되자 조선총독(관동도독 겸임) 중심의 만주정책을 부정하고 관동도독 중심의 만주정책을 제기했다. 이러한 변화는 '만몽' 경영의 주체로서 관동도독부를 명백히 설정하고 거기에 실권을 집중시켜야 만주정책의 효율을 높일 수 있다는 판단도 있었겠지만, 육군의 실세 리더가 어느 자리에 있는가 하는 점과도 밀접한 관련이 있었다.

그렇다고 해서 1917년 일본 정부의 위탁경영 결정이 식민지 초기의 무계획적이고 추상적인 한반도철도 정책의 결과[34]라고 볼 수는 없다. 만주지역 철도와 '경영일원화'를 추구한 일제의 한반도철도 정책은 러일전쟁 이전부터 대륙침략정책의 일환으로 일관되게 모색된 것이었다. 제1차 세계대전 중반까지만 해도 일본 정부 특히 육군의 자신감 넘치던 만주 지배욕의 산물이었기 때문이다. 실제로 1910년대 철도를 비롯해서 각 분야에서 이뤄진 조선총독부의 한반도 식민정책 '정비' 과정은 그 자체의 중요성이나 자기완결성에 초점을 둔 것이 아니었다. 그보다는 테라우치가 이끌던 육군의 완전한 만주지배 구상, 그에 따른 한반도-만주에 대한 통일적 지배정책에 종속되어 진행되었다.

7년 8개월(1917.8.1~1925.3.30) 동안 지속된 위탁경영을 결정할 당시 일본 정부의 구상은 한반도-만주를 하나의 지역으로 만들어 통일된 철도로 대륙을 지배한다는 정치적인 이유와 대륙 화물을 수송하여 한반도철도의 수입을 늘린다는 경제적 이유[35]를 아우른 결과였다. 따라서 위탁경영으로 결정된 이후에도 일본 정계 특히 육군이 일제의 만주지배 능력과 국제환경을 과신했던 판단의 산물인 병합안이 관철되었어야 했다는 여진은 매우 강했다.

가령 동양척식주식회사 총재 이시츠카 에이조(石塚英藏)는 위탁경영이 확정된 이후 양 철도의 통일, 즉 병합이 성사되지 못한 것에 강한 불만을 토로했다. 그러면서도 일본철도가 국유제인 만큼 '국철'(조선철도)이 반관반민의 형식을 띤 만철을 매수하는 것이 타당하지만 중국 영토에 부설한 철도를 '국철'로 운영할 수 없어 부득이 합동경영을 결정한[36] 것으로 이해했다. 만철 초대총재를 지낸 고토 신페이도 둥칭철도 및 중국 철도와 연결되는 만철의 위탁경영 결정은 오히려 늦은 감이 있고[37] 병합으로 귀결되지 않아 안타깝다는 반응을 보였다.

　실제로 만철은 이후 위탁경영 기간 내내 병합안을 관철시키려고 끊임없이 시도했다. 반면에 조선총독부는 자신이 한반도철도를 직영해야 한다는 '직영론'을 계속 제기했다. 직영론의 입장에서 볼 때 위탁경영 결정은 허구적인 '만선정치통일론'의 산물이었다. 7년의 위탁경영 기간 동안 한반도철도 경영권의 향방을 둘러싸고 바람 잘 날이 없었다.

▲ 위탁경영 결정 당일 관련자들의 기념촬영
출처: 『매일신보』 1917.8.3.

　이처럼 짧은 기간에 일본 정부의 결정이 병합에서 위탁경영으로 급전환한 것은 제1차 세계대전 말기에 다시 중국에 적극적 관심을 보인 열강과의 충돌을 피해야 했던 일본의 수세적 국제환경의 산물이었다. 침략정책의 브레인들은 만주정책을 새롭게 정비해야 한다고 주장했다.

가령 『朝鮮及滿洲』 편집인 사쿠오 이쿠보(釋尾旭邦)는 1916년 일본 육군의 주장대로 만주의 정무기관을 조선총독부에 합병하거나 조선총독이 관동도독을 겸직하면 일본의 '만주 정치'가 오히려 퇴보한다고 비판했다. 오히려 관동도독부 기구를 독자적으로 더 확대하여 만주 전토와 몽골을 통치하는데 집중해야 한다는 것이다. 나아가 일본 정부에게 만주의 사통팔달 요지인 펑톈을 중심지로 설정하고 경비문제나 외교분쟁을 피하지 않는 과감하고 자신 있는 만몽경영 의식이 필요하다고 주문했다. 그가 볼 때 만주와 조선의 정무기관 통일보다 급한 일은 만주에서 관동도독부, 만철, 영사관이 따로 노는 삼두정치(三頭政治)의 통일이었다. 만철의 행정권과 각지의 영사관을 관동도독부로 모아 행정기관과 외교를 통일시키는 것이 급선무였다.[38] 만주에서 일본 육군의 일방적 행보를 겨냥한 비판이었다.

3) 위탁경영의 불안정성

경영 주체의 모호함과 이중성

테라우치 총리를 필두로 한 일본 육군의 만주-한반도를 아우른 통일적 지배야욕의 산물인 양 철도의 '통일'안은 상황에 밀려 위탁경영으로 귀결되었다. 위탁경영은 조선총독부와 만철 모두에게 불만스러운 것이어서 불안정한 상태에서 출발할 수밖에 없었다. 두 기관이 체결한 '조선철도위탁경영계약요령'(朝鮮鐵道委託經營契約要領: 1917.7.31)은 다음과 같다.

> ① 조선총독부는 만철에 조선국유철도의 건설, 개량, 보존, 운수 및 부대사무
> 일체의 경영을 위탁함(건설 및 개량의 계획은 총독부가 시행하고 그에 필
> 요한 자금은 총독부가 부담함).

② 만철은 조선국유철도 경영에 대해 조선총독부의 지휘감독을 받음.

③ 만철은 조선국유철도에서 생기는 이익이 총독부 지출액(5,109만 216엔)의 6/100에 달하기까지는 그 전액을, 6/100을 초과할 때는 그 초과액의 반액을 더해 총독부에 납부함. 만일 손실이 생길 때는 그 손실은 다음 해(翌年) 이후의 이익으로 보전함.

④ 만철은 조선국유철도 사무 처리를 위해 경성에 이사 1명을 주재시킴.

⑤ 위탁기간은 조인일로부터 만 20년으로 함. 다만 조선총독은 필요에 따라서 언제라도 본 계약을 취소할 수 있음.[39]

계약요령에서 가장 큰 문제는 경영 주체에 대한 모호한 규정이었다. 양 철도의 관리 및 경영을 통일한다는 명분과 달리, 만철의 위탁경영을 지휘감독하고 한반도철도의 건설·개량 자금을 조달하는 주체는 조선총독으로 규정되었다. 여기에 조선총독은 언제라도 위임계약의 취소 또는 변경을 요구할 수 있어 계약기간(20년) 설정 자체가 무의미했다. 이 때문에 동척 총재 이시츠카는 관동도독이 만철의 주재자(主宰者)인데도 만철(경성관리국)이 조선총독부의 지휘감독을 받아, 통제권과 감독권의 관계가 복잡하다고 비판했다. 관동도독 나카무라 유지로(中村雄次郎)가 위임계약의 불완정성에 불만을 드러낸 것은 당연한 일이었다.

한반도철도와 만철 본사의 회계 분리도 통일경영의 명분과 거리가 먼 것이었다. 한반도철도의 경영수익을 정확하게 산정하자는 의도였더라도 열차가 양 철도를 번갈아 출입하여 사용료 등의 계산문제가 번잡했고 직통영업시설도 따로 수지를 계산해야 했다. 한반도철도 사원 급여도 만철 본사와 독립적으로 책정해 지급해야 했다.

이러한 애매함과 불안정성에도 불구하고 위탁경영은 한반도철도의 이용을 완전하게 하는 경제적 이익 증진과 일본의 국방을 위해 필수적인 '선만'철도통일이라고 선전되었다. 조선총독과 관동도독 모두 속내의 불만을 뒤로 한 채 위탁경영의 의의를 선전했다. 일본 정부의 원안이었던 병합은 성사되지 않았지만, 위탁경영이 한반도철도, 만철, 둥칭철도, 징펑철도를 연결하는 "선만몽(鮮滿蒙) 통일"을 과시하는 일로서 축하해야 할 사안이었기 때문이다. 하세가와 총독은 일본의 유일한 대륙 교통기관인 양 철도가 관리 주체와 운용에서 통일되지 못한 것이 유감이었다면서 위탁경영의 당위성을 '훈시'했다.[40] 나카무라 관동도독 역시 일본 세력 내에 있는 양 철도가 통일되어 위대한 이익을 줄 것이라고[41] 강조했다.

만철에 유리한 납부금 기준 설정

계약요령에 따르면 납부금(만철 → 조선총독부) 기준은 당시의 전시호황을 감안할 때 만철에 매우 유리했다. 무엇보다 한반도철도에 대한 기지출 건설개량비가 만철의 증자 수단이었던 원안(병합)에서는 실제 투여비용(1억 4~5천만여 엔)대로 책정된 반면에, 만철이 납부금(기지출의 6%)을 부담해야 하는 계약요령에서는 3분의 1(5,100만 엔)에 불과했다. 납부금은 조선총독부가 대장성의 허가를 받아 발행한 공채의 이자를 지불하는 데 소요되었다. 조선총독부가 1910~17년에 대부분 철도사업을 위해 발행한 공채는 원금만 8,330만 엔에[42] 이르렀다. 그러나 계약요령에서 책정된 기지출액은 공채액보다 훨씬 적어 조선총독부가 만철에서 받는 납부금으로는 공채 이자도 지불하기에 턱없이 부족했다. 더구나 만철의 영업수익이 없거나 손실이 생기면 조선총독부는 납부금을 받을 수 없었다. 당시 양 기관의 역관계가 계약요령에 그대로 반영된 것이다.

조선총독부 철도국장관 오오야 곤페이가 일본 정부의 위탁경영 결정을 흔쾌히 수용하지 못한 데에는 이처럼 분명한 이유가 있었다. 일단 수지타산의 측면에서만 봐도 계약요령은 조선총독부에게 '실패'한 계약이었다. 더구나 위탁경영 직후 제1차 세계대전 말기의 운송물자 증가로 1917년도 실적을 보면 수익금 502만 엔으로서 납부금 306만 5천 엔, 추가납부금(이익금

초과액 195만 6천 엔에 대한 잔액의 반액) 65만여 엔이라는 호성적을 기록
했다. 조선총독부는 신뢰하지 않았지만, 만철이 정리한 한반도철도 영업성
적인 〈표 1〉을 보면 1917년의 [납부금/투자액] 비율은 7.3%였다. 만철의 순
익(납부금 제외)도 130여만 엔이 넘었다. 이를 두고 만철은 경영방침이 적
절했기 때문이라고, 조선총독부는 관리 감독을 잘했기 때문이라고 해석했
다. 서로 자신의 능력 때문이라고 자화자찬한 것이다. 그러나 이는 당시 언
론의 보도대로 누가 경영을 맡아도 좋은 영업성적이 가능한, 전쟁 직후 호
경기에 따른 성과였다.[43]

〈표 1〉 1917~23년간 만철의 한반도철도 위탁경영 수지 (단위: 엔)

연도	총독부 투자액 (A)	이익금 (B)	납부금 (C)	손익금 (B−C)	C/A	보충 공사비 (D)	6분액 이상의 수익	만철부담 총액 (C+D)
1917	51,090,216	5,020,951	3,715,966	1,304,985	7.3%	총독부부담		3,715,966
1918	57,220,728	3,720,312	3,433,244	287,068	6.0%	1,348,554	948,554	4,781,798
1919	66,966,057	3,240,654	4,017,963	−777,309	6.0%	684,413	284,413	4,702,376
1920	82,031,355	3,845,206	4,921,881	−1,076,675	6.0%	461,037	71,037	5,382,918
1921	97,889,689	6,479,816	6,176,599	303,217	6.3%	593,286		6,769,885
1922	116,151,933	6,822,817	6,603,871	218,946	5.7%	1,093,938		7,697,809
1923	138,025,192	7,590,846	7,478,801	112,045	5.4%	1,195,108		8,673,909
계	138,025,192	36,720,602	36,348,325	372,277		5,376,408		41,724,733

자료: 「經濟時論 京鐵의 納付金問題(八)」, 『東亞日報』 1924.7.11.
6분액 이상의 수익은 「經濟時論 京鐵의 納付金問題(六)」, 『東亞日報』 1924.7.9.
*합계가 틀린 경우(1920년 손익금, 보충공사비 계)는 큰 차이가 아니어서 원자료대로 기입함.

즉 계약요령은 '오월동주' 같은 합의의 산물이었다. 만철은 당장 부담해
야 하는 납부금 문제만 유리하게 정하고 향후 병합을 성사시키면 경영권을
둘러싼 잡음은 자연히 해소될 문제라고 판단했다. 반면에 경영권을 상실한
조선총독부는 만철의 경영권을 제약하는 데 집중했다. 그 결과가 계약요령
이었다.

영업성적 호조를 배경으로 조선총독부와 만철은 위탁경영 이듬해 1918년 7월 23일, "별정계약"을 체결했다.

> ① 만철은 총독부 지출액의 6/100에 상당하는 금액을 매년 총독부에 납부함.
> ② 보충공사는 만철의 비용으로 실행함.
> ③ 보충공사에 요하는 비용은 매년 최소 40만 엔을 지출함. 또 이에 따라서 생기는 재산은 국유로 귀속함.
> ④ 본 別定의 계약기간은 1918년도 이후 3년간으로 함.[44]

만철이 1918~20년 3년간, 수익 여하에 관계없이 투자액의 6%를 매년 조선총독부에 납부하고 한반도철도 보충공사비로 매년 최소 40만 엔을 부담하기로 했다. 만철이 수익 기대가 어려운 신설 노선의 경우 납부금 인하(6% 미만)를 요구하면서도 조선총독부에게 유리한 개정에 동의할 만큼 당시의 전쟁경기는 호황이었다. 실제로 1918년까지의 투자액 5,700만 엔에 대한 6% 납부금 조항 개정이 만철에 너무 유리하다는 평가까지 있을 정도였다. 이 때문에 만철 경성관리국장 구보가 변명을 해야 하는 상황이었다. 그는 위임경영 첫해는 물가폭등 전이고 싸게 구입한 재료가 많아 지출이 절약되었지만 1918년 이후에는 지출이 급증할 것이고, '철도통일'로 만철에 유형무형의 이익이 많아 위탁경영 수입을 전부 한반도철도의 개량 및 부대시설에 투자할 것이라고 강조했다.[45] 실제로 만철은 경성관리국 수익금에서 65만 9백여 엔을 들여 용산에 경성철도학교를 설립했다. 경성철도학교가 1919년 4월 1일 개교했을 때 재적생 229명의 대부분은 일본인(조선인 49명)이었다.[46]

어쨌든 이 별정계약에서 만철은 조선총독부의 불만사항이었던 납부금 인상 요구를 수용했다. 물론 전쟁경기 호조로 계약은 여전히 만철에 유리했다. 그러나 만철이 납부금 문제에서 조선총독부 요구를 제한적으로나마 수용한 것은 이때가 처음이자 마지막이었다. 이후의 상황은 전혀 달랐다.

이처럼 만철의 위탁경영, 즉 '합동경영' 체제는 출발부터 불안정했다. 테라우치 총리를 비롯한 육군 군벌이 병합안을 향후에 관철시키겠다는 의도 아래 1917년에 미봉책으로서 위탁경영을 결정했기 때문이다. 실제로 만철은 위탁경영 시행 이듬해인 1918년부터 원안(병합)을 관철시키려고 끊임없이 애를 썼다. 반대로 조선총독부는 1919년부터 직영으로의 환원을 계속 주장했다. 위탁경영의 애매함은 경영 주체나 책임의 측면에서 혼란과 갈등을 불러와 만철의 경영집중도를 떨어뜨렸다. 이후 내외환경이 변화하면서 이 문제는 더욱 악화되어 일본 정계에서 식민정책의 효율성을 오히려 높인다고 재평가된 조선총독부 직영론에 점차 밀리는 원인으로 작용했다.

한반도철도의 조선총독부 직영 환원*

1) '워싱턴체제', 만주에서 수세에 몰린 일본

제1차 세계대전 종전을 전후하여 동아시아 정세가 급변함에 따라 일본의 국내외 환경도 급변했다. 일본 육군의 시베리아 출병이 불러온 '쌀폭동'(1918.7~9)의 여파는 테라우치 내각의 총사퇴(1918.9)로, 일본 정부가 위안스카이를 윽박질러 체결한 '21개조 요구'는 중국의 반일여론을 확산시켜 5 · 4운동(1919)을 불러왔다.[1] 전쟁 말기에는 러시아혁명으로 제정러시아가 무너졌다. 독일은 패전국이 되었다. 영국과 프랑스는 국력이 고갈된 반면에 미국이 강대국으로 급부상했다. 그러나 유럽열강들은 전쟁의 후유증에서 회복하면서 다시 중국에 관심을 집중하기 시작했다. 일본을 견제하기 위해 중국의 반일투쟁을 격려하기까지 했다.

이제까지 일본 육군은 특히 만주 지역에서 내각-외무성의 통제도 받지 않고 사실상 독자적으로 '외교'업무를 수행하고 있었다. 그러나 육군의 만주정책은 중국인은 물론, 구미인들에게 침략정책의 노골성만 부각시키는

---

* 5장의 내용은 정태헌, 앞의 논문, 2015의 4장과 5장 참조.

명분만 주었을 뿐 큰 성과를 내지 못했다. 결국 일본은 1919년 4월 관동도독부를 폐지하고 민정기구 외양을 부각시킨 관동청(關東廳)을 신설했다. 이에 따라 관동군사령부가 독립되었다. 그러나 육군 장군이 관동청 장관으로 임명되면 관동군사령관을 겸직했다.[2] 내용을 바꾼 것이 아니라 만주에서 구미세력에 밀리는 수세적 국제환경에서 만주지배 기구의 명칭만 바꾼 것이다. 4월 11일 일본 내각은 하야시 곤스케(林權助) 관동청 장관, 노무라 류타로(野村龍太郎) 만철 사장, 나카니시 세이이치(中西淸一) 만철 부사장을 임명했다.

제1차 세계대전 후 일본의 국제관계 변화에서 두드러진 특징은 이제까지 일본을 후원했던 영국, 미국과의 관계가 냉랭해졌다는 점이다. 특히 20세기 초까지 최강국이었던 영국과는 러일전쟁 이후까지 굳건한 동맹관계를 유지하였으나, 영일동맹의 자동 갱신이 어렵다는 영국의 통고(1921.5), 워싱턴회의(1921.11.12~1922.2.6)에서의 '4개국조약'(1921.12.3. 미·영·프·일)에 따라 영일동맹은 파기되었다.[3] '4개국조약'에서 미국의 주요 목표는 중국의 문호개방(미국에게) 정책에 장애가 되는 영일동맹을 폐기시켜 미국의 영향력을 확보하자는 것이었다.

미국과 영국은 이미 1918년 말, 중국 철도에 대한 일본의 영향력을 억제하고 중국의 독립을 회복시킨다는 명분으로 열강의 중국철도공동관리안을 제안했다. 물론 만철의 철도 부설권과 경영권이 러일전쟁의 대가로 보장된 조약상의 '권리'였고 중국까지 반대해 공동관리안은 실현되지 않았다.[4] 그러나 이러한 상황은 만주지역에 대해 배타적 권리를 갖고 있다고 착각하던 군부를 비롯한 일본 정계나 만철에 큰 충격으로 다가왔다.

특히 미국은 일본의 '21개조 요구'를 관망하던 이전의 자세에서 벗어나, 제1차 세계대전 종전에 따른 새로운 국제관계 확립을 위한 베르사유(Versailles) 강화조약이 체결된(1919.6.28) 후 동아시아와 태평양에서의 영향력을 확대하기 위해 워싱턴회의(1921.11.12~1922.2.6)를 개최했다.[5] 구미 열강들이 동아시아, 특히 중국을 둘러싸고 제1차 세계대전 이전까지 보인 대립을 지양하고 '협조적 관계'를 구축하자고 합의한 '워싱턴체제'는 1931년 일본이 만주침략을 감행할 때까지 10여 년간 유지되었다. 이에 반해 소련은 워싱턴체제가 제국주의 국가들의 반공블럭이라고 비판하면서 독자적으로 중국과의 관계를 모색했다.

워싱턴회의에서는 제국주의 국가 간에 군비경쟁을 억제하는 결의를 체결했다. 먼저 5개국(미·영·일·프·이)이 합의한 '해군군비제한에 관한 5개국 조약'은 1만 톤급 이상 주력함 보유율(미 5, 영 5, 일 3, 프 1.67, 이 1.67)을 설정하고 향후 10년간 주력함 건조를 금지하기로 결정했다. 특히 미국, 영국, 일본 간의 해군력 확대 경쟁을 중지시켰다. 일본 정부가 구미 열강의 군축 제안과 일본의 낮은 주력함 비율을 수용한 것은 국내에서 긴축재정 운영에 전념한 상황에서 영국과 미국이 서태평양 일대에 해군기지를 세우지 않겠다고 약속했기 때문이다.[6] 나아가서 미국의 대중국 정책을 반영하여 9개국(미·영·프·일·이·벨·포·네·중)은 중국의 주권과 독립 및 영토적 행정적 통합성 존중, 중국의 안정적 정권 수립 뒷받침, 9개국이 중국에서 균등하게 상공업 기회를 갖고 특권이나 특별이익을 배제한다는 중국에 관한 '4개 원칙'도 합의했다. 패전국 독일은 산동반도에서의 권익을 중국에 반환하고 일본은 북부 사할린을 제외한 시베리아 전 지역에서 철군하기로 했다.

불리해진 국제환경에 신축적으로 대응해야 했던 일본은 '21개조 요구' 중 5호안을 철회했다. 5호안은 중국의 정치·재정·군사 고문에 일본인 고용, 중국경찰의 양국 공동운영 또는 일본인 초빙, 일본으로부터 무기 공급, 남중국에 철도부설권 1개를 일본에 이양, 푸첸성(福建省)의 철도나 광산 등의 시설 확충에 일본자본 사용 등 등 중국의 주권을 침해하는 내용이었다. 일본의 독점적 중국 지배 의도는 수면 아래로 내려갈 수밖에 없었다. 일본은 1922년 2월에 6개월 내에 자오저우만(膠州灣) 철수 및 철도연변에서의

일본군 철수, 9개월 내에 산둥철도의 중국 이양, 국제차관단에 산둥철도 2
개 연장선 부설권 개방 등에 관한 '산둥 현안 해결에 관한 조약'을 중국과
체결했다. 자오저우만 철수(1922.12), 시베리아 철군(1922.10)에 이어 중국
에서 일본의 특수이익을 미국이 인정한 '이시이(石井菊次郎)-랜싱(Lansing)
협정'(1917.11.2)도 폐기되었다(1923.3.30).

이런 상황에서 중국인들은 반일감정을 공공연하게 표출했다. 1924년 3월
에 열린 펑톈 공민대회에서는 ① 관동조차지 거주 중국인에 대한 재판권 회
수 ② 안펑철도 회수 ③ 만철 부근지 일본우편국 철퇴 ④ 펑톈 시내 일본 경
찰관, 파출소 철퇴 ⑤ 창춘(長春)~하얼빈 구간 일본우편물 탁송 폐지 ⑥ 지
창(吉長)철도 합병계약 폐지 등의 "배일결의"를[7] 동북군벌('東北王')의 영수
장쭤린(張作霖)에게 요구했다. 동북 3성 일대에서는 교육권 회수운동이 맹
렬하게 전개되었다. 펑톈교육청장은 만철 연선에 있는 각 공학당(公學堂,
만철이 경영하는 중국인 소학교)에서 일본의 정치적 이익을 주체로 하고
중국인의 국민성을 파괴하는 교육을 시행하고 있다면서 중국인 교육은 중
국인에게 일임하라고 요구했다.[8]

이 무렵 시데하라 키쥬로(幣原喜重郎) 외무대신(1924.6~1927.4)이 설정한
일본의 외교방침은 워싱턴회의에서 합의한 '국제협조노선'을 관철하는 것
이었다.[9] 영국, 미국과의 대립을 피하고 중국의 주권을 '존중'하여 내정불
간섭 입장을 취하면서 원활한 중일관계를 통해 일본의 이익을 발전시킨다
는 수세적 현상유지 전략이었다. 일본의 대외전략이 수정되는 조짐은 테라
우치 내각 붕괴 후에 출범한 입헌정우회 출신의 하라 다카시(原敬) 내각
(1918.9~1921.11) 때부터 나타났다. 이러한 외교방침은 미국과 영국이 구축
한 아시아 태평양 지역에서의 전후 질서인 '워싱턴체제'에 순응하면서 일본
의 국익을 극대화하자는 전략이었다.[10]

종전 후 1920년대 초를 지나면서 중국, 특히 만주에서 일본의 영향력은
현저하게 떨어졌다. 열강들이 갈등을 피하고 이익을 공동으로 추구하기 위

한 타협안으로서 중국의 주권을 '존중'하자는 분위기가 커지면서 일본의 만주 지배에 대한 자신감은 크게 위축되었다. 러일전쟁 후 만주를 '자기 땅'처럼 생각하던 일본의 패권의식은 일거에 가라앉았다. 전후에 다시 만주로 관심을 돌리기 시작한 구미열강들의 눈치를 봐야 하는 상황으로 바뀐 것이다.

2) 조선총독부와 만철의 대립 배경

만철의 증자(增資) 수단, 계속된 한반도철도 병합 시도와 무산

만철도 워싱턴체제 하에서 '만몽' 지역에 대한 일본의 배타적 지배력이 관철되기 어려운 수세적 국면임을 인정했다. 카와무라 다케지(川村竹治)는 내무성 차관 재임 중 만철 사장(1922.10.24~1924.6.22)에 임명된 후 1923년 1월 경성을 방문하여 '만몽' 개발을 위해 일본과 중국뿐 아니라 각국이 협력해야 한다면서 일본이 '만몽'에서 더 노력하지 않으면 노회한 중국 상인에게 장악될 것이라고[11] 토로했다.

짧았던 전시호황이 끝나고 힘든 전후공황이 겹치면서 만철의 경영은 악화일로를 걷게 되었다. 한반도철도 위탁경영 영업수지도 악화되어 1919년에는 80만 7천 엔 손실을 보였다.[12] 만철이 정리한 4장의 〈표 1〉에 따르면 1919~20년 간 손실금(이익금-납부금)은 185만여 엔이 넘었다. 만철은 '만몽' 지배의 기반을 다지기 위해 십 수억 엔의 시설투자가 필요하다고 예상했다. 그런데 투자자금이 상당 기간 고정화되는 철도사업의 특성에 더해 불황까지 겹쳐 자금난이 가중된 것이다. 창사 이래 한 번도 못한 증자가 시급했다.

그러나 만철의 최대주주인 일본 정부가 긴축재정정책을 강조하는 상황

에서 정부의 현금증자는 기대할 수 없었다. 만철로서는 손 안대고 코 푸는 방식, 즉 한반도철도 병합을 통한 증자안에 집착할 수밖에 없었다. 3억 엔 증자안(자본금 2억 엔→5억 엔)은 위탁경영으로 결정되기 전까지의 원안이기도 했다. 증자 방안은 만철이 한반도철도를 명목상 인수한 데 따른 일본 정부의 기투자액(1억 5~6천만 엔)과 그에 대응한 민간출자(1억 5천만 엔)였다. 만철은 현금 유입창구로서 민간출자를 크게 기대했다.

이 때문에 만철은 위탁경영 착수 이듬해인 1918년부터 병합안을 관철시키려고 애를 썼다. 그 결과 하세가와 총독 때에는 조선총독부와 만철이 '위탁경영 폐지 후 병합'에 합의하기도[13] 했다. 그러나 이 병합 합의는 테라우치 내각을 이은 하라 내각 때 일본 군부에서 육군과 대립하던 해군 출신인 사이토 마코토(齋藤實) 총독(1919.8~1927.12)의 부임을 계기로 무산되었다.[14]

반면에 일본 육군은 계속 병합을 관철시키려고 애를 썼다. 1919년 12월에도 "선만철도합병"을 강조했다. 대륙으로의 군사수송을 위해서라는 병합의 명분도 그대로였다. 다만 만철이 중국 정부나 중국인도 주주가 될 수 있는 사설(私設)회사이므로 영리 본위로 빠지지 않도록 대주주인 일본 정부가 충분한 강제력을 가진 감독권을 행사해야 한다고 부연했다.[15] 즉 만주지배 욕구에 매몰된 일본 육군은 원칙적 주장과 현실 사이의 괴리를 인정하면서도 병합에 대한 집착을 버리지 않았다.

물론 하라 내각도 "대륙연장주의"를 내세우면서 '일-선-만'의 정치적, 경제적 통일연락정책을 강조했다.[16] 실제로 1920년 2월 초에 하라 수상과 사이토 총독이 한반도철도를 만철에 양도(병합)하기로 결정했다는 보도가[17] 나왔다. 육군의 병합 의지는 일본 정계에서 여전히 큰 영향력을 갖고 있었다. 그러나 2월 20일 하라 수상, 다카하시 고레키요(高橋是淸) 대장상, 사이토 총독, 만철 총재가 논의하는 자리에서 사이토 총독이 병합 불가를 강조하며 없던 일이 되었다.[18] 사실 일본에게 만주침략을 위한 내외 환경이 그나마 유리했던 1917년에도 유보했던 병합안을, 만주에서 일본의 영향력이 현저히 약화되고 대륙 지배를 위해 만철 중심의 철도통일을 강조하던 육군의 영향력이 약화된 1920년에 추진하기는 더 어려웠다.

더구나 당시 일본 정계는 호헌운동, 제1차 세계대전, '쌀폭동'을 거치는 동안 야마가타 아리토모(山縣有朋)를 정점으로 한 육군 군벌세력이 일시적으로 약화되면서 입헌정우회 중심의 하라 내각이 성립하여 정당세력이 확대되는 등 정치적, 사회적으로 일대 변화를 겪기 시작하던 때였다. 일본 근대정치사에서 하라 총리가 이끌던 정우회의 집권 기간은 경제위기와 폭동, 밀실책략으로 점철된 정치 관행을 거쳐 일시적으로 정당-국회의원이 정치의 중심에 선 정당정치가 시작된 시기였다. 일본 정계에서 육군, 추밀원, 귀족원, 문관관료에 의존하던 번벌세력이 약화되고 정당정치 세력이 강화된 것이다.

정당세력의 정치적 영향력은 식민지 조선으로까지 확대되었다. 일본의 내각 교체에 따라 진퇴가 좌우된 대만총독과 달리, 조선총독의 지위는 상대적으로 안정적이었다. 조선총독은 내각의 정파관계에 따라 임명되는 정무총감을 통해 내각과 예산 확보, 정책 등을 조정했다. 내각은 정무총감을 통해 식민정책이나 인사, 예산에 관여했다.[19]

3·1운동을 계기로 사이토가 신임총독으로 교체될 때, 하라 총리는 내무성 관료 미즈노 렌타로(水野錬太郎: 1923년 9월 관동대지진 때 내무상이었고 고토 신페이로 교체됨)를 정무총감(1919.8~1922.6)으로 임명했다. 조선총독부 권력을 좌우하던 일본 육군의 영향력이 약해지고 정무총감을 매개로 한 정당정치 세력, 즉 내각의 영향력이 커진 것이다. 실제로 하라 내각은 조선총독부를 육군의 영향력에서 벗어나게 하여 일본 정부가 지배하는 체제로 만들겠다고 표명했다.[20]

결국 1920년 2월에도 만철의 병합 시도는 무산되었다. 그러나 5월에도 만철은 일본 정부에 증자안을 제시할 때 병합안을 삽입시켰다. 1921년 7월에도 한반도철도를 만철에 "귀속"시키는 것만이 근본적 해결과제라고 강조했다.[21] 만철, 즉 일본 육군의 병합 의지는 그만큼 집요했다.

조선총독부의 한반도철도 직영안 정립

조선총독부는 만철이 1918년 이후 계속 병합을 시도하는 상황에 대응하여 위탁경영에 대한 문제제기를 넘어 직영안을 적극 제시했다. 아오키 게이조(青木戒三) 조선총독부 철도부장이 직영에 따른 예산 편성에 착수했다. 후임인 와다 이치로(和田一郎) 철도부장은 "직영 재현의 방침"을 모색했다. 그러나 위탁경영 결정 당시 육군의 실세 테라우치 총리에게 끌려 다녔던 하세가와 총독은 철도부가 작성한 직영환원안도 테라우치 총리에게 결정을 일임하는[22] 수동적 태도를 보였다. 결국 직영론은 힘을 받지 못했다.

그러나 1919년 8월 사이토 총독 부임을 전후하여 직영안이 착실하게 정립되기 시작했다. 1919년 7월 31일자로 조선총독부 철도부는 만철의 위탁경영 및 병합안의 문제점을 다음과 같이 세밀하게 정리했다.[23]

❶ 현재 만철 위탁경영의 문제

① 영리회사인 만철로서는 운임 인하가 어렵다.

② 직영으로 환원해도 취급수속 간소화가 가능하다.

경영을 분리해도 위탁경영 이전처럼 적체승환(積替乘換)의 불편을 없애고 협정을 맺어 운수규정, 비용 등의 통일이 가능하다. 조선과 만주의 통일보다 수송건수가 더 많은 일본과 조선의 통일이 필요하다. 이를 위해 1918년 11월, 3선(일본철도원, 만철, 조선철도) 당사자가 조사하기로 철도원에서 협의했다.

③ 위탁경영으로 조선철도의 수지 균형이 이뤄지지 않았다.

북만주의 풍부한 생산물 수송을 위한 시설은 이뤄지지 않았고 장래에도 불가능하다.

④ 합동에 따른 경비절약이 이뤄지지 않았고 앞으로도 어렵다.

⑤ 운수 상황에 따른 종사원 융통은 분립 시에도 공조할 수 있다.

현재도 차량 융통은 거의 이뤄지지 않고 만주와 조선의 농산물 출하기가 달라 기대하기 어렵다.

❷ 조선총독부가 철도를 직영하지 못해 발생하는 문제
① 경제정책상 중요한 철도를 정부(조선총독부)가 직영하지 못해 정무의 민첩성이 결여되고 제한된 감독명령권만 가진 총독 정치의 위력을 훼손시킨다.
② 철도와 같이 광범한 사업을 외부에서 감독하는 것은 불가능하다.
만철은 만주를 위해 성립된 회사로서 조선에 대한 이해가 약해 조선총독부 시정방침과 불협화음이 불가피하다.
③ 만철의 조선철도 당국자는 이중적(본사와 조선총독부) 감독을 받아 사무가 번잡하다.
④ 국가(조선총독부)의 관리(吏員)인 경우와 회사(만철)의 피고용자인 경우는 사상(思想)에 큰 차이가 있다. 위탁경영 후 종사원은 급여인상 요구 즉 권리 관념이 강하지만 의무감, 질서, 통솔 관념이 약하다.
⑤ 영리회사의 경영은 사교상, 체면상 불필요한 경비를 팽창시킨다.

❸ 만철이 조선철도를 병합(일본정부가 만철에 출자)할 때의 문제
① 만철의 증자안은 일시적 호도책에 불과하데 이를 위해 조선철도를 희생하면 안 된다.
만철의 장기증자계획(16억 엔) 중 현재 3억 엔 증자 이후, 정부의 반액 출자 방안도 없다.
② 통일경영은 조선 교통에 이롭지 않다.
조선철도가 만철의 사유(社有)가 되면 조선총독부의 조선 교통 방침에 순응하기 어렵다. 조선철도 경비는 조선철도 수입에서 충당할 수 있다.
③ 위탁제도의 폐해가 더욱 악화된다.
위탁경영 때보다 조선총독부는 교통기관 행정상 자유와 위력을 잃고 감독은 몇 배 어려워진다.
④ 조선철도의 건설개량상 장애가 있다.
현재 조선철도 투자액은 1억 6천만 엔이다. 여기에 함경철도 등 기정(旣定)계획이 완료되면 7,600만 엔, 물가등귀에 따른 추가비용 및 평

원선 등 신규계획 비용 1억 2,700만 엔, 1926년경부터 착수 예정인 경부철도와 경의철도 복선비 1억 2천만 엔을 합하면 4억 8천만 엔이 넘는다. 이를 만철이 시행하려면 증자나 사채발행이 각종 조건에 제한을 받아 정부(조선총독부)가 부설할 때보다 어렵다.

⑤ 사설철도 및 교통기관과의 원만한 연락을 방해한다.

'국유'철도를 영리회사에 맡기면 제반 이해와 상반하고 원만한 연락을 기하기 어렵다.

⑥ '자본국유'의 대세에 역행한다.

'국유'철도를 반관(半官)회사의 소유로 귀속시키는 것은 사유자본제 폐해로 자본국유론이 유력해지고 철도국유가 확대되고 있는 세계적 대세를 거스르는 것이다. 국가적 사명을 띤 회사라도 영리회사라서 주주 등 특정자본자의 이익 때문에 좋은 성과를 낼 수 없다.

요컨대 현재의 위탁경영이나 만철이 희망하는 병합안 모두 '일본제국' 차원에서 폐해만 높일 뿐 특별한 이익이 없어 한반도철도는 '국유국영' 원칙에 따라 직영으로 환원되어야 한다는 것이었다. 특히 해군 출신이 총독으로 부임한 조선총독부가 육군이 그토록 강조했던 '만선정치통일'론을 허구적이라고 비판한 점이 주목된다.

'국유'철도는 '국영'(조선총독부 직영)이 당연한데 분명한 이익도 없이 허구적인 '만선정치통일론'과 연루시켜 철도정책을 불철저하게 하는 것은 조선에서 식민통치에도 이롭지 못하다는 주장이었다. 만철은 "만몽" 개발의 본래 역할에 주력하고, 조선총독부는 한반도철도를 직영함으로써 만주와의 교통기관 연계를 확보하면서 식민지 조선의 "개발"에 주력하는 것이 각자에게 최선책이라고 강조했다. 한반도에 식민지자본주의 '개발-수탈' 체제가 구축되어야 만주 철도와 효율적 연계가 가능하다는, 식민정책 방향을 두고 근본적인 문제제기를 한 셈이었다. 나아가서 조선총독부가 직영을 못한 결과 조선에서 총독(부)의 "위력"이나 "권위"가 훼손되고 있다고 비판했다. 사실 이 점이 조선총독부가 가장 강조하고 싶은 주장이었다.

조선총독부가 이때 정리한 내용은 5년 후 1924년 일본 정부가 직영 환원을 결정할 때까지, 위탁경영을 폐지하고 '국유국영' 원칙에 따라 직영으로 환원해야 한다는 일관된 논리로 기능했다.

가라앉은 병합안, 위탁경영 지속과 직영안의 대립

병합안이 무산된 1920년 2월 만철과 조선총독부의 갈등은 심각했다. 만철은 위탁경영이 힘만 들고 성과가 없다고, 조선총독부는 만철의 철도정책이 만주 위주로 운영된다면서 서로를 비난했다. 감정의 골이 깊어져 7월경에는 만철이 손쉬운 증자 수단인 병합을 관철하기 어렵다면 계륵이 된 위탁경영을 차라리 반환하는 게 낫고 심지어 반환이 내정되었다는 풍설까지 자자해졌다. 실제로 9월에 만철은 전후불황으로 사업 중지, 사원 도태 등을 겪는 상황에서 결손까지 생기는 위탁경영을 조선총독부에 반납하겠다고 제의했다. 만철이 운임이나 푸순탄 공급을 만주 중심으로 집중한다고 비판해 온 조선총독부가 철도경영을 회수하는 것이 거의 확정적이라는 보도까지[24] 나왔다.

이 보도는 사실이었다. 미즈노 정무총감에 따르면, 이 무렵 정식으로 문서교환을 하지는 않았지만 만철과 위임계약을 파기하기로 협의했다.[25] 나아가서 사이토 조선총독은 9월 17일, 하라 총리에게 다음과 같은 이유로 한반도철도를 직영으로 환원해줄 것을 요구했다.

> 위탁경영 3년이 경과한 시점에 조선통치와 조선철도 개선을 위해 속히 위탁경영을 폐지, 총독부 직영으로 복귀시키고 만철은 만몽개발에 집중시키는 것이 시의적절하다. 직영은 조선에서 일반행정과 철도행정의 통일 유지, 사무 민활, 시설 협조 도모 등 통치효과가 매우 크다. 철도경비도 크게 절약할 수 있다. 사설철도에 대한 통일적 감리에도 큰 효과를 거둘 수 있다. 위탁경영에 따른 감독의 곤란 및 번거로움을 없애고 정치경제 상태가 다른 양 지역 철도 경영의 획일화 경향

을 피할 수 있다. 위탁경영 전부터 인접철도로서 밀접한 관계를 지속한 철도 연락은 직영 하에서도 발전을 도모할 것이다. 1921년 초부터 직영 실시에 따른 예산을 편성할 예정이다. 이 계획을 승인 받은 후 실행 준비를 진행하고자 한다.[26]

조선총독부는 이 요구를 실행하기 위해 직영 복귀 후의 경비와 관제(官制) 변화, 1만여 경성관리국 종업원을 조선철도국 관리로 복귀시키는 데 필요한 1921년도 예산안을 제44회 제국의회에 제출한다는 구체적 일정까지 잡았다. 그러나 하라 총리는 사이토 총독이 직영 환수를 요구한 지 1주일 후인 9월 24일, 위탁경영의 경과 기간이 짧아 고려의 여지가 있고 특히 1921년도 예산에 직영 경비를 요구하는 것은 곤란하므로 추후 논의하자는 답신을 보냈다.[27] 결국 직영 환원을 둘러싼 1920년 9월의 논란은 마감되었다.

그런데 하라 총리의 답신에서 주목되는 점이 있다. 사이토 총독의 위탁경영 폐지 및 직영으로의 환원 요구가 불가하다는 것이 아니라, 추후에 논의하자고 결정을 유보한 것이다. 전례 없는 일이었다. 조선총독이 직영안을 총리에게 공식 요청한 것도, 총리가 직영안을 유보했지만 사실상 긍정적 인식을 보인 것도 이때가 처음이었다. 실제로 이후 직영안은 봇물 터지듯이 그 영향력이 커져 갔고 내외 환경도 바뀌어갔다.

이처럼 조선총독부와 만철은 일본 정부의 결정이 수반되지 않은 가운데 1919~20년을 지나면서 만철의 한반도철도 병합, 그와 상반된 조선총독부 직영으로의 환원에 합의하는 '비정상적' 상황을 연출했다. 그 이면에는 일본 육군의 중국 지배 구상이 가라앉고 일본 정부의 식민정책이 변화하는 현실적 배경이 있었다. 만주지배 방략을 둘러싸고 충돌하던 힘의 추가 서서히 직영안이 효율적이라는 인식으로 기울기 시작한 것이다.

1921년 3월 사이토 총독은 일본제국의회에서 직영 의지를 다시 피력했다.[28] 이전과 달리 일본 정계에서 이를 받아들이는 분위기가 짙어졌다. 만철과 조선총독부가 1921년 한 해 동안만 위탁경영을 계속하기로 합의한 것도 이러한 분위기를 반영한다. 물론 이때의 합의 과정에서 구보 만철 경성 관리국장은 조선철도가 하루에 10만 엔 수입이 못되면 결손인데 현재 6만 엔에 불과하여 위탁경영을 지속할 수밖에 없다고 강조했다. 나아가 위탁경영 지속 여부가 해마다 반복된다고 비난하면서, 수익을 기대하기 어려운 신규노선에 대해 납부금(6%)을 인하해야 한다는 주장까지 했다.[29]

만철과 조선총독부의 1921년 합의 과정을 보면 한 가지 특징이 있다. 논점이 바뀐 것이다. 이제까지의 대립점은 만철의 병합안과 조선총독부의 직영안이었다. 그런데 1921년 들어서 위탁경영 지속이냐, 직영 환원이냐로 바뀐 것이다. 만철은 위탁경영 지속을 강조하면서도 완전한 경영권 이양을 요구할 뿐, 더 이상 병합을 거론하지 않았다.

전후 불황이 계속되면서 만철의 위탁경영 손실은 더욱 커졌다. 그런데 이 무렵 『동아일보』는 조선총독부가 반드시 한반도철도 경영의 적임자도 아니고 능력도 의문이지만, 적어도 만철보다는 적임자라는 일본 『지지신보 (時事新報)』의 논평을 소개했다. 이 논평은 만철이 영국의 동인도회사를 자처했지만 정부의 중역 임명, 경쟁 배제와 독점, 전횡의 폐단, 많은 사업을 겸영하면서 이익이 되는 사업을 이익을 낳지 못하는 사업에 희생시키는 무책임한 경영으로 부패 무능을 드러냈다고 비판했다. 자기 사업도 제대로 못하는 만철에게 한반도철도 경영까지 맡긴 일본 정부를 강하게 비판했다.[30] 일본 정부에 대한 신랄한 비판이 그대로 『동아일보』에 소개된 것이다. 이는 정경유착과 부패경영으로 만주지배를 위한 효율적 경영능력을 보이지 못하는 만철에 대한 일본 정계 일각의 회의적 분위기를 포착한 조선총독부의 의도를 반영한다.

1921년 7월은 1922년도 이후에 대한 위탁경영 계약조건을 개정해야 하는 시점이었다. 다시 시끄러워졌다. 만철은 1919년과 1920년에 큰 손실을 보았다면서 아예 납부금 폐지를 요구했다. 당연히 교섭은 중단되었다. 그런데 조선총독부의 대응이 이전과 비교해 사뭇 달랐다. 전후 불황이 지속되는 상황에서 꼭 1922년부터 직영으로 환원할 필요가 없다면서 계속 만철의 위탁경영에 맡기고 납부금(연 6%)을 챙기는 것이 실속 있다고 판단한 것이다. 부임 후 2년 동안 철도운임이 세 차례나 인상되었다고 비판한 사이토 총독조차 철도공채 이자만 납부금으로 받으면 된다고 생각할[31] 정도였다. 이 무렵 조선총독부의 관심은 심각한 불황을 감안하여 일단 위탁경영 계약 내용만 현상유지하자는 데 있었다.

'선만' 교통기관의 통일을 위해 손해를 보면서도 위탁경영을 하고 있다는 하야카와 센키치로(早川千吉郞) 만철 신임사장(1921.5.31~1922.10.14)의 원론적 주장이 반복된 가운데 1921년 7월 21일 계약 개정에 임한 양측 분위기는 매우 불편했다. 만철은 조선총독부가 모든 경영을 위임하면 납부금 증액과 시설개선 문제 등을 총독부의 바라는 바 이상까지 양보할 수 있지만 현재와 같은 기형적인 위임 상태로는 어렵다고 "역습"했다.[32] 조선총독부가 한반도철도 운영에서 완전히 손을 떼라는 것이었다.

반면에 조선총독부는 이전과 달리 만철의 경영방식 개선이 필요하다면서 오히려 경영에 적극 개입하려 했다. 가령 1920년에는 중국지배를 위해 중요한 한반도철도를 경시한 만철의 만주 중심 정책을 비판한 것과 달리, 1921년에는 불황으로 계속 결손을 보고 있다는 만철의 주장에 대해 경영방법 개선이 필요하다면서 구체적으로 경성관리국의 감원을 요구했다.[33] 만철은 1921년 8월의 계약 갱신에 즈음하여 1921년에 100만 엔 손실이 예상된다고 주장했다. 그러나 실제 결산은 이익(수입 2,810만 엔-지출 2,160만 엔=이익 647만 9,800엔)이어서 총독부에 584만 엔 납입, 잔액 60만 6천 엔을 양측이 반분하여 결국 만철은 30만 3천 엔의 이익을 거두었다.[34] 4장의 〈표 1〉의 수치와 같다.

그러나 1919~21년에 조선총독부가 계속 제기한 직영 환원론은 아직까지 일본 정부와 실력자들에게 그것이 만주 지배를 위해 더 효율적이라는 설득력을 강하게 심어주지 못했다. 일본 육군의 병합론은 일본 정계에서 여전히 큰 영향력을 갖고 있었다. 조선총독부도 계속된 불황 때문에 반드시 직영으로 환원되어야 한다고 적극 주장하지 않았다. 위탁경영이 지속된 가운데 만철의 납부금 인하 요구까지 수용되어 계약 내용은 오히려 조선총독부에게 더 불리하게 갱신되었다.

1921년 8월 19일, 양측은 1922~24년 3년 동안 ① 납부금율을 1920년 말까지의 투자액(2억 1,490만 엔)에 대해 연 6%, 1921년 이후의 신규투자(1억 1,615만 엔)에 대해서는 연 4%로 구분하고 ② 만철은 매년 최소 10만 엔의 보충공사를 시행한다는 별정계약에 합의했다.[35] 만철로서는 납부금 부담과 보충공사비 최저액을 인하(40만 엔 → 10만 엔)하는 유리한 조건을 관철시켰다. 반면에 조선총독부는 1920년 말까지의 총 투자액(9,780만여 엔)에 대한 공채이자에도 못 미치는 납부금(600만여 엔)을 받는데 그쳤다. 1921년도 투자액(2천만여 엔)에 대한 4% 납부금으로는 신규계획을 세울 수 없어 1922년도 신규건설 계획은 중지되었다.

사실 위탁경영 체제 하에서 자금의 조달 주체인 조선총독부는 부족한 납부금으로 신규노선 건설계획을 입안 실행하기가 어려웠다. 그러나 이러한 상황은 일본 정계에 위탁경영의 근본적 문제를 각인시키고 효과적인 만주 지배정책을 위해서도 조선총독부가 경영을 책임지는 한반도철도정책의 전환이 필요하다는 점을 환기시키는 계기가 되었다.

3) 일제의 대륙침략정책 전환과 한반도철도의 총독부 직영 결정

1920년대 전반기 일본 정계와 한반도철도정책의 변화

제1차 세계대전 종전을 전후하여 일제, 특히 육군이 오랜 기간 품고 있던 중국-만주 지배 구상은 일단 수면 아래로 내려갔다. '만몽' 지역에서의 이권이 거의 완전하게 일본에 속하게 되었다는 확신은 뿌리 채 흔들렸다. 이 지역의 철도망 장악과 침략정책의 기반을 마련하는 것이 본래 사명이었던 만철의 위상도 흔들렸다. 당연히 일본 정계에서는 만철의 한반도철도 위탁경영이 과연 적절한가에 대한 의문이 제기되었다. 한반도 철도상황을 더욱 곤란하게 하는 위탁경영 대신36) 만주 철도와의 효율적 연결을 위해서는 오히려 그동안 만철이 경시했던 한반도철도망 구축이 중요하다는 주장이 본격적으로 부각되었다. 일제의 한반도철도정책이 대변화를 맞고 있었던 것이다.

물론 한반도철도에 대한 만철 위탁경영과 조선총독부 직영 환원 사이에 식민지성의 본질적 차이는 없다. 위탁경영 이후 조선총독부의 끊임없는 직영 환원 주장이 단순히 일본 제국 내에서 갖고 있던 특별한 행정권한에서 비롯된 것도 아니었다. 일제의 한반도 식민정책이 시기를 떠나 만주침략정책에 종속된 가운데 운영되었기 때문이다. 일제가 한반도철도망 구축의 중요성을 인식한 것은 당시의 시기적 조건이나 국제환경에 비춰 그것이 만주침략정책에 효율적이라고 판단한 결과 이상도 이하도 아니었다.

더구나 1920년대는 식민정책의 변화가 필요한 시점이었다. 제1차 세계대전을 통해 질적 발전을 이룬 일본 경제를 위해 한반도에 식민지자본주의의 '개발-수탈'체제가 보다 확고하게 구축될 필요가 있었다. 3·1운동 이후 한반도는 일제의 입장에서 식민통치의 '안정화'가 필요 한 시점이기도 했다. 만주·중국에서는 일본이 구미 열강들에게 밀리는 형국이었다. 이러한 시점에서 만주정책에 대한 숨고르기를 하면서 식민지 '개발-수탈'체제 구축에 필수적 인프라로서 한반도철도망을 분명한 경영 주체(조선총독부)로 하여금 보강하도록 해야 한다는 인식이 일본 정계에서 대두된 것이다. 즉 1920년대 전반기는 일제의 식민정책이 전환되는 시기였다.

일본의 정치지형도 변했다. 1920년대 들어 일본에서는 보통선거를 요구하는 운동이 확대되어 갔다. 이 와중에 일본정치사에서 정당정치를 연 하라 총리가 피살되는(1921.11.4) 혼란 속에서 비정당내각(귀족원의원과 관료들 중심)이 2년여 동안 지속되었다. 그러나 정당내각 수립을 위한 정우회, 헌정회, 혁신구락부 등 3당 연합의 (제2차)호헌운동세력이 1924년 5월 중의원선거에서 압승한 후 6월 연립내각이 출범하여 헌정회 의장 가토 다카아키(加藤高明)가 총리(1924.6.11~1926.1.28)를 맡았다[가토 내각은 1925년에 사회주의 운동 확산에 대한 개량조치로 보통선거제를, 억압조치로 치안유지법을 공포했다. 정당정치는 1932년 5월 이누카이 쯔요시(犬養毅) 총리 암살을 계기로 막을 내렸다].

가토 총리는 헌정회의 '실력자' 시모오카 주지(下岡忠治)를 정무총감(1924.7~1925.11: 부임 이듬해인 1925년 11월 사망)으로 임명했다.[37] 이 무렵『동아일보』와『매일신보』는 카와무라 다케지(川村竹治) 만철 사장(1922.10~1924.6) 재임 시에 기밀비를 증액(30만 엔→80만 엔)하고 그 중 50만 엔을 정우본당 선거비로 고바시 이치타(小橋一太) 내각 서기관장에게 보냈다고 하는 비리를 폭로한 일본의『고쿠민신붕(國民新聞)』기사를 보도했다.[38] 만철에게 내부쇄신을 기대할 수 없다는 3년 전의 비판 보도처럼 이 보도 역시 만철에 대한 일본 정계의 비판적 분위기에 편승하여 직영으로의 환원을 관철시키고자 했던 조선총독부의 의지를 반영한다.

시모오카 주지가 정무총감으로 임명된 이후 한반도철도정책이 급변할 것이라는 예측이 농후해졌다. 직영이 기정사실화되었다. 물론 여전히 만철의 병합을 강조하는 세력, 특히 일본 육군의 반대가 심했지만 시모오카 주지 정무총감의 정치적 무게감은 당시 일본 정계에서 매우 크게 인식되었다. 일본의 정치지형이 바뀐 것이다. 만철도 크게 위축되었다.

식민지자본주의 인프라로서 한반도철도망 보강의 필요성 부각

조선총독부의 예상과 달리 1922년에도 만철 경성관리국의 영업성적은 호조를 보였다. 승객, 화물수송량과 총수입이 전년보다 급증했다. 1923년도 결산도 객화차수입 격증으로 양호했다. 전후 불황에서 벗어나기 시작한 결과였다. 그럼에도 불구하고 1923년도 만철의 납부금 755만 엔은 투자액 2억여 엔의 3.75%에[39) 불과했다.

1924년 들어 1925년 이후의 계약 갱신을 위해 이뤄진 교섭도 납부금 문제에서 시작되었다. 1924년 2월 사이토 총독이 먼저 납부금 인상을 거론했다.[40) 그런데 시모오카 주지가 정무총감으로 부임(7.19)하고 8월 말이 되도록 양측은 무려 6개월 동안 교섭을 진행하지 못했다. 큰 변화 직전의 고요함이었다. 가장 큰 이유는 당시 일본에서 키요우라 케이오(淸浦奎吾) 총리(1924.1.1~1924.6.11)가 이끄는 비정당내각에 대한 호헌운동세력의 반발이 심해 정계개편이 예상되었기 때문이다. 실제로 1924년 5월 중의원 선거 패배로 키요우라 내각은 가토 내각으로 교체되었다.

조선총독부는 가토 내각이 출범한 상황을 활용하여 일본 정계를 향해 한반도철도정책의 전환이 필요하다는 점을 적극 부각시켰다. 만철에게 위탁경영 결손은 명예롭지 않고 한반도철도에 대한 장기계획 없이 현상유지에만 급급한 점이 가장 큰 문제라고 비판했다. 업적이 좋은 해에는 급하지 않은 다음 기의 보충공사도 착수하지만, 업적이 좋지 않은 해에는 해당 기간에 착수해야 할 급한 보충공사조차 손을 대지 않는다는 것이다. 나아가서 직영으로 환원되어야 '국방상' 긴급한데도 그동안 만철이 등한시했던 함경철도 부설을 완성할 수 있다는 점을 부각시켰다.[41) 일본 육군이 '안보'를 위해 강조했던 함경철도가 착공(1914.10) 후 10년 이상 완공이 지연되는 문제를 조선총독부가 지적한 것이다. 만철에게는 아킬레스건이었다. 반면에 이 무렵 만철은 일본 정계에 위탁경영을 지속해야 한다는 설득력이나 영향력을 전혀 보여주지 못했다.

사이토 총독이나 시모오카 정무총감은 확고하게 직영 환원 방침을 강조했다. 시모오카는 직영의 근거로 ① 인건비 절약, ② 신규노선 건설, ③ (만선)교통통일 등을 들었다.[42] ①과 ②는 조선총독부가 경영을 더 잘 할 수 있고 만철이 등한시한 신규노선 건설을 서두를 수 있다는, 늘 제기하던 주장이었다. 반면에 ③은 위탁경영 결정 당시의 논리를 전면 부정한 것이었다. 일본 정계의 지형이 현격하게 변한 것을 반영한다.

특히 사이토 총독은 1924년 10월 18일 위탁경영이 애초부터 잘못된 결정이었다고 노골적으로 비판했다. 상황 변화에 따른 강한 자신감이었다. 만철이 늘 결손을 이유로 납부금 인하를 주장하지만 직영 환원은 이미 결정된 방침이라면서 두 가지 이유를 거론했다. ① 직영은 철도 재정을 공고히 하기 위해서이다. 사원퇴직금은 당연히 만철이 지출해야 하고 종업원의 이관 및 서류 정리 등은 3~4개월이면 충분하다. ② 조선 내 교통기관의 통일을 위해 직영이 필요하며, 위탁경영 명분인 '선만' 연락을 위해서도 안동현 이북 지역은 중국과의 국경이라 환승해야 하므로 직영을 반대하는 이유가 못된다.[43]

사이토의 주장에서 특기할 점은 한반도 내 교통기관 통일이 급선무이며 그것이 오히려 만주와의 교통통일에 기여한다는 논거였다. 1920년대의 변화된 상황에 조응하여 식민지자본주의 '개발-수탈' 체제에 필수적인 인프라 구축이 중요하고 이를 집행하는 주체로서 조선총독부 역할을 강조한 것이다. 식민지 '산업제일주의'를 내걸고 일본경제에 필수적인 '조선산미증식'에 주력한 시모오카 역시 효율적 수탈체제 구축을 위한 인프라 건설의 중요성을 강조했다. 같은 맥락에서 유케 코타로(弓削幸太郎) 조선총독부 철도부장도 식민지 산업정책상 가장 효과적인 정책은 직영뿐이라고 강조했다.

물론 조선총독부는 만주침략정책의 효율성 여하에 관심이 큰 일본 정계를 설득하는 논리로 한반도-만주를 잇는 철도교통의 편리함을 부각시켰다. 가령 직영 환원 결정 직후인 1925년 1월 31일, 시모오카 정무총감은 일본 중의원에서 직영이 두 지역 "교통통일의 편리함"을 높여 "대륙교통정책에" 아무 변화도 없을 것이라고[44] 강조했다.

직영 환원 후 시모오카 정무총감의 추천으로 조선총독부 철도국장으로 부임한 오오무라 타쿠이치(大村卓一)는 조선통치가 새로운 단계에 들어선 시점에서 철도 운영만 총독부 통치에서 벗어나 있는 비효율성을 지적했다. 한반도철도가 위탁경영으로 인해 '산업개발'을 위해 중요한 지역에 오히려 철도가 부설되지 않은 곳이 많아 식민지 '개발'이라는 "국책적 관점에서" 직영으로 환원했다는 '정당성'을 강조한 것이다. 나아가서 사설철도를 활용해서라도 아직 착수하지 못한 예정노선과 함경철도 등 국경의 주요철도망을 완성하는 일이 시급하다고 강조했다.[45] '만몽' 지역에 대한 일본의 '국책 수행'을 위해서도 필수적인 이 과제를 더 이상 만철에 맡길 수 없다는 것이었다.

'조선개척철도론'을 주창한 오오무라 철도국장은 한반도철도의 선로가 수미일관하지 않고 해륙(海陸)연락 설비도 갖추지 못해 경제적 측면에서 미비하다면서 북부지방의 철도 '개발'이야말로 '일본제국'의 인구, 식량, 연료 문제를 해결하는 방책이라고 강조했다. 지정학 관점에서 한반도와 만주, 소련 국경지역과의 연결철도망 완비를 통해 '미개'의 땅을 개척하여 동해안 항만으로 물자를 수송하는 철도망 구축이 한반도 교통정책에서 가장 중요한 프로젝트라는 주장이었다.[46] 그의 구상은 1927년부터 시행된 '조선철도 12년계획'으로 나타났다. 식민지자본주의의 '개발-수탈' 효율성을 높이기 위한 인프라로서 한반도철도망 구축이 중시되고 실행된 것이다.

일본 정부의 직영 환원 결정과 총독부의 '권위' 회복 인식

시모오카 정무총감이 직영 환원 문제를 협의하기 위해 도쿄에 도착한 9월 30일에 맞춰 직영이 당연하다는 보도가[47] 나왔다. 반면에 만철의 대응은 인사, 경리 등 실무 문제까지 거론되는 상황에서도 매우 소극적이었다. 직영이 기정사실화되었기 때문이다. 실제로 10월 3일 경성철도국 간부들은

직영으로 환원된다는 통보를 받았다.[48]

도쿄에서 시모오카 일행은 조선통치의 '권위'를 높이기 위해 반드시 직영환원이 필요하다는[49] 정치적 명분을 강조했다. 이는 1919년 사이토 총독 부임에 즈음하여 조선총독부가 직영안을 정립할 때부터 강조했던 속내였다. 실제로 직영 환원은 식민통치의 일차적 주체인 조선총독부의 '권위' 회복 차원에서 매우 절실한 문제였다. 만철에게서 받는 납부금 문제로 국한되는 것이 아니었다. 무엇보다 조선총독부는 철도 소유자이면서도 경영권이 없어 조선통치에서 총독의 권위가 크게 훼손되었다는[50] 점을 중시했다. 실제로 오오츠카 쯔네사부로(大塚常三郞) 조선총독부 내무국장은 조선총독부가 만철의 사회시설 등을 이관 받아 조선인과의 접촉 기회를 늘려 그 "은혜심"을 만철에서 총독부로 옮기는 것이 식민통치상 필요하다고[51] 강조했다.

일본에서 직영으로의 환원을 위한 당국 간 조율은 1924년 10월 20일 이후 빠르게 마무리되었다. 야쓰히로 반이치로(安廣伴一郎) 만철 사장(1924. 6.22~1927.7.19)이 도쿄에서 다롄으로 귀임하면서 직영은 의심의 여지가 없는 일이 되었다. 결국 만철은 일본 정부의 어떤 결정도 무방하다면서 사원의 퇴직수당 등의 부담에 대해서만 조선총독부의 양보를 얻는 것에 만족했다.[52] 직영안에 대해 일본의 척식성, 대장성, 철도성 등 관계당국이 합의한 다음날 10월 28일, 일본 내각은 1925년 4월 1일부터 조선총독부가 한반도철도를 직영한다고 결정했다.[53] 이로써 한반도철도는 7년 8개월간의 만철 위탁경영을 끝내고 조선총독부 직영체제로 환원되었다.

한반도철도 직영 환원은 거래은행에도 영향을 미쳤다. 위탁경영 기간 동안 만철이 인정한 취급은행은 제18은행 등 일본에 본점을 둔 은행이었다. 이 때문에 자금이 조선에서 일본으로 유출되는 식민지경제의 상황을 반영하여 『동아일보』는 만철의 예금을 조선에 본점을 둔 은행과 거래해야 한다고 비판했다. 이 점은 당시 경성철도국장이 충분히 참작하겠다고 대응할 정도로 예민한 문제였다. 실제로 직영 환원 후 조선총독부 철도국 국고금은 일본은행 대리점 소재지에서는 일본은행에, 각 역의 수입은 조선은행과 조선식산은행 지점을 통해 조선은행에 수납했다.[54] 직영 환원 당시 한반도 철도 총연장은 2,092㎞, 정거장수 231개, 종사원 1만 3천여 명에 이르렀다.

▲ '남만주철도주식회사 경성철도국'에서 '조선총독부 철도국'으로
출처: 『매일신보』 1925.4.1.

북부지방에 집중된 자원수탈노선과 최단거리 '일-만' 연결

1) 함경철도 완공, 5대 간선철도망 완성

일제는 경부철도와 경인철도에 이어 '국망' 후 호남철도와 경원철도를 완공했다. 그러나 일찍이 '안보'노선으로 중시했고 대륙침략정책 수행에 필수적이었던 함경철도(원산~회령)가 없는 한반도 간선철도망은 불완전한 것이었다. 일제에게 함경철도는 한반도 동북부 연해지방을 종단하면서 길주, 회령 등 탄광지대와 신포 등 수산기지, 청진과 성진 등 동해안의 주요 항구들을 만주의 지린 등으로 연결시켜주는 노선이었다. 그리고 이 함경철도와 북만주 지역을 잇는 노선이 길회선(지린~회령)이었다.

조선총독 테라우치가 일본총리로 부임하기 직전인 1916년 2월, 오오쿠마 시게노부 총리에게 길회선 부설의 시급함을 강조한 것도 전략적 중요성 때문이었다. 조선총독부는 함경철도 부설공사를 진행하여 1916년 청진~회령 구간을 개통했다. 만철 위탁경영 기간에 공사 진척이 지지부진해지자 사이토 총독은 함흥~양화 구간 개통 시승식을 갖기도 했다.[1] 일본 육군이 열망하는 함경철도의 신속한 완공을 위해 직영 환원을 강조하는 일종의 이벤트였다. 조선총독부 관료와 상공인들이 참여한 조선산업조사위원회(1921.9)도 함경철도 전구간이 빨리 개통되어야 한다고 강조했다.

　그러나 함경철도 부설 과정은 난관이 많았다. 제1차 세계대전 발발로 물가 및 임금, 용지매수 비용이 올라 청부업자와 계약단가를 개정해야 하는 상황을 맞은 것이다. 게다가 함경철도가 연결되어야 하는 중국에서는 철도 자주화 운동이 일어났다. 당시 만주에서는 지둔선(吉林~敦化)의 완공으로 둔화(敦化)~회령 구간 외에 일제가 구상한 길회선이 대부분 개통되었다. 그러나 지둔선을 연장하여 길회선을 완공하려는 일제의 시도에 지린학생단이 '지둔철도연장반대운동'을 전개했다. 시내의 전신주나 담벼락에는 항일 선전지('打倒國賊', '否認吉敦延長', '殺賣國奴')가 나붙었다.[2]

　만철 위탁경영 이전에 조선총독부 철도국이 착공, 개통한 함경철도 구간은 남부의 원산~문천(1914.10, 1915.8)과 문천~영흥(1914.11, 1916.7), 북부의 청진~회령(1914.10, 1916.11)과 창평~회령(1916.7, 1917.11) 구간 등 150여㎞에 불과했다. 위탁경영 기간에 조선총독부와 만철 사이에 힘겨루기가 벌어지는 와중에도 구간별로 계속 착공이 이뤄져 직영 환원이 결정되는 1924년 10월에 남부 구간 일부(퇴조~양화), 북부 구간 일부(수남~주을)가 개통되었다. 그러나 위탁경영 기간에 착공조차 못한 구간이 138㎞(남부 4개 구간 52㎞, 북부 3개 구간 86㎞)나 되었다. 함경철도 전 구간 개통이 계속 미뤄지는 문제는 일본 정계에서 핫이슈로 부각되었다. 이를 두고 조선총독부는 만철이 한반도철도에 신경을 쓰지 않기 때문이라고 강조했다. 결국 직영 환원 후 1928년 9월 1일에야 반송~군선 구간 완공으로 전 구간(629.4㎞)이 개통되었고 10월 1일 나남에서 전통식이 열렸다.[3] 착공 후 14년이나 지난 뒤였다.

　함경철도 개통으로 일제가 설정한 5대 간선철도망이 비로소 완성되었다. 이로써 일제가 설정한 한반도철도 '제1기 계획'이[4] 마무리되었다. 경성을 중심으로 사방으로 뻗어나간 5대 간선철도망은 진남포, 인천, 군산, 목포, 마산, 부산, 원산 등 한반도의 종단역 항구를 통해 일본과 연결되었다. 신의주, 회령 등 국경지역 종단역을 통해서는 만주 지역 철도와 연결되었다.[5] 일제는 함경철도 완공으로 압록강철교 개통(1911.11.1)에 따른 경의철도~안펑철도 연결에 이어, 한반도-만주를 잇는 또 하나의 철도망을 장악했다. 만주침략을 위한 군사·경제적 수송로로서 두 개의 북방연결망을 확보한 것이다.

나아가서 함경철도를 길회선과 연결시키면 '북선 3항'(청진·나진·웅기)~동해~일본을 최단거리로 연결하여 만주와 시베리아로 쉽게 일본의 세력을 확대할 수 있었다. 함경철도 부설로 함경도 지역의 무진장한 석탄과 삼림 '개발', 동해의 풍부한 수산물 반출을 통해 일본의 연료난과 식량난 해결도 꾀할 수 있었다.[6] 오오무라 철도국장이 강조한 대로 함경철도 전 구간이 개통되고 길회선이 완공되면 함경북도는 북만주-조선-일본을 연결하는 '일본제국'의 요지가 되는 것이었다. 석탄과 광석 반출을 위한 북청선(신북청~북청), 차호선(증산~차호), 철산선(나흥~이원철산) 등 함경철도 지선도 1929년 9월에 완공되었다.[7]

평원선(평양~원산: 204.6km)은 경의철도의 서포(평안남도)에서 순천, 양덕을 거쳐 함경철도의 고원(함경남도)과 연결되는, 경원철도와 더불어 종관노선을 보조하는 또 하나의 동서횡단선이었다. 직영 환원 후 조선총독부가 '조선철도 12년 계획'을 수립하기 전인 1926년 5월, 서포~사인장 구간 부설공사가 착수되었다. 한반도를 최단거리로 횡단하면서 무연탄과 금, 은, 동, 산림 등 자원이 풍부하게 매장된 지역을 지나는 노선이었다. 평원선은 공사 진척에 따라 평원서부선(서포~순천~양덕), 평원동부선(성내~고원)으로 불린 구간별로 운행을 시작했다. 이후 침략전쟁이 장기화되면서 일제는 평안남도의 질 좋은 무연탄을 주목하여 평원선과 연결되는 원산북항(문천항)을 건설했다. 서포~고원 구간 개통으로 평원선 전 구간이 개통(1941.4)되기까지는 15년이 소요되었다. 북대봉 산줄기에 많은 터널을 파야 했던 데다가 다리 건설에 시간이 많이 소요되었기 때문이다. 여기에다 일제가 만주로 직결되는 종관노선 강화에 주력하여 횡단철도가 건설 순위에서 밀린 이유도 컸다.[8]

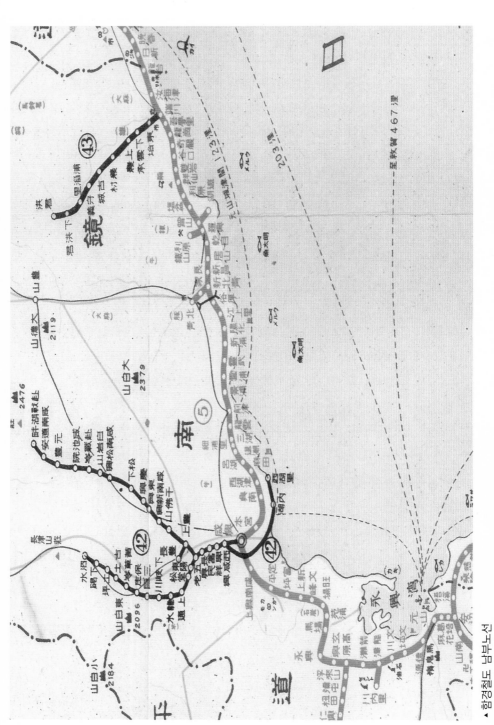

▲ 함경철도 남부노선

출처: 朝鮮總督府 鐵道局, 『朝鮮鐵道狀況』, 1942.

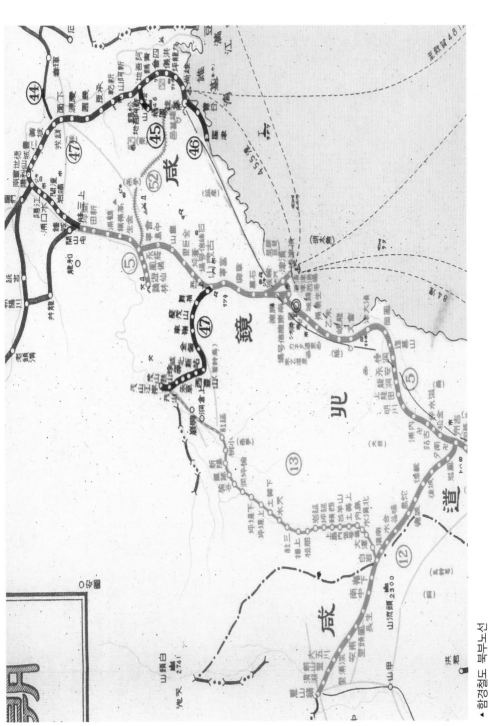

▲ 함경철도 북부노선

출처: 朝鮮總督府 鐵道局, 『朝鮮鐵道狀況』, 1942.

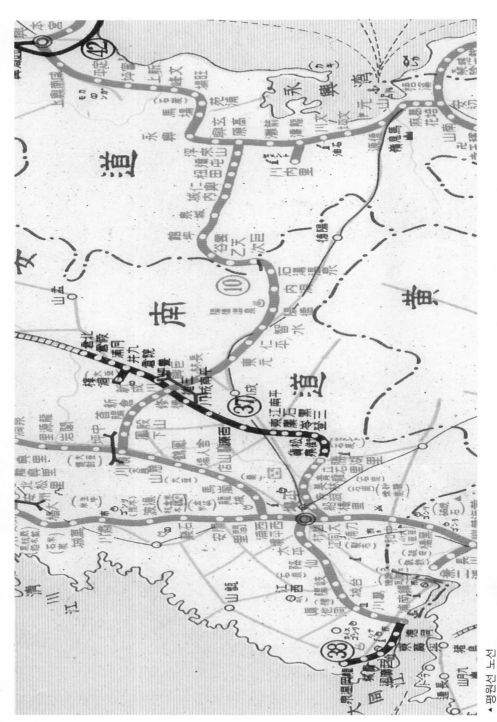

▲ 평원선 노선

출처: 朝鮮總督府 鐵道局, 『朝鮮鐵道狀況』, 1942.

2) '조선철도 12년 계획'과 5개 '국철' 노선 부설

일본 철도자본의 영향력이 미친 '조선철도 12년 계획'

한반도에 거주하는 일본인 상공업자들의 이익단체인 조선상업회의소는 직영 환원 직후 조선총독부에게 식민지 산업'개발'에 필요한 중장기 철도부설계획을 수립해 달라고 요구했다. 나아가서 '철도부설 10개년 계획'안을 수립하고 이에 필요한 자금 모집까지 나섰다. 조선철도협회와 함께 재조일본인기업의 이해관계에 조응한 「조선철도의 보급촉진에 관한 건의안」을 일본 중의원에 제출했다.[9]

일본의 철도업자 조직인 제국철도협회도 1924년 「조선철도망조사위원회」를 조직하여 한반도철도의 경영개선과 보급을 위한 조사에 착수했다. 1년여 조사를 거쳐 주요 철도의 '국유', 18개년 부설계획, 사설철도 매수와 보조 증대(10% 보조) 등을 주 내용으로 한 「조선철도에 관한 조사위원회 결의」를 정리했다. 이 계획은 18년간 4억 8,560만 9천 엔을 투입해 21개 노선(총연장 2,172마일) 건설, 주요 간선 복선화, 사설철도 매수 등으로 구성되었다. 이들은 1926년 들어 이 계획을 관철시키기 위해 「조선철도기성촉진회」를 조직하여 강력한 로비활동을 벌였다. 철도업자 이익단체로서 사설철도 매수와 보조금 증대, 특히 당시 국공채 이자율이 5% 전후인 상황에서 투자의 10% 보장을 요구했다. 사철자본은 투자리스크 보전 차원을 넘어 재정자금을 통해 고수익 이윤을 보장받으려 한 것이다. 실제로 이들의 계획안은 직영 환원 후 조선총독부 철도국이 작성한 '조선철도 12년 계획'에 상당 부분 반영되었다.[10]

오오무라 철도국장은 일본제국이 중국대륙을 장악하기 위해 풍부한 석탄, 목재, 수력, 경작지 등이 널려있는 한반도 북부지방과 국경지대에 철도와 항만 등 교통시설을 구비해야 한다고 강조했다. 그의 '조선개척철도론'

은 한반도-만주-소련 국경지대에 걸친 원시림을 '개발'하고 항일무장투쟁 세력을 제압하기 위한 일석이조의 안이었다. '조선철도 12년 계획'은 철도 국장으로 7년간 재임한 오오무라 등 조선철도국 관료들이 일본 정재계와 재조선 일본인 상공인들의 요구를 최대한 수용한 것이었다. '조선철도 12년 계획'과 같은 대규모 철도건설 프로젝트에는 한반도를 돈벌이의 원천으로 설정한 토목건축업자들의 이권 확보 욕망이 강하게 투영되었다.[11]

'조선철도 12년 계획'은 몇 차례 수정 과정을 거쳐 결정되었다. 먼저 1,600㎞ 신규노선 건설(10년간 2억 엔 투자), 기존노선 개량(5천만 엔)을 주 내용으로 한 '조선철도 10년 계획'안(1925.10)이 만들어졌다. 이 계획은 북부지방에 철도를 건설해 만주-한반도를 잇는 순환선[環狀線] 구축에 방점을 두었다. 그러나 식민정책의 중심을 남부지방 중심의 '산미증식계획'으로 설정한 일본 정부는 이 안을 받아들이지 않았다. 조선총독부 철도국은 1926년 8월 총액 3억 5천만 엔에 이르는 '조선철도망 완성 10년 계속사업'안을 다시 만들었다.

'10년 계속사업'의 주 내용은 1,544㎞ 신규노선 건설(10년간 2억 5천만 엔 투자), 사설철도 매수(5천만 엔), 기존 '국철' 노선과 매수한 사설철도 노선의 개량(5천만 엔) 등이었다. 1926년 11월, '10년 계속사업'은 '11년 계속사업'(예산 3억 2,155만 엔)으로 수정되었다. 이듬해 1927년 8월 사이토 총독은 도쿄로 건너가 와카스키 레이지로(若槻礼次郎) 총리, 카타오카 나오하루(片岡直温) 대장대신에게 '11년 계속사업'에 필요한 예산 승인을 요청했다. 결국 12월에 대장성은 계획기간 1년 연장, 예산 삭감(155만 엔) 후 '조선철도 12년 계획'으로 승인하여 이를 일본 제국의회에 제출했다.[12] '조선철도 12년 계획'이 비로소 구체화된 것이다.

최종 결정된 '조선철도 12년 계획'은 12년간(1927~1938년) 5개 신규 '국철' 노선 1,700여㎞ 부설(3억 2천만 엔), 사설철도 5개 노선 336㎞ 매수 후 표준궤로 개축 또는 복선화하는 대규모 철도 부설 및 개량 계획이었다.[13]

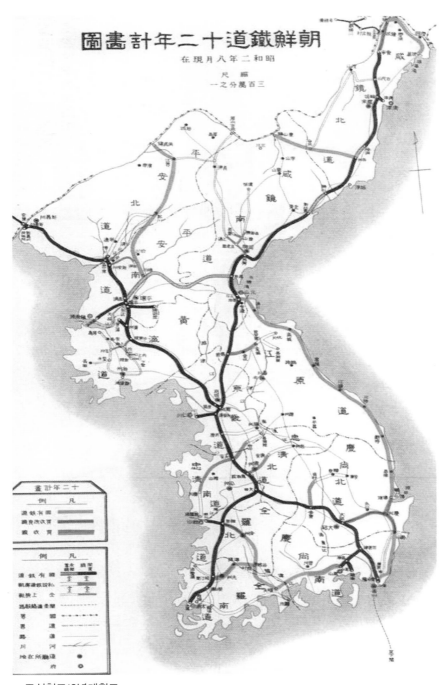

▲ 조선철도12년계획도

출처: 大平鐵畊, 『朝鮮鐵道十二年計畫』, 鮮滿鐵道新報社, 1927.

일본으로의 지하자원, 농산물 반출을 위한 5개 '국철' 노선 신설

'조선철도 12년 계획'에서 신설하기로 한 5개 '국철' 노선의 목적과 특징은 다음과 같다.[14)]

> 도문선(圖們線): 웅기~동관진, 162.8km) : 석탄·목재의 반출, 만철과의 연락과 만주의 콩 등 잡곡 반출, 국방·경비의 강화, 동해를 경유한 일본과의 연락
> 혜산선(惠山線): 성진~혜산, 141.7km) : 석탄·목재의 반출, 국방·경비의 강화, 미개지의 개발과 일본인 이민, 동해를 통한 일본과의 연락
> 만포선(滿浦線): 순천~만포진, 212.6km) : 석탄·철광·목재의 반출, 만철과의 연락, 국방·경비의 강화, 평안도 지역의 개발
> 동해선(東海線): 원산~포항, 울산~부산, 545.6km) : 석탄·목재·광물·해산물의 반출, 함경선과 부산과의 연락
> 경전선(慶全線): 진주~전주, 원촌~담양, 249.6km) : 쌀·면화의 반출, 전라남북도와 경상남도의 곡창지대와 부산을 연결, 또 여수항을 통한 일본과의 연락

도문선, 혜산선, 만포선, 동해선, 경전선 등 5개 '국철'은 '일-선-만'을 최단거리로 신속하게 연결하고 종관철도망의 수송력을 분산하기 위한 노선이었다. 삼림 및 지하자원, 농산물과 해산물이 풍부한 지역에 집중된 이 5개 노선의 공통점은 한반도의 각종 자원을 일본으로 수송하는 데 편리하도록 기획되었다는 점이다. 특히 북부지방 3개 노선(도문선, 혜산선, 만포선)은 항일무장투쟁에 대응한 '국방경비'도 겸했다. 이 때문에 '12년 계획'의 노선은 여객보다 화물 수송에 중점을 두었다. 수송 방향도 간선철도나 종단역 항구를 향해 있었다. 신설 노선을 통해 운송된 화물은 대부분 일본으로 반출되었다. 일부는 북부지방의 공장용지나 노동력을 저렴하게 활용한 '조선공업화'를 뒷받침하는 데 사용되었다.

도문선은 1927년 10월, '12년 계획' 가운데 가장 먼저 웅기 방면에서 부설에 착수된 노선이었다. 함경철도의 종점인 회령에서 두만강 연안을 따라 웅기에 이르는, 일제가 군사·경제적으로 중시한 국경 노선이었다. 항일무장부대가 세력을 발휘하던 국경 지방의 '치안유지'를 위해 웅기~신아산 구간 공사부터 시작되었다. 그리고 도문철도주식회사가 협궤로 1919년에 개통하고(상삼봉~회령) 1924년에 회령~동관진 구간(57.1㎞)으로 연장한 노선을 조선총독부 철도국이 1929년 4월에 매수하여 도문서부선으로 칭했다. 1931년 5월 궤간 개축공사를 시작하면서 상삼봉교와 도문교(남양~도문)를 건설하여 도문서부선은 함경북도의 상삼봉, 남양, 훈융 등지에서 철교를 통해 북만주로 연결되었다. 1929년 11월 도문동부선으로서 신아산~웅기 구간이 완공되었다. 1933년 8월에는 남양~강양, 강양~동관 구간이 각각 준공되어 착수된 지 6년여 만에 도문선 전 구간이 개통되었다. 이로써 부설기간이 오래 걸린 길회선의 수송효과를 크게 높였다.

동해선은 동해안을 따라 원산~부산 사이를 이어 함경철도와 연결되는 종관노선으로서 '12년 계획'에서 가장 길게 설정된 노선이었다. 부설계획이 발표될 무렵 동해선은 경부~경의 철도를 보조하는 제2의 종관철도[15]로 불리기도 했다. 강원도, 경상도를 관통하여 동해안 지방의 해산물, 임산물과 석탄 등 광산물을 반출하기 위한 노선이었다.[16] 1928년 2월 북부구간인 함경남도 최남단인 안변(1946년 9월 북한의 행정구역 개편으로 강원도에 속하게 됨) 방면에서부터 착공을 시작했지만 일제가 패망할 때까지 전 구간이 완공되지는 못했다. 1936년 12월에 남부 구간(부산진~경주: 114㎞)이, 1937년 12월에 북부 구간(안변~양양: 192.6㎞)이 개통되었다. 중부 구간(울산~경주~포항~학산: 79.8㎞)은 사철인 경동선을 매수하여 표준궤로 개수한 것이었다. 이 노선들을 각각 동해남부선(부산진~경주), 동해중부선(경주~학산), 동해북부선(안변~양양)으로 불렀다. 전시체제기에는 포항~양양 구간 공사가 중지된 반면에, 무진장하게 매장된 삼척 지대의 석탄 '개발'과 만주 및 일본으로의 빠른 수송을 위해 북평(동해)~삼척 구간(12.9km)이 개통되었다.

경전선은 한반도 남부지방을 동서로 횡단하는 노선으로 계획되었다. 경상남도와 전라남도 지역에 각기 부설되었던 사설철도를 조선총독부 철도국이 매수하여 경상도와 전라도를 잇는다는 뜻으로 명명한 노선이었다. 경상남도에서 한국인 자본인 영남지선철도회사가 1904년 1월 삼마선(삼랑진~마산) 공사에 착수한 것을 러일전쟁 직후 일본군이 군용철도로 빼앗아 경부철도 개통 다음날인 1905년 5월 26일 경부철도 지선으로 마산선을 부설했다. 전남선(송정리~광주~담양: 1922.12 개통), 경남선(마산~군북~진주: 1925.6 개통)은 일본인 사철회사인 남조선철도주식회사가 부설한 노선이었는데 각기 '국철'이 매수(전남선: 1928.1, 경남선: 1931.4)한 후 전남선은 광주선으로, 경남선은 마산선과 통합되어 경전남부선(삼랑진~진주)으로 개칭되었다. 호남지방을 동서로 횡단하는 광려선(광주~보성~순천~여수: 155.5km)은 개통(1930.12) 후 '국철'로 매수(1936.3)되어 1936년 12월, 경전서부선(송정리~순천)과 전라선(익산~여수)으로 분리 개칭되었다. 그러나 일제가 패망할 때까지 진주~순천 구간이 개통되지 못해 경전선은 완공을 보지 못했다. 경전선은 일본으로 미곡, 면화, 석탄 등 자원의 반출 속도와 효율성을 높이기 위해 전라남북도와 경상남도의 곡창지대를 부산이나 여수와 연결시키기 위해 구상된 노선이었다.

혜산선(성진~혜산)과 만포선(순천~만포진)은 일제가 침략전쟁을 대비하여 한반도 중북부 지역과 압록강 중류 국경지역의 풍부한 산림자원과 지하자원, 나아가서 남만주지역의 자원을 수송하기 위해 부설된 노선이었다.

만포선은 1931년 4월 평원선의 순천에서 착공하여 1933년 7월에 개천까지, 1934년 11월에 희천까지, 1937년 12월에는 적유령을 넘어 강계까지 개통되는 동안 일곱 차례에 걸쳐 단계별로 구간운행을 하다가 만포교 준공(1939.9.28)으로 만포까지 전 구간이 개통(1939.10)되었다. 만포선은 연선에 석탄 등 지하자원과 산림자원이 풍부한데다가 남만주지역과 연결되기 때문에 중요한 자원수송로였다. 만포선은 만포교를 통해 만주의 지안(輯安)에서 만철의 메이지선(梅輯線: 梅河口~輯安)을 통해 남만주의 퉁화(通化)및 지린 일대와 연결되었다. 그리고 1941년 4월에 개통한 평원선과 접속하여 동해의 원산, 흥남으로 이어졌다. 황해 지역으로는 '국망'을 전후하여 이미 영업을 시작한 평남선(평양-진남포)과 접속해 진남포로 연결되었다. 이 노선들은 궁극적으로 황해와 동해의 항만을 일본의 각 항구와 연결하기 위한 것이었다.[17]

혜산선은 1931년 5월 길주에서 착공되어 백두산 줄기를 넘어, 1937년 11월 혜산진에 이르는 전 구간이 개통되었다. 여기에 더해 혜산선의 백암역과 무산선의 종점역인 무산을 연결하는 협궤철도 백무선(백암~무산, 192.1km) 부설 공사가 1932년 11월 백암 방면에서부터 시작되어 백암과 무산 고원지대의 광대한 산림자원을 수송해갈 수 있었다.

그런데 '조선철도 12년 계획'에 필요한 노동력 수요지는 북부지방에 집중된 반면, 농촌의 상대적 과잉인구는 남부지방에 집중되어 있었다. 조선총독부는 노동자들에게 교통운임 할인을 제공하면서 북부지역으로 노동력을 공급한다는 구상을 했다. 그러나 타지에서 생활해야 하는 노동자들에게 임금이 턱없이 부족했다. 12~14시간이나 되는 장시간 노동에 산악지대에서 이뤄지는 난공사였지만 안전시설이 취약했다. 결국 노동력 동원은 수탈성을 강하게 띠었다. 철도용지 매수에서도 조선총독부 철도국은 토지소유자에게 표준시가를 적용하여 매도하도록 했다. 불응하면 토지수용령을 적용하여 토지매수를 강행했다. 이 과정에서 식민지배세력과 유착관계를 가진 대지주는 토지를 기부하는 대신 거액의 보상비를 받는 방법으로 손해를 피할 수 있었다. 그러나 대부분의 조선인 토지소유자들은 강제매수에 따른 손해를 감수해야 했다.[18]

'조선철도 12년 계획'은 예정보다 1년 늦은 1939년에 동해선과 경전선 일부를 제외하고 거의 완성되었다. 노선 선정의 초점은 1920년대 후반 일본이 필요로 한 한반도의 각종 자원과 물자의 수송력을 높이는 데 있었다. 한반도철도는 일본인들을 조선과 만주에 이주시켜 뿌리내리게 하는 식민철도의 본질을 지닌 가운데, 일제의 대륙침략정책과 식민지자본주의 인프라로서 '개발-수탈'의 기반 조성을 위한 '산업철도' 성격이 더욱 뚜렷해졌다.

3) 최단거리 '일-만' 연결('北鮮루트')과 만철의 북부 철도 위탁경영

일제의 만주 점령으로 '전성기'를 맞은 만철

만철 사장 야마모토 조타로(山本條太郞: 1927.7~1929.8)는 펑톈군벌 장쭤린(張作霖)과 협의하여 '만몽 5철도'로 불린 신규노선 부설에 몰두했다. '만몽 5철도'란 둔화~라오터거우(老頭溝) 구간을 거쳐 함경도 회령에 이르는 길회선의 일부, 창다선(長大線: 長春~大賚), 지우선(吉五線: 吉林~五常), 자오수선(兆素線: 兆南~素倫), 옌하이선(延海線: 延吉~海林) 등 만철의 지선들을 말한다. 일제에게 '만몽 5철도'는 경제적 측면뿐 아니라 소련과의 전쟁에 대비한 군용철도로서도 중요했다. 특히 길회선의 둔화~두만강 구간은 '북선 3항'(나진·웅기·청진)~동해~일본을 최단거리로 잇는 새로운 노선 개발 문제와도 직결되었다.

일제는 이미 제1차 세계대전이 한창일 무렵 만주지배에 대한 자신감에서 중국에 철도차관 제공을 매개로 '만몽 5철도'를 부설, 장악한다는 구상을 가지고 있었다. 그러나 이는 중국의 '배일운동'을 자극해 중국 자력으로 철도를 부설한다는 '철도자주화(自辦)운동'이 확산되는 역풍으로 귀결되었다.[19] 실제로 중국정부는 1924년 5월 동북교통위원회를 설립하고 10년간 (1921~31년) 국유, 성유(省有), 민유의 10개 노선(총 1,522㎞)을 부설했다.

특히 펑톈군벌이 부설한 션하이선(審海線: 審陽~海龍), 후하이선(呼海線: 呼蘭~海倫), 지하이선(吉海線: 吉林~海倫), 타오쒀선(洮索線: 洮安~索倫) 등은 일제의 만주침략 구상에 대비한 '만철 포위망'으로 구상된 노선이었다.[20] 일제의 '만몽 5철도' 계획노선 및 만철의 노선과 겹친 이들 노선은 1920년대 후반에 집중 부설되었다. 여기에 중국은 후루타오(葫蘆島) 항만을 건설하여 동북철도망을 연결하는 구상을 했다.[21]

이는 만철의 중심지 다롄항의 이권과 정면 대립했다. 당시 중국 정부는 국가 총수입의 25%를 철도부설에 쏟아 부었다. 여객과 화물 수송에서 중국 철도를 이용하라는 훈령을 내리고 각종 할인과 연계운송 제도를 통해 만철의 경쟁력을 현저하게 떨어뜨렸다. 실제로 만철은 '만주사변' 직전 3년 동안 운송량이 전년 대비 1/3이나 감소(300만 톤)했다. 1931년에는 2천여 종업원을 해고하는 상황으로까지 몰렸다.[22]

결국 만철의 경영위기는 일제가 만주를 침략, 점령하면서 '해결'되었다. 사실 만철은 관동군의 만주침략 기획부터 실행에 이르기까지 적극 가담하고 협력했다. 만주침략은 만철이 진실로 원하던 바였기 때문이다. 1931년 9월 18일, 관동군이 펑톈 교외의 류타우호(柳條湖) 부근의 철로를 폭파한 뒤 중국군의 짓이라고 날조하고 베이다잉(北大營)을 공격하며 시작된 '만주사변'의 구실도 철도와 관련되었다.

1923~27년에 만철 조사과장을 지낸 사다 고지로(左田弘次郎)는 관동군이 만주 점령을 계획하던 1929년 7월 3일 '북만참모여행'에 참가한 후 1931년 1월부터 "만몽의 치안 대란을 조성해야" 한다고 공공연하게 주장했다. 만주침략 과정에서 만철은 1만 5,884명을 군사행동 지원에 동원했다. 이 중 462명은 직접 전투에 참가했다. 또 1931년에 430만 2,600만 엔, 1932년에 576만 5,900만 엔, 1933년에 158만 3,700만 엔의 경비를 지출했다. 만철 부속지는 관동군의 충실한 '병참기지'였다. 관동군 사령관 혼조 시게루(本庄繁)는 철도가 없었다면 "대작전"(만주 점령)을 실행하기 어려웠고 기동작전이 철

도에 의존함으로써 빛을 발했다면서 만철을 극찬했다. 마쓰오카 요스케(松岡洋右) 만철 총재(1935.8~1939.3)는 "만주사변"을 "관동군과 만철이 공동으로 일으킨 것"으로 평가했다.[23] 관동군의 만주침략 과정에서 만철이 맡은 역할을 잘 드러낸 과시적 표현이었다.

1933년 2월 '만주국'은 '철도법'을 공포하여 만철 외에 중국철로공사가 소유한 철도와 사설철도를 '국유화'했다. 한 달 후에 만철은 만주국과 철도행정계약을 체결하여[24] 만주국의 모든 철도에 대한 관할권을 장악하고 철로총국과 철도건설국을 설치했다. 이때 만철이 장악한 19개 노선(2,968km)은 이전까지 만철이 보유한 노선의 4배가 넘는 규모였다.[25]

만철은 러일전쟁 직후 일본 육군의 만주침략 첨병으로 출범하여 일본 정재계의 큰 기대를 받은 것과 달리 오랜 기간 불황과 경영난에 빠져 있다가 관동군의 침략전쟁에 편승하면서 '전성시대'를 구가했다. 1935년 3월에는 신징(新京: 일본이 만주점령 후 長春을 개명)~하얼빈(哈爾濱) 200km 구간에 대한 궤간 변경공사(5피트→4피트 8.5인치)를 마쳤다.[26] 이제 만철에게 거리낄 것이 없었다. 1932~43년에 부설한 5천여km의 신규노선은 아직 소련 수중에 있던 북만주의 둥칭철도를 포위하거나 횡단하면서 북방으로 연결되어 각각 북만주와 동만주로 연장되었다. 소련과의 전쟁에 대비하고 철도 연선을 따라 일본인 이민을 장려하기 위한 노선이기도 했다.

나아가 만철은 만주에서 유일한 위협요소였던 소련의 둥칭철도까지 장악했다. 소련은 이미 1932년 5월 북철(북만주철도), 즉 둥칭철도 매각을 일본에 제안했다. 일본의 만주 점령으로 둥칭철도의 경제적 가치가 크게 떨어졌기 때문이다. 그러나 일본 육군은 길회선 전 구간이 개통되면 '북선 3항'과 연결되므로 북철 매입을 서두를 필요가 없고 일본자본 중심으로 만주경제를 통합할 수 있다고 주장했다. 실제로 1934년 9월 라빈선(拉濱線: 拉法~哈爾濱)이 완성되어 북철의 가치는 크게 떨어졌다.[27] 결국 1935년 11월 만주국이 소련에 1억 7천만 엔(철도가격 1억 4천만 엔, 종업원 퇴직 수당 3천만 엔)을 지불(1/3은 현금, 2/3는 현물)하기로 한 '중동철도양도협정'이 체결되었다.[28) 이로써 만철은 만주 전역의 철도를 완전히 장악했다.

만주-일본을 최단거리로 잇는 '북선루트' 개발과 길회선 완공

만철 설립 후 '일-선-만'을 잇는 교통로는 ① '황해루트'[일본~황해~남만주 3항(大連, 營口, 旅順)~만철 철도], ② '안봉루트'(일본~대한해협~경부 · 경의 철도~안펑철도)가 있었다. 전자는 만철 본부가 있는 다롄 등지에서, 후자는 신의주에서 안펑철도를 통해 만철 노선과 연결되었다. 그런데 이 두 교통로는 모두 한반도 서해안이나 서북 지역에 치우쳐 있었다.

일제는 만주 점령을 계기로 한반도 동북지역과 동해를 통해 '일-선-만'을 잇는 새로운 교통로 개발에 주력했다. 만철 노선을 길회선과 연결시켜 '북선 3항'과 동해를 거쳐 니이가타(新潟), 쯔루가(敦賀) 등 일본의 항구까지 최단거리로 연결하는 '북선루트'가 그것이었다.[29) 즉 만주와 일본을 최단거리로 연결시켜 한반도 북부지방의 자원 수탈과 수송력을 높이기 위한 교통로였다.

그런 점에서 보면 1928년에 완공된 함경철도(원산~회령) 역시 '북선루트' 개발의 일환이었다. 함경도는 길회선과 동해를 통하면 일본과 북만주를 최단거리로 연결하는 거점이었다. '북선 3항'을 중심으로 반경 1,500km 안에 일본 전체는 물론 '만주국', 중국의 화북 및 화중 지역, 사할린, 연해주까지 포함되었다. 2,600km로 확대하면 캄차카 반도와 소련의 일부 지역, 외몽골, 중국의 화남 지역까지 포함되었다. 함경도가 '일본제국'의 아시아 침략 확대를 위한 중심지로 설정된 것이다.[30) 조선총독부가 1930년대 들어 함경도 지방에 풍부하게 매장된 군수용 지하자원 수탈을 위해, 그리고 동북 만주 및 소련과의 접경지대 '국방' 강화를 위해 '북선개척사업'을 시행한 것도 그 일환이었다.

▲ 길회철도 개통식

출처: 『매일신보』 1933.4.8.

　　일본 육군은 이미 러일전쟁 때부터 함경도와 북만주를 철도망으로 연결하는 '북선루트'를 구상했다. 러일전쟁이 끝난 후에도 1906년에 러시아에 대비한 육군작전계획으로서 지창선(吉林~長春)을 부설하여 함경도의 나진, 웅기까지 연결하려고 했다. 1909년 9월, 일본은 '간도협약'을 통해 간도영유권을 포기하는 대신 철도부설권을 획득했고 지창선과 지둔선(吉林~敦化)을 함경도로 연장하여 회령에서 함경철도와 연결하는 구상을 했다. '국망' 후 조선총독부가 길회선과 이어지는 함경철도 착공을 서두른 것도 이 때문이었다. 그러나 제1차 세계대전 종전을 전후하여 중국에 대한 열강들의 이해관계가 균형적으로 조율되면서 중국 주권 '존중' 분위기가 조성되었고 그에 따라 중국의 대응력이 커지면서 이 구상은 주춤하게 되었다. 결국 한반도철도를 위탁경영하던 만철은 북만주~함경도를 잇는 길회선과 함경철도 전 구간을 완공하지 못했다.

이후 만철은 일제의 만주점령을 계기로 길회선을 완공할 수 있었다. 길회선과 접속되는 '북선 3항'을 중시한 관동군은 만주교통망을 완전히 장악하기 위해 만주국 설립 직후인 1932년 4월 혼조 시게루(本庄繁) 관동군 사령관과 우치다 고사이(內田康哉) 만철 총재 사이에 '철도, 항만, 하천의 위탁경영 및 신설에 관한 협정'을, 8월에는 '만주국 정부의 철도, 항만, 수로, 항공로 등의 관리 및 선로의 부설, 관리에 관한 협약'을 체결했다.[31]

그런데 이 무렵 조선총독부 철도국장 오오무라는 길회선 접속 지점을 회령보다 북만주의 투멘(圖們)으로 우회한 남양이 낫다고 주장했다. 결국 오오무라의 주장에 따라 조선총독부, 만철, 관동군이 협의한 자리에서 길회선 노선은 528km의 징투선[京圖線: 新京(長春)~吉林~敦化~朝陽川~延吉~圖們]으로 최종 확정되었다. 노선 명칭도 길회선에서 징투선으로 개칭되었다. 두만강 양안에서 동시에 철교 공사가 진행되어 1933년 8월 투멘에서 두만강을 건너 함경도의 남양을 잇는 도문철교가 가설되었다. 이로써 두만강을 경계로 나뉘어져 있던 만주의 징투선과 한반도의 도문선(회령~웅기)이 연결되었다. 길회선의 마지막 구간인 챠오양촨(朝陽川)~회령 구간을 부설하려던 계획은 징투선의 챠오양촨에서 분기하여 룽징(龍井)을 거쳐 카이산툰(開山屯)에 이르는 경편철도를 매수하여 표준궤로 개축하거나 새로 부설하는 것으로 수정되어 1934년 3월에 준공되었다. 이 노선은 두만강을 넘어 도문선의 상삼봉으로 연결되었다.

이를 통해 만철의 두만강변 철도와 한반도철도는 모두 두 곳(圖們~남양, 開山屯~상삼봉)에서 연결되었다.[32] 일제는 길회선 부설을 통해 '북선루트'와 만주를 연결하여 유기적인 군사·경제망을 구축함과 동시에 만주 지역 항일무장투쟁 세력을 제압할 수 있는 군수교통로를 확보할 수 있었다. '북선 3항'을 통한 '북선루트'는 일제의 만주지배를 확고하게 뒷받침해준 교통로였다.[33]

길회선 전 구간 개통은 다롄이나 블라디보스톡을 경유하는 노선보다 운송거리를 크게 줄여줬다. 실제로 중일전쟁 발발 뒤 일본에서 부산~신의주를 지나 만주로 출입하는 노선의 화물이 전년보다 6% 감소한 반면, '북선 3항'을 경유하는 '북선루트' 화물은 60%나 증가했다. 관동군은 동북만주와 일본을 최단거리로 잇는 '북선 3항' 확장에 적극 나섰다. 조선총독부는 일본→동해→나진→신징(新京)에 이르는 경유지인 '북선 3항'을 확장해야 한다는 관동군의 '국방상' 요구를 경부~경의 철도에 미치는 경영적 타격에도 불구하고 수용해야 했다. 이후 '북선루트'와 '북선 3항'은 태평양전쟁 이후 미군의 폭격과 잠수함 공격으로 부산~펑톈을 지나는 '안봉루트'와 '황해루트'가 기능을 크게 잃으면서 더욱 중시되었다.[34] '북선루트'는 일제가 침략전쟁을 위해 함경도지방을 병참기지로 활용하는 철도망이기도 했다.

만철의 북부지방 철도와 '북선 3항' 위탁경영

한반도철도는 일본의 침략정책 향방과 국내외 환경에 따라 경영 주체가 바뀌어갔다. '국망' 후에는 조선총독부(철도국) 관할에서 일본 육군이 추동한 대륙침략정책이 노골화되던 1917년 7월 만철의 위탁경영 대상이 되었다가 1925년 4월에 다시 조선총독부 직영으로 환원되었다.

일제가 만주를 점령한 이후에는 북만주의 지린에서 동해의 회령에 이르는 길회선(징투선) 전 구간의 개통, 나진항과 웅기항 건설을 계기로 함경철도의 청진~회령 구간, 1933년 8월에 완공된 도문선, 회령탄광선 등 청진 이북의 북부지방 철도(328km)를[35] 1933년 10월 1일부터 만철이 위탁경영하게 되었다. 만철은 북선철도관리국을 청진에 설치했고, 청진에 있던 조선총독부 철도국 사무소는 성진으로 옮겼다.[36]

이때 만철은 건설 중에 있는 '북선 3항'까지 포함하려고 했지만 조선총독부의 반대로 일단 철도만 위탁경영 대상으로 설정했다.[37] 그러나 관동군이 길회선과 접속하는 '북선 3항'을 물류기지로 중시함에 따라 만철은 1933년 6월에 나진건설사무소를 설치하고 나진항 및 웅라선(웅기~나진: 15km) 건설공사를 시작했다. 나진항은 자연히 만철의 관리대상에 포함되었다.

1935년 11월 1일 "일대 난공사"로서 큰 공사비(1,200만 엔)가 소요된 웅라선이 개통되고 만철의 나진항 부두 영업이 시작되었다. 만철은 11월 9일 "역사적 개항축하식"을 열었다. 웅라선 개통과 함께 신징~나진 간 직통열차, 즉 징투선과 '북선 3항'을 잇는 직통열차가 개통되었다. 신징~청진 구간 개통에 이어 웅라선 완공을 계기로 투멘까지 이르는 징투선이 나진까지 연장된 것이다. 동시에 경성~웅기 간 직통열차가 나진까지 연장됨으로써 북부지방을 중계지로 한 경성~신징~하얼빈 간의 철도연락이 이뤄졌다.[38] 이로써 함경도 지역과 만주의 중앙 및 동북 지역을 잇는 간선철도망이 갖춰졌다.

이 무렵 1935년 말 조선총독부는 직영 환원 10주년을 기념하여 용산의 철도학교 자리에 철도박물관을 설립하고 조선철도가(鐵道歌)를 공모하여 응모한 1,037편에 대한 심사를 진행하는 일대 이벤트를 진행했다.[39] 이는 북부지방 철도에 대한 만철 위탁경영, 그리고 위탁경영 대상이 넓어지는 추이에 대해 관할 영역을 지키고자 한 조선총독부의 경계심을 반영한다.

그러나 일본정부는 '북선 3항' 경영주체 설정을 둘러싸고 세 가지 방안(만철 소속기관, 독립기관, 만주국 철로총국 소속기관)을 저울질하고 있었다. 저울질 대상에 조선총독부는 포함되지 않았다. 결국 일본정부는 함경도 지역 철도를 국제간선으로 활용한다는 명분으로 만철이 청진항과 웅기항도 위탁경영한다는 방침을 결정했다. '북선 3항' 모두를 만철 위탁경영 대상으로 결정한 것이다. 이에 따라 조선총독부는 '조선총독이 관리하는 관유재산의 대부 또는 사용에 관한 건'(1936.4.30. 칙령 제60호)을 발포하고 청진항과 웅기항의 부두경영을 만철에 무료 대부하기로 했다. 만철은 청진에 신설한 북선철도관리국을 1936년 10월 북선철도사무소로 개칭하고 나진으로 이전했다. 이듬해에는 웅기~회령 구간 자동차영업도 만철의 위탁경영 대상(1937.12.1)이 되었다.[40]

만철은 앞 시기의 위탁경영 기간에 한반도철도를 병합하려고 했듯이, 중국침략의 분위기를 타고 이때에도 "조만(朝滿)철도 일원화"의 "대이상(大理想)"을 내세우며 북부지방 철도를 매수하려고 시도했다. 그러나 만철이 부설한 웅라선을 매수하겠다고 대응한 조선총독부의 강한 반대에 부딪쳤다. 결국 1940년에 함경철도 상삼봉역 이남의 청진선과 회령탄광선, 그리고 웅기~회령 간 자동차영업은 위탁경영이 해제되어 조선총독부 직영으로 환원(1940.7.1)되었다.[41] 이처럼 식민지철도 운영권을 둘러싼 하부기관의 관할 다툼은 전시체제기에도 계속되었다.

한편 1933년 5월부터 1940년 11월 사이에 한반도철도의 영업, 운전, 보선 담당기관으로 철도사무소가 8개 도시[부산, 대전, 경성, 평양, 순천, 원산, 성진(해방 후 김책), 강계]에 설치되었다. 이후 조선총독부는 침략전쟁이 확대·장기화되면서 물자수송이 급증하자 1940년 12월에 세 곳(경성, 부산, 함흥)에 지방철도국을 설치하고 철도통제를 강화했다. 그러나 1941년 12월 태평양전쟁 발발 후 전황이 불리해지면서 물자 궁핍, 전투원 징발, 가혹한 통제와 억압 등으로 한반도철도는 피폐해지기 시작했다. 지방선이나 차량 부속품까지 철거하여 병기 재료나 군수품으로 전용하기에 이르렀다. 경북선과 안성선 일부 등 각 지선이 철거되었으며 연료 부족, 유류난 등으로 철도

운영은 심각한 국면을 맞게 되었다.[42] 철도 운영의 통제를 강화하는 수밖에 없던 조선총독부는 결국 1943년 12월 철도국을 교통국으로 개편했다. 육운, 해운, 항공을 통일적으로 통제하기 위해 교통행정 일원화방침에 따라 교통국이 해사, 항만, 세관, 항공 등 교통 전반에 관한 업무를 관할했다. 하부기구인 지방교통국 역시 지방철도국 및 세관, 해사서의 업무를 일괄했다.

4) 병참노선으로서 종관철도망 보강과 '관부(關釜)해저철도' 구상

일본과 만주를 잇는 병참수송 대동맥, 경부·경의 철도 복선화

경부·경의 철도는 일제에게 기본적으로 하나의 노선이었다. 종관철도로서 침략정책 수행을 위해 일본과 만주를 빠르게 연결하는 것이 일제, 특히 일본 육군이 설정한 한반도철도의 가장 중요한 임무였기 때문이다. 일제의 만주침략 이후 전장이 확대되면서 한반도를 종관하여 만주와 일본을 잇는 병참수송 기능은 더욱 중요해졌다. 이 때문에 본격적인 중국침략전쟁을 앞두고 일제는 1936년 들어 경부·경의철도 복선화, 중앙선 신설 공사를 서둘러 착수했다. 당시에는 경부·경의철도와 중앙선 외에, '조선철도 12년 계획'의 일환으로 착수되었지만 패전 때까지 전 구간이 완공되지 못한 동해선을 포함하여 '3대 종관철도'로[43] 부르기도 했다.

이외에 일제가 추가로 부설하고자 했던 종관노선으로 대삼선(대전~삼천포)이 있었다. 1941년 9월부터 부설공사가 시작된 대삼선은 경부선의 요충이었다. 조선총독부는 1930년대 들어 부산과 여수, 목포항의 중간 지점인 삼천포항을 대륙 진출을 위한 보조 항로의 하나로 설정하고 신항만 축조와 철도부설을 시도했다. 일본~조선을 잇는 항로가 부산에 집중됨에 따라 나타난 문제인 화물 적체 때문이었는데, 패전이 가까워지면서 물자조달이 이

뤄지지 않아 1944년 9월 공사가 중지되었다.[44]

　복선화는 철도의 성능 개선을 위한 대표적 개량공사에 속한다. 일제가 경부·경의 철도 복선화를 구상한 것은 1919년부터였다. 당시 부설 중에 있던 함경철도 완공에 따른 5대 간선철도망 완성이 일제의 "제1기 철도계획"이었다면, "제2기 계획"으로 평원선 부설과 경부·경의 철도 944㎞ 복선기공이 가장 중요한 철도정책으로 설정되었다. 그 이유로 일본군의 시베리아 출병 때 경부·경의 철도가 단선(單線)이어서 1개 사단 수송에 20여 일이나 걸려 신속한 군사수송이 어려웠다는 점이 거론되었다.[45]

　그러나 1920년대는 일제가 경부·경의 철도 복선화 착수에 나설 형편이 못 되었다. 무엇보다 5대 간선철도망 완결에 필수노선으로 설정한 함경철도 개통이 계속 지연되고 있었다. 또 당시는 일본 육군의 침략 구상이 '만선일원화' 정책으로 만철의 한반도철도 위탁경영을 강행하면서 만주까지 식민지로 만들려고 했지만, 중국에 다시 관심을 기울인 구미 열강에 밀려 가라앉던 시기였다. 게다가 전후 불황이 지속되면서 일본정부가 긴축재정을 강조한 시기였다. 또 일본 정계에서 일시적이나마 '정당정치'가 힘을 발휘하면서 육군을 견제하는 분위기가 커졌고 그것이 조선총독부와 만철의 갈등 양상으로 나타나 한반도철도의 경영 주체가 모호한 상태에 빠진 시기이기도 했다. 일제가 '국방상' 중요하게 설정한 함경철도 완공이 지지부진한 상태에 빠진 것도 이 때문이었다.

　경부·경의 철도는 전시체제기 들어 일본-만주-중국을 연결하는 "대동맥", "결전(決戰)물자의 수송간선" "흥아(興亞)건설의 혈맥", "일본의 생명선" 등의 수사어로 지칭되면서 중요성이 강조되었다. 그만큼 일본에게 한반도 종관철도를 통한 수송 수요 충족이 절실하고 중요했다. 일본 제국의회 임시의회에서 1억 8천여만 엔 예산이 통과(1936.5)된 이후 경부철도의 수원~군포 구간의 복선화 공사가 착수되었다. 이후 전장(戰場)이 넓어지고 장기화되면서 수송력 증대와 보급로로서의 역할 수행이 긴급해진 1944년 9월에

는 조선총독부에 '조선철도간선긴급증강위원회'(위원장 정무총감)가 설치되었다.[46]

경부·경의 철도 복선화 공사는 먼저 경부철도부터 착수(1936.7)되어 노선 수요가 특히 많은 영등포~대전(1939.6: 158.1㎞), 부산진~삼랑진(1940.3: 46.3㎞), 대전~초량 구간(1944.10)이 잇달아 준공되었다. 경의철도 복선화 공사는 경부철도보다 2년 늦게 착수(1938.6)되어 경성~평양(1942.4: 275.3㎞), 평양~신의주 구간(1943.5: 224㎞) 등이 순차적으로 준공되었다.[47]

경부·경의 철도 복선화 공사는 마지막 연결점인 순안에서 궤조연결식(1944.12.23)을 가졌다. 마지막 공사로 대구~지천 구간이 완공(1944.12.28)된 후 1945년 3월 1일 "대동아동맥"으로서 경부·경의 철도 복선화 준공식이 열렸다.[48] 착수 9년 만에, 패전 직전에 이르러서야 공사가 완료된 것이다.

일제의 대륙침략용 수송노선을 보강하기 위한 한반도철도 복선화 공사는 경부·경의철도에 집중되었다. 그 결과 철도 수송은 경부·경의철도에 더욱 편중되었다.[49] 반면에 다른 노선의 복선화 공사는 이뤄진 적이 없었다. 가령 수송량이 폭증한 경인철도의 경우 조선 거주 일본상공인들의 계속된 복선화 요구로 계획이 입안되기도 했지만, 결국 중단되었다. 경인철도 복선화는 1930년대부터 물자수송이 폭증함에 따라 경성상공회의소 등이 줄기차게 요구해 온 사안이었다. 1938년에도 인천부세(府勢)진흥회가 시급을 요하는 네 가지 사안 중 경인철도 복선전철화 문제를 가장 먼저 거론했다.

결국 1939년도에 경인철도 복선화 건설비 예산이 계상되어 1939년 말까지 개통이 예정되었고 전철화까지 예정되었다. 그러나 조선총독부 철도국은 "대인천"의 "일대생명선"인 경인철도 복선화의 필요성을 인정하면서도 물자난으로 무기연기를 결정했다.[50] 패전이 임박하면서 물자난, 자금난에 더해 일본 정부의 한반도종관철도 우선정책에 밀린 것이다. 일제에게 한반도철도의 용도가 무엇인지 식민지성을 잘 보여주는 사례라고 할 수 있다.

▲1930년대 후반 경의선 운전역 부근 보선 작업광경
출처: 철도청 편, 『(사진으로 본) 한국철도 100년』, 철도청, 1999, 363쪽(코레일 제공).

또 하나의 병참종관노선, 중앙선 부설

중앙선은 제2의 종관철도로서 경부라인 동쪽으로 한반도 남부지역을 종단하는 노선으로 '국망' 직후 1912년부터 부설이 구상되었다.[51] 대구민단, 대구상업회의소, 부산상업회의소 등 해당 지역의 일본상공인들이 연합하여 노선답사단을 조직하고 실지조사를 행하는 등 자신들의 직접적인 이해관계를 반영하여 마산을 기점으로 대구~충주를 거쳐 경성에 이르는 노선으로 구상된 것이다.[52]

그러나 조선 거주 일본상공인들이 주도한 이러한 중앙선 노선 구상은 육군을 비롯한 일본 정부의 한반도철도 정책과 궤를 달리했다. 1920년대 들어서도 식민지 경제정책의 초점은 '조선산미증식'에 있었기 때문에 한반도 남부지역에 또 하나의 종관철도망을 부설해야 할 필요성이 크지 않았다. 실제로 1927년 '조선철도 12년 계획'에서도 또 다른 종관노선으로서 동해안 부설안은 포함되었지만, 중앙선 부설안은 포함되어 있지 않았다.

이 때문에 대구 지역 일본상공인들은 경부·경의 철도와 신설될 동해선 사이에 중앙선을 부설하는 것이 숙원사업이라면서 사철(조선철도회사)을 통해 조선총독부에 부설 청원을 했다. 이 때 구상한 노선은 경성을 기점으로 양평~이천~여주~충주~단양~안동을 지나 종점인 대구에서 경부철도와 연결되는 400㎞ 구간이었다.[53)]

그런데 일제의 중일전쟁 도발을 전후하여 상황이 달라졌다. '일-선-만'을 경유하는 한반도 종단철도망의 병참간선 기능이 더욱 중요해진 것이다. 이 때문에 1936년부터 경부·경인철도 복선화 공사 착수와 더불어, 제2의 종관철도로서 경부라인 동쪽으로 한반도 남부지역을 종단하는 중앙선(청량리~경주: 383㎞) 부설공사가 착수되었다.

일제가 중앙선을 부설한 목적은 명확했다. 경상북도, 충청북도, 강원도 산악지역의 풍부한 광산물(금, 동, 아연, 흑연, 석탄), 농산물, 임산물(목재 및 땔감)을 청량리역에서 연결되는 경원철도를 통해 북만주로 빠르게 수송하기 위해서였다.[54)] 물론 한반도 경제의 산업연관과는 무관했다.

또한 이전까지 대구 지역 일본상공인들이 구상한 것과도 궤를 달리했다. 무엇보다 확정된 노선안은 대구를 경유하지 않았다. 지역경제가 "대타격"을 받는다는 생각에 이들은 대구를 지나 마산, 통영으로 연결되도록 중앙선 노선을 변경해달라고 조선총독부에 진정했지만 "국책상 대방침"이 이미 결정된 이후였다.[55)]

1936년 일본 내각에서 육군성, 대장성, 척무성이 경부철도와 별개로 중앙선을 부설하는 데 합의하고 제69제국의회에서 예산이 통과되었다.[56)] 동시에 경원철도의 시발점인 청량리역(1938년 5월 1일, 청량리역은 東京城역,

영등포역은 南京城역으로 개칭)에서 출발하여 양평, 원주, 제천, 영주, 안동을 지나 영천에서 대구선과 접속하여 경주로 이어지는 건설계획이 확정(5.27)되었다. 그리고 경성건설사무소가 설치(7.15)되었다. 이후 죽령을 기준으로 북부 구간은 청량리 방면부터(11.3), 남부 구간은 영천 방면부터(12.18), 중앙부는 소백산맥의 죽령터널과 치악터널 부근부터 동시에 공사가 시작되었다. 북부에서 청량리~양평(1939.4: 52.5km), 양평~원주(55.9km: 1940.4), 원주~단양 구간(74.3km: 1942.2)이 각각 개통되면서 이어졌다. 남부에서 영천~우보(1938.12: 40.1km), 우보~안동(1940.3: 48.9km), 안동~단양 구간(1942.2: 73.5km)이 개통됨으로써 착공 6년 만에 전 구간이 개통(1942.4.1)되었다. 이 사이에 조선총독부는 중앙선을 경주까지 연장하기 위해 1928년 7월에 매수한 조선철도주식회사의 대구선(영천~경주: 37.5km)의 협궤 궤간 개축공사를 진행(1935.9~1939.6)했다.[57]

1942년 4월 1일 안동역에서 열린 중앙선 개통식에서 미나미 지로(南次郎) 조선총독의 '고사(告辭)'는 병참통로를 보강하기 위해 경부철도의 보조간선으로 부설된 중앙선의 목적을 뚜렷하게 명시했다. 그는 중앙선이 노선 경유지역의 지하자원을 '개발'하여 일본-조선-만주-북중국을 잇는 최단경로로 수송하는 "국방상 또는 운수교통상 중대한 의의"를 지닌다고 강조했다. 야마타(山田新十郎) 조선총독부 철도국장은 식사(式辭)에서 중앙선을 경성~경주 간을 잇는다는 뜻으로 경경선(京慶線)으로 개칭했다.[58]

해방 후 다시 중앙선으로 개칭(1945.10)되었지만, 일제가 중앙선을 경경선으로 개칭한 이유는 일본 도쿄 지역에 같은 명칭의 노선이 있기 때문이었다. 중앙선의 경유 지역은 4개 도, 27개 군에 걸쳐 있었고 전 국토의 12%를 차지했다. 중앙선 연선의 인구는 188만 명이나 되었다. 연선에 금, 동, 아연, 흑연, 석탄, 목재, 쌀, 땔감 등이 풍부하게 존재했다는 점도 일제가 중앙선 부설을 서두른 중요한 이유였다.[59]

▲1942년 4월 1일 세워진 경경선(京慶線) 전통지비(全通之碑)
출처: 철도청 편, 『(사진으로 본) 한국철도 100년』, 철도청, 1999, 412쪽(코레일 제공).

중앙선 부설공사는 급하게 서둘렀지만 경사가 심한 산악지대이고 죽령 터널처럼 루프식 터널공사가 필수적인데다가 중일전쟁이 일본 육군의 예상과 달리 장기화하면서 자재 공급이 원활하지 못해 전 구간 개통이 계속 연기되었다.[60] 안동~단양 구간이 개통되면서 전 구간이 개통되었을 때는 태평양전쟁으로 전장이 한창 확대되고 있던 시점이었다.

침략노선의 연장으로 구상된 '관부(關釜)해저철도'

일제가 도발한 침략전쟁의 영역이 끝없이 넓어지면서 한반도철도는 '일-

선-만을 잇는 경유노선으로서의 역할이 더욱 중시되었다. 한반도철도의 종관노선 보강 및 신설에 집중하던 일제의 끝없는 침략 욕망은 바다 밑을 지나는 해저터널을 통해 철도로 직접 '일-선-만'을 연결하는 구상으로 확대되었다. 일제는 1930년대 후반 이후 중국침략을 도발하고 '대동아공영권'을 선전하면서 '침략철도'의 연장선으로서 일본~조선 간 해저철도터널을 부설한다는 계획을 구상했다.

이 무렵 일본에서는 길지는 않았지만 혼슈(本州)~큐슈(九州) 간을 잇는 해저철도터널[隧道] 공사가 세계 최초로 착공되어 한창 공사 중에 있었다. 9.67km(해저부분 1.14km)의 간몬(關門)해저철도터널[시모노세키(下關)~모지(門司)]이 1937년에 10월에 착공, 1939년 4월에 터널 관통, 1942년(11.15)에 철도 개통으로 완공되었다. 간몬해저철도터널 건설안은 만철 초대총재를 지냈던 고토 신페이가 제2차 카츠라 태프트 내각 체신대신으로서 일본 철도원 총재(1908.7~1911.8)를 겸직하고 있던 1911년에 발안한 것이었다. 당시로서는 전무후무한 구상이었다. 이 때문에 구체안을 내지 못하다가 1919년부터 10개년 계속사업으로 부설공사에 착수한다고 발표되기도 했다. 그러나 전후 불황과 긴축재정정책과 겹쳐 실행되지 못하다가 중국침략 직후 착공에 들어갔다. 고토가 발의한지 26년 만에 착공되어 31년 만에 개통된 것이다. 간몬해저철도터널 개통은 일제가 전장을 확대해가던 시점에서 "세계 역사에 빛날 세기의 위업"이라는 대대적인 선전 소재로 기능했다. 공사 준비 과정에서 일본 철도성은 1935년 7월 간몬터널 공사 인부들이 깊은 바다 밑에서 일하기 때문에 건강진단 후 모집할 것이고 다혈질, 음주가, 귓병 환자 등은 채용하지 않겠다고 발표했다.[61] 당시 일본은 해저터널 난공사의 여러 분야에서 필요한 노하우를 축적한 상태였다.

간몬해저철도터널은 공사 착수 이전부터 그 가능성만으로도 일본 사회를 들썩이게 만들었다. 간몬터널 공사 준비가 한창일 때 일본 철도성과 내무성은 한일해협 바다 밑을 파서 잇는 해저철도터널도 가능하다면서 1935

년 7월, 관부(關釜)해저철도터널 건설안(공사비 15억 엔, 공사기간 25개년)을 경쟁적으로 제시했다. 그러나 10㎞도 안 되는 간몬터널과 달리 200㎞가 넘는(당시에는 120㎞ 정도로 보도되었다) 바다 밑 난공사는 다를 수밖에 없었다. 이 때문에 『매일신보』도 당시의 '시국'이 요구하는 강한 자신감보다 "다소는 실현성이 있기도 하다"는 애매한 투로 보도했다. 실제로 공사 착수에 필요한 기초적인 조사작업도 뒤따르지 않았다. 그러나 중일전쟁 도발 직후인 1937년 7월, 일본 철도성은 '일~만' 간 교통량이 급증하여 수송연락망이 곧 포화상태에 이르고 '일-선-만' "국방상 견지"에서 그동안 꿈같은 얘기로 일소에 부쳤던 한일해협 해저터널 공사에 적극성을 보였다. 간몬해저터널 공사 착공을 앞두고 "약진하는 과학일본"에 대한 자신감이 배가된 것이다.[62]

일제는 중국침략의 늪으로 빠져들기 시작했지만, 군국주의적 집단몰지성에 함몰된 일본 사회는 승리에 대한 자신감에 가득 차 있었다. 1938년 들어 일본과 대륙의 교통망 연결 보강이 더욱 강조되었다. 일본 철도성이 관부해저철도터널 건설을 위한 조사작업에 나섰다. 1938년 8월부터 건설국 기사 와타나베(渡邊貫) 박사와 히로다(廣田孝一)가 2회에 걸쳐 3개월여 동안 조사를 마쳤다. 이후 이 조사를 보고하는 자리인 정례국장회의(11.10)는 기선으로 7시간 반이나 소요되는 거리를 쾌속열차로 2시간으로 단축시킬 수 있는, 공사비 10억여 엔으로 추산되는 전례가 없는 이 "대공사"가 "실현가능성이 백퍼센트"라는 확신으로 가득 차 있었다. 이 조사를 기초로 일본 철도성은 두 경로, 즉 큐슈의 카라츠(唐津)~이키(壹岐)를 거쳐 쓰시마(對馬島)~부산에 이르는 경로와 쓰시마~거제도~마산에 이르는 경로를 선정했다. 그러나 지질조사 착수는 매년 미뤄지다가 1941년 5월이 되어서야 4개년 계획으로 착수되었다. 일본의 기술로 1950년까지 완공할 수 있다는 실무팀의 자신감만 부각되고 선전되었다.[63]

그러나 "몽환적 설화"에서 시작되어 늦게나마 실제 조사에 나선 배경에는 역시 "몽환"이 자리 잡고 있었다. 실제로 와다나베 보고는 "공전(空前)의 장기(長期)"가 될 공사기간조차 명시하지 못한 극히 불완전한 것이었다. 당시는 일본 사회가 니이가타, 츠루가 등을 거쳐 동해를 횡단하여 한반도 북부지방 철도를 통해 신징에 36~37시간 만에 도착하게 된 것을 '신기원'이라 하여 '일본해의 호수화'를 이뤘다고 격찬하고 있을 때였다. 여기에 더해 관부해저철도가 완성된다는 소식을 듣고 시간이 훨씬 단축될 도쿄~신징~베이징 직통열차 운행을 상상하면서 흥분에 싸인 것이다. 그러나 동해, 황해, 발해를 '일본의 호수'로 만든 일본제국 "대륙경영"의 "거대한 스케일"에서 "동아(東亞)건설의" "웅도(雄圖)"를 볼 수 있다는, 침략전쟁에서의 승리와 점령에 대한 망상만 가득 찼을 뿐 객관적 진단은 취약했다. 관부해저철도 터널 공사를 위한 지질조사도 착수하지 못한 상황에서 마에다 요네조우(前田米藏) 철도성 대신은 간몬터널 공사를 성공적으로 진행한 "탁월한 철도 기술을 가진 일본의 과학 진보로 보아 결코 헛된 생각이 아닐 것"이며 "국방상 견지에서 꼭 실현"하겠다는 주술적인 '신념'만 강조할 뿐이었다.[64] 결국 이 해저터널 건설계획은 전황이 악화되고 일본이 방어에 주력하게 되면서 더 이상 진척되지 못했다.

일본과 만주를 향한 한반도철도망

'국철'의 수송량 추이에서 종관 간선철도망이 차지하는 비중은 압도적이었다. 1940년의 경우 경의철도(26.4%), 경부철도(22.2%)와 함경철도(18.7%) 3개 노선이 화물수송의 2/3 이상을 차지했다. 경원철도(10.4%) 역시 큰 비중을 차지했다. 일본~만주를 연결하는 통로로서 일제의 대륙침략을 위해 편중된 노선으로 부설된 한반도철도의 식민지성을 잘 보여준다.

철도 노선의 식민지성은 바로 경제의 식민지성을 반영한다. 가령 1930~40년에 화물의 수송방향을 보면 일본, 만주 방면이 30~40%를 차지했다. 1940

년의 경우 8.8%가 일본 방면, 34.8%가 만주 방면으로 수송되었다. 도착화물의 경우 4.8%가 일본에서, 25%가 만주에서 들어왔다. 1930~40년 10년 동안에 한반도를 통과한 통과화물은 4.2배나 급증했다. 이러한 화물 수송 추이는 일제가 조선을 '대륙병참기지'로 만들어간 상황을 그대로 반영한다. 1930년의 도착화물 중 57.9%가 만주에서 반입되었는데 특히 대공황을 맞아 만주좁쌀이 대량으로 반입된 결과였다. 당시 철도화물 가운데 만주좁쌀은 쌀, 석탄과 함께 대표적인 대규모 화물이었다.

여객수송의 비중도 경부철도(25.7%), 경의철도(21.1%), 함경철도(15.4%) 등 3개 노선이 62.2%를 차지했다. 호남철도(7.2%)와 경원철도(6.6%)의 비중도 적지 않았다. 경부철도는 일본에서 부산~경성으로 연결되는 노선의 '정치적' 특성상 화물보다 여객 수송 기능이 컸다. 호남철도는 화물수송 비율(3.8%)에 비해 여객수송 비율이 2배 정도 높았다. 곡창지대인 호남지방의 많은 인구 때문으로 보인다. 전라선과 경전남부선 및 경전서부선도 화물수송보다 여객수송의 비율이 높았는데 이들 노선의 배후지가 인구가 많은 농업지대였기 때문이다.[65]

〈표 2〉 화물의 수송방향(국유철도)

년도	발송				통과 (명)	도착			
	일본 방향 (t, %)	만주 방향 (t, %)	조선 내 철도로 (t, %)	기선, 자동차로 (t, %)		일본에서 (t, %)	만주에서 (t, %)	조선 내 철도에서 (t, %)	기선, 자동차에서 (t, %)
1930	44,571	38,564	187,081	33,046	34,652	61,840	563,320	335,464	11,977
	14.7	12.7	61.7	10.9		6.4	57.9	34.5	1.2
1939	138,215	492,945	1,041,410	6,857	160,548	155,375	519,850	1,702,838	24,181
	8.2	29.4	62	0.4		6.5	21.6	70.9	1
1940	146,764	584,144	943,796	1,672	145,464	151,700	783,580	2,170,345	27,711
	8.8	34.8	56.3	0.1		4.8	25	69.3	0.9

출처: 朝鮮總督府 鐵道局 編, 『朝鮮鐵道四十年略史』, 朝鮮總督府, 1940, 569~570쪽.

<표 3> 여객의 수송방향(국유철도)

년도	발송				통과 (명)	도착			
	일본 방향 (명, %)	만주 방향 (명, %)	조선 내 철도로 (명, %)	기선, 자동차로 (명, %)		일본에서 (명, %)	만주에서 (명, %)	조선 내 철도에서 (명, %)	기선, 자동차에서 (명, %)
1930	171,142	37,441	191,010	11,498	65,733	196,759	36,959	214,973	15,101
	41.6	9.1	46.5	2.8		42.4	8	46.4	3.2
1939	555,610	442,022	1,301,468	5,575	714,595	463,885	257,427	1,282,189	4,813
	24.1	19.2	56.5	0.2		23.1	12.8	63.9	0.2
1940	554,642	769,433	934,328	12,470	808,805	601,477	754,563	1,118,795	8,424
	24.4	33.9	41.1	0.6		24.2	30.4	45.1	0.3

출처: 朝鮮總督府 鐵道局 編, 앞의 책, 1940, 571~572쪽.

　　1930~40년 10년 사이에 통과 여객은 12배 이상 급증했다. 그 중 일본과 만주(중국) 사이를 오간 여객이 50~60%나 되었다. 특히 일제가 만주를 점령하기 전 해인 1930년에 비해 1940년에는 만주 방향 여객의 왕래가 4배 가까이 급증했다. 일제강점기 철도여객의 평균거리는 60~80km였다. 1939년의 71.6km는 일본 26km, 영국 26km, 독일 29km, 프랑스 41km에 비해 매우 긴 것이었다. 한반도철도가 일본 및 중국의 만주와 화북지방을 연결하는 경유통로가 되어 그만큼 장거리 통과여객이 많았음을 보여준다.

　　철도화물 수송량은 1931년부터 10년 동안 3.7배, 1936년부터 5년 동안 2.1배 급증했다. 일제의 만주점령과 중국침략전쟁에 따른 군수물자 수송이 급증했기 때문이다. 수송거리는 1937년 이후 급증했다. 특히 1944년 평균 수송거리는 361km에 이르렀다. 일제가 한반도를 '대륙병참기지'화하면서 군수물자의 장거리 수송이 급증했기 때문이다.

　　'국철'과 사철의 화물수송 비중을 보면 전자가 71.6%, 후자가 28.4%를 차지했다. 수송화물의 구성도 큰 변화를 보였다. 1930년대 초까지는 농산물이 최대비중(25~33%)을 차지했다. 그러나 농산물 비중은 '조선산미증식계획'에 따라 1926년(32.2%)을 정점으로 점차 낮아져 1940년(12%)에 크게 떨어졌다. 반면에 1933년부터 광산물이 최대 비중을 차지하여 1940년에는 '국철' 화물수송의 34.5%가 광산물이었다. 광산물 중 석탄이 화물수송의 19.6%로 최대비중을 차지했다. 일제는 질 좋은 무연탄을 군수용 연료로 남포항과 원산북항을 통해 반출했다. 철광석 등 광물은 11.3%를 차지했다. 광산물과 농산물 외의 대량 화물은 임산물인 목재 및 갱목(7.9%)과 공업품으로서 시멘트(4.5%)와 비료(4.2%) 등이 있었다.[66]

이처럼 한반도철도의 성격은 1930년대 이후 크게 변했다. 수송량이 1910년대에 급증한 후 대공황 직전인 1920년대 후반기 들어 답보상태에 머물렀다가 1930년대 들어 '조선공업화'와 '일-선-만' 블록경제 구축에 따라 급증한 것이다. 화물 내용도 1930년대 중반을 계기로 크게 바뀌었다. 1930년대 중반까지는 농산품(22~32%) 〉 광산품(17~28%) 〉 공산품(8~17%) 〉 임산품(7~11%) 순이었지만, 이후 광산품(32~38%) 〉 공산품(8~17%) 〉 농산품(8~16%) 〉 임산품(6~9%) 순으로 역전되었다.[67] 1930년대 들어 식민지 경제정책의 기조가 농업 '개발'을 넘어 광업과 공업 부문의 '개발'을 통한 군수공업화가 강조되었기 때문이다.

개항 이후 일본의 조선 쌀 수요 급증으로 한반도에 식민지지주제가 구축되었다. 이에 따라 1930년대 중반 이전까지 철도의 주요 화물은 쌀이었다. 곡창지대 전라도를 비롯하여 각 평야지대로 연결된 철도는 식민지지주제를 매개로 대거 수집한 쌀을 항구로 수송했다. 쌀 이출(조선 → 일본) 경로는 충청북도와 경상도 지역에서는 경부철도 → 부산항, 충청남도와 경기도 지역에서는 경부철도 → 인천항, 전라도 지역에서는 호남철도 → 목포항 또는 군산항, 평안도와 황해도 지역에서는 경의철도 → 진남포항 노선이 활용되었다. 이출미 수송이 지역적으로 분산된 것은 해운 운임이 장거리 철도수송보다 쌌기 때문이다. 그러나 1930년대 중반 쌀에 대한 철도 직통수송 할인운임제도가 실시되면서 이출미 수송은 점차 경부, 경의 철도와 부산항으로 집중되었다. 쌀 수송에서 해운보다 철도를 이용하는 비중이 높아진 것이다. 한편 조선인들의 대체식량이 된 만주산 좁쌀은 쌀 이출량과 비례하여 1920년대부터 수입이 급증했다. 수입 좁쌀의 80% 정도는 경의철도, 경부철도, 호남철도 등을 거쳐 전국으로 산포되었다.[68)]

1930년대 중반부터 주요 화물이 된 시멘트와 철광석의 주요 출발지는 북부지방의 광산지대와 공업도시 및 일본과 가까운 항구였다. 수송경로는 채굴지가 다른 품목별로 구분되었다. 시멘트의 경우 함경철도→원산항, 경의철도→진남포항, 철광석의 경우 경의철도·만포선·평원선→진남포항·겸이포항, 함경철도·혜산선→원산항 등이었다. 함경철도·평원선·만포선 등 신규노선이 1930년대 중반부터 주요 화물수송 노선이 되었다. 농산물 수송 비중이 낮아지면서 화물수송의 계절적 편차도 사라져갔다. 그리고 중일전쟁 확대와 '일-선-만' 경제블록이 강화되면서 한반도와 일본에서 만주로의 수출이 급증하여 한반도철도를 통한 화물수송도 급증했다. 1930년대 중반부터 한반도철도는 식민정책 변화에 조응하면서 호황을 구가했다.[69)]

1910~1944년의 34년간 한반도철도 수송은 폭발적 증가율(승객 52.5배, 화물 34.4배)을 보였다.[70)] 그러나 수송의 질, 여객 및 화물수송의 식민지성이 드러난다. '국철'의 역간 거리는 일본의 국철보다 훨씬 길었다. 여객 수송규모는 일본의 1/3~1/2 수준인 반면, 화물 수송규모는 일본의 2/3~3/4 수준이었다. 여객 승차거리는 일본(24~28km)에 비해 조선(52~72km)은 중거리였다. 화물의 경우 조선과 일본 모두 철도가 장거리 수송수단으로 기능했으나, 한반도철도는 일본에 비해 조밀하지 못하고 여객의 주요 교통수단으로 자리잡지 못해 여객 수송 기능이 크게 떨어졌다. '국철'의 화물수송 평균거리가 일본보다 긴 것은 장거리 철도수송에 의해 항구나 국경으로 향하는 화물이 많았기 때문이다. 종관철도를 근간으로 빠른 자원수송에 초점을 둔 한반도철도망이 한반도 내에서의 여객 운송보다 일본·만주를 향한 장거리 화물수송을 목적으로, 식민지 경제정책 운영에 적합하게 부설된 결과였다.[71)]

한반도철도의 운임정책이 기본적으로 장거리일수록 요금이 싼(近高遠低) 체제였던 것도 이 때문이었다. 따라서 단거리-근교 수송의 편의는 크게 고려되지 않았다. 특히 간선철도망의 근간인 경부, 경의 철도의 경우 우등열차와 장거리열차의 운행이 새벽과 저녁에 도착하는 관부연락선(關釜連絡船)에 맞춰 열차시간표가 편성되었다. 이 때문에 승객이 적은 우등열차, 장거리열차는 새벽과 저녁에 치우쳐 있었다. 이와 달리 근교수송의 경우는 학생들의 기차통학에도 어려움을 줄 정도로 부족했다. 운임체계가 근교수송에 불리했거니와 수송 편의성에서도 장거리 수송에 유리하게 짜여 있었다.[72]

07

사설철도, 일본 정부, 조선총독부의 트라이앵글

1) 사철(私鐵)자본 투기가 불러온 공황과 철도국유·국영제 도입

19세기 전반기 유럽과 미국에서 철도를 부설한 주체는 모두 민간자본(사설철도)이었다. '보이지 않는 손'의 시장 도그마가 지배하던 자본주의 초기에 공공재나 기간산업이라도 철도를 국유·국영으로 운영한다는 생각은 할 수 없었다. 이러한 분위기에서 철도산업은 자본투자를 모으는 주식회사와 각종 금융상품의 발달을 불러왔다.[1] 이전까지 없던 대규모 고정자본이 필요하고 오랜 기간이 지나야 수익이 회수되는 구조였기 때문이다.[2]

철도산업은 자본주의 경제의 맹점인 투기와 공황을 불러온 주역 가운데 하나이기도 했다. 영국에서 1820년대에 증기기관차가 출현한 이래 철도산업은 20여 년 동안 두 차례의 투기열풍과 파국을 불러왔다. 그러나 당시 사람들은 철도산업이 그 배경에 있다는 점을 간과했다. 오히려 '아편전쟁'이 중국을 '개방'시킨 것처럼 대영제국의 확장이 국내외에서의 철도 건설과 투자 열풍을 부추기는 현상에 취해 있었다. 철도회사 주식은 어떤 공황에도 안전하다는 허황된 추측까지 난무할 정도였다. 1844~46년의 영국 경제는 최대 번영기였으니 그럴 만도 했다. 낮은 이자율, 계속된 풍년에 따른 낮은 곡물 값은 철도 건설비를 낮춰 철도회사의 당기순익 급증을 불러왔다. 철도회사는 통상 이자율의 3배나 되는 10% 배당을 실시했다. 1845년 1월 16개 노선이 계획되었다. 그리고 4월이 되자 50개의 신규회사가 등록되었다. 발기인 날조와 허위광고가 난무했지만, 자유방임주의를 추구한 정부는 철도회사 설립 절차를 간소화했다. 1845년 8월까지 영국에서 무려 3천km에 달하는 100개 노선이 인가되었다.[3)]

인가를 신청한 노선은 1845년 6월 현재 영국과 식민지를 합해 13만km에 달했다. 9월 한 달에도 450개나 되었다. 결국 부풀어 오른 투기거품은 순식간에 꺼졌다. 철도회사가 미납자본금 입금을 청구하자 10월 초부터 투기꾼들이 주식을 방매하면서 주가는 주저앉기 시작했다. 대철도회사인 그레이트 웨스턴 철도(Great Western Railway)의 주가는 8월~10월에 60%나 폭락했다. 수많은 철도회사의 도산으로 1846년 한 해 동안 100여 건의 인수합병이 이루어졌다. 그러나 합병된 회사들 간의 생존경쟁으로 투기열풍은 가라앉지 않았다. 1846년에 인가받은 노선은 7,500km가 넘었다. 필요한 자금은 거품이 극에 달했던 1845년보다 2배나 많은 1억 3천만 파운드에 달했다. 투기열풍은 공황으로 귀결되었다. 고율 배당이 불가능해지자 철도 투자자들이 운영하던 기업이 유동성위기에 빠져 산업 전반이 위축되었다. 1846년 여름 흉작까지 겹치면서 상당수 자본가들이 파산했다.[4)]

철도투기 열풍은 미국에서도 재현되었다. 미국의 19세기 역시 철도의 시대였다. 1828년부터 시작된 철도건설은 1850년에 12,000km, 1860년에는 48,000km에 이르렀다. 그러나 영토가 넓어 1861년 남북전쟁이 일어났을 때 군대 수송과 물자보급을 위한 철도는 여전히 부족했다. 전쟁이 끝난 1865년부터 철도건설이 다시 본격화되었다. 무계획적으로 부설된 여러 간선망과 지선망의 중복건설도 허다했다. 과도한 요금경쟁과 부실경영으로 철도회사의 수익성은 떨어질 수밖에 없었다. 1873년 공황이 발생하고 대다수 철도회사들이 도산하는 와중에 카르텔, 트러스트 등을 통한 독점자본이 급성장했다. 1870년 록펠러(John D. Rockfeller)가 설립한 스탠더드 오일(Standard Oil Co.)은 철도업체와 결합해서 석유수송망을 장악하여 미국 석유시장의 90%를 지배하면서 운송요금의 차별 적용 등 가격을 농단했다. 이는 1890년 오하이오주 셔먼(Jonn Sherman) 상원의원의 발의로 반(反)트러스트법(Sherman Antitrust Act)이 제정되는 계기가 되었다.[5]

철도산업이 불러온 공황은 회계법의 발전을 불러왔다. 철도회사들이 주주들에게 막대한 배당금을 약속한 것은 자본과 이익을 구별하지 않고 실제 이익에서 배당금이 지급되는 것으로 오해한 결과였다. 배당금 약속이 공황을 불러오자 그 반향으로 자본과 이익을 엄격히 구분하고 자본은 감가상각이나 일상적 유지비용을 계상하고 이익 범위에서만 배당금이 지급되어야 한다는 인식이 자리 잡게 되었다.[6]

그런데 대규모 고정자본 투자가 필요한 철도는 다른 상품과 같은 일반적 경쟁을 상정할 수 없다. 경쟁을 하려면 같은 구간에 복수의 노선을 부설해야 한다. 그러나 철도의 경우 중복노선 부설보다는 오히려 한 노선에 수송량을 늘리거나 배차간격을 조정하는 것이 경제순환을 원활하게 해준다. 실제로 자유경쟁에 맡겨진 철도산업은 매우 비효율적이었다. 가령 1850년대 영국에서 리버풀~리즈, 런던~피터버리 구간에는 각각 3개 노선이 중복 부설되었다.[7] 노선별로 소유자에 따라 운임이 달랐다. 이와 반대로 스탠더드 오일처럼 공황을 거치면서 독과점 기업으로 성장한 철도회사는 유통망을 독점함으로써 민간자본의 이윤추구를 위해 국가의 재정과 정책까지 좌우하는 문제가 발생했다.[8]

철도산업의 경우 공공적 통제가 필요하다는 인식이 제기되었다. 어느 국가에서나 철도산업은 경제·군사적 정책을 실행하는 핵심 수단이기 때문에 자유방임주의 경제사상에도 불구하고 19세기 후반 들어 철도가 국가의 관리 및 규제의 대상이 되어야 한다는 인식이 보편화되어 갔다.[9] 국가의 철도산업 관리가 상식적 사안으로 자리 잡게 된 것이다.

일본에서도 1880년대 들어 민간자본에 의해 일본의 '국시'로 설정된 철도 부설 열풍이 일어났고 구미에서와 같은 문제를 낳았다. 일본 정부는 계획적 철도 부설과 수송의 일원화를 위해 1906년 '철도국유법'을 공포했고 이에 따라 간선철도를 국유화했다.[10]

이처럼 철도산업은 19세기를 지나는 동안 우여곡절 속에서 민간투자의 불확실성을 경험하면서 국유화 추세를 밟아갔다. 물론 모든 철도를 국유화할 수는 없다. 국가 재정이 대규모 고정자본이 필요한 철도산업을 도맡는 것은 큰 부담이기 때문이다. 즉 국유철도와 사설철도가 효율성을 경쟁하며 공존하게 되었다. 장기간 고정된 대규모 자본의 특성이 국유·국영의 필요성을 낳았지만, 그러한 특성 때문에 철도산업은 또한 민간자본을 필요로 한다.

2) 일본인 사철자본에 대한 '국책적' 특혜, 높은 배당 보장

제국주의 민간자본은 본국의 무력적 지원을 받아 (반)식민지에 철도를 부설하고 운영함으로써 자본축적의 공간과 규모를 확장했다.[11] 물론 침략 대상이 된 지역에서는 철도주권의 중요성을 인식하고 스스로 철도를 부설하기도 했다. 그러나 국방력의 한계, 부설의 추진력과 자본 및 기술 부족으로 부설권을 빼앗긴 경우가 대부분이었다. 일본의 '국책'회사인 경부철도주식회사에 경부, 경인 철도부설권을 '양도'해야 했던 대한제국도 상황은 비슷했다. 결국 통감부 소유의 '국유'로 전환된 한반도철도는 지하자원 및 농림산물의 '개발-수탈'이 필요한 곳에 집중되면서 일제의 대륙침략 목적에 따라 '일-선-만' 연결에 초점을 둔 남북종관철도망 중심으로 부설되었다. 한반도 경제의 산업연관은 고려되지 않아 지역 간 편중이 심할 수밖에 없었다.

한반도의 사철(사설철도)은 일본 대장성의 승인 아래 조선총독부가 '국책'으로 계획한 노선에 따라 부설되었다. 조선총독부는 1910년대부터 일본의 철도자본 투자를 유도하여 '국철'의 역할을 대행시키기도 했다. '국철'이든 사철이든, 신규노선 부설이든 기존노선 개량이든 모든 노선의 확정은 조선총독부가 입안한 후 일본 대장성의 승인과 제국의회를 통과하는 절차를 거쳐야 했다. 그러나 경영리스크와 식민지리스크가 중첩되어 있어 일본인 사철자본의 투자는 소극적이었다.[12] 투자에 대한 이윤 보장 장치가 필요했다. '국철'에 소요되는 재원을 대장성 승인을 받아 발행하는 공채를 통해 조달한 것처럼, 조선총독부가 지불하는 사철 보조금 내역도 대장성의 허가 사안이었다.

조선총독부는 유럽에서 철도투자 신화가 사라진 19세기 말~20세기 초에 민간자본 유치를 위해 정부가 철도회사 투자 이윤을 보장한 방식을[13] 따라 '조선경편(輕便)철도령'(1912.6.15)을 공포하고 경편철도 예정선로를 조사했다. 사철의 시대를 연 것이다. 1910년대까지 사철은 경편철도로 불리었다. 1914년에는 '조선경편철도보조내규'를 마련하여 사철의 이익이 투자자본의 연 6%가 될 때까지 보조금 지급을 보장했다. 1919년 9월에는 이를 연 8%까지 인상했다.[14] 당시 국공채 이자율(5% 전후)에 비춰 8% 보장은 리스크 보전을 넘어 조선총독부 재정으로 일본 사철자본의 고수익을 보장한 셈이었다. 일본 철도자본과 조선총독부의 '정경유착'이었다. 사철 주식의 77%는 일본에 있는 일본인 자본가 소유였다.

제1차 세계대전 전시호황을 타고 1918~20년에 12개 회사, 14개 노선이 부설면허를 받았다. 사철 투자가 급증한 것이다. '국철'을 대행한 사철은 일본에서보다 노선이 길어 비용도 많이 소요되었다. 사철회사 공칭자본금은 대부분 1천만~2천만 엔이었다. 1919년 말 일본의 주식회사(13,174개) 중 자본금이 5백만 엔 이상인 경우는 2.7%(357개)에 불과했다. 그러나 1920년 전후 공황으로 사철회사 주가는 납입금액의 60~70% 정도로 떨어져 조선흥업철도

(주), 조선산업철도(주) 등 여러 회사들이 해산 또는 해산 위기에 빠졌다.[15]

이에 대응하여 '조선경편철도령'이 폐지되고 1921년 4월 1일 '조선사설철도보조법'('보조법')이 공포되었다. 대장성 허가와 제국의회 통과가 필요한 (일본의) '법'으로 보조금 지급의 신뢰성을 높이면서 일본 정부가 사철 보조금 제도를 직접 통제하게 된 것이다. 게다가 당시 한반도철도는 만철의 위탁경영 아래 있었다. '보조법'은 1년 단위로 소요액을 예산에 계상하는 '내규'와 달리, 이익금이 투자자본의 연 8%가 될 때까지 보조기간(10년)과 1년 보조총액(250만 엔)을 보장하고 사철의 금융기관 차입을 쉽게 해주는 신용보증서의 역할도 했다.

1923년에 6개 사철회사의 합병으로 최대 규모의 사철회사인 조선철도주식회사가 창립되었다. 사철이 만성적 경영난 속에서도 운영된 것은 8% 배당을 보장한 '보조법'이 있었기 때문이다. 여기에 1923년에는 '보조법'을 개정하여 보조기간을 연장하고(10년 → 15년), 1년 보조총액을 증액(250만 엔 → 300만 엔)했다. 철도 직영 환원 후 1년 보조총액은 1925년(450만 엔)과 1930년(500만 엔)에 다시 증액되었다. 1929년 철도망의 약 26%를 차지한 사철 운영의 원동력은 '보조법'이었다. 조선인 언론의 비판대로 사철은 "(일본인)부호들의 투자처로 가장 안전한 사업"이었다.

그런데 대부분의 사철 노선이 1919년 전후호황기에 부설면허를 받아 보조금 교부기한(15년)의 만료시점이 다가오고 있었다. 7개 사철 중 4개가 1932~35년이 만료시점이었다(〈표 4〉). 그러나 사철은 이 심각한 문제를 대수롭지 않게 생각했다. '국철'을 대행하는 사철에 대한 혜택이 확대되어 온 추세에 비춰 기한 만료 후 보조가 연장될 것으로 예상했기 때문이다.

이러한 기대감은 대공황의 여파 속에 무너졌다. 사철의 영업 악화는 주주배당의 감소가 아니라 연 8% 배당을 위한 보조금 증가로 이어졌다. 가령 1927~33년간 사철 배당률은 평균 7.21%를 유지했지만, 1929년에 보조금 산정액은 1년 보조총액 한도(450만 엔)를 초과한 510만여 엔에 이르렀다.

1930년에 보조총액을 증액(500만 엔)했지만 보조금 산정액은 560만 엔이 넘었다. 법정한도를 초과한 지불액은 전년도 예산 잔액으로 충당했지만 영업악화가 지속되자 다음 해로 이월되는 상황까지 발생했다. '조선철도 12년 계획'에 의한 사철의 대규모 신규부설 계획은 중지 또는 축소되었다. 감원, 조직 축소 등 긴축에 들어간 사철은 보조금 추가 증액을 요구했지만 일본 정부의 긴축재정 방침 하에서 수용되지 않았다. 사철 보조는 1920~31년간 보조금 총예산(1억 5,233만 엔)의 27.2%를 차지해 교육보조 다음으로 큰 비중으로서 중요한 긴축대상이었다.

〈표 4〉 1931년 현재 조선 사설철도 보조기한 및 보조금 산정 내역

회사명	노선	보조개시일	보조 만료 시기	1931년 보조금 산정액 (단위: 엔)	총액 대비 비중 (%)
개천철도		1917.12.03	1932.12.02	73,675	1.36%
조선철도	충북선	1919.12.26	1934.12.25	1,990,092	36.67%
	경북선	1920.02.25	1935.02.24		
	황해선	1919.12.15	1934.12.14		
	함남선	1920.03.11	1935.03.10		
	함북선	1920.03.11	1935.06.07		
금강산철도		1919.12.22	1934.12.21	962,514	17.74%
조선경남철도		1920.02.23	1935.02.22	1,402,247	25.84%
남조선철도		1928.01.20	1943.01.19	808,788	14.90%
조선경동철도		1929.01.07	1944.01.06	133,811	2.47%
신흥철도		1930.02.01	1945.01.31	55,234	1.02%
합계				5,426,361	

출처: 박우현, 「대공황기(1930~1934) 조선총독부의 사설철도 정책 전환과 특성」, 『역사와 현실』 101, 2016, 323쪽.

게다가 대장성은 일본의 지방철도 보조율(5%)보다 조선의 사철 보조율이 높다면서 사철정책의 변화를 요구했다. 그러자 조선총독부는 사철 매수 안을 제기했다. 당시 사철 매수를 위해 발행할 공채 이자율은 1931년 평균 연 5.5%에서 하락 추세였다. 조선총독부로서는 보조금(연 8%)을 지출하기보다 보조기한이 만료에 이른 사철을 매수하는 것이 2.5% 차이만큼 재정운

영의 여유를 가질 수 있었기 때문이다. 그러나 대장성은 조선총독부의 매수계획을 불허하고 최단거리 노선인 개천철도(주) 매수만 승인했다. 대장성은 한반도철도망의 역할을 무엇보다 대륙으로의 연결성 강화에만 초점을 두었기 때문이다.

사철 보조기한 만료가 임박하자 조선총독부와 사철은 미봉책으로서 '보조법' 개정을 통해 보조기한을 연장하는 데 주력했다. 대장성은 이 안을 허용하면서 일본 사철과의 형평성 확보를 명분으로 조선의 사철 보조율 감액을 요구했다. 재정 부담을 줄인다는 점에서 조선총독부도 동의했다. 결국 1934년 대장성, 조선총독부, 사철 각각의 이해관계를 타협적으로 충족시키는 방식으로 '보조법'이 개정되었다. 보조기간 연장(15년에서 조선총독이 필요하다고 인정할 때 5년 연장), 보조율 인하(매 영업년도 건설비의 연 6% 금액. 영업년도 이익금이 연 1% 초과시 그 초과분을 보조금에서 공제)가 결정되었다. 연장 기간 5년 동안에는 보조금을 건설비의 연 5%로 하고 이익금 공제 규정은 연 1.5%로 설정하여 차이를 두었다.

1934년의 개정은 수치상 사철에 대한 특혜를 제한한 것처럼 보인다. 그러나 불입자본금의 6%가 아닌 건설비의 6%로 개정되어 영업이익이 건설비의 연 1%를 넘는 조건만 충족하면 8% 주주배당이 가능한 개정이었다. 실제로 보조금 교부액이 다소 감소했지만 이전과 동일한 배당률을 유지하는 사철이 존재했다. 이는 개정 이전(15년 동안 8% 배당 보장)의 경과적 규정과 더불어 개정법이 사철의 이해관계를 적절하게 보장해줬기 때문에 가능했다. 즉 사철 투자에 대한 특혜는 사실상 지속되었다.

'보조법' 체제는 전시체제기 들어 파행적으로 운영되었다. 물론 1935년과 1939년에 남조선철도(주), 조선철도(주), 경북선처럼 전쟁 수행에 필요한 일부 노선은 '국유'로 매수되었지만 여전히 사철 보조금 운영은 쉽지 않았다. 게다가 중일전쟁 발발을 전후하여 함경도 지방의 자원 '개발'을 위해 신규 사철노선을 대거 부설하면서 다시 보조금 부족 현상이 발생했다. 조선총독부는 1939년 '보조법'을 개정하여 보조기한을 5년 연장했고 1년 보조총액 (500만 엔) 제한규정을 아예 폐지했다. 실제로 1939~44년에 사철에 지급된 보조금은 500만 엔을 초과했다. 1944년에는 723만 엔으로 급등했다. 전시 하 물가상승과 급증한 수송 수요를 '국철' 노선만으로 감당할 수 없었던 상황을 보여준다.

3) 사철 부설 '붐'과 조선총독부의 호조건 매수

사철은 내륙이나 오지를 '개발'한다는 명목으로 미곡, 지하자원 수송의 효율성을 높여 한반도의 각 지역 경제를 일본경제와 수직적으로 종속시키는 주요한 교통수단이었다.

호남철도의 익산(이리)에서 전주를 잇는 전북선(24.9km)은 1910년대 초에 '국철' 간선의 지선으로 부설된 내륙 연결 사철이었다. 호남철도가 개통 (1914.1)된 직후 전북철도주식회사가 1914년 5월에 공사에 착수하여 11월 17일부터 운송을 시작했다. 곡창지대를 안고 이 지역의 중심 전통도시 전주와 연결되어 상당한 수입을 올렸다. '조선철도 12년 계획'의 일환으로 1927년 10월 조선총독부가 전북선을 90만 엔에 매수하여 경전북부선으로 개칭했다. 이후 표준궤 개량공사와 더불어 1929년 4월 전주 방면에서 부설에 착수하여 전주~남원(1931.10), 남원~곡성(1933.10), 곡성-순천(1936.12) 구간이 연이어 개통되었다. 순천~여수항 구간은 남조선철도주식회사의 광려선(송정리~보성~순천~여수항)으로 이미 개통(1930.12)된 상태였다. 조선총독부가 1936년 9월 광려선을 매수하여 익산~여수항 전 구간을 전라선(313.6km)으로 개칭했다.

1920년대 초에는 경의철도에서 분기한 노선으로 해주, 사리원 등 황해도의 주요 도시를 잇는 황해선, 다사도선(신의주~다사도), 서선중앙철도회사선(승호리~북창), 정주와 수풍 일대를 연결하는 평북선 등이 부설되었다. 경상도에서는 조선경편철도주식회사(1919년 5월 조선중앙철도주식회로 개칭)가 1916년 2월 경부철도의 대구에서 연결되는 경동선(慶東線, 대구~포항) 부설에 착수하여 대구~하양(1916.12), 하양~포항(1918.10) 구간 개통 후 울산까지 연장(1921.10)했다. 경동선은 전시체제기에 부설된 중앙선의 지선 역할도 겸했다. 1928년 7월 조선총독부가 매수하여 1939년 7월 표준궤 개량을 마쳤는데 대구~영천 구간은 대구선으로, 영천~경주 구간은 중앙선으로, 경주~울산 구간은 부산으로 연결되어 동해남부선(울산~부산)으로 편입되었다.

조선총독부는 전북선(이리~전주: 24.9㎞) 매수 이후 1928년에 조선철도주식회사의 송정리~담양 구간(36.5㎞)을 312만 2,530엔에, 대구~학산 및 경주~울산 구간(147.8㎞)을 713만 4,690엔에 인수했다. 1929년에는 도문철도주식회사의 회령~동관진, 삼삼봉~도문교 구간(59.5㎞)을 580만 4,669엔에, 1931년에는 조선철도주식회사의 마산~진주 주간(70㎞)을 757만 3,477엔에 인수했다.[16)]

이처럼 일부 사철 노선은 '조선철도 12년 계획'에 따라 신설된 노선과 연결되면서 '국철'로 전환되었다. 전북선의 매수액 90만 엔은 건설비 55만 3천여 엔(자본금 60만 엔)에 비해 많아 전북철도주식회사는 보조금과 더불어 큰 혜택을 받은 셈이었다. 다른 노선의 매수가격 조건도 사철에 유리했다. 조선총독부 철도국은 1927년 10월 전북철도회사의 전북선부터 1931년 4월 조선철도회사의 경남선(마산~진주: 70㎞)까지 4년간 '국철' 사이에 개재한 5개 노선을 매수했다. 1933년 4월 개천철도회사의 개천선(신안주~천동: 36.9㎞), 1936년 3월 남조선철도회사의 광려선(광주~여수항: 160㎞), 1940년 3월 조선철도회사의 경북선(김천~안동: 118.1㎞)을 매수했다. 총 매수액은 4,410만 5,547엔(총 653.7㎞)에 이르렀다.[17)] 매수는 '조선철도 12년 계획' 하에 집중적으로 이뤄졌는데 공황에 따른 사철의 자금난을 타개하는 구제 성격이 컸다.

사철의 이익을 최대한 보장하는 선에서 매수가 이뤄진 것이다.

경전선(진주~전주), 함북선(고무산~무산, 60.1㎞), 회령탄광선(회령~신계림, 11.7㎞), 충북선(조치원~충주, 94.0㎞), 경기선(천안~장호원, 69.8㎞), 황해선(사리원~동해주, 85.2㎞) 등도 '국철'에 매수되어 표준궤로 개량되었다. 무산 지역의 철광자원을 개발하기 위하여 부설된 함북선은 '국철'에 흡수된 후 무산선으로 개칭되었다. 황해선, 일부 구간만 개통된 경전선 등은 '산미증식계획' 기간에 증산된 쌀을 일본으로 수송하는 데 효율적인 노선이었다.

한반도철도의 조선총독부 직영 환원 후 1920년대 후반 들어 '국철'의 여러 지선들과 사철이 건설되었다. 1926년 11월 경의철도 지선인 박천선(맹중리~박천, 9.3㎞), 12월에 진해선(창원~진해, 20.6㎞)이 개통되었다. 진해선은 일본 해군의 기지로 건설된 식민도시 진해를 마산선을 거쳐 경부 및 경의 철도와 연결하는 군사적 목적으로 부설되었다. 함경철도 지선으로서 회령탄광선(회령~계림, 10.6㎞)이 1926년 5월에 착공되어 1928년 8월에 개통된 이래 1929년에 차호선(증산~차호, 4.9㎞), 철산선(나흥~이원철산, 3㎞), 북청선(신북청~북청, 9.3㎞), 천내리선(용담~천내리, 4.4㎞)이 개통되었다.[18]

1930년대 중후반에 다시 사철 부설 붐이 일었다. 1936년에 삼척철도회사, 경춘철도회사, 단풍철도회사, 조선평안철도회사 등 4개 철도회사가 신설되었다. 1939년 6월 서선중앙철도주식회사가 승호리~석름 구간을 개통한 이래 1942년 9월 신성천역까지 연장되었다. 1944년 4월 승호리~신성천 구간은 '국철'로 매수되어 평양탄광선에 편입되었고 신성천~북창 구간만 사철로 남게 되었다. 탄광 '개발'과 수송을 위한 평양탄광선은 '국망' 직후 대동강~사동 구간 개통(1911.9) 후 사동~승호리 구간으로 연장(1918.5)되었다.

▲ 서선중앙철도 주식회사 철도 노선 내 송가역

출처: 철도청 편, 『(사진으로 본) 한국철도 100년』, 철도청, 1999, 111쪽(코레일 제공).

1939년에도 '대륙병참기지'인 한반도의 전략자원 약탈과 군수산업 배치를 뒷받침하기 위해 여러 사철이 개통되었다. 개마고원 '개발'을 위한 단풍철도회사의 단풍선(단천~홍군, 80.3km)이 개통(1939.6)되고 청수역에서 남만주의 샹허커우(上河口)와 연결되어 평안북도 내륙을 통과하는 평북선(정주~청수, 121.6km)이 개통(1939.10)되었다. 또 평남탄전선(승호리~신성천~북창, 99.5km)이 개통되었다. 11월에는 경의철도 지선인 다사도선(신의주~양시~다사도, 31.4km)이 개통되었다. 1940년 현재 14개사 사철 노선은 영업선이 1,510km, 계획노선이 349.8km에 이르렀다.

이처럼 1930년대 후반 들어 조선총독부의 철도정책은 총력전체제와 연동되어 사철자본 이익을 옹호한 가운데 일부 사철 노선을 '국철'로 전환시켜 철도에 대한 통제력을 강화했다. 이 무렵 조선철도주식회사의 황해선(281.7km), 북선개척철도주식회사의 무산선(62.4km), 서선중앙철도회사의 평남북부탄전선, 무산임항철도회사의 동래선(55km) 등이 '국철'로 이관되었다.

4) 사철을 통해 지역경제를 주도한 일본인자본

철도는 노선 주변의 도시화를 촉진시켜 지역경제 구조에 큰 영향을 미치게 마련이다. 이 때문에 한반도의 각 지역에 들어 온 일본인들은 사철 부설에 첨예한 관심을 기울였다. 이들은 자신들의 거주지를 지역경제의 중심지로 만들기 위해 '국철'인 간선철도망과 연결되는 사철을 부설해야 한다고 조선총독부와 일본 정부에게 강력하게 요구했다.[19] 일제의 한반도철도 정책은 대륙침략을 위한 군사적 경제적 필요를 중심축으로 설정한 가운데, 일본 및 조선의 일본인 자본가들의 요구를 수용하며 이뤄졌다. 물론 식민지 공간의 덕으로 형성된 조선 거주 일본인들의 영향력은 일제의 침략정책에 부합하는 범주에서만 작동될 수 있었다. 가령 중앙선 노선을 대구를 지나 마산~통영으로 연결시켜달라는 대구 지역 일본상공인들의 요구는 조선총독부의 '국책적' 결정으로 거부되었다.

김천의 일본인들은 경부철도 노선이 추풍령을 통과하게 되자 간선철도망에서 멀어진 경상북도 북부지방에 경편철도(김천~상주)를 부설해달라고 강하게 요구했다. 와타나베 에이타로(渡邊榮太郎)는 김천을 경상도의 중심지로 설정한 경상도 산간지방 종관노선(영주~김천~진주~삼천포)을 구상한 후 1918년 8월, 도쿄 상공회의소장 후지야마 후토시(藤山雷太)의 지원을 받아 자본금 2천만 엔으로 조선산업철도주식회사를 설립했다. 김천~점촌~안동 구간 부설 면허를 취득(1919.9)한 후 2년 7개월 만에 경북선 기공(1922.4)에 들어갔다. 1923년 9월 이 회사가 조선철도주식회사로 합병되어 후지야마 등 대일본제당(大日本製糖)이 경영권을 장악했다. 김천~상주 구간(36km: 1924.10) 개통 후 상주~점촌(23.8km: 1924.12), 점촌~예천(25.5km: 1928.11), 예천~안동 구간(32.8km: 1931.10)이 개통되어 7년 만에 전 노선(118.1km)이 완공되었다.[20]

경북선 연선 지역 역시 철도역 입지와 기존 시가지의 위치를 두고 여러 유형이 나타났다. 예천, 김천, 안동 등은 역이 구시가지 안에 설치되어 시가지가 확대되었다. 상주에서는 구시가지가 가까운 역 방면으로 점점 확장되었다. 이와 달리 문경과 점촌에서는 역이 구시가지와 멀리 떨어져 중심지가 이동했다. 경북선이 지역의 도시 구성을 바꿔놓은 것이다. 반면에 경북선 개통으로 대구 상권이 크게 잠식되었다. 상주·문경 방면의 환적지로 번성하던 김천도 타격을 받았다. 경북선 부설로 궤간이 같은 화물열차가 김천에서 환적하지 않고 경부철도로 직통했기 때문이다. 이에 따라 부산항이 번성했다.[21] 경북선이 경부철도의 지선으로서 부산과의 연결성을 강화시킨 것이다.

수원, 여주, 이천, 인천 등지에서도 일본인 상공인들이 1926년 무렵부터 적극적으로 철도부설을 요구했다. 그 결과 1928년 8월 도쿄에서 조선경동(京東)철도주식회사가 창립되었다. 1929년 12월 수려선(수원~여주)의 수원~용인 구간 공사가 시작되었다. 1930년 12월 1단계 구간(수원~이천) 영업이 시작된 후 2단계 구간(이천~여주) 공사도 마무리되어 1931년 12월 전 노선이 개통되었다. 수려선 개통은 우마차 중심의 기존 운송체계를 무너뜨려 지역 하주들의 하역권과 운송권을 박탈하는 결과를 불러왔다. 일거리를 잃게 된 마부들이 수원~이천 구간에만 700여 명이나 되었다.[22] 그리고 이 지역의 주요 교통수단이었던 남한강 수운의 쇠퇴를 불러왔다. 여주~홍호리 간을 하루 4번 왕복하는 기선을 통해 영서지방 물산집산지로 기능하던 홍호리 시장의 상권은 이 노선에 포섭되었다. 조선경동철도주식회사는 수려선 노선을 양평, 장호원, 충주 등으로 확장하고 지역의 트럭 운행을 병행하면서 육상교통을 장악했다. 수려선과 수인선(수원~인천)이 연결됨으로써 경기도 남부지방의 화물, 특히 곡물이 인천항을 통해 일본으로 직접 이출되는 구조가 정착되었다.[23]

천안에서 연결된 안성선과 장항선 또한 경부철도의 지선으로서 경기도 남부지역과 충청남도 평야지대의 농산물을 일본으로 수송하는 역할을 했다. 이에 따라 수원과 천안이 화물 집산지로 성장했다. 조치원에서 청주와 충주로 연결된 충북선과 김천~상주~안동을 연결한 경북선이 농산물·광산물의 지역 운송을 담당했다.[24] 일본을 향한 철도노선은 이 지역경제를 식민지 경제체제에 빠르게 편입시켰다.

동해남부선처럼 철도부설을 둘러싸고 일본인들끼리는 갈등을 빚었지만, 조선인의 목소리는 거의 들리지 않았다. 한반도의 주인은 확실히 일본인이었다. 부산지역의 대표적 지주 기업가인 하자마 후사타로(迫間房太郎), 오오이케 주스케(大池忠助) 등이 도쿄의 자본과 합작하여 1910년 5월에 창립한 한국와사(瓦斯: 가스)전기주식회사('와전', '국망' 후 1913년에 조선와사전기주식회로 개칭)는 부산 지역에 가스와 전기를 독점 공급했다. '국망' 이전부터 부산의 일본인 자본가들은 부산을 중심으로 경상남도의 동부, 서부, 중부 세 방향으로 부채꼴 형태의 철도망 구축을 구상했다. 부산궤도주식회사 설립과 궤도열차(부산진~동래) 건설은 동부 방면 철도(동래~기장~울산~경주~포항)를 부설하려는 시도의 일환이었다. 1911년 6월에는 부산진 방면 전철을 연장 개통했다. 이 계획은 지역 간선(동래~울산~경주~대구)과 두개의 지선(경주~포항, 울산~장생포)을 건설한다는 것이었다. 부산항 중심의 지역경제권을 확대하고 주도하기 위해서였다. 이는 부산~울산 구간 부설계획의 시초였다.

이 지역 일본인들은 '와전'에 건설을 맡겼지만, '와전'은 허가조건인 부산 시가전철보다 영리성이 높은 부산교외철도(부산~동래온천) 부설에 주력했다. 결국 '와전'이 자금난에 빠지고 대구, 경주, 포항의 일본인들은 동래연장선 부설이 늦어지자 불만을 터뜨렸다. '와전'에서 퇴진한 무타구치 겐가쿠(牟田口元學)와 사토 준조(佐藤潤象)는 일본의 재계와 접촉하고 동래연장선 중 대구~포항선 부설에 적극적인 대구지역 자본가를 끌어들여 조선경편철도주식회사를 설립했다. 대구지역 일본인들은 경부철도 때문에 부산으로 넘어간 지역경제 주도권을 되찾고자 했다. 1916년 조선경편철도주식회가가 동래연장선 부설권을 갖게 되면서 대구~포항 구간 부설을 최우선으로 진행하는 한편, 부산~울산 구간의 건설은 계속 미뤄졌다. 대구 중심의 철도 부설을 통해 경상도 동해안 지역 경제권을 재편성하려는 의도 때문이었다. 그 사이 부산, 동래, 울산 지역의 유력자들이 부산~울산 구간의 조속한 부설을 촉구했다. 1921년 10월 경주~울산 구간 경편철도가 완성되었다. 부산경제권은 축소되었고 그에 속해있던 울산마저 철도 개통 이후 대구경제권으로 포섭되었다. 그러나 부산~울산 구간 부설이 '조선철도 12년 계획'에 포함되어 1928년 착공에 들어가 1935년에 '국철'로 완공되었다.[25]

충북선은 충북지역의 동맥선으로서 1920년부터 부설공사가 시작되었다. 일본인들의 이 지역 이주 중심지는 청주였다. 1920년 3월 조선중앙철도주식회사(조선경편철도주식회사 후신)가 조치원~청주 구간 22.7km 부설에 착수하여 1921년 11월에 개통했다. 1922년 5월부터 청주~청안 구간 23.9km 공사를 착공하여 1923년 5월 1일 개통했다. 이후 조선중앙철도회사가 조선철도주식회사에 합병(1923.9)되는 와중에 충북선 연장공사(충주까지)가 1926년 말에 착공되어 충북선(조치원-충주)이 완전 개통(1928.12)되었다. 충북선을 동해안까지 연장하는 계획도 있었지만 전시체제 하에서 착공되지 못했다. 이 지역 철도부설운동은 청주의 일본인들이 주도했다. 1923년 이후 충북선 연장운동을 주도한 이도 충주번영회 중심의 스즈키 마사카즈(鈴木政一)과 다나카 이사오(田中勳) 등이었다. 조선인으로는 친일 성향이 강한 지역 대표적 부호인 방인혁(龐寅赫)과 민영은(閔泳殷) 등에 불과했다. 1920년대에 청주와 청안으로 수송되는 화물은 만주지역 철도를 통해 반입되는 조, 인천으로부터 수송되는 소금이 주종이었다. 반출 화물은 쌀 등 농산물이 주종이었다. 이러한 양상은 충북선이 충주까지 연장된 1928년 이후에도 마찬가지였다. 식민지경제의 종속적 수탈관계는 충북 지역에서도 그대로 관철되었다. 충북선은 청주를 지역의 중심지로 변모시켜 청주-충주 중심의 지역 공간을 만들었다. 충북선에서 배제된 단양, 보은, 진천, 옥천, 영동 등지는 소외되었다. 이러한 공간구조는 현재까지 이어지고 있다.[26]

08

단순노무직 중심의 조선인 철도인력,
해방 후 긴급 충원과 교육기관 신설

1) 한국 철도자본의 철도학교 설립, 통감부의 봉쇄

대한국내철도용달회사의 '사립철도학교' 설립

대한제국 시기 한국 철도회사는 철도학교 설립에 적극 나섰다. 이 부분
은 적극적 연구가 필요한데, 여기서는 당시의 신문 자료를 통해 그 설립과
운영, 통감부에 의해 철도학교 설립신청이 봉쇄되기까지 일단의 자취만 소
개하고자 한다.

한국인이 설립한 철도학교로 1900년에 개교한 두 학교가 확인된다. 두
학교는 박기종(朴琪淙)의 대한국내철도용달회사와 서오순(徐午淳)의 국내
철도운수회사가 철도(부설공사)인력을 양성하기 위해 설립했다. 박기종은
이미 5년 전 부산에서 실업학교(개성학교)를 설립한 경험도 있었다.

철도학교의 수업 내용은 철도의 운행이나 관리운영에 필요한 기술과 부
설공사에 필요한 측량, 토목 관련 기술 등으로 구분된다. 1900년 경 대한국
내철도용달회사의 경우 일본이 부설하는 경의철도 공사의 용달용역에 참

여했고 1899년에 부설권(경의·경원 철도)을 허가받은 노선의 일부 구간 공사에 착수한 상황이었다. 이 과정에서 측량 등 모든 것을 일본인 기술자에게 의존해야 하는 상황을 절감했다. 호남철도 부설을 구상하던 서오순 역시 일본이 부설하는 경인, 경부철도 공사를 보면서 한국인이 이를 "착수 견습"하고 "기계 등에 대해서도 가격과 사용방법까지 연구하게" 할 필요를 느꼈다.[1] 이들이 설립한 철도학교의 수업 내용이나 목적도 우선 부설공사에 필요한 기술자 양성에 주력한 것으로 보인다.

한반도에서 최초로 설립된 철도학교는 1900년 5월 18일 장동[長洞:『서울 지명사전』(서울특별시사편찬위, 2009)에 따르면 오늘날 남대문로 3가, 충무로 1가, 회현동 1가가 걸쳐 있는 곳에서 개교한 '사립철도학교'였다. 교장은 관찰사(경기도, 함경도), 장예원경을 역임한 '고관' 박기양(朴箕陽)이었고 교감은 정긍조(鄭肯朝)였다. 1900년 11월에 교장은 관찰사(해주부, 황해도, 전라도)를 역임한 민영철(閔泳喆, 대한국내철도용달회사 사장)로, 교감은 김규희(金奎熙, 철도국장)로 교체되었다.[2] 궁내부에 철도원이 신설(1900.4.1) 되면서 유명무실해졌지만 철도국의 국장이 사립철도학교 교감을 겸직한 것이 눈에 띤다. 대한철도회사 사장과 사립철도학교 교장을 겸직한 민영철은 박기종이 부하철도회사를 설립할 때에도 부사장이었던 만큼 박기종과 긴밀한 관계가 있는 '고관'이었다. 당시의 사회분위기에서는 학교 운영 역시 고관의 배경이 중요하게 작용할 수밖에 없었다. 이러한 '관상(官商)'유착은 동서를 떠나 특히 초기 자본주의의 경우 일반적 모습이기도 했다.

당시는 일본이 철도부설권을 장악한 상황을 두고 한일 '합자'로 이해하는 경우가 많았다. 사립철도학교 역시 한일 양국이 "합자"하여 나라와 백성의 편리함에 제일 긴요한 철도를 부설해야 하는데 한국인이 건축과 측량 사무에 어둡기[素昧] 때문에 학교를 설립한다는 개교의 취지를 밝혔다. 그리고 20~30세 연령의 학생들을 주·야간반으로 나눠 모집한다는 신문 광고를 1900년 5월 11일~22일에 10여 차례 게재했다. 당장 철도부설 공사에 필요한 기술인력을 양성하겠다는 것이었다. 1900년 10월에 『황성신문』도 철도학교 학생들이 측량, 건축, 교량, 궤도 등을 완전히 학습[通習]하려면 언제 졸업할지 모르겠다면서 철도 기술인력 양성의 시급함을 강조했다. 1900년 7월 하기시험 후 주·야간반 각기 두 명의 우등생에게 교장이 상품을 시상한 것을 보면 사립철도학교는 5월 개교 후 바로 수업을 시작한 것으로 보인다. 하기시험 후 학생 분반을 두 개 반(주간, 야간)에서 세 개 반(갑, 을, 병)으로 재편성하여 1900년 12월 연말시험 결과 우등생 여섯 명에게 정선산학(精選算學), 미국독립사와 공책(洋紙冊), 연필 등을 상품으로 시상했다.[3] 철도학교 학생에게 필수적인 수학 책과 독립 후 강국이 된 미국 역사서를 상품으로 준 것은 사립철도학교의 교육 목적과 관련하여 눈길을 끈다.

수업연한은 방학을 감안하면 1년(2학기제)이었던 것으로 보인다. 사립철도학교는 개교 1년 2개월여 지난 1901년 7월 7일 시험을 거쳐 15명(또는 16명)의 졸업생(우등생 5명)을 배출했다. 한반도에서 처음으로 철도전문 기술인력을 육성하여 배출한 것이다. 이어서 1901년 8월 22일~9월 2일에 9월 1일 개학하는 2년차 학생을 모집한다는 9회 이상의 신문광고를 게재했다. 이 무렵에 세 개 분반을 재편성(고등과와 갑·을 반)한 것으로 보이는데 1902년 6월 2학기 시험을 치르고 고등과 우등생 세 명, 갑·을 반 우등생 5명에게 책자 등을 시상했다. 1901년 10월에는 오오에 산지로(大江三次郎) 공학사를 특별초빙[延聘]하여 철도공업에 관한 교육 시간을 갖기도 했다. 사립철도학교는 이에 대해 두 차례 이상 신문광고를 내 학생들 참여를 독려하면서 학교 홍보수단으로 활용했다. 특히 이 광고에는 일본어와 수학[算術]을 잘 하는 지원자를 특별 모집한다는 내용이 부가되었다.[4] 수업 교재나 참고서가 대부분 일본서적이기 때문이었고 이렇게 특별 모집한 학생들이 고등과로 배치되었을 것이다.

1903년 이후의 사립철도학교 상황은 알기 어렵다. 1904년 들어 발발한 러일전쟁은 스스로 철도를 부설하려던 한국 철도자본에게 최악의 환경이었다. 일본에 자금종속이 된 상태였지만 대한국내철도용달회사가 갖고 있던 경의철도와 삼마선 부설권은 일본군에게 박탈되었다. 이러한 환경에서 특히 1904년 들어서는 사립철도학교 운영 추진력이 크게 떨어졌고 실제 학교 운영도 어려워졌을 것으로 보인다.

'국내철도운수회사양성학교' 설립, 통감부의 '철도공업학교' 봉쇄

국내철도운수회사양성학교는 1900년 12월 새문 밖(新門外: 오늘의 충정로)에서 개교했다. 사립철도학교가 개교한 지 7개월여 뒤의 일이었다. 설립 주체인 회사가 다른 두 철도학교는 경쟁적으로 운영되었을 것이다. 실제로 서오순은 1900년 서북철도국이 신설되기 직전에 이용익, 민영선과 함께 서북철도회사를 설립하여 경의철도 부설에 나선 적도 있었다.[5] 이미 경의철도 부설권을 허가받았던 박기종과는 경쟁관계였을 것이다. 일제가 부설하는 경부철도 공사의 하청용달을 맡고 있던 국내철도운수회가 철도학교를 설립했다는 것은 이 회사의 경영자인 총무장 서오순이 이 무렵에 (호남)철도 부설을 구상하고 있었음을 보여준다.

국내철도운수회사양성학교는 1900년 12월 학생[學員]을 모집한다는 세 차례 이상의 신문 광고를 냈다. 이후 계절별 시험 일정의 보도를 보면 교육도 내실이 있었던 것으로 보인다. 양성학교 교감을 겸직한 서오순은 1902년 7월의 경우 시험성적이 우수한 학생들에게 시계와 책 등을 시상하는 등 철도교육에 깊은 관심을 드러내면서 적극적이고 과시성이 강한 그의 스타일대로 학교운영에 직접 관여했다. 1902년 동계(2월) 및 하계(7월) 시험 결과 두 개 반(갑·을 반) 우등생이 각기 6명, 5명이었다. 1902년 9월 5명 학생을 추가선발[加選]한다는 6회 이상의 광고를 보면 전술한 사립철도학교 경우에 비춰 1개 학년 학생 수는 15~20명 내외였을 것이다. 특히 사립철도학교가 오오에 산지로를 특별초빙하고 일본어와 수학을 잘 하는 지원자를 특별 모집한다는 신문광고를 내던 1901년 10월 양성학교 역시 경쟁적으로 일본어를 아는 학생을 10명 한도로 별도로 모집한다는 6회 이상의 신문광고를 냈다. 두 철도학교는 선의의 경쟁을 했지만, 일본서적 중심의 교재나 참고서를 활용해야 하는 상황은 비슷했다. 구체적인 수업 과목을 확인하기는 어려운데 수업기간은 별도로 모집한 일본어를 아는 학생의 경우 10개월이었다.[6] 양성학교의 수업기간도 1년 내외였을 것이다.

양성학교 역시 사립철도학교처럼 1903년 이후의 상황을 알기 어렵다. 다만 서오순이 호남철도를 부설하겠다는 의지가 매우 강했고 이후 통감부 지배 하에서도 '철도공업학교' 설립 신청을 한 점에 비춰 양성학교는 어려운 상황에서 학생 모집을 축소했을지 몰라도 철도교육을 계속 진행했을 가능성이 있다.

이 외에도 낙영(樂英)학교가 철도학과를 특설하여 기사를 양성했다. 흥화(興化)학교의 양지과(量地科)는 한 해에 23명의 졸업생을 배출했다. 철도교육에 대한 당시 한국인들의 관심은 매우 컸다.[7]

서오순이 호남철도회사를 설립한 이후에는 대한제국의 주권을 장악한 통감부가 한국의 교육기관을 '선별'해서 설립 여부를 허가하는 체제로 바뀌었다. 1906년 9월 서오순은 한성부에 "인민의 신지식을 개발"하기 위한 "철도공업학교" 설립 허가를 신청했다. 호남철도 부설을 위한 주식모금에 주력하고 있을 때였다. 양성학교 때보다 수업과목이나 교사진을 대폭 보강한 계획안을 제시했을 것이다. 한성부도 서오순의 신청을 학부(學部)에 보고할 때, "철도공업에 주의(注意)"를 기울인 서오순이 교사를 초빙하여 인재를 "교성[敎成]"하려는 의도가 "매우 가상[事甚嘉尙]"하니 특별히 인허해줄 것을 요청했다. 그러나 통감부의 통제를 받던 학부는 결국 철도공업학교의 설립을 불허했다. 『황성신문』은 이를 두고 한국인 모두가 "탄석(歎惜)"할 일이라고 개탄했다.[8]

이로써 한국 철도자본에 의한 철도인력 양성기관은 그 명맥이 끊겼다.

당시 상황은 이토 통감이 서오순의 호남철도 부설 추진을 가로막고 있던 때였다. 또 러일전쟁 와중에 일본 육군 임시군용철도감부가 이미 일본인 철도교육기관인 '철도이원(吏員)양성소'를 운영하기 시작한지 1년이 지날 무렵이었다. 통감부가 한국인 철도학교 설립을 허가할 리 만무했다. 그런데 당시 언론의 보도 논조를 보면 학교 설립허가를 낙관했다. 통감부 설치 초기인 점을 감안해도 엘리트 지식층의 상황 인식은 그만큼 어두웠다.

철도학교가 설립되기 전에 일본의 철도학교를 졸업하고 귀국한 극소수가 있었다. 가령 1902년 이철영(李喆榮), 1904년 전용학(全溶鶴) 등 3명을 들 수 있다. 이들은 러일전쟁 발발 이후 모든 철도를 일본이 부설하게 되면서 일고(日雇)나 용인(傭人)으로 경부철도주식회사에서 일하게 되는 "심히 유감"스러운 상황으로9) 귀결되었다.

'국망' 직전 "이천만 공중(公衆)의 공업사상을 고취"하여 "대한제국의 부강 기초"를 세우자는 취지로 공업연구회가 조직(1908.9.14)되어 최초의 공업기술지『공업계(工業界)』(창간 1909.1.28)가 발간되었다. 철도부설과 철도학교 설립의 꿈을 빼앗긴 서오순도 공업연구회 '찬성원'이었다. 그러나 국가주권이 상실된 상황에서 이룰 수 없는 취지였다.

2) 일본인 인력양성 중심의 식민지 철도교육

일제가 설정한 조선인 철도인력의 수준, 굳건한 민족별 장벽

일제강점기 한반도철도의 기술 및 장비 수준은 매우 뒤떨어졌다. 철도공장에서는 기자재 수리나 객차와 화차를 일부 생산하는 정도에 불과했다. 그나마 일정 수준 이상의 기술을 요하는 공정은 일본인들이 독점했다. 조선인들은 거의 배제되었다. 다른 분야처럼 철도 고용구조에서도 식민지성,

민족별 장벽은 굳건했다.

무엇보다 조선인들을 고급 기술이나 관리능력을 지닌 철도전문가로는 결코 양성하지 않겠다는 일제-통감부 및 조선총독부의 의도가 명확했다. 조선총독부는 철도 업무에서 조선인에게 역무를 관리하고 운행을 책임지는 것과 같이 직무의 자율성 및 전문성이 높은 직책이나 관리직을 맡기지 않았다. 대부분의 조선인은 고급기술이나 직무전문성을 요하는 직책이나 주요 관리직에 채용되지 않았다.[10]

이러한 철도인력 양성정책은 조선인들에게는 고급교육이 아니라 잘 부릴 수 있도록 '보통'교육에 초점을 둔 식민교육정책과 궤를 같이 한다. 일제강점기에 유일한 대학으로서 일본인 학생이 2/3나 되었던 경성제국대학에 이공학부가 설립된 것은 1941년이었다. 같은 맥락에서 조선인들은 기간산업인 철도와 관련하여 단순 기능을 넘어선 교육을 받기 어려웠다. 그것이 조선총독부가 설정한 조선인 철도인력의 범주였다.

1941년 현재 조선총독부 철도국 산하 철도공장의 고원(雇員) 이상 종사자 현황을 보여주는 〈표 5〉를 보면, 감독 혹은 고급 기술직에 조선인은 거의 없었다. 부참사, 기사 등 고위 관리직에 조선인은 단 한명도 없었다. 중간관리직으로 내려와도 서기 4명, 기수 6명, 철도수(鐵道手) 6명 등 16명으로 전체의 7.8%에 불과했다. 중견종사원에 속하는 고원에서도 조선인은 433명으로 일본인 533명보다 적었다. 다만 고원 가운데 현장노동자인 기공(技工)만은 조선인이 387명으로 일본인 237명보다 많았다.

조선인은 일제강점기 동안 고등관은 차치하고 중·하급관리인 판임관에서조차 1% 정도에 불과했다. 조선인은 고등관 중 칙임관에 한 명도 없었다. 1940년 3월말 현재 참사 1명, 부참사 1명, 기사 1명이 있었다. 1945년에는 직명이 바뀌어 서기관 2명, 사무관 1명, 기사 3명이 있었다. 조선인 판임관도 극소수여서 1940년 3월말 현재 267명에 불과했다. 1945년에는 조선인이 서기 811명, 기수 535명 총 1,346명으로 크게 늘어났지만, 일본인은 서기

3,965명, 기수 3,920명 총 7,885명으로 6배 정도나 많았다.[11]

조선총독부 철도국에 고용된 조선인들은 대부분 하급 고원 혹은 용인 (傭人)으로서 현장실무를 담당하는 중·하급 기능이나 단순노동 부문에 집 중 배치되었다. 소수의 중견 간부는 장기경력으로 오랜 기간에 걸쳐 업무나 기술을 체득한 중간 관리자 혹은 기술자들이었다. 조선인 판임관(대우)은 1945년(1.8%)을 제외하면 0.6% 정도였다. 1945년에 조선인 판임관 수가 증가 한 것은 일본인들이 입영·응소·전직 등으로 빠져나간 자리를 조선인으로 메워야 했기 때문이다.[12] 그러나 그 기간이 짧았고 전시수송을 위한 임기응 변적 고용이어서 조선인 인력의 질적 성장이 이뤄졌다고 볼 수는 없다.

〈표 5〉 조선총독부 철도국 산하 철도공장 종사원 분포 (1941년 현재)

		일본인	조선인	계	직책별 조선인 비율 (%)
부참사		1		1	0
기사		10		10	0
서기		34	4	38	10.5
기수		60	6	66	9.1
철도수		82	6	88	6.8
촉탁		2		2	0
계		189	16	205	7.8
고원	사무 (여)	1		1	0
	사무 (남)	97	22	119	18.5
	기술	198	24	222	10.8
	기공	237	387	624	62.0
	계	533	433	966	44.8

출처: 財團法人鮮交會, 『朝鮮交通史 資料編』, 1986, 70~71쪽.

이처럼 전시체제기 후반에 이르러 갑자기 조선인 고용이 많아지고 나이 도 젊어지는 현상이 나타났다. 전례 없는 현상이었다. 이는 민족 간 차별적 고용구조를 통해 주요 군사시설이기도 한 한반도철도를 운영해왔던 조선 총독부의 입장에서 볼 때 노동력의 질적 저하를 우려해야 하는 사안이었 다. 이 때문에 '내선일체'와 같은 이데올로기적 교화와 함께 명목상 인센티

브 제공을 늘리는 등 조선인 고용의 급증에 따른 부작용을 최소화하는 통제책을 마련해야 했다. 전쟁이 장기화될수록 더욱 강한 통제가 필요했다. 노동규율을 강제하거나 사생활 영역까지 노무관리 대상에 포함되었다. 그러나 종사원의 70%가 조선인이었고 전체의 과반이 근무 경험 2년 미만이었기 때문에 각종 통제에도 불구하고 정상적 철도 운영은 쉽지 않았다.[13] 여러 임시방편이 강구되었지만, 철도 운영은 이미 전시체제기에 정상적으로 이뤄지지 못하는 형편이었다. 교육과 노동 현장에서 일제강점기 내내 지속된 민족 간 차별적 고용정책이 빚어낸 누적된 문제가 임시방편으로 해소될 수는 없었다.

결국 해방 후 철도 운영은 질곡에 빠졌다. 해방이 되자 이제까지 철도 운영의 각 분야에서 핵심 기능을 독점하던 일본인들이 떠나면서 한국인들이 짧은 시간에 메울 수 없는 커다란 기술적, 경영적 공백이 발생했다. 모든 열차 운행이 중단될 정도였다.[14] 전시체제기에 조선인들이 부분적으로 경험과 기술을 습득했지만, 인력 배치에서 조선인의 보조적 위치는 기본적으로 바뀌지 않았다. 따라서 해방 후 조선인의 독자적인 철도운영 능력은 거의 없다시피 했다. 게다가 극한적인 물자 부족까지 겹쳐 철도는 마비상태에 빠졌다. 일제 지배 하에서 철도 운영을 학습하고 경험할 기회를 갖지 못했던 조선인들은 결국 미군정 하에서 철도관리 능력을 다시 배워야 했고 정부 수립 이후 새로운 철도교육이 이뤄져야 했다.

일제의 응급적 양성소 운영, 1910년대 중반 이후 교육기관 부재[15]

한국인 철도학교의 설립과 운영이 봉쇄된 이후 철도 관련 교육은 철도부설권을 장악한 일본의 필요에 따라 운영되었다. 교육기관의 명칭이나 교육 내용도 일본의 필요와 목적에 따라 수시로 바뀌었다. 처음부터 교육대상의 초점은 일본인이었다.

한반도에서 일본이 운영한 최초의 철도교육기관은 일본 육군 임시군용철도감부가 러일전쟁이 막바지에 이른 1905년 5월 인천의 옛 전환국 자리에 설치한 '철도이원(吏員)양성소'였다. 일본군 공병소좌 니시하라 시게타로(西原茂太郎)가 감독관, 육군 통역관 무라카미 유기치(村上唯吉)가 간사였던 철도이원양성소는 2개 과(운수과, 기차과) 각각 40명씩 80명을 모집했다. 그러나 9월의 제1기 졸업식에 한국인은 운수과 졸업생 38명 중 2명, 기차과 졸업생 31명 중 1명뿐이었다.[16] 수업기간이 4개월 미만인 단기교육기관이었다. 철도이원양성소는 2년간(1905.5~1907.4) 298명(운수견습생 112명, 기차견습생 68명, 공무견습생 76명, 경리수기생 25명, 전신수기생 17명)을 배출했다. 대부분 일본인이었고 입학 후 중도탈락자의 대부분은 한국인이었을 것이다.

철도이원양성소는 그 후 통감부 철도관리국 운수부전신수기생양성소(運輸部電信修技生養成所: 1907.4~1910.10)로 개칭되면서 무라카미 유기치를 소장으로 교체한 후 1907년 11월 용산으로 이전했다. 이 역시 단기교육과정으로서 입소자는 현직 국원 중 중학 2년 수업 정도(15세부터 25세 미만) 학력자를 모집했다. 5개월 수업기간 동안 일급(日給) 35전을 지급받고 졸업 후 고원으로 채용되었다. 양성된 종사원은 148명(電信修技生 124명, 運輸事務修技生 24명)이었다. 단기교육과정인 두 양성소는 일본인 교사가 일본어로 교육했다. 한국인들은 원천적으로 배제될 수밖에 없었다. 일제에게 급선무는 일본인 철도기술자 양성이었다.

통감부 하 일제의 철도교육은 일원적으로 운영되지도 않았다. 경부철도주식회사가 별도로 소속사원들에게 당장 시급한 운수현업 교습을 위해 1905년 7월 운수부장 마츠오카 히로시(松岡廣之)가 소장을 겸한 운수사무강습소를 설치, 운영한 것이다. 일본인 학생 20명을 모집하여 5개월 동안 보선, 운전, 조사 및 장표(張票), 전기통신, 기관차, 법규 등을 교습했다.

'국망' 직후 1910년 11월 21일 조선총독부는 운수부전신수기생양성소를 조선총독부철도국종사원교습소(1910.11~1915.3)로 개칭하고 3개 과(역무과, 운전과, 전신과)를 설치했다. 참사 미모도 다케시케(三本武重)를 소장, 통역관 후쿠다 간지로(福田幹次郎)를 학생감으로 둔 교습소는 관공사립 중학교 또는 동등학교 2학년 이상 수료자를 대상(교습기간 8개월)으로 4년 4개월간 258명 졸업생을 배출했다. 교습생 정원은 일본인 20명, 조선인 30명 이내였지만, 조선인 졸업생은 극소수였을 것이다. 현실적으로 일제강점 초기에 조선인들 가운데, 일본인들이 다니는 중학교에 해당되는 고등보통학교 진학자는 극소수였다.

일제는 러일전쟁 도발 이후 10년 동안(1905~1915년) 한반도에서 일본인 철도 인력 양성에 초점을 둔 가운데 교습기간이 4~5개월 또는 8개월 정도인 단기교육기관만 임기응변적으로 운영했다. 1915년 4월 이후에는 운행 노선이 늘어나는 데 반해 4년여 기간 동안 이러한 단기교육기관마저 없어졌다. 일본 육군 군벌이 한반도철도를 만철에 병합시키려는 의도가 주춤한 가운데 위탁경영으로 결정되고 이후 만철과 조선총독부가 갈등을 빚는 과정에서 철도교육의 주체 또한 불분명한 상태에 빠졌다.

일본인 학생 중심의 경성철도학교-철도종사원양성소 운영

만철은 한반도철도 위탁경영을 시작한 이듬해인 1919년에 조선총독부의 불만 진정, 철도종사자 양성의 현실적 필요성 때문에 경성관리국의 이익금 135만 엔 중 절반에 해당되는 65만 9백여 엔을 들여 경성관리국장(久保要藏)이 교장을 겸임한 경성철도학교(1919.4~1925.3)를 신설했다. 위탁경영 초기의 전시호황을 배경으로 만철이 조선총독부에 지불하는 납부금이 낮은 반면에 수익금이 많았던 일시적 상황을 배경으로 설립된 것이다. 사립 경성철도학교는 1년 반 동안 용산 전차역 종점에 벽돌 2층, 1천 평 규모의 기숙사, 800명 수용 강당 등을 갖춘 신축공사를 마치고 1920년 12월 18일

미즈노(水野鍊太郎) 정무총감 등 참석자 500여 명이 "남만주철도주식회사 만세 3창"까지 외치는 "대성황"리에 낙성식을 거행했다. 만철은 경성에서 "가장 화려한 근세식(近世式)" 건물이자 "제일가는 큰 학교"로 경성철도학교의 유명세를 과시했다.[17] 이는 위탁경영을 넘어 한반도철도를 병합하는 데 주력하던 1919~20년의 상황과 맞물린 만철의 '정치적' 퍼포먼스이기도 했다.

경성철도학교의 모집학과는 3년제 본과[역무과, 운전과, 토목과(1923년부터)] 외에 단기교육과정인 별과(別科)로서 1년 과정(徒弟科), 1년에 2회 모집하는 6개월 과정(電信科), 현직종사자에 대한 재교육과정(강습과), 그리고 하급(傭人)인력 보수교육과정인 야학부 등이 있었다.[18] 입학지원 자격은 중견종사원 양성 코스인 본과의 경우 고등소학교(6년) 졸업자, 졸업 후 공장 근무를 하는 기능인 양성 코스인 별과의 도제과 경우 심상소학교(4년) 졸업자였다.

입학자격 자체를 일본인 학생들이 다니는 소학교 학력을 기준으로 설정한 것에서 드러나듯이 경성철도학교 역시 기본적으로 일본인 철도인력 양성기관이었다. 졸업생 1,509명 중 조선인 161명(10.7%), 일본인 1,348명(89.3%)으로 민족 간에 현격한 차이가 있었다. 제1차 '조선교육령' 시행기간(1911.8~1922.8)에 조선인이 다니는 보통학교는 4년제뿐이었다. 조선인에게는 본과 지원 자격 자체가 없는 셈이었다. 당시 일본인 소학교에 재학하는 조선인은 극히 드물었다.

1919년 4월 1일 개교 당시 입학생(229명) 가운데 조선인 학생은 본과인 역무과(50명)의 경우 한 명도 없었고, 운전과(49명)에 1명이 있을 뿐이었다. 별과인 전신과(34명)에 8명, 도제과(96명)에 40명을 합해 총 49명이 있었다.[19] 1921년에도 지원자 864명 중 입학생(155명) 가운데 본과의 조선인 학생은 역무과(50명)에 전무(全無), 운전과(50명)에 1명뿐이었다. 그나마 별과인 도제과(55명)에만 22명이 몰려 총 23명에 불과했다.[20] 조선인 학생이 집중된 도제과는 보통학교 또는 심상소학교 졸업생에게 공장 실습 중심으로 직공을 양성하는[21] 1년 단기교육과정이었다. 그것조차 일본인 학생이 훨씬 많았다. 중견기술자 양성과정인 본과 학생 중 조선인은 한 학년에 한 명 정도, 심지어 한 명도 없을 때가 대부분이었다.[22] 실제로 1919~23년에 조선인 본과 입학생은 운전과의 경우 1919년 1명, 1920년 1명 등 총 6명에 불과했다. 현직 직원들을 상대로 중등 정도의 철도인력 양성을 위한 단기 재교육과정인 강습과조차 일본인이 대부분이었다.[23] 특히 장차 철도업무의 고급관리자로 나아갈 수 있는 역무과의 경우 조선인 학생은 전무했다.

『동아일보』는 경성철도학교의 조선인 배제정책을 두고 조선인 아동을 "부려먹는데만 쓰려는 잔혹한" 차별정책이라고 비판했다. 하급 직공으로 나가는 도제과에만 조선인 학생을 뽑을 뿐, 장차 역이나 기차의 중요한 직무를 맡게 되는 본과(역무과, 운전과, 토목과)의 경우 7~8백여 명이나 되는 조선인 지원자의 시험지는 보지도 않고 재산가의 자녀인듯한 아동 한 두 명만 뽑아 5년간 6명만 뽑았다고 울분을 토로했다. 이런 사정도 모른 채 시골에서 수백리길을 올라온 조선인 아동들은 눈물을 흘리면서 돌아간다는 것이다.[24] 몇몇 글자가 삭제되었지만 노골적인 비판 기사가 다음날에도 연이어 보도되었다.[25] 그 이면에는 당시 한반도철도 운영권을 두고 만철 위탁경영을 폐지하고 직영으로의 환원에 주력한 조선총독부의 의도적인 정략이 작용했을 것이다.

한반도철도 위탁경영의 주체인 만철은 일본인 중심의 중등교육으로 채울 수 없는 고급인력의 경우 일본에서 충당하는 방식을 취했다. 가령 경성철도국의 1924년 채용 계획(120여 명)을 보면 경성철도학교 졸업생(80여 명)과 중학교, 상업학교, 실업학교 졸업자(30여 명)를 채용했다. 그 밖에 대학 출신 1명, 기술방면에서 고등공업학교(高工) 졸업생 7~8명 등 10여 명의 고급인력은 만철 도쿄지사를 통해 채웠다.[26]

▲ 경성철도학교 신축교사 전경
출처: 『매일신보』 1920.12.18.

조선총독부는 직영 환원과 함께 인계받은 경성철도학교를 철도종사원양
성소(1925.4~1943.11)로 개칭했다. 그러나 이후에도 계속 철도학교로 불렸
다. 학과 구성은 본과(업무과, 운전과, 토목과), 공작과, 그때그때 필요에
따른 전신과와 강습과, 야학부 등 경성철도학교의 그것과 같았다(역무과
→ 업무과, 도제과 → 공작과로 개칭). 철도종사원양성소 역시 일본인 중심
교육기관이었고 실제로 경성의 일본인 중등학교 야구 리그전에 일본인 학
교로 참여했다.[27]

조선인 졸업생은 경성철도학교 시절보다 다소 늘어났다. 그러나 1933년
의 경우 여전히 조선인 본과 합격자는 운전과 20명 중 2명, 업무과 20명 중
5명에 불과했다.[28] 1936년까지 업무과 15.7%(344명 중 54명), 운전과 18.6%
(312명 중 58명) 정도였다. 조선인 지원자가 폭증하는 상황을 조선총독부가
무시할 수 없었던 점도 있었다. 중등학교 수 자체가 절대적으로 적은 식민
지에서 취업 보장 정도가 높은 철도종사원양성소의 경쟁률이 특히 높았기
때문이다. 입학 경쟁률은 1930년 9.6대 1(140명 정원에 1,340명 지원), 1931
년 11대 1, 1933년에는 업무과의 경우 무려 28대 1(20명 정원에 558명 지원)

이나 되었다.[29] 1920년대 들어서는 일본의 철도학교에 입학하는 조선인도 있었다. 가령 도쿄의 이와쿠라(岩倉)철도학교(1897년 개교)에서 1930년에 본과 토목과에 3명, 1934년에도 토목과 1명, 업무과 5명이 졸업했다.[30]

조선총독부는 인수 당시 철도종사원양성소의 정원(본과 450명, 공작과 200명)을 경성철도학교 때보다 많이 설정했지만 실제로는 훨씬 적게 뽑았다. 가령 1929년, 1931년, 1932년의 모집인원은 본과의 경우 업무과 30명, 20명, 30명, 운전과 40명씩이었다. 별과인 전신과도 40명씩에 불과했다. 공작과도 1930년 40명, 1931년 30명 정도였다. 1933년에는 업무과와 운전과 20명씩, 전신과도 30명으로 더 줄었다.[31] 모집학생의 감소 추이는 정규 중등교육과정(본과)의 폐지를 예고한 것이었다.

부족한 인원은 다른 학교 졸업생 중에서 선발하여 메웠다. 1933년 2월에는 중학교 및 전문학교 졸업생에 대한 채용시험이 철도종사원양성소에서 각각 실시되었다. 그 결과 대학 졸업자 6명, 전문학교 졸업자 44명, 중등학교 졸업자 93명, 여자 20명 등 총 163명을 채용했다. 여기에 철도종사원양성소 졸업생 92명을 더해 총 255명이 신규 채용되었다. 철도종사원양성소는 다른 학교를 졸업한 채용자를 대상으로 4월 한 달 동안 단기강습을 시행했다.[32] 일본에서 대도시의 철도학교가 각급 철도인력을 양성한 것과 달리, 조선총독부는 불황 타개책으로 철도종사원양성소의 철도전문 정규학교 기능을 없애고 일반학교 졸업생에 대한 단기교육기관으로 축소시켰다.

응급성 단기교육기관으로의 전환과 전문인력의 배출 격감

철도종사원양성소는 1934년 4월부터 본과 학생 모집을 중지하고 단기 강습교육에 주력했다. 철도전문 정규 중등교육과정은 폐지되었다. 모집 대상도 별과인 전신과 30명뿐이었다. 이 무렵 전신과는 현직 철도종사원 중심으로 선발하던 기존 방식과 달리, 중학교 2년이나 고보 2년을 수료한 일반인 중에서 선발하여 6개월 단기교육 후 채용되었다. 그러나 경쟁률은 더욱 높아져 1935년의 경우 50명 모집에 795명이나 지원했다. 본과 모집이 폐지되자 『동아일보』는 철도국원을 지원할 때 더 잘 뽑히려면 도쿄의 이와쿠라 철도학교를 다니라는 조언까지 했다.[33] 조선총독부의 철도교육정책을 비아냥댄 것인지, 말 그대로 조언인지 분간하기가 어렵다. 물론 당시의 경제 실정에서 일본 유학이 극히 제한된 계층에게만 가능한 일이었다는 점에서 현실적 조언이 될 수는 없었다.

1934년에 철도종사원양성소는 중등학교 졸업자 중 사무원 50명, 기술원 30명, 전문학교 이상 졸업자 중 사무원 18명을 선발하여 2개월간, 전문학교 이상 졸업자 중 17명 기술원을 선발하여 1개월간 강습교육을 실시했다. 1935년 5월에는 강습과에 6개월간 기관(機關)과 단기강습을 열었다. 56명 (조선인 9명)이 수료하여[34] 기관사 대열에 포함되었다.

그러나 철도종사원양성소 본과생이 마지막으로 졸업할 무렵인 1936년을 전후하여 수송량의 급증과 신규노선 건설 및 기존노선 개량 등으로 업무량이 폭증했다. 반면에 전장이 확대되면서 많은 종사원들이 만주와 북중국 지역으로 전출되어 한반도철도의 중견요원은 더욱 부족해졌다. 이 때문에 철도종사원양성소는 전례 없이 1938년에 무려 1,052명(사무원 611명, 기술자 440명)이나 새로 충원했다. 물론 현 종사원의 감소를 메우기 위해서이기도 했다.[35]

철도종사원양성소의 중등 실업교육기관인 본과를 축소 운영하거나 폐지한 공백은 매우 컸다. 실제로 철도종사원양성소 1935년도 본과 졸업생은 38명(업무과 19명, 운전과 19명)에 불과했다.[36] 1932년도 입학생 정원(각기 30명, 40명)에 반해 중도탈락자도 절반 정도나 되었다.

철도종사원양성소는 철도인력이 크게 부족해진 1938년 들어 17세 이하 고등소학교 졸업자를 강습과에 수용하여 1년간 속성교육 계획을 세웠다. 그리고 강습과의 공수과(工手科: 토목과의 개칭) 입학생으로 기존 직원 외에 중학교나 고보 2년을 수료한 일반인 50명을 모집했다. 그러나 일제가 이제까지 간과했던, 한반도철도 기술자 양성의 부족이 누적된 후과는 심각했다. 133명을 채용하기로 결정했지만 기술자 부족으로 일본 철도성에 330명을 별도로 추가 요청을 해야 하는 상황이 벌어졌다. 구인을 위해 일본으로 출장까지 갔으나 성과를 거두지 못했다. 업무는 폭증하는데 전문기술인력이 태부족인 진퇴양난에 처한 것이다. 1939년 채용자 응모를 이미 1938년 8월에 시작하여 사무원 600명은 채웠지만, 조선에서 응모자가 46명에 불과했던 기술원 600명은 채울 수 없었다. 일본에서도 기술자가 부족했기 때문이다.[37)

극심한 기술자 부족 현상에 처하여 철도종사원양성소는 25세 미만 중학교 졸업자를 대상으로 한 중견기술원 후보를 1개년 단기교육으로 양성하기 위해 1939년에 기계과(50명), 전기과(30명 전원 일본인)를, 1940년에는 기계부(100명), 토목과(50명)와 전기과(50명)를 운영하기도 했다.[38) 토목과는 1회, 기계과와 전기과는 2회 졸업생을 배출하는 응급조치였다. 그러나 철도 교육의 내용과 기술의 질은 현격하게 떨어질 수밖에 없었다. 기술자 부족에 허덕이는 상황에서도 일제는 조선인들의 고급기술 습득을 배제하기 위해 일부 학과 모집대상을 여전히 일본인으로 제한했다. 1940년에는 조수 중에서 제9회 기관사과 학생을 선발하여 3개월 교육 후 배출했다.[39)

조선총독부는 중견요원의 공백이 계속 커지자 철도종사원양성소를 중앙철도종사원양성소로 개칭(1941.4)하고 본과(업무과, 운전과, 토목과) 모집을 부활시켰다. 동시에 기계과와 전기과를 증설하면서 전수부를 신설했다. 단기교육으로 토목, 전기, 전기보안과를 두어 이를 이수한 인력을 조기 졸업시키고 야간부까지 부설하면서 1944년 본과 졸업생이 배출될 때까지 급증하는 철도 인력수요에 응급적으로 대응했다. 이 무렵 일제는 태평양전쟁으로 전장이 확산되고 전황이 악화되는 상황에서 전시 수송능력 증진을 위해 종사원 정병(精兵)주의를 꾀했지만 철도교육기관은 이러한 요구를 충족시킬 수 없었다. 전쟁 말기에 중앙철도종사원양성소는 철도를 포함한 모든 교통기관의 인력 양성을 아우른 중앙교통종사원양성소(1943.12)로 다시 개칭되어 본과(업무, 운전, 토목, 기계, 전기)와 전수부(토목, 전기, 전기보안, 전신, 건축)가 설치되었다.

결국 철도 인력 수요가 급증하는 중일전쟁 이후 철도교육기관은 철도전문 정규 중등학교 교육으로 양성된 인력을 배출하지 못했다. 철도종사원양성소는 본과생 모집을 중지한 1934년부터 중학교 또는 고보, 5년제 실업학교 2년 수료생 30~40명을 매년 전신과로 모집하거나, 1935년의 경우 강습과(기관과)로 모집하여 6~7개월 정도의 단기교육을 통해 기관사를 배출하는 등 그때그때 필요에 따른 철도 관련 단기교육기관으로 전락했다.

해방 후 25번째로 무사고 100만km를 주파(1979.6.12)한 서철수(徐哲洙)는 전남 장성군에서 월평국민학교를 뒤늦게 졸업한 1943년 16살 때 고내수(庫內手: 화통청소부) 시험에 합격했다.[40] 이 경우 양성소에서 단기교육을 받아 기관사의 길로 들어서는데 고내수→기관조수→기관사에 이르는 과정은 제법 길었다. 1934년 18살 때 용산기관구 고내수가 된 김창선(金昌宣)은 1941년에 기관사가 되었다.[41] 전시체제기의 인력 부족으로 매우 빨리 기관수가 된 셈이었다.

1978년 '철도창설 79주년 기념식'에서 43년 4개월간의 최장기근속자로 표창을 받은 함흥래(咸興來)는 한강공립보통학교 졸업 후 1935년 5월, 17살 때 용산기관구 고내수가 되었다. 그 역시 철도종사원양성소에서 단기강습교육을 받았다.[42] 패전 직전에는 바로 기관조수를 뽑기도 했다. 최초로 무사고 100만km를 주파(1974.1.23)한 이동진(李東鎭)은 이리에서 국민학교를 졸업하고 16살 때인 1944년 10월에 기관조수로 철도에 첫발을 디뎠다.[43] 1920년대와 비교하면 학력이 떨어지고 급하게 인력을 조달한 상황이 역력하다. 이에 반해 철도청 최고직책인 기감(技監)으로서 1972년 철도기술연구소장에서 퇴임한 이병익(李柄益)은 대구고보 3학년을 중퇴한 17살 때인 1926년

11월, 대구기관구 고내수(일급 90전)가 되었다. 이후 '석탄 퍼넣는 시험'을 치러 기관조수가 되었고, 27살 때인 1936년에야 기관사가 되었다.[44] 그도 철도종사원양성소 별과에서 단기 교육이나 강습을 받았을 것이다.

이처럼 전시체제 말기에 전장이 확대되면서 일본인들의 입영, 전직 등에 대응하기 위해 조선인 고용이 일시 늘어났다. 그러나 그 기간은 매우 짧았다. 조선인들은 고급 기술이나 관리역량을 접할 기회가 여전히 차단된 상태에서 해방을 맞게 되었다.

3) 민족별 기술·관리 역량 격차가 불러온 해방 후 철도운영의 혼란

조선인을 철도 운영에 필수적인 중견 기술자나 관리인으로 양성하지 않겠다는 일제의 분명한 의도는 교육 및 노동 현장에서 뚜렷하게 설정된 차별정책으로 나타났다. 일제강점 기간이 길어질수록 조선인과 일본인 간에 기술 및 관리 역량의 격차는 점점 더 벌어졌다. 결국 해방 후 철도 운영에서 큰 혼란이 벌어질 수밖에 없었다.

철도 운행이나 열차 정비 등 고급기술이나 운영능력은 하루아침에 배울 수 없다. 게다가 철수하기에 바빴던 일본인에게 전문적 업무를 제대로 인계받을 시간도 여유도 없었다. 일본인들이 철도운영에 필요한 핵심 기술과 관리영역을 장악하고 있었기 때문에 패전 후 일본으로 떠나는 그들에게 큰소리조차 칠 수 없을 정도였다. 당연히 열차사고가 빈발했다.

철도노동자들의 회고를 보면 이러한 당시 상황이 생생하게 드러난다. 1940년부터 철도기관사로 근무했던 이순복은 다음과 같이 회고했다.

> 해방된 이후 한동안은 일본인들이 남아서 철도를 인수인계했어요. 다른 직장은 모르겠지만 철도는 일본 간부진이 하던 일을 제대로 인계받아야만 순조롭게

운행할 수 있었어요. 그러니 일본 사람들한테 어떤 학대를 가하는 일은 별로 없었지요. … 열차 운행하고 정비하는 일이란 하루아침에 배울 수 있는 게 아니었으니까요. 일본 사람들하고 몇 주 동안 같이 일하면서 배우려고 노력을 많이 했어요. 다른 분야의 일은 잘 모르겠지만, 철도 분야만큼은 일본 사람들이 핵심을 장악하고 있었기 때문에 큰소리칠 만한 상황이 아니었죠. 우리가 인수를 하기 위해서는 공부를 많이 해야 했으니까요. … 해방 직후에는 철도 운행이 서툴렀다고 해도 솔직히 맞는 말입니다. 경부선이 서울 대전 간 자동폐쇄 신호로 되어 있었는데, 특히 자동신호체계 같은 경우는 기계가 고장 나도 고칠 수 있는 사람이 드물었기 때문에 금방 수리할 수가 없었어요. 그런 문제로 가끔 열차 사고가 일어났는데, 신호가 제대로 작동하지 않으니까 가서 꽁무니를 들이받는다든지 해서 추돌 사고가 발생했어요. 미군 군용 열차가 추돌사고를 당해 5,60명이 그 자리에서 희생된 적도 있습니다.45)

철도기관사로서 조선노동조합전국평의회에서 활동했던 유병화는 해방 직후 철도 업무의 기술적 부분이나 운영, 관리 능력이 서툴러 대형사고가 발생할 수밖에 없었다고 회고했다. 앞 열차를 뒤에서 들이받을 정도로 브레이크 당기는 것조차 제대로 조작하지 못한 경우도 있었다. 이러한 열차 고장을 사전에 알려주는 시스템도 붕괴된 상태였다.

일본인들이 물러간 뒤에도 철도 업무는 정상적으로 이루어졌어요. 그러나 기술적인 부분이나 운영, 관리 면에서 아무래도 서툴렀어요. 그것이 결국 대구 열차 사고로 이어졌지요. 수백 명이 죽는 열차 추돌사고였어요. 비번이었던 나는 연락을 받고 급히 사고현장으로 뛰어 갔어요. 1945년 9월 태평양 전쟁이 끝나고 오키나와 등지에서 나온 귀환동포들을 싣고 올라가는 기차를 뒤따라오던 기차가 들이받아서 객차 서너량을 전복시켰던 겁니다. … 지금도 당시의 사고는 열차 조작이 미숙해서 일어났던 거라고 생각해요. 아무리 생각해도 그것밖에는 이유가 없어요. 열차 고장 같으면 부산에서 출발하기 전에 알았어야 정상이란 말이죠. 어느 정도 브레이크를 당겨야 된다는 걸 기관사가 제대로 조작하지 못한 겁니다.46)

일본인 기술자가 빠져나간 해방 직후의 상황은 혼란 그 자체였다. 철도 운영 뿐 아니라 전시체제기를 지나는 동안 낙후되었던 열차를 보수하는 작업도 난감한 상황이었다. 일제강점기 내내 특히 중요 도면인 경우 일본인들만 보던 상황에서 조선인들은 도면을 볼 줄도, 어디에 부품을 붙여야 하는지도 모르는 상태였다. 당시 조선차량주식회사에서 근무했던 김명식은 중요 기술에서 조선인들이 완전히 배제된 채 해방을 맞은 어려움을 다음과 같이 회고했다.

> '조선차량주식회사'라고 일본 회사에서 일할 때 해방이 됐어요. 한국 사람들로 이루어진 수습대책위원회가 구성이 되어서 일본 사람들에게 회사를 인수받고 운영하게 되었죠. … 실제로 공장을 가동하는데 재료 구하는 일은 그렇게 어렵지 않았어요. 본사가 나고야에 있었는데 폭격을 맞을까봐 재료를 전부 우리나라에 쌓아두었기 때문에 굉장히 많았죠. 문제는 기술자였어요. 왜냐하면 일본 놈들이 전부 도맡아 하던 일을 별안간 직접 하려고 하니까, 우선은 도면을 볼 줄 몰랐어요. 그러니 부품을 어디에 붙여야 하는지 알 턱이 없죠. 다들 일본 놈들 밑에서 말단으로만 일했잖아요. 그리고 사실 그놈들도 중요한 도면은 아예 자기들끼리만 보았던 겁니다.[47]

이러한 상황은 미군정 3년을 지내는 동안 질적으로 바뀌지 않았다. 중국 방면 미군사령관을 지낸 웨드마이어(Albert. C. Wedemeyer)는 1947년 '한반도의 정치·군사상황 보고서(Report to the President: Korea)'에서 한반도의 철도가 "남동해안의 부산에서 만주 경계선의 안동(안둥: 필자)까지 복선의 중앙선을 포함한 훌륭한 표준 규격의 철도체계를 가지고 있"지만 "철도와 기관차를 제외한 철도 차량과 철도수송은 전쟁 기간의 물자 부족으로 인한 수년 동안의 관리 부실의 결과로 복구가 필요한 상태"라고 보고했다. 1947년에 작성된 '한국에 관한 성간(省間) 특별위원회 보고서: 정보보고서 제75호에 대한 비망록(Special Interdepartment Comittee on Korea)'도 "한국은 산악지대가 많아 철도 수송은 필수적인 요소"인데 "일본인 기술자와 운전수들이 떠나 군정청으로서는 그 자리를 채울 수가 없"고 철도 수송의 완전한 마비를 막기 위해서는 "새로운 객차와 도로의 보수가 필요하다"고 강조했다.[48]

해방 후 철도운영이 난맥상을 보인 데에는 미군정의 정책도 한 이유를 차지한다. 북위 38도선 이남 지역을 점령했던 태평양미군사령부 제24군단사령부는 조선에 대해 제한된 정보만 갖고 진주했다. 해밀턴(Word L. Hamilton) 교통국장(1945.9.1~12.1)은 철도와 통신이 교통통신국으로 통합되어 있는 것으로 알고 있다가 9월 8일에야 비로소 교통과 통신이 분리되어 있다는 사실을 알았다. 해밀턴 중령은 큰 문제없이 철도를 운영할 수 있다고 보고 "일본인, 한국인 할 것 없이 교통국 직원 전원이 별도 명령이 내려질 때까지 종전대로 근무하라"고 명령했다. 이는 식민지배에 대한 한국인의 정서를 이해하지 못한 기능적 판단이었다. 해방의 분위기 속에서 한국인 철도 종사자들은 일본인 밑에서 근무하기를 거부했다. 일본인들은 그들대로 곧 떠나야 할 한국의 철도 운영에 관심을 보일 이유가 없었다. 그러나 이 문제를 해소할 수 있는 미군정의 정책은 없었다. 9월 28일에는 역구(驛區)의 소속장에 대한 폭행사건까지 발생했다. 많은 작업장이 '책임자 없는 상태'에 빠졌다. 미군이 낙관적 자세로 군정에 착수한 것과 달리 철도작업장 분위기는 험악해졌다. 결국 10월 7일에는 남한의 철도 수송이 완전히 정지되기에 이르렀다.[49]

해밀턴이 미군정청 교통국장에 취임했을 때 교통국의 79,000여 종사원 중 23,000여명이 고위관리직, 고급기술직에 집중된 일본인이었다. 반면에 중견요원이라 할 수 있는 판임관 이상이 3%대에 불과했던 한국인은 주로 하위기술자와 단순노무직인 현업원에 집중되어 있었다. 해방이 되자 한국인만으로는 관리 및 기술 부문에 공백이 생길 수밖에 없었다. 철도의 정상적 운영은 불가능했다. 이러한 상황에서 미군정은 한국인들이 일본인 관리자의 명령을 듣지 않는다고 일본인들을 전원 해고(1945.10.27)했고 일본인들은 10~11월 두 달에 걸쳐 일본으로 귀환했다.[50] 아무 대안 없이 일본인들을 해고하고 귀환시킨 결과 철도 운영의 어려움은 더욱 배가되었다.

미군정은 숙련된 철도기술자의 필요성을 절감하고 필리핀 주둔 미군 2개 철도대대를 배속 받았다. 1945년 11월 4일 서울과 부산에 나뉘어 배치된 2개 철도대대는 장교 35인과 하사관병 1,213인으로 구성되어 운전사령, 조차장장, 기계공, 선로검사요원과 같은 관리 및 기술직에 종사하며 한국인 직원을 지시·관리했다. 그러나 정작 한국인 직원들에게 절실한 훈련 성과는 크지 않았다. 언어장벽과 사고방식의 차이 외에도 대부분의 미군이 감독자 자질이 떨어진 데다 12월 말까지 배속 장병 46명 중 26명이 귀국, 재배치되어 오히려 철도 운영에 차질을 불러왔기 때문이다.[51]

미군정은 2개 철도대대를 파견하기 전에 1945년 10월부터 6개월간 부족한 철도전문기술자를 육성하기 위해 통신 110명, 전기 37명, 기계 45명, 운전 110명을 교육했다. 임기응변적 교육이었던 데다가 특히 운전계통 요원 부족이 심해 수업기한을 3개월로 단축하여 1945년 12월부터 수료생 110명을 현장에 긴급 배치할 정도였다. 이러한 임시 처방은 결국 잦은 연착과 열차사고를 불러왔다. 1946년 11월 13일 114명 희생자(사망 42명, 부상 72명)가 발생한 영등포역 열차충돌사고를 두고 영등포 역장은 "기관수가 되려면 적어도 20년 동안은 기관차와 싸워야 할 것인데 지금은 20 내외의 혈기 방장한 청년들을 단기간에 양성하여 중대한 임무를 맡기게 되는 것이 이런 사고의 원인"이라고 지적했다. 한 승객 역시 당시 철도운영의 실상을 다음과 같이 적나라하게 이야기했다. "요전에는 영등포역에서 역 책임자와 열차운전수가 한 시간 이상 싸움을 하는 동안 기차는 그냥 서 있었습니다. (중략) 한 시간씩 기다리는 것은 보통이오 연발은 두 시간 세 시간이 보통이니 어떻게 믿고 통학 통근할 수 있습니까?"[52]

아비규환의 처참한 사고에 대해[53] 『동아일보』는 이 영등포 역장(鄭奎源)과 승객의 솔직한 지적을 그대로 사설에 인용하면서 역구내에서도 열차가 시속 60마일로 질주하고 연소성 화차를 열차의 후방에 연결해야 하는 기초적인 운행규정조차 간과하는 상황에서 열차운전 감축과 자재난에 따른 차량 부족, 살인적 초만원으로 사고 위험이 높다고 지적했다.[54] 당시의 철도 운영 상황을 잘 보여준다.

4) 한국 정부의 철도인력 양성, 교통고−철도고와 철도대학 설립[55]

한반도에 절대적 빈곤을 유제로 남겨준 식민지자본주의의 자취는 처참했다. 한국인이 재가동하거나 운영할 수 있는 경제기반은 매우 제한적이었다. 고급기술 인력이 거의 없던 철도의 경우에 특히 심했다. 해방 후 철도 운영이 혼란에 빠진 원인은 일제의 민족간 차별정책으로 한국인의 기술력이 원천적으로 낮은데다가 철도 인력 자체가 절대적으로 부족했기 때문이었다.

미군정은 남한에 진주한 직후 휴교 상태에 있던 중앙교통종사원양성소의 수업을 재개(1945.10.1)했다. 이듬해 이를 운수학교(6년제)로 개칭(1946.5.15)하고 7월에 본과 1회 입학시험을 실시한 뒤 9월 2일 입학식을 가졌다. 5개과(업무과, 운전과, 토목과, 전기과, 건축과)에 과별 50명 이상씩 모집해 300명 이상 학생을 선발했다. 시험과목은 두 과목(국어, 산술)이었다. 취직시장이 좁아 지원율(7 : 1)은 매우 높았다. 취업시장이 제한된 당시 철도공무원은 매력적인 직업이었다. 관비생인 운수학교 학생 전원에게는 학비는 물론 교과서, 교모, 교복, 겨울외투, 구두와 배낭 등과 매월 수당 700원이 지급되었다. 고급노트가 15원이던 시절, 학생들은 수당의 일부를 집으로 송금하기도 했다. 1900년 이후 한국인 철도자본에 의한 철도학교들이 운영되기 시작한 후 1906년 서오순의 '철도공업학교' 설립 신청이 통감부에 의해 봉쇄된 지 40년 만에 한국인이 철도 교육을 차별 없이 받으면서 기간인력으로 본격 양성되기 시작한 것이다.

만철이 설립한 철도학교의 명칭은 불과 5년 동안 유지되었고 1925년에 철도종사원양성소로 개칭되었다. 그러나 개칭된 당시는 물론 해방 후까지도 철도교육기관은 철도학교로 불렸다. 해방 직후 차상근은 원효로의 경성철도공장에 견습으로 일하던 어느 날, 입학금도 월사금도 없이 책도 거저 주고 공부도 거저 시켜준다는 '철도학교'(운수학교였을 것이다)의 학생 모집 소식을 듣고 무작정 입학원서를 냈다. 중학교에 못간 가난한 집 아이들이 전국에서 몰려 와 경쟁률이 25대 1이나 되었다. 그런데 우리 말, 우리 한글을 아는 학생이 거의 없었다.[56] 식민지배에서 막 벗어난 해방 직후의 현실은 그랬다.

1948년 정부수립 후 운수부가 교통부로 개칭됨에 따라 운수학교도 교통학교로 개칭되었다(1949.6.1). 이후 한국전쟁 기간에 이뤄진 학제개편으로 다시 3년제 교통고등학교로 개칭(1951.9.1)되어 중학교 4학년생을 모집했다. 이후 1964년 2월까지 13년간 운영된 교통고는 본과(업무과, 운전과, 토목과, 기계과, 전기과, 건축과, 통신과)와 별도의 고등운전과, 특과 내 통신과, 항로표지과까지 총 3,931명 졸업생을 배출했다. 연평균 302명씩 졸업생을 배출하여 철도인력 배출에 크게 기여했다. 단순노무직에 집중된 일제시기와 달리, 철도인력층이 고급기술을 포함해서 다양하고 두터워졌다. 국가주권의 존재 여부가 이렇게 큰 차이를 낳는 것이다.

그런데 1962년 1월 1일, 교통고 운영권이 교통부에서 서울특별시교육위원회로 이관되었다. 교통고 개편 작업은 1960년부터 이뤄져 9월 8일 신입생 모집을 중단(1961년부터)한다는 소식을 들은 교통고 학생 982명이 반대 시위를 벌였다. 그 후 1962학년도 입학지원자가 정원 미달(240명 모집에 117명 지원)이었지만 신입생 모집은 1961~62년에도 이뤄졌다.[57] 결국 교통고는 1963년 5월 18일 용산공업고등학교로 개칭되었다(용산공고의 개교기념일로 지정[58]).

경제개발계획을 추진하기 시작한 1960년대 초의 상황에서 결정적으로 중요한 철도 전문 중등교육기관에 의한 인력 양성이 이후 4년간 공백 상태에 빠진 것이다. 철도인력 양성을 일제 말기처럼 단기 교육이나 강습에 의존하는 운영체제가 재현된 것이다. 지속적인 철도 전문인력 양성의 중요성을 간과한 군사정부의 큰 오류였다. 철도인력의 수급과 안전운행에 문제가 따를 수밖에 없었다. 사고가 빈발했다. 결국 철도청은 연이은 철도사고에 대비하고 철도인력 자질 향상을 위해 철도학교를 부활하기로 결정했다.[59]

1967년 3월 새로운 철도전문 교육기관으로서 국립철도고등학교가 출범했다. 철도고 학생 역시 입학금과 등록금은 모두 국비 부담이었고 졸업 후 6년간 의무복무 규정이 있었다. 철도청장 명의의 입학생 모집 광고(1967. 1.27)에 따르면, 3월부터 개학하는 철도고는 용산공고에서 함께 공부하며 모집학과는 본과 150명(역무과 50명, 기관사과 50명, 공작과 30명, 보선과 20명), 1년제 전수부 200명(역무과 100명, 기관사과 100명)이었다. 1년 과정의 단기교육을 통해 부족한 철도인력을 긴급 양성하기 위한 전수부 입학자격은 병역의무를 마친 26세 미만의 고교 졸업자(기관사과는 공고 기계학과 또는 전기학과 졸업자에 한함)였다.[60]

철도고는 개교 이듬해인 1968년 7월 19일 철도청 운동장에서 신축교사 낙성식을 가졌다.[61] 공간적으로 용산공고 더부살이 신세에서 벗어난 것이다. 본과생은 입학료, 수업료 면제특전을 받는 국비생으로서 졸업 후 6년간 의무복무 규정이 있었다.[62] 전수부 학생도 국비생이어서 수료 후 3년간 의무복무 규정이 따랐다. 1년제 단기과정으로 우수한 철도인력을 양성할 수 없어 전수부는 1974년에 폐지될 때까지 8개년 간 2,670명의 철도인력을 양성했다.

철도고 전수부는 철도고 부설 2년제 전문부 과정으로 개편(1975.3)되었다. 신설된 전문부 모집정원은 110명(업무과 20명, 운전과 30명, 기계과 20명, 토목과 20명, 전기과 20명)이었다.[63] 현직 철도공무원에게 철도에 관한 전문교육 및 교양교육을 실시하여 '중견관리자' 양성을 목적으로 신설된 전문부는 입학자격 조건에서 전수부와 큰 차이가 있었다. 해당 직무 분야에서 2년 이상 재직 경력자, 30세 미만 군필(또는 면제)자로서 고등학교를 졸업한 현직 철도공무원을 입학대상으로 설정했기 때문이다.

그런데 현직 철도공무원만 대상으로 한 전문부 학생 모집이 쉽지 않았다. 철도청은 전문부를 신설하면서 재직자/신규임용 고졸학력자 통계로 보아 매년 100명 정도의 전문부 정원을 채울 수 있을 것으로 판단했지만 당시 실정과 맞지 않았다. 전문부 입학생은 소속기관장 추천을 받아 재직자가 2년간 파견근무 형태로 학교에 다녔다. 그러나 다른 직원들이 그 직무를 분담했기 때문에 직종에 따라서는 직무 운영에 지장을 초래한 경우가 많았다. 결국 모집대상을 현직자로 제한한 규정은 1회로 중단되었다. 2회 모집부터 일반인으로 전환했다. 일반모집으로 바뀐 후 학생들은 전문부가 입학자격, 교육수준, 교육과정과 시간 배당 및 수업 일수 등에서 정규 전문학교와 다를 바 없고 국가기관이 운영하는 교육기관이므로 정규학력으로 인정해야 한다고 주장했다. 결국 전문부는 제2회 수료식을 끝으로 폐지(1977. 10.20)되었다.

1977년 3월부터 철도고 전문부는 2년제 철도전문학교로 승격되었다.[64] 이에 따라 철도고는 철도전문학교 부속고등학교로 개편되었다. 국비생과 사비생으로 구분된 철도전문학교 4개 학과(운전과, 철도차량정비과, 철도토목과, 전기신호과)의 국비생 졸업생은 6년간 의무복무 규정이 따랐다.[65] 2년 후 철도전문학교는 일반직 인력양성기관인 철도전문대학으로 승격(1979.1.1)되었다. 그 후 철도청의 '철도학교운영개선'(1982.12.31) 조치로 전문대학 정원이 축소되고 일반직 인력양성에서 기능직 인력양성으로 교육초점이 다시 전환되었다. 1985년 8월에는 의왕시 월암동에 캠퍼스(현 국립한국교통대학교 의왕캠퍼스 자리)를 조성했다.

그런데 철도고는 1986년 1월 17회 졸업생을 끝으로 폐교되었다. 1976~82년간 졸업생의 높은 이직률(39%: 1,128명)이 명분이었지만 철도청의 적자를 줄이기 위한 방안이었다. 실제로 짧은 기간에 한국의 경제와 교육 환경은 급격하게 바뀌었다. 고교 졸업 학력은 1960년대만 해도 충분히 중견기술 인력이 될 수 있었지만, 1980년대 들어 그 역할을 기대하기 어려워졌다. 그러나 일본 등 대부분의 선진국에서는 이러한 상황에서도 철도전문기술자 양성기관인 철도고와 국·사립대를 함께 운영하고 있다. 특히 경부고속철도 착공(1992.6)을 앞두고 수도권전철 공사가 진행되는 상황에서 국가의 백년대계를 위해 철도고를 부활시켜야 한다는[66] 의견도 제기되었다.

철도전문대학은 폐교된 철도고와 달리, 고급인력 양성기관으로 계속 발전했고 학제 개편까지 요구되었다. 그 결과 1999년 3월 1일 한국철도대학으로 교명을 변경한 후 2002년에는 철도차량전기과를 신설하면서 기존 학과(철도운전전기과, 철도차량기계과, 철도시설토목과, 철도전기제어과)와 함께 3년제로 개편되었다. 2005년에는 한국철도공사가 출범하면서 학교 운영권이 이관(철도청 → 건설교통부)됨과 동시에 국비생 제도가 폐지되었다. 학제개편으로 인력 양성 수준이 제고된 가운데 종합대학(4년제) 승격을 위한 개편작업으로서 2007년부터 다른 대학과의 합병이 시도되었다. 2012년 3월, 국립충주대학교와 통합한 한국철도대학은 교통, 물류, 철도 분야의 특성화 대학으로서 국립한국교통대학교 의왕캠퍼스로 새로 출범했다.

한반도철도의 남북 단절, 한국전쟁기의 파괴와 복구

1) 해방 당시 질곡에 빠진 철도 운행

일제강점기를 지나는 동안 한반도철도의 구조물과 신호체계, 기술 및 장비 수준은 일본에 종속된 가운데 매우 뒤떨어진 상태였다. 핵심기술인 기관차는 전량 일본에서 들여왔다. 경성, 부산, 원산, 청진, 평양 등의 철도공장에서는 기자재 수리나 일부 객차와 화차를 생산하는 정도에 불과했다. 만포선, 혜산선, 평원선, 중앙선, 경원철도 등 경사가 심한 노선조차 경원철도의 짧은 구간(복계~검불랑 15.7㎞) 외에는 전철 노선도 없었다. 사설철도를 조선총독부가 매수하여 개량(협궤→표준궤)한 경우도 많았지만 황해선, 백무선, 경동선 등 협궤철로가 여전히 철도망의 11.6%(753.3㎞)나 차지했다. 특히 황해도에서는 경의철도의 도내 통과 구간과 겸이포선(송림선) 외에는 대부분 협궤철로로 도내 철도 총길이의 65%나 차지했다. 협궤 궤간은 화물 수송의 연속성을 떨어뜨렸다.

일제의 패전 직전에 경부철도와 경의철도의 복선화가 이뤄지고 경원철도, 함경철도도 복선화가 추진되기도 했다. 그러나 전쟁이 장기화되고 패색이 짙어지면서 통상적 선로 유지 및 구조물 보수조차 중단된 상태였다. 공출이 극심해지면서 군사적 가치가 없는 일부 지선은 철거되기까지 했다.[1] 경북선의 경우 1943~44년에 점촌~안동 구간(58.3㎞) 철로를 철거하여 노선이 김천~점촌 구간으로 축소되었다. 광주선도 일부 구간(광주~담양)이 공출로 폐선(1944.10)되었다.

〈표 6〉 일제강점기 연도별 철도노선 길이와 역(驛) 추이

연도	철도노선 길이(㎞)			정거장 수		
	국철	사철	계	국철	사철	계
1910	1,085.7		1,085.7	110		110
1913	1,561.4		1,561.4	158		158
1915	1,619.8	39.1	1,658.0	162	17	179
1917	1,757.4	118.9	1,876.3	177	24	201
1920	1,862.7	299.0	2,161.7	189	64	253
1923	1,913.5	536.7	2,540.2	206	124	330
1925	2,106.8	749.4	2,856.2	240	178	418
1927	2,344.0	828.3	3,172.3	288	138	426
1929	2,751.5	820.9	3,572.4	367	171	538
1930	2,792.5	1,208.5	4,001.0	377	175	552
1931	3,008.5	1,142.2	4,150.7	420	247	667
1933	2,935.4	1,172.7	4,108.1	413	257	670
1935	3,389.5	1,091.9	4,481.4	493	305	798
1936	3,575.9	1,134.4	4,710.3	519	257	776
1937	3,737.3	1,211.8	4,949.1	542	284	826
1939	4,089.5	1,510.2	5,599.7	599		
1940	4,293.3	1,565.9	5,859.2	629		
1942	4,536.8	1,631.7	6,168.5	665		
1943	4,567.5	1,276.0	5,843.5	677		

출처: 朝鮮總督府, 『朝鮮總督府統計年報』, 각년판; 南朝鮮過渡政府編纂, 『朝鮮統計年鑑』, 1948, 168쪽.

〈표 6〉을 보면 한반도철도망은 전시체제기인 1942~43년에 감소(6,168.5㎞ →5,843.5㎞)했다. 사철의 노선 감소(1,631.7㎞→1,276.0㎞) 영향이 컸다. 이후 사철은 노선 가동이 중지되거나 철도를 뜯어낸 경우가 많았고 일부 노선은 '국철'로 전환되기도 했다. 해방 당시 한반도철도망은 6천여㎞ 정도였다. 1943년에 '국철'(조선총독부 철도국 소유: 만철의 위탁경영 노선 포함)이 78.2%(4,567.5㎞), 사철이 21.8%(1,276.0㎞)를 차지했다. 사철이 적지 않은 비중을 점한 것이다.

조선총독부의 '조선공업화' 선전에도 불구하고 패전 당시 한반도 공업생산액은 일본의 4%에 불과했다. 이에 반해 한반도철도망은 일본의 30%였다.[2] 1945년 말, 남한에서 운행 가능한 철도망 길이는 2,114.2㎞, 증기기관차는 488대였다.[3] 철도망은 2/3 정도가 북한에 집중되어 있었다. 증기기관차는 1944년(1,236대)에 비해 61%가 북한에 남아 있었다. 이는 식민지성을 안고 있는 한반도철도가 일제의 대륙침략정책에 조응해서 한반도를 식량 및 지하자원 등 전략자원을 '개발-수탈'하여 일본-만주로 빠르게 수송하는 목적에 맞게 부설된 결과였다.

한국철도는 해방 직후 마비 상태에 빠졌다. 일본인 기술자가 빠져나가면서 고급인력이 부족해진데다가 전시체제를 거치면서 노후화된 기관차가 상당수였기 때문이다. 연료나 기자재 보급까지 제대로 이뤄지지 못했다. 철도의 운영시스템 자체가 거의 붕괴된 상태였다. 게다가 남북철도 단절로 수송수요도 격감했다. 미군이 주둔한 이후인 1945년 9월 29일 서울~인천 구간에는 단 1개 열차가 운행되고 있을 뿐이었다. 각 기관차의 성능은 오랫동안 수리 보수를 못해 80%가 쓸 수 없는 상황이었다. 나머지도 언제 멈출지 모르는 상태였다. 결국 10월 7일 모든 철도가 운휴 상태에 빠져 증기기관차의 불이 꺼졌다. 대부분의 종사원은 일손을 놓고 있었고 철도망 복구는 물리적으로 이뤄지지 못했다.[4] 이미 5개월 전에 연료 및 부속품 고갈로 경부선 36개 열차 등 127개 열차에 대한 운휴조치(1946.5.1)가[5] 취해진 상황이었다.

당시 열차의 연착은 일상적인 일이었다. 분기되는 선로의 접속이 이뤄지지 않아 열차를 바꿔 타야 하는 여객들은 곤욕을 치루는 것을 당연하게 받아들일 정도였다. 1946년 1월 1일 현재 운행되고 있던 111대 기관차의 노후화는 심각한 수준이었다. 운행 중이던 기관차의 보일러가 터지고 증기는 새고 화실(火室)도 불완전한 상태였다. 곳곳에서 문제가 속출했다. 기자재 보급이 원활하지 않아 한 부품이 보급되면 다른 필수 부품이 없었다. 일상적 선로 유지나 구조물 보수 등이 중단된 전시체제 말기의 상황이 해방 후 더욱 악화된 것이다. 철로의 침목 수명(보통 7년)에 따르면 대략 연간 100만 정(丁) 소요량이 추산되는데 도저히 이를 충족시킬 수 없었다. 게다가 분단으로 탄광이 많은 북한의 석탄을 이용할 수 없어 기관차용 석탄연료를 일본에서 수입해야 했는데 대부분 조잡한 저질탄이었다.[6]

해방 당시 남한에서 필요한 기관차 연료석탄의 양은 단축운행을 감안해도 최소한 매월 약 6만 톤 정도였다. 그러나 일제강점기에 '개발'된 삼척탄광의 생산은 여의치 않았다. 당시의 부족한 석탄 조달 상황을 미군정청 광구부의 무어 대위는 다음과 같이 말했다.

> "미군이 진주하던 당시 3일분 정도의 석탄이 있었을 뿐이고, 그 후 삼척으로 기술관을 파견하고 수송진을 총동원하였으나 여의치 않았으며, 38도선 이북에는 유명한 탄광이 많지만 그 외의 탄광은 갱목·펌프 등을 일본인들이 파괴시키고 갔기 때문에 채탄할 수 없는 형편이었다. 앞으로 필요한 60일분의 사용량 중 18.2% 밖에 확보하지 못한 상태이므로 법령에 의한 통제를 해서라도 시급한 부문에 우선 배급하고, 수송에 만전을 다하고자 교통국에서 전담하도록 하였으며 화순, 단양, 장성, 장기(長崎: 나가사키)와 또한 일본으로부터 기관차용 유연탄을 대량으로 반입할 계획"이다.[7]

1945년 12월 1일 교통국장에 처음으로 한국인 김진태(金鎭兒)가 취임했다. 1946년 1월 1일 교통국이 운수국으로, 3월 29일에 다시 운수부(철도운수국, 해상운수국, 비행운수국, 공로운수국 설치)로 개칭되면서 조직이 확대되었다. 5월 17일에는 일제강점기 최대 사철자본이었던 조선철도주식회사의 충북선(조치원~충주: 90km), 충남선(천안~장항: 144.2km), 안성선(천안~안성: 28.4km), 조선경동철도주식회사의 수려선(수원~여주: 73.4km 협궤), 수인선(수원~남인천: 52km 협궤), 경춘철도주식회사의 경춘선(城東~춘천: 93.5km), 삼척철도주식회사의 철암선(철암~묵호항: 143.5km), 삼척선(북평~삼척: 23km) 등 사철 8개 노선과 그 부대사업이 모두 국유화되어 운수부로 귀속되었다(군정령 제75호).[8] 모두 일본인자본의 철도회사였다.

일본인이 소유하고 있었던 해운, 하역, 자동차운송 등 교통 관련 회사 34개사도 교통국에 귀속되었다. 그러나 사업부문은 철도에 한정되어 귀속사업체의 일상적 업무처리에 애로가 많았다. 1946년 5~8월이 되자 철도직원 실질임금은 폭증하는 물가고 속에서 1945년 10월의 절반 수준으로 떨어졌다. 게다가 경영난을 이유로 미군정은 1946년 9월, 직원 4만 3,257명의 25%를 감원함과 동시에 월급제를 일급제로 전환했다.[9] 이에 저항하는 철도노동자들의 파업으로 모든 열차운행이 정지되었다가 1개월여 뒤인 10월 26일이 되어서야 정상운영이 가능했다.[10]

북한에서도 해방 후 정상적 철도 운행이 불가능한 상황이었다. '국철'과 사철은 모두 인민위원회에 접수되었고 철도운행 관련 업무는 모두 운수인민위원회 소관이 되었다. 그러나 일본인 종사자들이 소수의 기술자를 제외하고 모두 추방되면서 철도의 정비나 운행 기술력을 가진 조선인은 거의 없었다. 화물열차 운행시간은 불규칙했고 기관차에까지 승객을 태우는 형편이었다.[11] 38도선을 넘나들던 열차는 해방 직후 8월 23일부터 차단되었다. 소련군은 8월 26일부터 사리원 이남의 경의철도 운행을 정지했다. 한반도철도가 단절된 것이다.[12]

2) 교통부로의 개칭(임정 계승)과 남북한의 철도부흥계획

한반도철도는 해방 후 남북분단으로 분절되었다. 고립된 '섬' 상태에 놓인 한국철도는 국내의 지역 개발과 경제권을 잇는 내포적 역할에 치중했다. 일제가 한반도철도를 '일-선-만' 연결과 군사·식민지적 수탈을 위한 통로로 활용하는 데 집중하여 소홀히 했던 동서횡단철도망 구축 등이 철도주권을 회복하면서 시급한 과제로 떠올랐다. 일제가 깔아놓은 종단노선을 전제로 문제를 풀어갈 수밖에 없었다. 산업발전의 근간인 지하자원 채굴, 지역사회 개발과 국내산업 연관성을 높이는 철도의 원초적 기능이 정부수립을 계기로 비로소 발휘되기 시작했다. 한국인이 비로소 철도주권을 행사하게 된 것이다. '경인철도합동조약' 및 '경부철도합동조약'으로 일본이 한반도철도 부설권을 장악한 때로부터 50년만의 일이었다.

먼저 정부수립과 함께 이뤄진 철도 담당 부서의 개칭이 갖는 의미를 따져볼 필요가 있다. 〈제헌헌법〉의 '정부조직법'(제3장 행정각부)은 미군정이 명명한 운수부를 교통부로 개칭했다. 대한민국임시정부가 '대한민국임시관제'(1919.11.5)에서 규정한 정부조직에서도 관련 부서 명칭은 교통부였다.[13] 그런 점에서 교통부로의 개칭은 대한민국이 대한민국임시정부를 계승한다는 의미를 내포한다. 유진오(俞鎭午)가 제헌헌법 초안을 준비할 때 참고한 자료에는 임시정부국무위원회가 공포(1941.11.28)한 『대한민국건국강령』이 포함되어 있었다.[14] 이 강령(제3장 건국, 5항의 가)에서 교통부는 중앙정부 행정부서의 하나였다.

정부 수립 후 대통령령 제26호(1948.11.4)로 1실(비서실), 6국, 29과의 교통부 직제가 공포되었다. 대통령령 제262호(1950.1.13)로 6개 지방철도국(서울, 대전, 부산, 순천, 안동, 삼척)이 신설되었다. 하부조직으로 13개과(서무, 후생, 수송, 운전, 보선, 건축, 시설, 공전, 전기, 기계, 경리, 심사, 자재)와 현업기관이 설치되었다. 이후 한국전쟁으로 행정이 마비된 상황에서 철도국 재편을 위한 직제가 새로 제정(1951.1.18)되어 하부조직으로 5개과(관리, 운수, 공무, 공전, 경자)와 현업기관이 설치되었다.[15]

1948년 12월 '대한민국과 미국 간의 원조협정' 체결 후 한국에 파견된 ECA(Economic Cooperation Administration) 사절단은 한국경제부흥계획을 입안했다.[16] 1949년 1월 1일부터 시행된 제1차 5개년 부흥계획은 수송부문에 관해 다음 내용을 포함했다.

① 경제 부흥에 수반한 산업경제개발 철도 및 철도망의 건설 사업

② 수송력 강화를 위한 수송기구의 정비

③ 주요 간선을 비롯한 각선 직통 여객열차의 부활

④ 철도 환경의 미화 사업

⑤ 외래품 억제와 자재난 극복을 위한 국산 부속품 생산 계획

⑥ 일제 잔재 불식을 위한 제반 여건의 개혁[17]

이 내용은 식민지배의 유산이 깊게 밴 한국 경제의 당시 상황에서 산업 철도망 건설, 간선노선 부활, 부속품 생산이 시급했음을 그대로 보여준다. 우선적으로 기존설비를 복구하여 기초물자 증산과 수입대체, 수출산업 육성을 통한 외화획득을 꾀하기 위해 에너지 확보를 강조한 경제부흥계획 가운데 철도부흥계획은 가장 시급하고 실현가능성도 높은 부문이었다. 심각한 석탄 부족현상을 앓고 있는데다가 발전소의 대부분을 갖고 있던 북한으로부터 송전까지 중단(1948.5.14)된 최악의 상황이었기 때문이다.

북한의 송전 중단은 남한의 공업생산을 절반 수준 이하로 격감시켰다. 미군이 인천과 부산에 발전선을 급파할 정도로 남한 경제에 엄청난 충격을 안겨줬다. 해결책은 태백산맥을 중심으로 한 내륙 중앙부와 소백산맥을 중심으로 한 내륙 남서부에 많이 매장되어 있는 지하자원을 개발하는 것이었다. 식민지자본주의 유산을 안은 채 새로 출발해야 했던 당시 한국 경제의 형편상 고도의 기술을 요하지 않는 지하자원 채굴이 중요했다. 이 때문에 정부수립 직후 부설을 서두른 '3대 산업선'은 석탄, 텅스텐, 석회석 등이 풍부하게 매장된 강원도와 충청북도 지역에 집중되었다.

열차를 움직이게 할 원료 확보가 최우선 해결과제인 상황에서 정부는 3대 산업선 부설 공사에 착수했다. 한국전쟁 발발 직전인 1949년 1월 정부는 강원도의 무연탄 생산 증산(66만 7천 톤→206만 톤), 이를 연료로 한 화력발전소 건설과 영월발전소 발전용량 확대 계획을 세웠다. 탄전→소비지를 잇는 석탄수송 철도의 건설이 당시 경제재건의 시발점이었다. '경제부흥을

위한 산업개발철도 및 철도망 건설계획'으로 영암선(영주~철암 94.1km), 영월선(제천~조동: 51.3km), 단양선(도표~사평: 11.7km) 등 3대 산업선 건설이 입안되었다. 교통부는 이 3대 산업선 건설안과 더불어 경북선과 문경선 등 7개 노선 350km 건설, 중앙선 전철화, 낙동강 철교 보강 등 242km 개량, 기존의 기관차와 객화차 수리 및 선로 부흥 계획을 입안했다. 그러나 영암선, 영월선, 단양선(후에 문경선으로 개칭) 등 3대 산업선 건설과 중앙선 전철화만 실현가능하다고 판단한 미국의 결정에 따라 경제부흥계획은 3개 노선 부설에 초점을 두고 추진되었다.[18]

1949년 4월 8일에 이뤄진 영암선 기공은 각별한 의미가 있다. 식민지철도를 벗어나 비로소 한국의 경제발전을 위해 정부가 최초로 기공한 산업선이었기 때문이다. 영암선은 강원도 철암에서 중앙선의 영주를 잇는 노선으로서, 일제강점기 말기인 1940년 8월 삼척개발회사가 삼척탄전 '개발'을 위해 부설한 철암선(철암~묵호: 60.3km)과 철암에서 연결되는 횡단노선이었다. 이후 이 노선은 중앙선을 통해 서울, 대구, 부산 등과 연결되어 각 지역경제를 묶어주는 역할을 했다. 태백산맥의 험준한 산악지대를 뚫어야 하는 난공사에다 방대한 소요자재와 자금 마련이 쉽지 않았지만 착공 10개월 만인 1950년 2월 1일 영주~내성 구간(14,1km)이 완공되었다. 그러나 한국전쟁 발발로 이후의 공사는 중단되었다.[19]

영월선은 영월화력발전소의 가동과 강원도 영월 지역의 지하자원(중석, 아연 등) 개발을 위한 산업선이었다. 영암선 기공 한 달여 뒤인 1949년 5월 3일 중앙선의 제천에서 영월화력발전소에 이르는 제1차 계획구간(제천~영월: 38.1km)이 ECA 원조로 착공되었다. 제천~송학 구간(9.8km)이 개통(1949. 11.15)된 후 한국전쟁으로 나머지 공사는 중단되었다.[20] 일부 구간의 완공이었지만 정부 수립 후 최초의 일이었다는 점에서 의의를 들 수 있다. 단양선은 1949년 착공 직후 전쟁 발발로 공사가 중단되었다.

정부가 수립되고 철도 정책과 운행이 정상화를 향해 감에 따라 한국전쟁 발발 이전에는 경제활동 인구와 학생이 증가하면서 1948~49년에 여객수송이 증가(6,113만 명→7,741만 명) 추이를 보였다. 화물수송 역시 증가(512만 톤→642만 톤)했다.

북한의 철도 정상화는 한국보다 비교적 빨랐다. 이른 시기에 일부 노선을 전철화하기도 했다. 북한은 1946년 8월 10일 '중요산업국유화'에 따라 철로와 설비 모두를 국유화하고 철도운수를 계획적으로 관리 운영하는 기반을 마련하면서 분단된 상황에서 독자적 철도부흥계획을 실시했다. 또한 철로 분포를 조정하고 기술 장비를 개조함으로써 해방 후 중단되었던 열차운행을 정상화시키는 데 주력했다. 신설 공사도 추진했다. 1946년 5월 1일 덕천지방(평남북부탄전)의 풍부한 석탄 수송을 위해 해방 후 최초로 장안(남덕)~덕천 구간(14.6km)이 준공되었다. 1949년에는 고원탄광선(둔전~장동: 17.6km), 안주탄광선[만성(문덕)~신리(청남): 10.6km]이 준공되었다. 이러한 탄광선은 연료문제 해결을 위한 것이었다. 해방 후 경제재건을 위해 석탄 개발이 최우선적 과제였던 상황은 남북이 비슷했다. 기존노선 개수도 이뤄졌다. 신안주~개천 구간(29.3km) 협궤 노선을 표준궤로 개수하여 1950년 1월부터 운행을 재개했다. 이 노선의 개수로 평의선(분단 후 경의선의 북한 구간 중 평양~신의주 구간을 평의선으로, 평양~개성 구간은 평부선으로 개칭함)의 신의주, 정주 방면에서 만포선의 희천, 강계 등과 연결되어 종래 순천을 경유하는 것보다 180km를 단축할 수 있었다.[21]

1948년 5월 북한에서 운행 가능한 철도노선은 총 3,766.8km(표준궤 3,167.3km, 협궤 599.5km)에 이르렀다. 1948년에는 물동량이 가장 많은 노선으로서 북대봉 산줄기의 경사가 심해 견인력이 많이 소요되는 평원선(오늘날 평라선의 일부)의 양덕~천성(50.8km) 구간과 적유령 산줄기를 넘는 만포선의 개고~고인 구간(27.3km)을 전철화함으로써 수송력을 2배나 높였다. 해방 전에 파괴되거나 노후화된 기관차와 객화차들을 대대적으로 수리하고 철도공장을 복구하는 작업도 병행되었다. 기관차, 객화차 수리능력이 훨씬 높아졌다. 철도공장(서평양, 원산, 청진)의 복구와 함께 차량 생산이 시작되었다. 철도차량 부속품전문 생산공장도 만들어졌다. 1949년에는 1946년에 비해 기관차 수리 3.4배, 객차 수리 2.1배, 화차 수리는 3.1배, 부속품 생산은 6.5배로 늘어났다.[22]

3) 한국전쟁기 남북한에서의 철도 파괴와 복구

한국전쟁은 노후화된 상태였지만 해방 후 남아 있던 철도 인프라와 해방 후 새로 부설하거나 개량한 노선들을 대거 파괴했다. 도로망이 발달되지 않았던 당시 철도는 병력과 군수물자를 운반하는 최상의 교통수단이어서 군사시설 성격도 함께 지녔다. 따라서 전선이 남북으로 이동하면서 일제가 남북종관형으로 구축한 간선철도는 공교롭게도 양측 모두에게 집중공격 대상이 되었다. 특히 북한군이 탄약집적소나 대피장소로 활용한 교량과 터널은 유엔군의 주요 폭격 목표가 되었다.[23] 전쟁 초기 1950년 6월 30일 미군기가 서울역(1947.11.1. 경성역을 서울역으로 개칭함)과 용산역의 철도시설을 맹폭했다. 7월 11에는 오폭으로 익산역 직원 54명이 사망하고 중경상자 300여 명이 발생하는 불상사가 일어나기도 했다.[24]

북한군은 부산 근교까지 점령하는 동안 해방 후 한국이 일본에서 반입한 전기기관차나 증기기관차 등 많은 철도차량을 북한지역으로 탈취해갔다. 그리고 소련, 중국, 체코 등에서 반입한 신제품 증기기관차나 화차 등이 후방에서 철도수송에 활용되었다. 그러나 반격에 나선 유엔군이 9월 15일 인천에 상륙하고 10월 20일 평양을 점령하면서 북한군은 중국 국경까지 밀려났다. 중국의 참전으로 12월 5일 평양은 다시 북한군과 중국군의 수중에 들어갔다. 전황이 급격하게 반전되자 미군은 수송로 차단작전을 감행했다. 12월 31일 한포→문산 행 열차(25량)가 38도선 부근 장단역에서 정차된 후

선로와 함께 파괴되었다.[25] 이로써 한반도의 남과 북을 연결해온 경의철도
는 1950년 말 짧은 북한 수복 기간 외에는 완전히 단절되었다.

1950년 9월 28일 서울 수복 직후 남한에서 철도 운행이 가능한 노선은
경부철도의 지남 이남, 동해선의 경주 이남, 진주선의 함안 이남 지역에 불
과했다. 329㎞ 선로, 163개 교량, 29개 터널이 파괴되었다. 71개 급수시설을
비롯하여 건물의 50%가 파괴되었다. 4,470여 차량이 철로변에 잔해로 방치
되었다. 170여 동력차가 파괴되었고 153명의 철도원이 순직했다.[26] 유엔한
국위원단 보고에 따르면, 전신·전화시설 50%, 전기신호장치 56%, 전력설
비 56%, 공장설비 27%, 각종 자재 80%, 기관차 61%, 객차 69%, 화차 57%가
파괴 또는 피해를 입었다. 전국적 범위에서 광범위한 철도복구공사가 절실
한 상황이었다.[27]

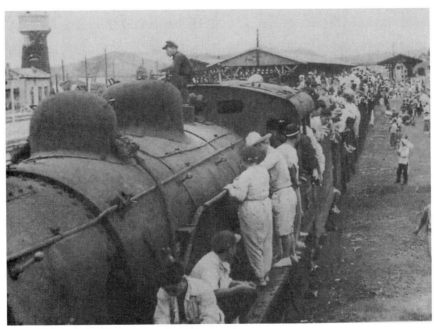

▲1950년 7월 수원에서 출발하는 수송열차에 매달려 있는 피난민
출처: 철도청 편, 『(사진으로 본) 한국철도 100년』, 철도청, 1999, 370쪽(코레일 제공).

철도가 큰 피해를 입은 것은 대부분 폭격 때문이었다. 미군 폭격의 타깃 지역은 북한이었지만, 북한군의 남진에 따라 38도선 이남지역도 폭격대상이 되었다. 미공군은 1950년 7월 1일 폭격라인을 한강 남안으로 설정했지만 유엔군 후퇴와 함께 낙동강 인근까지 포함되었다. 남한지역 작전에서 강조된 것이 열차, 차량, 탱크, 병력의 이동을 막기 위한 교량의 파괴였다. 인구가 밀집한 도심의 철도역과 조차장을 향한 B-29기 폭격은 민간인 희생까지 동반했다. 1950년 7월 16일 미 극동공군 폭격기 사령부 산하의 B-29기 55대가 한반도를 향해 출격했다. 이들 중 제92폭격전대 소속의 8대는 청주 전선 부근의 근접지원을 담당했다. 제19폭격전대와 제22폭격전대 소속의 47대는 서울조차장을 차단하기 위한 폭격을 수행했다. 서울로 출격한 B-29 기들은 조차장 내 철도차량과 철로를 파괴하고 철도공장을 불태웠다. 미 제5공군은 7월 16일 폭격으로 용산 일대 철도시설의 80%를 파괴했다고 자평했다. B-29기 47대가 쏟아낸 1,504발 폭탄은 조차장 뿐 아니라 상당히 넓은 인근지역까지 폐허로 만들었다.[28]

전쟁 중이었지만, 유엔군의 반격과 더불어 남한 지역에서는 철도가 긴급 복구되기 시작했다. 1950년 9월 15일 낙동강 방어선을 넘어 유엔군 총반격이 개시된 직후인 9월 28일 서울의 완전 수복과 함께 인천~영등포 구간 군수열차가 운행되기 시작했다. 가장 중요한 간선철도인 경부철도와 중앙선이 긴급 복구되었다. 유엔군 공병대의 협조를 받아 철도복구대는 주야간 복구작업을 강행하여 개성이 수복된 10월 8일 전쟁 발발 후 처음으로 부산~서울 구간 제112열차 운행이 재개될 수 있었다. 전쟁으로 3개월 동안 운행이 정지되었다가 9월 18일부터 4만여 명의 교통부 종업원이 총동원되는 복구작업을 실시해 10월 1일부터 전체 노선의 92퍼센트가 운행을 재개했다.[29]

국군을 따라 북상한 철도복구대는 10월 25일 평양에 공작창파견대를 설치했다. 11월 12일에는 서울~대동강 구간을 잇는 남북연결 열차가 운행되었다. 잠시 동안이나마 전쟁 기간에 남북간 철도가 연결된 것이다. 1950년 11월 중공군 개입으로 전선이 오산·원주로 후퇴한 이후에는 각 지선의 보강과 확보가 군사적으로 중요했기 때문에 충북선, 충남선, 경북선 등의 교량이 유엔군이 가져온 아이빔을 사용하여 응급 복구되었다. 1951년 8월 1일에는 남한의 모든 철도가 정상 운행을 재개할 수 있는 만큼 복구되었다. 1951년 선로총연장(2,635.6㎞)은 전쟁 전 1948년(2,684.3㎞) 수준을 회복했다. 1952년에는 38개 노선 2,713.7㎞로 전쟁 전 수준을 능가했다.[30]

그러나 전선이 38도선을 경계로 고착되고 남한에서 철도복구가 한창 진행되는 와중에 남한에 잔류한 북한군(공비, 게릴라)의 열차나 역 피습 사건이 많이 발생했다. 1951년 초에 경부선의 이원~옥천 구간에서 제3109열차가 피습(1.12)을 받아 화차 12량이 전소되고, 경찰관 20명이 전사, 일반인 10명이 사망했다. 호남선의 영산포역(5.3), 천원~사거리 구간(7.3), 부용역(9.29), 전라선의 관촌역(6.7), 구례구역(7.25), 임실역(9.25), 오수역(11.9), 경부선의 옥천역(10.18), 영동역(11.14)이 피습을 받아 역사와 주변 건물이 전소되었다. 원동역 피습(6.5)으로 경부선 운행이 일시 불통되었다. 동해남부선의 좌천~일관 구간에서 제5856열차(12.5), 경부선의 물금~원동 구간에서 제3225열차(12.23)가 습격을 받았다. 1952년 들어서도 동해남부선의 모화역(1.7)과 임포역(1.28), 중앙선의 우보~화본 구간에서 열차가 피습(1.25)되었다. 호남선의 사거리~신흥리 구간에서 제111열차가 피습(6.24)되어 화차 24량이 전소되고 12량이 대파되었다. 전라선의 곡성~압록 구간에서 제1921열차가 피습(6.14)되어 기관조사 1명이 순직했다.[31]

철도는 북한이 남침을 준비하는 데 가장 크게 기여한 요소이기도 했다. 1950년 6월 초 각 사단을 '대기동 작전 연습' 명분으로 38선 쪽으로 배치할 때 짧은 시간에 부대 이동을 가능케 한 것 또한 철도였다. 6월 8일부터 북한 전역의 철도는 비상사태에 들어가 특수공무원 외에는 여행이 금지되었고 모든 열차가 38선을 향해 남하했다. 반면에 철도는 북한이 전쟁을 수행하는 데 걸림돌이 되기도 했다. 철도 통제가 제대로 이뤄지지 않아 군수품 수송에 막대한 지장을 초래했기 때문이다. 실제로 6월 28일 신탄역에서는 탄약을 실은 3대의 화차가 수송 및 하차에 대해 아무런 지시를 받지 못하는 사이에 공습을 받았다. 금천에서는 1개월 가까이 200톤 휘발유를 방치해둔 경우도 있었다.32)

전쟁 기간 동안 북한 지역의 철도는 미군 폭격의 최우선 목표였다. 전쟁 초기 미 극동공군 폭격기사령부의 주요 임무는 북한 지역 산업시설과 군수창고, 유류저장소, 한강-삼척 라인 이북의 도로, 철도, 항만과 항공시설 등을 파괴하는 일이었다. 한강과 압록강 사이에 있는 북한군의 모든 수송망을 차단하고 병참보급과 연관된 모든 산업시설을 파괴하는 것이었다. 평양, 함흥, 청진, 나진 등의 대도시는 전쟁 발발 초기부터 미공군 폭격의 핵심목표로 설정되었다. 특히 철도 공장과 조차장이 있는 도시는 폭격의 주요 목표였다. 예를 들어 일제강점기 '북선 3항'의 하나였던 청진은 한반도 동북지방의 유일한 열차 수리시설인 대규모 철강공장이 있고 만주 및 시베리아와 연결되는 철도망의 요충지이자 산업 중심지였다. 북한측 보고에 따르면 1950년 8월 19일, 63대의 B-29기를 동원한 폭격기사령부의 청진시 폭격 작전으로 주택 지구에 1,012발 폭탄이 투하되어 2,626호 주택이 완전히 파괴되거나 사용불능 상태에 빠졌다. 청진시의 90%가 폐허가 되었고 1,034명이 즉사, 2,347명이 부상을 당했다. 열흘 뒤 8월 29일 폭격기사령부는 다시 23대의 B-29기를 출격시켜 청진 조차장을 폭격했다. 이 폭격으로 열차 공장 구역 내 선로의 90%가 절단되었다. 대형 수리건물 2채가 심하게 손상되었고 소형 건물 5채와 소형 수리공장 2채가 파괴되었다. 97대의 열차와 2대의 기관차가 파괴되거나 손상되었다.33)

8월 12일 한반도 북동쪽 꼭짓점에 있는 해군기지 나진 폭격은 유류저장소와 철도 시설을 괴멸시키기 위한 작전이었다. B-29기 5대는 동서해안의 주요 철도를 이어주는 교통요충지인 함흥 조차장도 폭격했다. 극동공군 사진분석관들의 평가에 따르면 함흥조차장은 이날의 폭격으로 시설의 70%가 파괴되었다. 8월 19일에 B-29기 16대, 8월 20일에 B-29기 8대가 함흥조차장을 다시 폭격했다. 북한 보고서에 따르면 8월 12일에 민간주택 56호가 파괴되었다. 8월 19일에는 함흥과 흥남지역의 주택 233호가 파괴되었다.[34]

북한에서 철도 복구는 전후 복구의 핵심 사업이었다. 여기에 자재와 인력을 집중 투입했다. 소련은 북한의 복구사업을 적극 지원했다. 10억 달러 무상원조를 중심으로 하는 경제, 기술 원조협정을 체결하고 '철도협력협정'을 맺었다. 소련이 1933년에 제작한 전기기관차 등이 북한에 반입되었다. 중국도 철도복구비 등 8억 위안의 무상원조를 했다. 동유럽 각국에서도 원조가 이루어졌다. 특히 폴란드는 1954~65년에 기관차, 객차의 수리와 파괴된 차량 복구사업을 지원했다. 북한철도망의 복구는 국외로부터의 신속한 화물 수송을 위해 우선적으로 소련, 중국을 잇는 대외연결망부터 착수되었다. 이에 따라 평양~신의주 구간, 평라선, 함북선의 평양~회령~남양 구간, 만포선의 순천~만포 구간 등이 빠른 시간에 정상 운행을 회복했다.[35]

10

경제개발의 동맥, 한국철도의 디젤화 · 전철화 · 복선화

1) 휴전 후 3대 산업선과 충북선 개통

정부수립 후 에너지 확보를 위해 석탄자원이 풍부하게 매장된 강원도와 충청북도 지역에 3대 산업선 부설이 시작되었지만 한국전쟁으로 중단되었다. 전쟁기에는 사천선, 강경선, 김포선, 옥구선, 우암선, 울산선, 장생포선 등 군사용 노선이 급하게 건설되었다.[1] 이후 휴전을 전후하여 경제부흥과 지역개발을 추진하기 위해 3대 산업선과 새로운 노선이 부설되기 시작했다. 한국철도는 교통수단의 도로 의존도가 높아지는 와중에서도 경제발전과 궤를 같이 하면서 급성장했다.

이러한 부설공사는 현대건설, 대림산업 등 이후 한국의 대표적인 토목-건설자본이 된 대기업들이 급성장하고 다양한 분야의 기술자를 양성하여 고용시장이 크게 확대되는 배경이 되었다. 일제강점기에 많은 철도부설 공사에도 불구하고 조선인 토목-건설자본이 성장할 수 없었던 것과 대조적인 모습의 하나였다. 국가는 시장을 조성하여 기업의 성장을 유도하는 중요한 주체인 것이다.

휴전을 전후하여 전쟁으로 중단되었던 3대 산업선 부설이 우선적으로 속행되었다. 3대 산업선은 경제재건에 필요한 제반 산업의 원동력인 석탄을 비롯하여 납(鉛), 구리(銅) 등 무진장하게 매장된 지하자원 개발을 위한 노선이었다.[2] 재원은 기본적으로 원조자금이었고 여기에 국내자금이 추가되는 방식이었다. 3대 산업선 부설을 뒷받침하기 위해 정부는 1953년 교통부에 철도건설국을 신설하여 개국식(1953.5.15)을 가졌다.[3] 철도건설국은 1949년 10월경부터 신설이 모색되었는데[4] 전쟁으로 미뤄지다가 휴전 직전에 조직된 것이다.

휴전 이전에 정부는 철도 부설을 서둘렀다. 먼저 1949년에 착공하자마자 전쟁 발발로 중단한 영월선과 문경선 부설공사부터 서둘렀다. 3대 산업선 가운데 영월선이 가장 빨리 부설에 다시 착수되었다. 가장 빨리 완공된 것은 노선이 짧은 문경선이었다. 한반도에서 철도가 운영 주체의 측면에서 수많은 곡절의 역사를 담고 있다는 점에서 이 무렵을 돌아볼 때 한 가지 기억할 일이 있다. 한국전쟁 기간에 군수수송을 위해 유엔군이 장악하고 있던 철도운영권을 문경선 개통 석 달여 전, 정부가 다시 인수(1955.6.1)한 것이다.

문경선(점촌~은성: 22.8km. 은성역은 1959년 2월 1일 가은역으로 개칭)은 단양선에서 개칭된 노선인데 휴전 6개월 전부터 공사가 재개(1953.1.18)되었다. 문경과 경북선의 점촌을 연결하여 문경 지역의 시멘트공장 건설과 석탄 개발에 박차를 가한 문경선은 소백산맥의 은성탄전 개발을 위해 동해중부선, 진삼선, 경전중부선 부설을 중단하면서까지 부설에 우선순위를 둔 노선이었다. 점촌~불정 10.7km(1954.11.16), 불정~은성 구간 12.1km(1955.9.15)가 개통되어 3대 산업선 가운데 가장 빨리 완공되었다. 문경선은 한국 정부가 최초로 부설한 노선이었다. 이 구간을 부설하는 데 공사비 4억 8,517만여 환, 노동인원 연 65만 3,810명, 미국 국제원조협력처(ICA) 원조자금 47만 7천 달러가 소요되었다.[5]

문경은 19세기까지 영남대로의 관문이었지만 일제강점기에 경부철도 노선이 추풍령을 지나고, 경북선의 개통으로 지역의 상권을 흡수한 점촌이 이 지역 중심지로 부상하면서 쇠락한 곳이었다. 이러한 문경에 석탄 개발과 수송을 위해 철도가 연결된 것이다. 경북선의 지선으로 부설된 문경선의 주요 수송화물은 석탄과 시멘트였다. 석탄이 90% 이상을 차지했다.[6]

정부는 휴전 직후 미국 대외원조행정기구(FOA)의 원조를 받아 영주~내성 구간 완공 후 전쟁으로 중단되었던 영암선 부설을 국가적 과제로 설정했다. 영암선은 한국철도사에 "획기적인 일단계를 조성"했다고 표현될 만큼 정부가 심혈을 기울여 부설한 노선이었다. 공사 재개(1953.9.28) 후 2년 3개월 만에 총연장 86.4㎞ 구간을 완공(1955.12.31)했다. 노선이 험해 난공사 구간이 많았고 특히 동점~철암 구간의 동점터널 공사에서는 24명이나 희생자를 낳았다. 부설공사는 25개 공구로 나눠 25개 토건회사가 시공을 맡았다. 공사비가 62억 2천여 만환, 노동 인원이 1개 공병 대대 연 3만 명을 포함하여 연 486만여 명에 이르는 대공사였다. 1956년 1월 16일 '산업철도선 전통(全通)기념식'이 동점역에서 성대하게 거행되었다.[7] 그리고 완공일에 맞춰 경상북도 봉화에는 희생자를 기리는 '영암선개통기념비'도 세워졌다.

영암선 개통 전에는 장성, 도계 탄광에서 생산된 석탄을 묵호항을 통해 동해, 남해, 서해 바다를 거쳐 배로 서울까지 운반하는 데 600시간이나 걸렸다. 이 또한 한반도 내의 산업연관과 무관하게 '일-선-만'을 잇기 위한 경유지로 부설된 식민지철도의 특징을 그대로 보여준다. 그런데 영암선 개통으로 불과 10시간(철암~청량리)으로 단축되었다. 수송비용은 10분의 1로 절감되었다.[8] 당시로서는 혁명적인 일이었다. 영암선 개통이 무연탄 가격 하락까지 불러올 정도로 주요 수요처인 경인지방으로 석탄을 수송하는 데 소요되는 비용과 시간을 크게 줄인 것이다.

영월선도 제천~송학 구간 개통 후 전쟁으로 중단된 공사가 재개되었다. 휴전 이전에 교통사업특별회계에 의해 다시 착수(1952.10.15)되어 송학~쌍용 구간(7.9㎞) 개통(1953.9.1) 후 FOA 원조로 공사가 계속 진행되었다. 쌍용~연당(7.6km) 개통(1955.9.10)에 이어 연당~영월(9km)과 영월~영월발전소 구간(3.3km)이 개통(1956.1.17)되어 비로소 제1차 계획 구간 개통이 완료되었다. 제2차 계획 구간은 1955년 11월에 착공되어 영월~예미~함백 구간 (22.6km)이 개통(1957.3.9)되었다. 이로써 제천~함백 구간(60.7km)이 모두 완공되었다.[9]

당시에는 영월선을 포함한 전 구간을 함백선(제천~영월~함백)으로 불렀다(오늘의 함백선은 예미~조동 9.6km 구간을 말함). 함백선 개통은 고지대에 있어 수면상태에 있던 영월탄전(영월화력발전소로 공급)과 함백탄전, 상동광산의 개발에 박차를 가했다.

영월선 부설공사는 10개 공구로 나누어 시공되었다. 제1차 계획 공사비 12억 6,142만 여환, 노동인원 연 165만 9,880명, 외자 원조 128만 8천 달러였다. 제2차 계획은 공사비 12억 4,897여 만환, 노동인원 연 64만 6,260명, ICA 원조자금 218만 8천 달러였다.[10]

3대 산업선 부설이 마무리된 후 1959년에는 또 하나의 산업선으로 충북선(137.5km)이 개통되었다. 충북선은 일제강점기에 일본인 사철자본인 조선중앙철도주식회사가 조치원~청주 구간을 개통하여(1921년) 충주까지 연장(1928년)했던 노선에 이어 부설된 노선이었다. 한국 정부가 1955년 11월부터 "해방 후 제일 큰 공사"였다는 백악터널 등 8개 터널을 지나는 충주~봉양(35.2km) 구간 공사를 시작하여[11] 착공 후 3년여 만에 전 구간을 개통(1959.1.10)한 것이다.

이로써 조치원~봉양 구간이 연결되어 경부선과 중앙선이 횡단으로 연결되었다. 충북선은 충주비료공장에서 생산된 비료를 수송하고 매년 공장 가동에 필요한 20만 톤 무연탄과 6만 톤 기름을 공급하기 위해 건설되었다. 이전까지 영암선, 함백선에서 중앙선을 거쳐 청량리~용산~조치원으로 우회하여 수송하던 긴 노선이 동서를 횡단으로 연결하는 충북선의 부설로 봉양~목행 구간 29.1km로 크게 단축되었다.[12]

▲ 충북선 개통식(1956년 4월 11일)
출처: 철도청 편, 『(사진으로 본) 한국철도 100년』, 철도청, 1999, 213쪽(코레일 제공).

1950년대 후반에는 짧은 노선의 산업선이 연이어 부설되었다. 1956년에 삼척화력발전소 가동에 필요한 무연탄 수송을 위해 삼척발전소선(후진~삼척발전소: 1.8㎞)이 개통(5.1)되었다. 서울~금곡 간 소풍열차도 운행(10.28)되었다. 1958년 강경선(채운~연무대: 5.8㎞) 개통(5.15)에 이어 1959년에는 인천항의 급증한 물동량을 수송하기 위한 주인선(주안~남인천: 3.8㎞), 경기도 옥기리에 건설된 경기화학주식회사의 석회석분말 비료원료와 제품 및 연료를 수송하기 위해 오류동선(오류동~부천 옥길리: 4.5㎞) 등이 개통(5.31)되었다. 그리고 충남선이 장항선으로, 경기선이 안성선으로, 경전남부선이 진주선으로, 경전서부선이 광주선으로 개칭되었다(1956.6.14).[13]

2) 제1~2차 경제개발 5개년 계획에 의한 산업철도망 확충

기존-신규 노선 연결로 개통된 영동선과 태백선, 경북선

철도 건설은 1960년대에 활발하게 이뤄졌다. 제1차 경제개발 5개년계획 기간(1962~66년)에는 능의선, 영동선, 경인선 복선화 등 11개 노선 283.2㎞

가 건설되었다. 제2차 경제개발 5개년계획 기간(1967~71년)에는 공업단지나 자원개발과 관련된 노선으로 태백선 등 13개 노선 총 228.1km가 연장·부설되었다. 수송 수요가 급증하면서 한반도를 횡으로 가로질러 지역경제의 발전과 산업연관에 필요한 노선은 물론, 생산지로 직접 연결되는 노선의 필요성이 커졌기 때문이다.

　1950년대의 산업선 부설에 이어 장면 정부는 1960년 2월 태백산맥의 지하자원 및 임산자원과 동해안의 수산자원을 개발하기 위한 동해안 산업선으로서 북평~옥계 구간(17.4km) 공사를 착수했다(북평읍은 1980년 묵호읍과 함께 동해시로 통합되었고, 1984년 6월 북평역은 동해역으로 개칭됨). 군사정부가 들어선 1962년에는 옥계~경포대 구간(32.9km)이 개통(10.31)되어 새로운 동해북부선으로 불리면서 박정희 국가재건최고회의 의장이 참석한 성대한 개통식(11.6)이 옥계역에서 열렸다.[14] 동해북부선은 태백산맥을 끼고 있는 동해안 일대의 풍부한 지하자원과 수산자원, 임산자원의 개발과 수송력을 높여줬다.

▲ 동해북부선 기공식(1960년 2월 7일)
출처: 철도청 편, 『(사진으로 본) 한국철도 100년』, 철도청, 1999, 226쪽(코레일 제공).

원래 동해북부선은 일제가 중일전쟁을 도발한 직후인 1937년 12월에 개통된 안변~양양 구간(192.6km: 북한 구간은 70km)을 말한다. 일제강점기의 '조선철도 12년계획'에 따르면 동해선이 경원철도의 안변에서 동해안을 따라 강릉, 삼척, 울진, 포항, 부산에 이르는 노선으로 부설될 계획이었다. 그러나 일제가 패전할 때까지 전 구간이 완공되지는 못했다. 그래서 안변~양양 구간만 동해북부선으로 불렸는데, 그나마 한국전쟁을 계기로 휴전선~양양 구간은 철로가 철거된 상태였다.

군사정부는 철도 부설을 통한 산업화정책을 본격 추진했다. 1961년 12월 '석탄개발에 관한 임시조치법'을 공포하여 석탄 증산에 주력하면서 경제개발계획에서 중시한 '산림녹화사업'을 추진했다. 이에 따라 석탄은 산업용 수요뿐 아니라 가정용 연료로서 민간 수요도 급증하여 가장 중요한 에너지원이 되었다.[15] 1963년에는 철도 수송과 관리를 집중하기 위해 교통부의 외청으로 독립채산제 특별회계로 운영되는 철도청을 신설(9.1)했다(2005년 1월 한국철도공사로, 2007년 5월 KORAIL로 개칭).

석탄개발에 주력한 군사정부는 1961년 8월 삼척탄전 개발을 위해 철암선(철암~묵호)의 백산과 연결되는 황지지선(백산~황지: 9km), 황지본선(통리~심포리; 8.5km) 건설을 시작했다. 전자는 1962년 12월에, 후자는 1963년 5월에 완공되었다. 영동선(영주~강릉: 192.7km)은 이렇게 석탄, 시멘트 등 지하자원 개발과 빠른 수송을 위해 강원도 각지에 부설된 여러 노선을 연결하여 이뤄진 노선을 일컫는다.[16] 즉 1955년 말에 완공된 영암선이 이후 묵호, 강릉, 경포대로 연장되면서 철암선(철암~묵호), 동해북부선(묵호~강릉) 및 황지본선(통리~심포리) 등과 연결됨에 따라 이들 노선을 합하여 영동선으로 통칭(1963.5.17)한 것이다. 특히 한국 "철도건설사상 가장 어려웠던" 난공사 구간으로서 8.5km에 불과한 노선에 무려 11개 터널을 뚫어 연결된 황지본선의 개통(1963.5.20)은 해발 700m, 15도의 급경사지 '인클라인' 구간 1.1km를 걸어서 연결해야 했던 불편함을 없애 수송력을 6배나 증가시켰다.[17) 영동선은 영주에서 중앙선이나 경북선, 동백산역에서 태백선(태백 방면)과 연결되었다(1979년 3월, 경포대역이 폐지되어 강릉~경포대 구간 노선도 폐지됨). 이후 영동선은 주요 산업선으로서 복선화 공사도 빨리 이뤄져 1968년 북평~묵호항 구간(5.1km)이 복선화되었다(12.30).[18)

▲ 영월선(쌍룡~영월 간) 개통식(영월역, 1956년 1월 17일)
출처: 철도청 편, 『(사진으로 본) 한국철도 100년』, 철도청, 1999, 217쪽(코레일 제공).

태백선(제천~백산: 103.8km)은 탄전 개발을 위해 충청북도와 강원도 태백시를 잇는 산업철도를 말한다. 태백선 역시 탄전 개발을 위해 부설된 여러 노선이 연결되어 결합된 것이다. 1955년 12월에 개통된 영월선(제천~영월)은 1957년 3월에 개통된 함백선(영월~예미~함백)과 연결되면서 함백선(제천~함백)으로 통칭되었다. 이후 강원도 최대의 탄전인 정선탄전 개발을 위해 1966년 1월 정선선(예미~조동~증산)과 고한선(증산~고한), 1973년 10월 태백선(고한~황지)이 개통되었다. 이들 노선이 1962년 12월에 개통된 황지지선(황지~백산)과 하나의 노선으로 연결됨에 따라 순차적으로 부설된 이들 4개의 동서 횡단노선을 합하여 태백선으로 통칭(1975.12.5)하게 된 것이다. 그리고 구 황지지선이 동백산역과 삼각형으로 연결되는 백산삼각선(황지~동백산~백산~황지)이 개통되었는데, 동백산역에서 태백선과 영동선이 연결되었다.

▲ 예미역에서 태백선 개통식(1956년 1월 19일)
출처: 철도청 편, 『(사진으로 본) 한국철도 100년』, 철도청, 1999, 217쪽(코레일 제공).

예미에서는 함백 방면(구 함백선)과 조동 방면(구 정선선)으로 노선이 갈리는데 구 정선선이 통합 개칭된 태백선에 포함되고 기존의 예미~함백 구간과 1976년 12월에 개통된 함백~조동 구간을 연결하는 노선만 함백선(예미~함백~조동)으로 칭하게 되었다. 이 함백선은 조동에서 태백선과 연결되는 지선이었다. 1967년 1월에는 증산에서 정선으로 빠져나가는 구간(24km)이 부설되었다. 1971년 5월에 정선~아우라지(1999년 여량역은 아우라지역으로 개칭), 1974년 12월에 아우라지~구절리 구간이 개통되었는데 이를 정선선(증산~정선~아우라지~구절리)으로 칭하게 되었다. 정선선은 증산에서 태백선과 연결되는 지선이었다.[19](1981년 태백시가 삼척군의 황지읍과 장성읍을 통합한 후 황지역은 1984년 12월 태백역으로, 증산역은 2009년 9월 민둥산역으로 개칭됨).

강원도와 충청북도 외의 지역에서도 석탄, 시멘트, 비료 등의 생산을 촉진하고 신속한 수송을 위한 산업철도가 부설되었다. 경북선(김천~상주~점촌~예천~영주: 115.2km)은 태백산지구 종합개발로 무연탄, 비료, 시멘트 등의 수송량 증가에 따른 영동선과 중앙선의 부담을 줄이기 위해 부설된 산업철도였다. 김천에서 경부선을, 영주에서 영동선과 중앙선을 연결하는 중요 지선이었다. 정부는 1962년 5월 일제강점기에 부설된 노선을 부분적으로 바꿔(예천~안동 → 예천~영주) 영주에서 중앙선 및 영동선과 연결하는 공사에 착수했다. 1966년 1월 점촌~예천(28.9km)이, 10월 예천~영주 구간(29.7km)이 개통되어 경북선을 통해 경부선과 중앙선이 연결되었다(일제강점기에 사철회사가 부설한 경북선은 1943~44년에 점촌~안동 구간(58.3km)이 철거되어 원래의 구간(김천~상주~점촌~예천~안동)보다 크게 축소되었다). 그리고 경북선의 점촌에서 연결되는 문경선(점촌~문경)의 연장 부설이 이뤄져 1969년 6월 진남~문경 구간이 개통되었다.[20]

남포선(남포~옥마: 4.3km)은 1947년 말부터 개발되기 시작한 충남 성주탄전의 무연탄 수송을 촉진하고 전북 군산의 화력발전소, 장항의 비료공장 등에 연료를 공급하기 위해 부설된 산업철도였다. 철도청 발족 직후 1964년 5월에 착공, 1964년 12월에 준공되었는데 충남 보령시의 남포역(장항선)과 성주탄좌의 입구인 옥마역 사이를 연결한 노선으로서 장항선(천안~익산)의 지선이었다.[21](1955년 9월, 충남선에서 개칭된 장항선은 1922년 6월, 조선경남철도주식회사가 천안~온양온천역 구간을 개통한 후 1931년 8월 남포역~판교역 구간까지 연장되었다).

간선철도망을 잇는 지선도 부설되었다. 서울교외 순환선인 능의선(능곡~의정부: 31.8km)은 경의선(능곡)과 경원선(의정부)을 연결하는 노선이었다. 능의선은 서울로 집중되는 인구의 분산, 대도시 건설 촉진, 관광객 유치를 목적으로 건설되었다. ICA 원조자금과 내자금으로 1차로 능곡~가릉 구간 (26.5km)이 1959년 10월에 착공되어 1961년 6월 준공되었다. 2차로 가릉~의 정부 구간(5.4km)이 1963년 4월에 착공되어 동년 8월 20일 준공되었다. 이로 써 서울역~능곡~의정부~청량리~용산~서울역을 도는 교외순환선(82.9km)이 완공되었다. 1963년 8월에 착공되어 같은 해 12월 30일에 준공된 망우선은 중앙선 및 경춘선(망우역)과 경원선(성북역)을 연결하여 두 노선의 수송력 을 증대시키고 무연탄 저탄장을 설치(이문동)하여 서울에 연탄을 원활하게 수송하기 위한 노선이었다.

경인선 복선화, 영호남 연결선, 간선철도 연결과 공단 지원 철도

경인선 복선화는 이미 1930년대부터 경성상공회의소 등 조선 거주 일본 상공인들이 줄기차게 요구해 온 사안이었다. 결국 1939년도 경인선 복선화 건설비 예산이 계상되어 1939년 말까지 개통이 예정되었지만, 조선총독부 철도국이 물자난으로 무기한 연기를 결정했다.[22] 물자난, 자금난에 더해 일본 정부의 한반도종관철도 우선책에 밀린 것이다.

경인선(영등포역~동인천: 27.7km) 복선화 공사가 착공된 것은 해방 후 경 제부흥정책이 일정하게 가시화되면서 여객과 화물의 수송량이 폭증하는 1960년대 들어서였다. 인천항의 화물수송은 1만 톤급 선박이 입항하고 연 간 500만 톤 화물을 들어내는 제2독크 준공 이후 특히 급증했다. 선로 용량 증대, 고속화 추진을 위한 경인선 복선화 공사는 1963년 11월 오류동역에 서 기공식을 가진 후 2년여 만인 경인선 개통 66주년(1965.9.18)을 맞아 개 통되었다. 이 사이에 철도청은 1964년 7월 팽창일로에 있는 서울 인구의 교 외분산책으로서 서울 근교의 서울~영등포 구간 4복선화, 서울~능곡, 용산~ 수색, 청량리~의정부 구간 복선화 계획을 발표했다.[23] 서울 인구를 분산시 킨다는 목적은 성공하지 못했지만, 1974년 8월 15일에는 수도권전철화 계획에 따라 지하철과 직결 운행되면서 경인선 전구간이 전철화되었다.

1960년대에 부설된 철도 가운데 1964년 4월에 착공하여 지역민들의 오랜 숙원이었던 순천~진주 구간 완공(80.5km)에 따른 경전선(삼랑진~마산~진주~하동~순천~보성~화순~송정리) 개통(1968.2)은 특기할 만하다. 영호남을 잇는 동서횡단선인 경전선이 경부철도의 지선인 진주선(삼랑진~진주: 110.1km)과 호남철도의 지선인 광주선(순천~송정리: 134.6km)을 연결함으로써 경상남도와 전라남도를 하나의 철도망으로 이은 것이다.[24][일제강점기에 남조선철도주식회사가 개통한 전남선(송정리~광주~담양)과 경남선(마산~군북~진주)을 조선총독부가 매수하여 전남선은 광주선으로, 경남선은 마산선과 통합되어 경전남부선(삼랑진~진주)으로 개칭되었다. 광려선(광주~보성~순천~여수: 155.5km) 역시 조선총독부가 매수한 후 경전서부선(송정리~순천)과 전라선(익산~여수)으로 분리 개칭되었다. 그리고 1956년 6월, 경전남부선을 진주선으로, 경전서부선을 광주선으로 개칭했다].

지역의 경제개발을 위한 짧은 노선도 부설되었다. 1953년 5월 사천비행장의 병력 및 군수물자 수송을 위해 개통된 사천선(개양역~사천역: 10.5km)의 사천역에서 삼천포를 연결(18.5km)하기 위해 1964년 4월에 공사를 시작하여 1965년 12월에 개통된 진삼선은 이 지역의 교통난과 육로 수송난을 해결하여 삼천포시 발전과 남해안 지역 수산자원 개발에 기여했다. 그리고 진주의 개양역을 통해 1968년에 완공된 경전선과 연결되었다.

포항종합제철선(효자~괴동: 6.5km)은 포항종합제철과 동해남부선(부산진~포항)을 연결하기 위한 산업철도였다. 연 300만 톤을 생산하는 임해공업단지인 포항종합제철소에 원자재를 공급하고 제품을 국내외로 수송하기 위해 동해남부선에서 분기(효자역)하여 영일군 괴동에 이르는 노선이었다. 이 지역은 철도 노반과 구조물 시공이 어려운 퇴적토 지층이어서 당시의 교량공학 기술이 총동원되었다. 정부는 1968년 1월 기술조사에 착수하고 1968년 4월 25일 착공해 동년 12월 30일에 준공했다.

여천선(덕양~적량: 10.2km)은 호남정유선으로도 불리는데 여수항을 중심으로 건설된 임해공업단지의 호남정유공장을 전라선(덕양역)과 연결시키기 위해 부설된 산업철도로서 1968년 4월 착공 후 1969년 5월 1일부터 운행되었다. 1967년 호남정유 여수공장 기공 이후 국제적 규모의 석유화학공장들이 계속 착공되면서 여수산업단지가 조성되었다. 농업지대였던 호남지역의 공업화 문을 연 여천선 개통 후 1973년 10월 호남종합화학기지가 조성되어 대규모 석유화학공장이 완공되면서 이 지역은 석유화학임해단지로 확대되었다. 1968년 7월과 9월에 개통된 전주공업단지선(북전주~공업단지: 1.9km)과 광주공업단지선(신광주~공업단지: 2.6km) 역시 광주와 전주 지역의 공업단지 조성을 촉진하고 자동차공장 등 각종 공장의 원료와 제품의 신속한 수송을 위한 산업철도였다.[25]

3) 증기차 → 디젤화 · 전철화 · 복선화의 동시진행과 지역불균형

저물어가는 증기기관차 시대, 디젤기관차 시대의 개막

열차를 끌어가는 기관차의 동력은 증기기관→ 디젤기관→ 전기기관으로 바뀌어갔다. 증기기관차보다 견인력이 2배나 크고 연료비가 3분의 1 정도로 싼 디젤기관차는 미국에서 1912년 처음 사용된 후 1930년대에 보편화되었다. 한국에서는 한국전쟁 때 미군의 수송용 디젤기관차 4대를 1955년에 ICA 원조로 인수하여 운영이 시작되었다. 이후 1960년대에는 AID 차관에 의해, 1970년대에는 IBRD 차관에 의한 디젤기관차 도입이 계속 급증했다. 이 와중에 1973년부터 전철화가 급속하게 이뤄지기 시작했다. 즉 한국철도의 기관차 동력은 1955~71년에는 증기 및 디젤 기관차 두 종류가, 1972~82년에는 여기에 전기기관차가 더해져 세 종류가 혼재된 가운데 열차 운행이 이뤄지고 있었다.

〈표 7〉 동력별, 연도별 기관차 보유 현황 (단위: 대)

연도	기관차 동력			연도	기관차 동력			
	증기	디젤	전기		증기	디젤	전기	KTX
1945년말	488			1979	40	406	90	
1950	728			1980	30	425	90	
1954	527			1982	8	440	90	
1955	522	4		1991		501	94	
1957	511	34		1993		504	94	
1960	457	95		1994		495	94	
1963	280	125		1995	1	487	94	
1966	251	173		1998	1	491	94	
1967	203	252		2000	1	487	95	
1971	95	337		2003	1	482	96	340
1972	95	336	13	2006	1	455	131	920
1975	87	386	66	2009	1	388	179	920

참고자료: KORAIL, 앞의 책, 2010, 516~518쪽.

〈표 7〉에 따르면 증기기관차는 해방 직후인 1945년 말 488대, 1950년(한국전쟁 직후) 728대를 최고로 1954년(휴전 직후)에 527대로 격감한 이후 계속 감소했다. 전쟁기를 지나면서 철로 복구는 빨리 진행되었지만, 파괴된 기관차가 그만큼 많았던 것이다. 게다가 1945~50년의 증기기관차 증가분(240대)이 신규 도입된 것이라면 나머지 대부분은 일제강점기부터 사용되어 노후화 정도가 심한 기관차였다. 당시 열차의 정시운행을 가로막는 한 요인도 기관차의 노후화였다. 이런 상황과 맞물려 증기기관차에서 디젤기관차로의 교체가 급격하게 이뤄지기 시작했다.

한국철도사에서 디젤기관차가 처음 도입된 것은 1955년 미군에게 4대를 구입하면서였다. 그러나 디젤기관차를 운전할 기관사가 없었다. 결국 미군에게 운전교육을 받은 기관사가 서울~부산 구간에 첫 시운전(9.2)에 성공한 후 터널이 많은 중앙선 영주~제천 구간에서 처음으로 디젤기관차에 의

한 열차운행이 시작(10.1)되었다. ICA 원조로 도입된 디젤기관차는 1957년, 1958년, 1958년에 각기 34대, 49대, 69대, 1960년에 95대로 급증했다. 대표적 산업철도인 중앙선에 집중 배치된 디젤기관차는 1958년부터 경부선에서도 운행되기 시작했다.[26]

산업철도 부설이 활발해지면서 디젤기관차도 1963년, 1966년, 1969년에 각기 125대, 173대, 282대로 급증했다. 이 사이에 해프닝도 있었다. 1967년 대통령선거(5.3)에서 당선된 박정희 정부가 정치적 선전을 벌인 것이다. 정부는 이해 9월 1일부터 디젤기관차 시대가 열리고 마지막 40대 증기기관차 중 10대만 남겨두고 나머지는 모두 고철로 처리한다는 선전과 함께 '이별의 노래'가 은은히 번지는 서울역에서 증기기관차 '퇴역식'(8.31)을 열었다. 언론은 기관사들이 석탄먼지를 뒤집어쓰는 고통에서 벗어났지만 자장가 같은 디젤엔진 소리 때문에 졸음이 걱정이고 겨울에 석탄열차에서 떨어지는 석탄을 주워서 살던 세궁민들이 걱정이라면서 새로운 디젤기관차 시대를 극찬했다. 또 앞으로 디젤보다 2배나 능력이 좋은 전기기관차로 바꾸는 것이 숙제라면서 1970년까지 전 노선의 10%(330km)를 전철화할 것이라는 철도청의 선전성 계획을 그대로 보도했다.[27]

〈표 7〉에서 보듯이 1967년부터 디젤기관차(252대)가 증기기관차(203대)보다 많아지기 시작한 것은 사실이다. 그러나 1967년에 디젤기관차 시대로 바통이 넘어간 것은 결코 아니었고 여전히 증기기관차가 45%나 차지했다. 1970년까지 전철화는 공사 중일 뿐이었다. 이 해프닝 이후 증기기관차는 1968년에 115대(기관차의 31.3%)로 격감했지만, 전기기관차가 처음 도입된 1972년에 95대(21.3%), 1975년 87대(16.1%), 1979년에도 40대(7.5%)가 남아 있었다. 1970년대 들어 증기기관차 시대는 저물어갔다. 디젤기관차 시대가 열렸다. 그럼에도 증기기관차가 끄는 열차는 여전히 많았고 승객들은 무더운 여름에 터널을 지날 때 차창 안으로 들어오는, 석탄 타는 독한 냄새를 맡아야 했다. 필자에게도 1975년 고교 수학여행 때 이런 기억이 뚜렷하다.

이 사이에 급증하는 디젤기관차의 국내생산이 가능해졌다. 1978년에 현대조선(주)이 디젤·전기 기관차 국산화에 성공하고 1979년에는 현대차량(주)이 3300마력의 GM형 디젤기관차 10량을 철도청에 납품했다.[28] 현대차량(주)은 철도 창설 80주년을 맞아 국산 디젤기관차 운행으로 철도사의 새 장을 열었다는 광고를 도하 각 신문에 게재했다. 그리고 방글라데시에 광궤용 객차 20량(250만 불)을 수출하는[29] 기염을 토했다. 기관차의 국내 생산 또한 철도부설이 계속 이뤄진 일제강점기의 식민지자본주의 하에서는 꿈도 꿀 수 없던 일이었다.

증기기관차는 1970년대 들어 현격하게 감소하여 1972년에 어린이 학습 및 관광용 상품으로 교외선에 등장했다. 1980년대는 물론 1990년대 말까지도 교외선에는 일요일마다 증기기관차가 별도로 운행되었다.[30] 2000년 이후에는 보수, 관리가 어려워짐에 따라 결국 운행을 중지했다. 1980년대 이후 경제개발의 대동맥 자리를 디젤기관차나 전기기관차에 물려줘야 했던 증기기관차는 박물관, 어린이대공원 등 곳곳의 공원이나 야외전시장, 점촌역이나 풍기역 등에 전시되어 과거의 위용과 아픔을 되새겨주는 역사적 유물이 되었다.

디젤기관차 시대의 도래와 함께 진행된 전철(電鐵)화

한국 정부가 철도의 전철화를 구상한 것은 여전히 증기기관차가 열차 동력의 대부분이었던 1960년대 초였다. 얼굴을 드러낸 지 몇 년 안 되는 디젤기관차가 늘어나기 시작할 무렵인 1961년 3월 16일 장면 정부는 철도 전철화 계획을 수립하기 위해 교통부 공전국 전력과에 전화계(電化係)를 신설했다. 5·16쿠데타 후 1962년 9월 경인선 복선전철화 기술조사가 시행되었다. 1년 후인 1963년 9월 1일에는 교통부 산하의 외청으로 철도청이 발족되면서 전화과가 신설되고 주요 간선의 전철화가 계획되었다. 이후 1967~70

년에 산업선, 수도권선, 경부선 전철화를 위한 기술조사를 마쳤다.[31] 그리고 경제성장과 수송수요 폭증에 대처하기 위하여 산업철도(중앙선, 태백선, 영동선)와 수도권철도(경인선, 경수선, 경원선)의 전철화가 추진되었다.[32]

디젤기관차가 산업철도인 중앙선에서 처음 운행되기 시작한 것처럼, 전철화 공사 역시 1969년 9월 12일 중앙선의 청량리~제천 구간(155.2km)에서 착공되면서 시작되었다. 월동기 연탄부족 문제 해결과 시멘트, 비료 등 공산품의 빠른 수송이 시급했기 때문이다. 부설에 필요한 자재와 기관차 등에 소요되는 자금은 유럽혼성차관단(50C/S그룹: 영국, 프랑스, 독일, 스위스, 벨기에)에서 조달했다. 이후 제3차 경제개발 5개년계획(1972~76년) 기간에 산업철도 중 수요가 특히 많은 중앙선과 영동선의 일부 구간, 태백선 전 구간 등 14개 노선이 전철화(449.2km)되었다.[33]

화물수송량의 30~40%를 맡고 있는 중추적 산업철도인 중앙선, 태백선, 영동선의 전철화 착공은 한국철도사에서 "신기원"을 여는 일이었다. 청량리~제천 구간 155.2km의 중앙선과 제천~정선, 예미~함백, 증산~고한 구간 107.9km의 태백선, 철암~북평, 고한~백산 구간 85.5km의 영동선 등 총 348.6km에 이르는 노선의 전철화 공사가 시작되었다. 정부가 전철화를 서두른 것은 제3차 5개년 경제개발계획 목표 달성에 필요한 물동량을 해결하는 데 전철화가 복선화보다 짧은 공사기간, 공사비-유지비 및 수송경비의 절감, 수송력 증강 등의 장점이 있기 때문이었다. 당시에 전철화 공사비는 복선화의 1/3 정도, 유지비는 1/7(중앙선)~1/2(태백선)에 불과했다. 전기기관차는 증기, 디젤 기관차보다 힘이 세고 속도가 빨라 운행 속도와 횟수도 증가시킬 수 있었다. 동력비도 전기기관차 100원에 비해 디젤기관차 210원, 증기기관차 600원으로 큰 차이가 있었다.[34]

착공한지 3년이 채 안 되는 1973년 6월 20일 중앙선의 청량리~제천 구간 전철화가 완공(155.2km)되었다. 증기기관차가 격감하고 디젤기관차가 열차

동력의 압도적 비중을 차지할 무렵 한국철도사에서 전철 시대가 열려 전철이 경제개발의 새로운 동맥 역할을 맡게 된 것이다. 중앙선 전철화 완공은 유신시대로 접어든 시점에서 정치적 의미 또한 적지 않아 청량리역에서 박정희 대통령이 참석하는 개통식이 열렸다. 중앙선의 전철화로 화물수송량은 연간 1,040만 톤에서 1,420만 톤으로 급증했고, 화물열차는 6시간에서 4시간으로, 여객보통열차는 4시간 39분에서 3시간 50분으로 단축되었다.[35]

1년 후 1974년 6월에는 착공한지 5년여 만에 제천~백산 구간(80.1㎞) 전철화가 완공되어 태백선의 전 구간 전철화가 이뤄졌다. 중앙선에 이어 두 번째로 개통된 전철노선이었다. 태백선은 1973년 철도수송량에서 시멘트의 28.9%, 무연탄 23.7%를 수송했다. 그러나 태백산 지역은 최대의 탄전이 집중되어 시멘트, 석탄 등 광물자원이 풍부하게 매장되어 있음에도 불구하고 험준한 태백산맥 때문에 수송력이 떨어져 그동안 개발이 상대적으로 부진한 상태에 있었다. 계절에 따른 물자의 극심한 화물적체로 소비지에서 물자부족 사태를 빚는 악순환이 끊이지 않았다. 태백선 전철화 개통은 이를 해소하는 중요한 계기가 되었다. 화물열차 운행시간이 3시간 20분에서 2시간 40분으로 단축되고, 수송량이 480만 톤에서 780만 톤으로 급증했다.[36]

1975년 말에는 영동선의 철암~동해 구간 전철화가 완료(85.5㎞: 12.5)됨으로써 3대 산업선(중앙선, 태백선, 영동선) 전철화가 이뤄졌다. 이에 따라 빠른 수송과 1일 석탄수송량 급증(1,710만 톤→2,570만 톤)으로 시멘트와 광산물 등 산업물자의 대량수송이 가능해졌다. 그리고 박정희 대통령이 참석한 3대 산업선 전철 전통(全通)식이 북평(동해)역에서 거행되었다. 각 선별로 내자 및 외자 구성을 보면 중앙선 27억 원: 1,400만 달러, 태백선 16억 원: 7백만 달러, 영동선 24억 원: 8백만 달러, 합계 67억 원: 2,900만 달러가 소요되었다.[37]

증기기관차의 시대가 저물고 디젤기관차의 시대가 된 1973~79년에 전기기관차 비중(10.6%~16.8%)도 함께 증가했다. 그러나 이후 산업선 전철화의 후속공사는 진행이 늦어졌다. 산업선에 집중되었던 전철화 사업의 방향이 바뀌어 수도권 전철화로 집중되었기 때문이다. 경제개발정책이 진행되면서 드러난 지역간 경제 불균형, 산업구조의 불균형, 수도권 인구의 과밀화 현상을 해소한다는 명분이었다. 수도권 전철화는 이미 개통된 산업선 전철과 수도권 전철망을 연결하는 방향으로 진행되었다. 그러나 수도권 전철화 사업은 불균형적 산업구조와 수도권 인구 집중이라는 현상을 좇아가는 철도정책으로서 이러한 문제를 완화시키지는 못했다.

전철화 사업은 수출정책을 뒷받침하기 위한 자원, 물자 수송 및 공단조성과 밀접한 연관 속에서 추진되었다. 수도권 전철화는 경인선에서 시작되었다. 경인선의 심각한 교통난 해소를 위한 전철화 공사가 1971년 인천공설운동장에서 착공(4.7)되었다. 이 재원은 일본 OECF 차관 등으로(외자 3천만 달러, 내자 56억 2,500만 원) 충당되었다. 이 공사로 1974년 8월 15일 경인선의 구로~인천(27.0㎞), 경부선의 서울역~수원(41.5㎞), 경원선의 용산~성북(18.2㎞) 구간 등 총 86.7㎞ 노선이 전철화되었다. 이로써 경인선 전 구간과 경부선 일부 구간의 복선전철화가 이뤄졌다. 동시에 같은 날 서울지하철 1호선(청량리~서울역: 9.5㎞)이 개통되었다. 풍부한 노동력과 시장을 안고 있는 경인선 복선전철화 작업은 수도권 특히 경인지역 일대의 공업단지 조성에 기여했다.[38)]

경부선 전철화는 2000년대 들어 고속철도 공사 추진과 더불어 더욱 속도를 냈다. 1981년에 수원까지 완료된 전철화가 2000년대 들어 수원~병점(2003.4.30), 병점~천안(2005.1.20) 구간으로 이어졌다. 이후 대전조차장~옥천, 신동~부산(2004.4.1), 천안~조치원(2005.3.30), 조치원~대전조차장(2005.9.5), 옥천~신동(2006.12.8) 구간이 차례로 이어지면서 경부선 전 구간의 전철화가 완료되었다.

1970년대 들어 진척이 주춤했던 산업선 전철화는 수도권 전철화에 연동되면서 1980년대 후반 이후 다시 속도를 내었다. 중앙선은 1987년 12월에 제천~단성 구간(29㎞), 1988년 12월에 단성~영주 구간(35㎞)이 완공됨으로써 제천~영주 전 구간(64㎞) 전철화가 개통되었다. 이후 중앙선은 1997년 청량리~용문 구간(64.1㎞) 복선전철화 공사가 착공(10.20)되면서 2000년대 들어 철도교통에 큰 변화를 불러왔다. 복선전철화 공사가 구간별로 완공되면서 계속 연장되어 서울로 직결되는 광역전철로 운행되었기 때문이다. 2005년 청량리~덕소(12.16), 2007년 덕소~팔당(12.27), 2008년 팔당~국수(12.29), 2009년 국수~용문 구간(12.23)이 연이어 복선전철화됨에 따라 중앙선의 광역전철 구간도 연장되었다. 2011년에는 제천~도담 구간(4.20)도 복선전철화 노선에 포함되었다. 9월 28일에는 원주~봉양~제천 구간(44.1㎞) 복선전철화 공사가 착공되었다.

영동선은 1997년 3월 영주~철암(87㎞) 구간이 전철화되면서 중앙·영동·태백지구의 순환전철망이 구축되었다. 2005년에는 동해~강릉 구간이 전철화되었다(9.8). 태백선은 1974년 6월 전 구간 전철화 개통 후 2006년에 시작된 제천~쌍용 구간(14.3㎞) 복선전철화 공사(9.21)가 2013년에 완공(11.14)되었다. 충북선 복선화 공사(조치원~봉양, 113.2㎞)는 1975년에 착공하여 1980년에 완공(10.17)되었는데 연선지역에서 생산된 에너지자원과 공업생산품을 서울 등 도회지와 공업지대로 신속한 대규모 수송을 가능하게 하여 충주를 중심으로 충청북도의 공업화를 촉진시켰다. 1999년에는 조치원~봉양 구간 전철화가 착공(6.14)되어 2004년에 완공(12.31)되었다.[39)]

급속한 복(복복, 3복)선화 추진과 뒤늦은 호남선 복선화

철도 노선은 1980년대 들어서면 사실상 포화상태에 이르렀다. 이미 1968년 1월 박정희 대통령은 교통부 순시 자리에서 철도의 신규노선 부설을 되도록 억제하라고 지시한 바 있다.[40)] 실제로 정부는 신규노선 부설보다 전철화, 복(복복, 3복)선화를 통한 기존노선의 효율적 이용에 주력했다. 1960~70년대를 지나는 동안 서울의 인구 급증에 따라 특히 서울~인천 간 교통량과 물동량이 급증했다. 기존의 복선으로도 수요를 감당하기 어렵게 되자 1990년대 들어 복복선화가 추진되었다. 1994년 용산~구로 구간 복복선화 개통 후 1999년 1월 구로~부평, 2002년 3월 부평~주안, 2005년 12월에 주안~동인천 구간이 차례로 복복선화되었다.

경부선은 일제가 대륙침략용 종단노선으로 설정한 한반도철도망의 구조적 특징이 역사적으로 누적되면서 여객과 화물의 집중도가 갈수록 심해졌다. 결국 경부선도 기존의 복선노선으로 수송량을 감당하기 어려운 상황에 이르러 복복선화, 수송이 특히 집중되는 구간에서는 3복선화를 서둘러야 했다. 1974년 8월 서울역~수원 구간 전철화 후, 영등포~수원 구간 복복선화 공사가 착공(1977.6.8) 4년 반 만에 개통(1981.12.23)되었다. 경부선은 복복선화에도 불구하고 1990년대 들어 계속 용량 부족에 시달렸다. 이에 따라 수송집중도가 특히 높은 구로~영등포(1991.11.23), 영등포~용산역(1996.12.30) 구간의 3복선화 공사가 완료되었다.[41] 경부선은 일제의 패전 직전에 복선화가 이뤄졌고 해방 후 정부도 1972년부터 고속철도를 도입한다고 발표한 가장 중시한 노선이었다. 게다가 1980년대를 지나면서 구간에 따라 복(3)복선 공사까지 진행되는 상황이었다.

이에 비해 호남선 복선화는 착공(1968.1.4)은 물론, 완공(2003.12.10)도 매우 늦었다. 착공 후 전 구간 복선화가 완공되는 데 무려 36년이나 소요된 셈이었다. 실제로 산업철도 부설에 집중하던 1960년대 초까지만 해도 정부는 단순히 여객 교통량만 기준해서 호남선 복선화의 필요성을 느끼지 않았다. 이는 철도 노선에 국한된 문제가 아니라 정부가 한국 경제 전반의 지역 불균형 문제를 심각하게 인지하지 못했다는 것을 반영한다.

▲ 경인선 복복선 기공식(1991년 11월 23일)
출처: 철도청 편, 『(사진으로 본) 한국철도 100년』, 철도청, 1999, 300쪽(코레일 제공).

　　그러던 정부가 1966년 말, 호남선의 대전~이리(익산) 구간(88.6km) 복선화 공사를 1968년에 착수하겠다고 발표했다. 다름 아닌 몇 달 후로 다가온 대통령 선거(1967.5.3) 때문이었다. 실제로 유세가 한창이던 1967년 3월 정부와 공화당은 '전남푸대접 시정대책위원회'까지 결성하면서 영남지역의 공업화와 대비되는 호남지역의 차별감 해소에 주력해야 했다. 『동아일보』는 "서해안산업선이니 충남선 건설이니 하는 간지러운 '정치철도' 건설계획으로 민심을 달래지 말고 호남선복선공사를 서두르는 것이 급하다"는 지역의 목소리를 보도했다. 당시는 경부고속도로 건설계획이 구체화되어 고속도로에서도 호남을 푸대접한다는 여론이 비등하여 호남선 "복선이라도 해줘야지 이대로 지역편중정책을 계속하다간 큰일이 벌어질 기세"였다.[42]

　　결국 호남선 복선화 공사가 1968년 1월 4일 두계~광석 구간의 개통에서 시작되었다. 두계~개태사 구간 개통(9.4km: 1969.6.1), 함열~이리 구간 개통(16.0km: 1971.4.15) 후 1972년 11월, 철도청은 1974년 말까지 호남선 복선화를 완공하겠다고 발표했다. 유신헌법 선포 직후의 정치적 제스처로서 호남 민심 달래기용 발표였다. 실제로 완공은 계속 지연되었다. 1978년 3월 30일에야 호남선에서 교통량이 가장 집중된 서대전~이리 구간(88.6km)이 착공 10년 만에 복선화가 완료되었다. 그리고 전 노선의 절반도 안 되는 구간의 부분 개통을 기념하여 호남선, 전라선, 군산선이 분기되는 요충지인 이리(익산)역에서 호남선 복선화 개통식을 열었다. 당시 언론은 전 구간 복선화 과제가 남아있지만 이로써 호남사람들의 숙원이 해소되어 호남선 수송기능은 "당분간 충분"하다고 인식했다. 정부뿐 아니라 언론이나 지식층도 1970년대를 지나는 동안 지역경제 균형을 추구해야 한다는 장기·거시적 안목보다 단순히 여객에만 초점을 둔 기능적 접근에 머물러 있었다.

서대전~이리 구간 복선화 개통 후 3년이 지난 1981년 2월 4일 이리~송정리 구간(101.2km) 복선화 공사가 착수되고 1988년 장성~송정리 구간(22.1km) 개통(9.6)으로 서대전~송정리 구간(189.8km)의 복선화가 완료되었다. 1968년 첫 착공 이후 20년 만의 일이었다. 나머지 송정리~목포 구간(70.8km)의 복선화는 이로부터 다시 15년이 지난 2003년 12월 10일에야 완료되었다.

호남선 복선화에 따른 복선전철화는 2004년 4월, 경부고속철도 개통과 함께 완공되었다. 전라선 복선화는 호남선보다 훨씬 늦은 1989년 11월에 착공되어 13년 만에 전 구간이 완공(2002.10.15)되었고 이후 임실~금지(2004.8.31) 구간이 추가되었다. 전라선 복선전철화(익산~여천)는 2011년 10월에 완공되었다(여천~여수엑스포역 구간은 단선전철).[43]

고속철도 시대의 개막과 '섬'에 갇힌 분단철도의 한계

1) 산업구조 변화와 도로중심 교통정책에 따른 철도의 수송분담률 격감

철도 건설은 경제개발과 여객 및 화물 수송에 크게 기여했다. 그러나 1980년대 들어 노선이 포화상태에 이르고 교통수단별 수송 양상도 경제의 구조와 환경이 바뀌면서 큰 변화를 보였다. 철도정책도 노선을 신설하기보다 복선화, (고속)전철화 등 기존노선의 효율성을 높이는 데 주력했다.

철도여객은 한국전쟁으로 시설이 대거 파괴되고 군사적 이용이 우선시됨에 따라 1949~51년에 격감(7,741만 명 → 2,407만 명)했다. 휴전 이듬해인 1954년(5,817만 명)에 급증했지만 불황을 겪었던 1957년(5,343만 명)에는 다시 감소했다. 그 후 1969년(1억 5,470만 명)까지 계속 급증했다. 경제개발계획에 따라 철도시설 개선, 신규노선 확장, 디젤기관차 도입, 운행시간 단축, 국민소득 향상에 따른 관광객 증가로 철도 이용이 늘어난 것이다. 철도화물은 1949년(642만 톤)에 비해 전쟁 중인 1951년(1,302만 톤)에 군사물자, 수입품, 원조물자 수송이 급증했지만, 1954년(927만 톤)에는 급감했다. 그 후 계속 증가하다가 1958년에는 운임 인상(90%)으로 급감했다. 그러나 제

1차 경제개발계획이 시작된 1962년(1,500만여 톤)에 다시 증가한 후 1971년 (3,196만 톤)까지 계속 증가했다. 1970년대 이후에는 고속도로 개통과 자동차 증가, 여기에 항공수송까지 늘어나면서 철도 이용은 계속 축소되었다. 여객은 1970년(1억 3,125만 명) 이후 계속 하향추세를 보였고 화물수송 역시 1970년대 들어 계속 둔화되었다.[1)]

철도는 1940년에 여객의 63.7%, 화물의 90.1%를 소화했다. 특히 화물의 철도 이용 비중은 압도적이었다. 그러나 1960년대 이후 철도교통 : 도로교통의 수송분담률 추이는 큰 변화를 보였다. 여객의 경우 1961년(53 : 45.5%)과 달리 이미 1966년(42.5 : 56.2%)에 도로에 역전된 상태였다. 1998년(27.3 : 55.4%)을 지나 2000년에는 15.9%로 격감했다. 화물의 경우 1961년(88.2 : 8.2%)에서 1998년(7.6 : 72.0%)을 지나 2008년에는 8.1%에 불과했다.[2)]

실제로 해방 후 2010년까지 인구 증가율(2.9배)에 비해 철도 영업거리 증가율(1.34배)은 크게 떨어졌다. 1975~2009년에 도로 연장은 1.95배(44,905km →87,388km) 증가했지만, 철도 영업거리는 오히려 6km가 감소(3,144km→3,138 km)했다.[3)] 이처럼 1960년대까지 수송의 대동맥이었던 철도는 1970년대 이후 특히 1980년대 중반 들어 수송분담률이 격감했다. 이후 자동차 급증에 따른 역작용인 도로 정체로 철도 여객이 다소 증가하는 정도에 불과했다.

디젤기관차 시대 초기이자 전철화 공사가 시작된 1969년에 경인선 개통 70주년을 맞아 이미 철도의 사양화는 피할 수 없는 일로 인식되었다. 철도는 일제 "착취의 호스노릇"을 강요받고 동란으로 파괴되는 위기 속에서 느림보 철마(증기기관차)를 벗어나 디젤화 실현, 전철화 착공 등 금석지감의 위용을 드러냈다. 그러나 선진국에서도 사양길에 들어섰고 수송수단 양상이 바뀌는 시대의 흐름에서 통근수송, 고지대 광산물 수송, 중거리 대량수송 등 다른 교통기관으로 대체할 수 없는 영역에서만 이용될 것이라는 주장이 나올 정도였다.[4)]

실제로 1960년대 들어 박차를 가한 경제개발정책에서 교통정책은 도로 중심으로 추진되었다. 경제개발을 위한 차관 도입 때에도 도로를 건설해야 한다는 조건이 언제나 붙어 있었다. 교통시설 투자 중 도로의 비중은 제1차 경제개발 5개년계획 기간(1962~66년) 17.2%에서 제2차 기간(1967~71년)에 52.0%, 제3차 기간(1972~76년)에 51.6%나 차지했다. 제6차 기간(1987-91년)에는 79.6%까지 상승했다. 반면에 철도는 제1차 기간(60.6%) 이후 계속 감소하여 제6차 기간(10.1%)에는 격감했다. 2000년대 들어 철도 투자가 증가했지만, 여전히 도로 투자의 절반 정도에 불과했다.

특히 고속도로의 등장은 이제까지 "무적을 자랑하던 철마"의 위상을 결정적으로 흔들었다. 이런 현상은 경부고속도로 전 구간 개통(1970.7) 이전에 구간별로 부분 개통이 이뤄진 1969년에 이미 나타났다. 1969년 8월에 개통된 서울~수원 구간 고속도로가 천안(9.23), 대전(12.10)으로 연장되면서 등장한 "호화판 고속버스"가 운임은 물론, 도로정체가 없던 때여서 운행시간 면에서도 철도보다 경쟁력이 높았기 때문이다. 가령 서울~대전 구간 운임이 고속버스 580원에 비해 철도는 특급2등이 1,110원, 관광호는 2,165원으로 현격한 차이를 보였다. 1970년 1/4 분기 서울~대전 구간 철도여객은 전년 동기보다 35.1%나 격감했다. 그 대책으로 철도청이 고속버스를 겸영하는 구상까지 할 정도였다.[5]

1980년대 이후 철도 환경은 더 악화되었다. 무엇보다 자동차 시대가 도래하면서 장거리 교통까지 자동차에게 주도권을 내준 것이다. 이런 변화속에서 철도정책은 수도권 전철망 건설에 주력하게 되었다. 철도화물 구성도 크게 변화했다. 1970년대 중반까지 화물의 주종은 양곡, 석탄, 비료, 시멘트, 김장재료 등이었다. 급속한 경제건설과 도시화 진행을 반영한다. 그런데 1970년대 중반 이후부터 중화학공업 발달에 따른 공업제품 수출 증가, 주거지로서 아파트 급증에 따른 난방연료의 급격한 교체(연탄→기름→가스)로 양곡, 석탄, 김장재료 등의 화물 비중이 감소하고 유류, 시멘트 등의 비중이 증가했다. 1980년대 중반 이후에는 컨테이너 수송 등이 급증

했다. 승객은 귀성 또는 바캉스 등과 관련된 여행객이 주류를 이루었다.[6]

여기에 석탄산업 사양화는 철도의 경영환경에 결정적 영향을 미쳤다. 정부수립 이후 특히 1960년대 들어 산업철도 대부분은 탄광의 개발과 수송을 위해 건설되었고 이들 노선에 디젤화, 전철화, 복선화 추진이 집중되었다. 그러나 석탄산업은 번성기였던 1960년대부터 사양화의 운명을 안고 있었다. 1965년 가을과 1966년 여름에 연탄 가격이 폭등하자 정부는 에너지정책의 전환(석탄 위주→유류 위주)을 모색하면서 석탄산업 합리화 방안을 모색했다. 그런데 1973년과 1978년의 석유파동으로 에너지정책이 재전환(유류 위주→석탄 위주)되면서 석탄산업이 일시적으로 다시 호황을 맞았다. 그러나 1980년대 들어 국제 원유가격이 안정되자 석유 소비 증가, 석탄 수요 감소라는 대조적 추세가 고착되었다. 석유 가격은 떨어지는데 국내 석탄(무연탄) 가격은 계속 올라 석탄산업의 가격경쟁력이 현저하게 떨어졌다. 국민소득이 높아지면서 가스, 석유, 전기 등 대체 에너지 선호도가 커졌다. 결국 정부는 1987년 석탄산업합리화사업단을 설립하고 1989~96년에 334개 탄광을 폐광시키는 석탄산업 구조조정을 추진했다. 이 과정에서 적지 않은 산업선이 폐지되었다. 탄광열차가 지나던 자리는 중부내륙관광열차, 정선아리랑열차, 서해금빛열차 등 관광열차로 대체되었다.[7] 철도의 역할이 바뀐 것이다.

2) 도시철도 확대 속에 촘촘하게 연결된 수도권 전철망

지형적으로 본래 국토가 좁은데다가 분단 문제까지 안고 있는 한국 경제는 경제개발이 빠르게 진행되면서 1970년대 들어 수도권과 경부 라인으로 인구와 산업이 집중되는 현상에 따른 여러 문제를 드러냈다. 가령 심각한 지역불균형, 그것이 불러온 교통혼잡비나 물류비 등 각종 사회적 비용의 급증, 각종 교통망의 수송능력 포화상태 등을 들 수 있다. 한국 경제의 총체적 경쟁력 약화가 우려되었다. 특히 철도 여객의 60% 이상을 수송하는 경부선은 1970년대 들어 용량 포화가 예측되어 교통정책 측면에서 고속도로 확장, 철도 노선 확충, (고속)전철화 등 다양한 방안이 동시에 구상되고 추진되었다.

1970년대 들어 막 도래한 디젤기관차 시대를 넘어 전철화 시대를 향해 빠르게 질주하던 산업선 전철화사업은 수도권 전철망 구축 사업과 연동되었다. 전철화사업은 자동차시대가 도래한 1980년대 들어 버스, 택시, 승용차 등 도로 교통수단을 대체하는 도시철도(지하철), 수도권전철의 확대로 집중되었다. 수도권이 확대됨에 따라 건설된 경원선 복선전철, 안산선 복선전철, 과천선 전철, 분당선 복선전철이 대표적인 경우였다.

▲ 경인선 전철착공식(1971년 4월 7일)
출처: 철도청 편, 『(사진으로 본) 한국철도 100년』, 철도청, 1999, 291쪽(코레일 제공).

1970년 10월 수도권 전철화사업, 즉 서울지하철 건설과 광역수도권 고속전철화 계획이 확정되었다. 서울시가 마련한 수도권 지하철 건설계획안에 대해 일본 정부가 파견한 '한국수도권교통조사단'이 한 달간 검토, 보완작업을 마치고 조사단장 가쿠모토 료헤이(角本良平: 일본 운수성 경제연구센터 이사장)가 '서울특별시수도권 도시교통 계획조사에 관한 보고서'를 제출했다. 이후 서울지하철 및 수도권 전철화의 기본방향이 된 이 보고서는 ① 도시고속철도의 필요성, ② 노선 선정, ③ 지하철 1호선 계획, ④ 철도의 전철화 계획, ⑤ 기타노선 계획 등으로 구성되었다. 즉 서울~인천, 서울~수원, 청량리~성북 구간을 지하철 건설과 동시에 전철화하고 이후 지하철과 이어지는 기존노선을 전철화하는, 광역수도권(서울에서 인천, 수원, 의정부, 광주 등과 연결하는 45㎞ 구간) 고속전철화계획이었다. 건설부, 서울시, 철도청이 각기 세웠던 수도권지하철 건설 및 외곽철도 전철화방침도 이 수도권교통종합건설계획에 흡수되었다.[8]

지하철 건설에 중점을 둔 이 계획도 인구의 수도집중과 도시교통난 해결을 목적으로 추진되었다. 한국의 불균형적 산업구조와 수도권에 과밀하게 집중된 인구분포를 반영한 것이다. 그러나 이러한 철도정책은 문제로 드러난 현상을 좇아가는 기능적 접근이었지, 장기·거시적으로 문제 해결에 초점을 둔 접근이 아니었다. 결국 산업구조의 지역적 불균형과 수도권 인구집중 현상을 오히려 심화시키는 결과를 불러왔다.

수도권전철은 서울을 중심으로 인천, 경기도, 충청남도 아산과 천안, 강원도 춘천 등으로 지하철과 고속전철화한 기존노선이 연결되는 전철망을 가리킨다. 즉 서울지하철, 인천지하철, 한국철도공사가 운영하는 광역철도와 인천국제공항철도, 신분당선 등을 아우르는 광역전철망을 말한다. 수도권전철은 가장 긴 노선인 1호선(200.6㎞)과 3호선, 4호선 등 총 1,013.4㎞ 노선이 운영되고 있다. 도시철도는 서울지하철 1호선 개통(1974.8.15) 후 2016년 3월 현재 서울에 9개, 부산 4개, 대구 3개, 인천 2개, 광주와 대전에 각각

1개 모두 20개의 노선이 개통되었다.

서울지하철 1호선 착공(1971.4.1)과 개통(1974.8.15)은 도심 교통난 해소라는 본래의 목적 외에도 1968년에 착공, 1973년 9월에 개통된 평양의 지하철 천리마선(봉화역~붉은별역) 건설 상황을 감안한 적대적 분단체제의 정치적 요소도 크게 작용했다. 평양의 지하철은 서울보다 3년 먼저 착공되었고 1년 먼저 개통되었다. 이 때문에 정부가 발표(1970.10.22)한 '수도권전철화사업' 계획에 따르면 서울지하철은 1971년 초에 착공하여 1973년에 완공하는[9] 것으로 되어 있었다.

서울지하철 1호선은 개통(청량리~서울역, 9개 역 7.8km)과 더불어 경부선, 경인선과 연결되어 수도권전철의 성격을 띠고 운행되기 시작했다. 이후 계속 구간이 확장되어 1985년 성북(광운대역)~창동 구간이 개통(8.22)되면서 수도권전철 1호선으로 불렸다. 수도권전철 1호선은 경인선 복복선화 공사가 구로~부평 구간(1999.1.29), 부평~동인천 구간을 완공(2005.12.21)함에 따라 용산역에서 부평, 동인천으로 이어진 급행열차로 노선이 연장되었다. 수도권전철에서 이어진 급행열차는 경부라인인 수원 이남 방면인 수원~병점(2003.4.30), 병점~천안 구간(2005.1.20)까지 연장되었다. 2008년에는 장항선 천안~신창 구간 개통(2008.12.15)으로 수도권전철 1호선은 충남지역으로까지 노선이 확대되었다. 2005~09년에는 중앙선의 청량리~덕소~팔당~국수~용문 구간이 복선전철화되면서 서울지하철과 연결되는 수도권전철이 되었다. 경의선의 서울역~문산 구간(2009.7.1)과 경춘선의 상봉~춘천 구간(2010.12.21)도 개통과 더불어 수도권전철에 편입되었다.[10]

서울지하철 2호선은 1980년 신설동~종합운동장 구간 개통(10.31) 후 4년 만에 순환선이 완성되었다. 서울지하철 3호선은 1985년 구파발~독립문 구간 개통(7.12)에 이어 양재역까지(10.18) 연장된 후 수서역(1993.10.30)까지 연장되었다. 1996년에는 구파발~대화 구간 개통(1.30)으로 일산신도시로 연결되는 수도권전철 3호선으로 불렸다. 서울지하철 4호선 역시 1985년 상계~한성대입구(4.20)에 이어 금정~안산 구간 개통(1988.10.25)으로 산본신도시, 안산시와 연결되는 수도권전철 4호선으로 불렸다. 서울지하철 5~8호선은 1995~2000년에 개통되었다. 분당선이 수서~선릉 개통(2003.9.3) 후 선릉~왕십리 구간(2012.10.6)으로 연장되었다. 2011년에는 신분당선(강남~정자)이 개통되었다.[11]

부산, 대구, 인천, 대전, 광주 등 5개 지방광역시에도 도시철도가 건설되었다. 부산도시철도 1호선은 1985년 범내골~범어사역 구간에 개통되었다(7.19). 2호선이 14년 만에 호포~서면 구간 개통(1999.6.30), 3호선이 2005년 11월, 4호선이 2011년 3월 개통되면서 각 노선이 확장되었다. 2016년 2월 현재 4개 노선(108.5km)이 운영되고 있다. 2011년 9월에 개통된 부산~김해 경전철(24km)은 광역철도로 운영되고 있다.

대구도시철도는 1호선이 1997년 진천~중앙로 구간 개통(11.26) 후 이듬해 전 구간이 개통(1998.5.2)되었다. 2호선은 2005년 전 구간이 개통(10.18)되었다. 모노레일 경전철인 3호선이 2015년에 개통(4.23)되어 2016년 2월 현재 3개 노선(81.2km)이 운영되고 있다.

인천도시철도는 1호선이 1999년 박촌~동막 구간에 개통된(10.6) 후 현재 계양~국제업무지구(29.4km) 구간으로 확장되었다. 2016년 수인선의 송도~인천 구간이 개통(2.27)되어 계획 중인 2호선 오류동~운연동 구간과 연결될 예정이다.

대전도시철도는 2006년 판암역~정부청사역 개통(3.16) 후 2007년에 정부청사역~반석역 구간이 개통(4.17)되었다. 광주도시철도는 2004년 녹동~상무역 구간이 개통(4.28)된 후 2008년 상무~평동역 구간이 개통(4.11)되었다. 대전과 광주에서는 각기 현재 1개 노선의 도시철도가 운영되고 있다.[12]

한편 인천국제공항철도가 민자(民資)사업으로 2001년 3월에 착공되어 2007년 3월 김포공항~인천국제공항 구간이, 2010년 12월 서울역~김포공항 구간이 개통되어 전 구간(58km)이 개통되었다(공덕역만 2011년 11월 30일 개통). 용유차량기지선(인천국제공항~용유차량기지: 3.0㎞)은 별도로 구분해서 칭한다.[13] 2012년에는 수인선의 송도~오이도 구간과 경의선의 복선전철 연장으로 디지털미디어시티~공덕 구간이 수도권전철로 연결되었다.

3) 2000년대 고속철도 시대의 개막

계획 단계의 강한 정치성, 수요에 따른 구체성

고속철도는 개량한 기존선로에서 시속 200㎞ 이상, 신설 선로에서 250㎞ 이상 속도를 내는 열차를 말한다. 일본에서 도쿄올림픽 개최에 맞춰 1964년 10월 1일 도쿄~오사카 구간에 세계 최초로 개통되었다. 일본은 1959년에 신칸센(新幹線) 공사에 착공하여 5년 만에, 패전 후 20년도 안 된 시점에서 시속 210㎞ 토카이도(東海道) 신칸센을 개통함으로써 세계를 향해 경제적으로 완전히 재기한 선진국임을 과시했다.

프랑스국유철도(SNCF) 역시 제2차 세계대전 후 상용화된 전철화 기술개발을 발전시켜 고속철도 운행을 추진하던 중, 신칸센 가동에 자극받아 GEC 알스톰사가 TGV(Train à Grande Vitesse: 고속철도) 개발을 서둘러 1981년 9월 27일 파리~리옹 구간에 시속 270㎞의 유럽 최초로 고속열차(LGV: Ligne à Grande Vitesse)를 개통했다. 유럽에서 테제베(TGV) 시대가 열린 것이다. 당시 신칸센과 테제베과 더불어 또 하나의 고속전철 기술보유국이었던 독일의 이체(ICE: Inter City Express, 도시간 고속철도)는 1991년 6월 함부르크~뮌헨 구간을 개통했다.

한국 정부가 고속철도 도입을 발표한 것은 1972년이었다. 한국철도사에서 1970년대는 디젤기관차 시대, 전철화 시대가 빠르게 진행됨과 동시에 고속철도화까지 모색된 시대였다. 1972년 11월 17일 철도청은 1976~82년에

서울~부산 구간을 2시간대에 주파하는 고속철도를 건설한다는 계획을 발표했다.[14] 유신헌법이 국무회의에서 의결 공포(1972.10.27)된 지 3주 후의 일이었다. 1969년에 착공한 영동선 전철화도 아직 완공되지 못한 때였다. 1964년에 일본이 선수를 치고 개통했지만, 당시 최첨단 기술을 갖고 있던 프랑스와 독일에서도 이미 10년 이상 준비단계를 거치는 중이었던 고속철도를 한국에서 건설한다고 발표한 것이다. 독일의 경우 1971년 '고속전철개발법'을 제정한 후 단계적 추진 과정에 있었고 결과적으로 20년 뒤인 1991년에 이체(ICE)를 개통했다.

경부고속전철 공사 착수 역시 이로부터 20년 뒤인 1992년에 이뤄졌다. 그러나 당시의 고속전철 건설안을 두고 철도의 경쟁력을 회복하기 위해 수송용량의 포화 상태를 극복하고 여객 및 화물 수송의 편의성과 속도 등에서 일대 근본적인 변화를 시도한 방안의 산물로 보기는 어렵다. 철도의 수송 용량과 시간문제 이전에 기초적 인프라인 항만시설 확충이 시급했던 당시, 정부의 고속전철 부설계획 발표는 앞뒤가 뒤집힌 논의였다.

당시에 고속철도를 부설한다면 일본이나 독일, 프랑스와 달리 자체 기술이 전무하여 차량 등 자재, 기술, 자금 등 모든 것을 수입에 의존해야 했다. 고속철도 건설은 당시 한국의 경제력 수준과 전혀 조응하지 않았거니와 당시의 교통상황에 비춰서도 절실한 상황이 아니었다. 이는 이후 1976년까지 4년 동안 정부의 진전된 고속전철 건설안 발표가 없었다는 점에서도 드러난다. 이처럼 한국철도사에서 고속철도는 구상 단계에서부터 경제외적 논리로서 '정치적' 의미를 강하게 담은 채 출발했다.

이후 1977년 3월 '수도권인구 재배치 기본계획'에 따른 5개 지방 거점도시 개발을 위해 경부선, 호남선, 전라선에 신간선 고속철도를 건설한다는 계획이 한국개발연구원(KDI)에 의해 성안되어 박정희 대통령에게 보고되었다.[15] 계획안이지만 신설하겠다는 고속철도 명칭을 군이 일본의 '신간선'으로 명명한 것도 특이하다. 공사 착수 9년이 되도록 호남선 복선화의 첫 단계인 서대전~이리 구간조차 개통하지 못한 상황에서 호남선과 전라선을 고속철도 부설계획에 포함한 것은 실행의지가 수반되지 않은 '정치적' 선전이었음을 보여준다.

1979년 2월에도 경부고속전철 건설을 위한 타당성 조사계획이 박정희 대통령에게 보고되었다. 공사 착수 이전단계인 준비과정을 언급한 것은 이때가 처음이었다. 그러나 여전히 빠른 착수가 강조되었다. 이 보고 직후 1979년 5월에는 제5차 경제개발 5개년계획(1982~86년) 사업으로서 1조원 공사비로 여객전용 경부고속철도와 화물기지를 건설하고, 이 건설이 완공된 후 현 경부선은 특급 이하의 여객과 화물전용으로 사용한다는 계획이 발표되었다.[16]

박정희 정권의 고속전철 건설계획을 토대로 전두환 신군부 정권은 1980년 11월 서울~부산, 서울~순천 구간 고속철도 건설안을 발표했다.[17] 아직은 생소한 고속전철 건설안은 권력 장악의 정당성이 취약했던 정권에 우호적 관심을 끄는 소재로 기능할 수 있었다. 다만 서울~순천 구간이 포함된 점이 특기할 만하다. 이 역시 정권의 태생부터 호남지역을 의식해야 했던 신군부 정권의 '정치적' 제스처에 불과했다. 실제로 이후 고속철도 건설안이 구체성을 띨 때 호남선이나 전라선은 늘 배제되었다.

전두환 정부 출범 직후인 1981년 초에는 경부선 수송능력이 1990년대에 이르면 한계에 이른다면서 1990년 완공 계획(서울~대전 구간은 1987년 완공)을 세웠다. 이후 경부고속철도 건설안은 일본으로부터 차관 도입을 모색하면서 구체성이 높아졌다. 나카소네 야스히로(中曾根康弘) 일본 수상이 현직 총리로서 최초로 방한(1983.1.11)하면서 일본은 40억 달러 경제협력 지원에 합의하고 양국 기술자 교류 제의 등 적극적으로 나섰다. 일본으로서는 공사비 3조원에 이르는 초대형 프로젝트가 실행될 때 수주에 대비하기 위한 것이었다.[18]

1983년 들어서는 첫 단계 작업으로서 4개 용업업체(미국 루이스버저사,

덴마크의 캠프섹스사, 국토개발연구원, 현대엔지니어링)가 공동 참여하는 30개월간(1983.8~1986.2)의 교통조사에 관한 종합용역이 IBRD의 제7차 철도차관자금으로 10억 원(123만 7천여 달러)을 들여 실시되었다. 이 보고서는 인구 및 산업의 집중지역인 경부 구간의 새로운 교통수단으로 고속전철 건설이 가장 바람직하며 건설기간 7년, 건설비 1조 8,775억 원(차량비 1,125억 원 포함)으로 예상했다.[19]

1985년에는 타당성 조사까지 끝냈다. 경제기획원, 교통부, 건설부, 재무부 등이 협의하는 가운데 제6차 경제개발 5개년 계획에 반영하는 방식을 결정하는 단계가 되어 구체성이 높아졌다. 1987년 착공, 1992년 완공으로 계획이 늦춰졌고 기존 경부선보다 62.2km 단축, 시속 240km, 7개 정거장 등이 설정되었다. 실현성 여하를 떠나 공사비 2조 626억 원(이자 포함 3조원) 중 차관은 건설 후 10년 안에 모두 상환할 수 있다는 계산도 설정되었다.[20]

고속철도는 1980년대 중반이 되면 그동안 심심하면 한 번씩 거론된다고 표현할 정도로 이미 식상한 소재가 되었다. 그러나 경부선에서 배제된 지역에서는 여전히 중요한 이슈가 될 수밖에 없었다. 실제로 1985년 총선(2.12)을 앞두고 민정당은 경부선 외에도 1990년대에 호남선, 전라선, 중앙선도 전철화하여 고속전철을 개통하겠다면서 기염을 토했다.[21]

그러나 정부의 실제 관심은 경부선에 집중되어 있었다. 1986년 11월에 철도청이 국회에 제출한 '경부선 전철화계획'은 1990년대 초 착공, 전철복선 건설, 현행 경부간 445km 곡선 선로와 별도로 직선화해 운행거리를 380km로 65km를 단축한다는 안이었다. 수송력 증대 방안으로 고속도로 건설, 기존선로 개량이나 복복선화 등이 있지만 기존노선을 개량해도 8~10년 안에 용량이 다시 한계에 이르러 직선루트의 새로운 전철복선 건설이 불가피하다는 것이었다. 건설기간 7년이 소요되고 완공 후에 기존선로는 단거리 여객 및 화물전용선로로, 신규노선은 장거리 여객수송 전담으로 사용한다는 것이었다.[22]

1987년에 이르면 추석 특별수송기간(10.1~11)에 1,221개 정기열차에 더해 488개 임시열차를 운행했는데 서울역에서는 8분마다 1개 열차가 떠나는 등 철도 처리능력이 한계점에 이른 것으로 평가되었다. 경부고속도로는 1일 적정 운행차량 편도 2만대를 15배나 초과한 30만대가 몰려 이미 제 기능을 잃은 상태였다.[23] 명절 때를 기준한 것이고 해결책이 반드시 고속철도인가에 대해서는 이견이 있지만 특히 여객용 교통수단 변화의 필요성은 다급한 현실로 다가왔다.

2004년 경부고속철도 개통과 이후 7개 고속철도 노선 개통

경부고속철도 건설안은 노태우 정부 때인 1990년 6월에 확정되었다. 철도청은 1989년 12월, 11개 역 계획안(1991년 4월 착공, 1998년 8월 완공)을 발표했다. 이어 이듬해 1990년 6월 교통부가 천안~대구~경주를 경유하는 수정 노선을 발표함으로써 계획안이 확정되었다. 청주에는 역을 설치하지 않고 대전 부근에서 청주로 가는 인입선을 내고 포항과 울산은 경주를 이용하도록 수정했다. 그동안 검토되었던 380㎞ 직행노선 대신, 관광지인 경주와 인근의 포항, 울산 등 공단지역을 연결하여 운송수입을 늘리는 경제성을 고려해 경주로 우회하는 노선을 채택했다.[24]

1992년 6월 30일 천안아산역에서 기공식이 거행되었다. 당시 정부는 차량 형식이나 종류도 결정하지 않은 채 천안~대전 시험구간의 노반조성 공사를 서둘러 착수했다. "말 앞에 마차를 단 격"이었다.[25] 호남선 249.1㎞ 구간 복선화에 24년을 보내고도 5년 이상 더 기다려야 완공이 가능하다고 주장한 정부가 경부고속철도 부설은 그만큼 서둘렀다.

차종 선정을 위한 발주에서는 1993년 8월 20일 전 분야 기술이전, 차량가격, 금융 측면에서 유리한 조건을 제시한 프랑스의 GEC 알스톰사가 1982년 이래 치열한 수주전을 벌이던 서독 지멘스사의 이체(ICE)를 제치고 23억 달러 공사비의 우선협정대상으로 선정되었다.[26] 일본은 유력한 경쟁자였지만, 국민적 감정에 따른 '정치적' 이유로 일찌감치 배제되었다.

그러나 경부고속철도는 착공 후 외환위기, 열차의 방식과 차종 결정, 문화재 훼손 논란 등의 문제로 예정 공사기간(6년)을 훨씬 넘겨 결국 2002년 FIFA 월드컵 개최 때까지도 완공하지 못했다. 결국 착공 12년 만인 2004년 4월 1일, 1단계 건설구간(서울~천안~대전~대구)이 개통되었다. 이로써 한국은 일본, 프랑스, 독일, 스페인에 이어 세계에서 다섯 번째로 시속 300km 고속철도 보유국이 되었다.[27] 개통 직전 2003년 11월 16일에는 고속철도 이름을 KTX(Korea Train eXpress)로 명명했다.

2단계 건설구간(대구~경주~울산~부산)은 2002년 6월에 건설이 시작되어 2010년 10월에 완공되었다. 지하화로 결정한 대전, 대구 시내 구간을[28] 제외한 전 구간이 고속화되어 서울~부산 구간 소요시간(2시간 18분)이 크게 단축되었다. 2015년 4월 2일부터는 포항역까지 직행되는 노선이 운행되기 시작했다.[29]

호남고속철도는 2004년 4월 경부고속철도 개통 시 일부 구간(서울역~대전조차장역)만 경부고속철도 노선을 공용하다가 11년이 지난 2015년 4월 2일 1단계 구간(오송역~광주송정역) 완공으로 비로소 전 구간이 개통되었다. 2단계 공사구간인 광주송정역~목포역 구간은 기존 호남선을 이용하고 있다. 호남선 복선화가 경부선보다 60년이나 늦은 것에 비해 호남고속철도는 경부고속철도보다 11년 늦게 개통되었으니 그나마 빨리 진행되었다고 해야 할지 모르겠다. 2010년 12월에는 경전선 복선 전철이 개통되어 서울역~동대구역 구간은 경부고속철도를, 동대구역~밀양역 구간은 경부선을, 이후 진영역, 창원중앙역, 창원역, 마산역에 정차하는 경전선 KTX가 운행되기 시작했다.

2011년 10월 5일에는 전라선 KTX가 개통되어 용산역~여수엑스포역 구간에 고속철도가 운행되기 시작했다. 경부선 KTX 노선(용산역~오송역)과 호남선 KTX 노선(오송역~익산역)을 공용한 후 기존 전라선 노선(익산역~여수엑스포역)을 이용하여 3시간이 소요된다. 2014년 6월 30일부터는 부산이나 호남 지방에서 인천국제공항까지 직행하는 KTX도 편성되었다. 이처럼 한국고속철도는 기존의 경부선과 호남선 노선을 활용하면서 2015년 4월 현재 5개 노선(경부선, 호남선, 경전선, 전라선, 동해선)과 경유지별 지선을 합해 총 7개 노선이 운행되고 있다.

앞의 10장의 〈표 7〉을 보면 KTX기관차(920대)는 2004년 KTX가 운행되기 시작하자마자 기관차의 60% 이상을 점했다. KTX 시대가 바로 도래한 것이다. 2003~09년에 다른 두 기관차의 추이를 보면 전기기관차(96대→179대)가 급증하고 디젤기관차(482대→388대)가 격감하는 대조적인 모습을 보였다.

철도 이용의 급증, 전국의 '반나절 생활권'화

1980년대 들어 교통수단으로서 위상이 크게 낮아졌던 철도는 2004년 경부고속철도 개통을 계기로 수송 속도에서 질적인 변화를 불러오면서 과거의 위상을 되찾아 가고 있다. 서울~부산 구간 열차 운행시간은 1945년 6시간 45분에서 2010년 2시간 20분으로 단축되었다. 최고 시속은 1945년 100㎞에서 2010년 300㎞로 급증했다. 철도교통이 다른 교통수단보다 비교 우위를 지닐 수 있는 정시성의 장점에 더해 도로교통이 포화상태인 상황과 맞물려 속도의 장점까지 확보한 것이다. 이러한 변화는 철도의 수송분담률 증대로 나타났다.

특히 고속철도는 여객과 화물 수송능력을 증가시켜 도로교통량 분산을 통한 효율적 교통시스템 구축에도 기여했다. 가령 고속철도 개통 직후(2004.4.1~4.5), 고속버스 1일 평균 이용객은 현저하게 감소했다. 2003년 같은 기간에 비해 경부고속철도 영향권에 속하는 서울~대구 노선은 21.5%,

서울~부산 노선은 21.4%나 감소했다. 호남선 라인에서는 서울~광주 노선이 7.7%, 서울~목포 노선이 14.5% 감소했다. 2004년 고속철도 개통 당시 호남고속철도는 일부 구간만 경부고속철도를 공용하는 것이어서 시간 절약정도가 적어 그에 비례해서 호남선 라인의 버스 승객 감소율도 적은 편이었다. 분명한 것은 장거리 구간에서 고속철도 수송분담률이 급증했다는 점이다. 고속철도 개통 직전인 2003년 2/4 분기와 개통 직후인 2004년 2/4분기 사이에 철도 이용은 서울~대구 구간이 47.7%→72.8%로, 서울~부산 구간이 37.5%→60.3%로 급증했다. 1970년 경부고속도로 개통으로 '전국의 1일 생활권화'가 가능해졌다면, 고속철도 개통이 가능하게 한 '반나절 생활권'은 출장지에서 온전한 하루 일과 활용을 가능하게 하여 전국 주요 교통축이 1일 도시권화로 좁혀졌다.30)

고속철도의 개통은 경제·사회·문화적 환경 뿐 아니라 국가교통체계 및 국토공간구조를 변화시켰다. 지역 내 교통체계 역시 고속철도 중심으로 전환되었고 전국이 반나절 생활권으로 연결되었다. 고속철도를 통한 중장거리 이동이 급증하면서 삶의 큰 변화를 불러왔다. 경부고속철도가 개통된 직후인 2004년 4월 어느 날, 대전에 사는 김씨는 아침 7시에 집을 나와 대전역에서 시속 300㎞로 질주하는 고속열차를 타고 잠깐 조는 사이에 서울역에 도착한다. 불과 1시간만이다. 그는 다시 지하철을 타고 광화문에 도착하여 회사 현관을 들어서면서 시계를 본다. 8시 20분도 되지 않았다. 대전에 살면서 서울에 있는 회사로 출퇴근하는 일이 이렇듯 쉽게 이뤄질 줄은 김씨 스스로도 예상하지 못한 일이었다.31) 고속철도 개통 당시 한국철도시설공단이 홍보자료로 만든 사례이지만 실제로 현실화된 모습이다.

고속철도 개통 이전에 가장 빠른 새마을호와 고속철도 소요시간을 비교할 경우 고속철도 여행은 새마을호를 이용하는 것보다 공간적 거리를 크게 좁혔다. 공간적으로 천안은 수원, 대전은 오산, 부산은 대전 이남에 위치한 것과 같은 효과를 불러왔다. 거리감이 크게 축소된 만큼 이동 수요를 빈번하게 만들었다. 2004~2013년에 철도이용객 중 고속철도 분담률이 급증 (17.9%→41.5%)한 반면에 새마을호 이용객은 격감(11.2%→6.8%), 무궁화 호 이용객은 완만한 감소(57.2%→50.9%)를 보였다. 철도여객 수송이 확연 하게 고속철도 중심으로 재편된 것이다. 무궁화호 이용객 감소가 크지 않 은 것은 현격한 가격 차이 때문인 것으로 보인다. 10년 사이에 서울역의 고속철도 이용자는 2.25배, 천안아산역이 가장 많은 4.38배, 대전 2.55배, 동 대구 1.96배, 부산은 2.11배나 증가했다.[32]

〈표 8〉 고속철도와 새마을호의 소요시간 비교

	새마을호	고속철도	비고
서울-천안	1시간 8분	39분	수원(새마을 39분)
서울-대전	1시간 53분	50분	오산(새마을 50분)
서울-부산	5시간 7분	2시간 27분	대전 이남(새마을 2시간 27분)

출처: 코레일 열차시각표

2010년 현재 경부고속철도 전 구간 개통, 간선철도의 전철화와 복선화로 전철화율은 총영업거리(3,626km)의 66.4%, 복선화율은 55.8%에[33] 이르렀 다. 6년 후인 2016년 7월 현재 철도총연장(3,729.3km) 중 전철화율은 70.9% (2,610km)로 증가했다. 1973년 중앙선 전철화 당시 청량리~제천간 155.5km 에 불과했던 것에 비하면 43년 만에 전철화율이 급증한 것이다. 2004년 경 부고속철도 개통 당시에는 프랑스 알스톰사에서 수입해온 테제베로 운행 되었지만 2015년 4월에는 호남고속철도의 용산~광주송정역 구간에 국내 기술로 만든 고속철도가 운행되기 시작했다.[34]

나아가서 2016년 6월 19일 국토교통부는 2025년까지 70조원을 투입하여 시속 200km의 준고속철도망을 구축하는 제3차 국가철도망구축계획을 최종 확정했다. 이 경우 철도 연장은 현재 3,729km에서 2026년에 5,364km로 늘고 복선화율 71%, 전철화율 82%를 이룰 것으로 예상된다.[35]

4) 수도권집중 '현상'만 좇은 철도정책이 낳은 '빨대효과'

고속철도 건설의 목적(수도권 인구 분산)과 착공 전후에 제기된 문제

한국은 서울을 중심으로 한 수도권에 정치·경제·사회적 기능이 지나치게 집중되어 있다. 다른 나라에 비해 그 정도가 극심하다. 이는 많은 부작용을 낳을 수밖에 없는 기형적 도시발전 구조가 아닐 수 없다. 일제가 부설한 기존의 경부철도 라인을 따라 이미 형성된 거점을 개발하는 방식을 택한 한국 정부의 경제정책이 불러온 부정적 산물의 하나이다. 이 때문에 교통정책의 주안점도 인구와 산업의 수도권 집중을 해소한다는 데 모아졌다.

철도정책 역시 마찬가지였다. 고속철도 건설 계획 과정에서 제기된 건설의 목적과 그에 대한 문제제기의 궤적을 정리해보자. 당시의 문제제기가 틀렸을 수도, 설정한 목적이 지나치게 낙관적이었을 수도 있다. 바람직한 경우라면 실행 과정을 통해 둘 사이의 간극이 좁혀지는 것이다. 우리의 관심은 두 논리의 자체적 적합성보다 과연 둘 사이의 간극이 2004년 경부고속철도 개통 이후 얼마나 해소되었을까 하는 점에 있다.

고속철도 건설의 한 목적은 이 계획이 거론되기 시작한 1970년대부터 수도권인구 과밀화 해소에 두어졌다. 1977년 3월 박정희 대통령에게 보고한 고속철도 건설의 목적도 '수도권인구 재배치 기본계획'에 따른 것이었다.[36]

그러나 일본의 신칸센 공사에 참여한 한 전문가는 이러한 목적 달성이 가능한가에 대해 당시에 이미 회의적이라고 판단했다. 기존 수송수단이 물류와 여객 증가 추이를 더 이상 감당할 수 없고 산업동맥을 연결하려는 목적으로 신칸센을 건설한 일본과, "인구소산(疎散)이라는 동기에서 출발"한 한국은 아주 다르고 "착수하면 큰 도박"이라고 우려했다. 고속전철 건설보다 호남선과 남해선의 복선화가 더 긴요하고, 전철(동력차)의 국산화가 이

뤄진 다음에 고속전철을 구상하는 게 순서라는 것이다. 고속철도 건설이 서울인구 과밀화 해소책이 되기보다 "자칫하면 지방중소도시가 더욱 침체해지고 오히려 인구의 도시집중현상을 촉진할 가능성이 많다"고 우려했다. 서울, 대전, 대구, 부산과 다른 지방도시들을 연결하는 쾌속한 교통수단이 개발되지 않으면 이 4개 도시만 이상비대해질 우려가 크다고[37] 주장했다.

노태우 대통령은 경부고속철도 기공식(1992.6.30)에서 "21세기를 대비하는 장기적인 안목에서 고속철도는 반드시 건설돼야" 하고 이를 통해 수도권 집중 및 지역간 불균형 현상이 해소될 것이라고 낙관했다. 고속철도 건설이 인구분산과 기술선진화의 계기가 되어 "주거와 취업, 교육, 여가 등 국민생활의 모든 면에서 수도권과 지방의 차이는 점차 사라지게 돼 인구가 수도권으로 몰리는 대신 깨끗하고 풍요로운 지방으로 분산하는 새로운 현상도 일어날 것"이라고[38] 전망했다.

그러나 정작 노태우 정부는 경부고속철도를 착공한 직후에도 호남고속철도 건설 계획을 세우지 않고 있었다. 지역 불균등 문제를 해결하고자 하는 적극적 의지나 추진력은 사실 드러나지 않았다. 이에 대한 비판이 나오고서야 김영삼 대통령이 호남고속철도 건설을 추진하겠다고 언급했다. 공사 착공을 전후해서도 경부고속철도 건설을 투자 우선순위로 설정한 것에 이견이 많았다. 인구가 분산되기보다 경부라인으로의 집중이 가속화될 것이라는 우려 때문이었다. 실제로 착공 2년 전인 1990년 2월, 경제기획원 장관은 투자 우선순위를 전면 재조정하고 경부고속철도 건설을 늦춰야 한다고 주장했다. 이 때문에 한 언론은 고속철도 건설안이 백지화되었다는 오보까지 냈다.[39]

물론 고속철도 건설 비판자들도 사업 자체를 반대하기보다 연기하자는 입장이었다. 일본의 경우 1959년 신칸센 착공 당시 독일, 프랑스로부터 기술 도입을 추진했지만 양국이 기술 이전보다 판매를 요구하자 독자적 기술 개발을 선택했는데 한국에서는 계획, 설계에서 착공까지 졸속으로 이뤄지고 있다는 점을 비판한 것이다. 이런 상황에서 경부고속철도 건설에 우선 순위를 둘 수 없으며 경부라인의 교통체증 개선이라는 근본적인 목적도 이루지 못할 가능성이 더 크다는 지적이었다. 사회간접설비의 지역 편중이 가뜩이나 심한데 경부고속철도를 건설하면 지역 불균형 문제를 악화시켜 한국 경제를 수도권과 동남권 양축 중심으로 몰고 갈 것이라고 우려했다. 일본의 경우 신칸센 개통으로 도쿄권과 오사카권이 상대적으로 커지고 중간도시 기반이 약화되었다면서 그런 일본과 비교할 때 한국은 도로 1/20, 철도 1/9, 항만접안시설 1/20에 불과하다고 지적했다. 도로와 항만시설 확충에 더 주력해야 한다는 주장이었다.[40]

실제로 당시 항만의 실정은 심각했다. 원목선은 13일, 시멘트선은 17일 이나 항구 밖에서 기다려야 하고 한 달 이상 대기하는 배도 많아 부산항과 인천항은 항구라고 부르기조차 어려운 상황인데 서울~부산 구간을 몇 시간 먼저 간들 무슨 큰 이익이 있냐고 비판할 정도였다. 선진국에 비해 한국의 도로망은 10%에 불과하고 철도는 30% 이하이며 도로연장 5만 5천km는 신칸센 건설 당시 일본의 80만km, TGV 건설 당시 프랑스의 40만km에 비교하면 정부의 경부고속전철 부설계획은 지나치게 '선진적'이라는 것이다. 신칸센 건설로 도쿄가 폭발적으로 팽창하여 비명을 질렀던 일본의 교훈을 되새겨야 한다는 주장이었다.[41]

착공 직후에 고속철도가 불러올 생활권 변화에 대한 당시의 상반된 예측이 흥미롭다. 먼저 인구의 '탈서울' 가능성 면에서 서울~대전 구간에는 53분이면 출퇴근이 가능한데 구태여 집값 비싸고 공해에 찌든 서울과 부산에 살 필요가 없어진다는 예측이다. 대전의 정부 제2청사에 근무하는 공무원들이나 유관단체 임직원들은 과감하게 '탈서울'을 택할 가능성이 높아 인구의 64%, 국민총생산의 69%가 경부축에 집중된 현실을 푸는 청신호가 될 수 있다는 것이다. 동시에 그 반대의 경우도 예측되었다. 탈서울을 검토하던 회사나 개인들이 신속한 이동시간을 감안하여 그 계획을 파기할 가능성이 크다는 것이다. 물론 비싼 요금 때문에 말단 직장인들이 고속철도를 이용하여 서울에서 대전까지 출퇴근하는 게 어렵다는 지적도 있었다.[42] 대체로 낙관론에 기운 예측이었지만, 나중에 회자되는 '빨대효과'의 문제가 지적된 점은 예사롭지 않다.

고속철도-수도권전철망의 역설, 수도권집중 심화

그러면 고속철도와 수도권전철망의 확대로 인구 및 산업의 수도권 집중은 얼마나 완화되었나? 통계를 봐도, 일상생활에서 느끼는 체감에서도 긍정적 답이 나오기는 어렵다.

실제로 수도권의 인구 비중은 1960년 20.8%에서 1999년에 45.9%,[43] 2014년에는 49.4%나 차지하여 국토 면적의 11.8%에 불과한 수도권에 전체 인구의 절반이 집중되어 있다. 2014년 기준으로 산업 전체에서 취업자의 51%, 지역총생산의 48.7%가, 제조업에서 사업체의 48.2%, 종업원의 40%가 수도권에 집중되어 있다. 서비스업의 경우 사업체의 48.5%, 종업원의 55.2%, 매출액의 62.5%나 수도권에 집중되어 있다. 대학교나 금융 측면에서도 최소 40% 내외, 최대 60% 이상이 수도권에 집중되어 있다.[44]

도시철도의 개통과 연장을 통해 수도권 전철망이 확대되고 고속철도 시대가 열림으로써 수도권 집중현상이 완화되기보다 심화되는 역효과로 귀결된 것이다. 국토가 좁은 원천적 이유도 있지만 철도망의 급격한 발전과 확대, 빠른 속도가 오히려 한국 경제의 고질적 문제인 수도권 집중과 지역 불균형 현상을 심화시키는 데 일조하는 역설을 불러온 것이다.

수도권 전철망 건설 역시 수도권 과밀화 해결책으로 추진되었다. 중앙선, 경부선이나 장항선 루트 등을 통해 수도권 도시철도를 충청도, 강원도까지 연결시켜 수도권과 비수도권을 1일 생활권으로 묶어 거리의 차이를 해소하면 인구의 수도권 집중 문제를 해결할 수 있다는 논리였다. 그런데 이러한 대책이 결과적으로 해당 지역에서 수도권으로의 집중을 오히려 심화시키는 역효과를 불러왔다. 고속철도 운영 과정에서도 이러한 현상이 나타나고 있는데 이를 '빨대효과'라고 부르기도 한다.[45]

수도권으로 인구가 집중된 현실은 불가피하게 수도권에 도시철도를 집중 건설해야 하는 상황을 불러왔다. 수요가 많은 곳에 건설이 집중되는 것은 당연하다. 그러나 도시철도의 수도권 집중, 즉 수도권 전철망의 확대는 수도권 인구의 과밀화를 더욱 심화시키고 이것이 다시 도시철도를 더욱 더 수도권 중심으로 증설해야 하는 악순환을 낳고 있는 것이다.

이러한 역효과가 발생하는 원인은 수도권 과밀화 문제를 장기적이고 종합적으로 생각하기보다 교통 측면에서만 접근하여 해결고자 한 기술적 사고방식 때문이기도 하다. 수도권으로 인구가 집중되는 것은 단순히 교통 문제 때문이 아니다. 정치·경제·사회·문화적 기능이 수도권에 과도하게 집중되어 있는 것이 근본 원인이다. 철도정책이 백년을 내다보는 국가적 차원에서 근본적 해결책을 모색하기보다 수도권으로 인구와 산업이 집중되는 '현상'에만 매몰되다보니 현상만 좇아가는 형국을 빚었다. 그 결과 그 문제가 된 현상이 더욱 악화되는 악순환이 지속되고 있는 것이다. 현상의 이면을 보지 못하기 때문이다.

프랑스에서도 고속철도가 원거리 지역에 지역경제 중심을 형성시켜 수도권 인구분산 효과가 있다는 견해와, 오히려 수도권 집중을 더욱 심화시킨다는 견해가 상반되게 대립되어 있다.[46] 철도의 놀라운 속도 증가가 불러 온 예기치 못한 이면이다. 프랑스에서는 파리~리옹 구간 교통량을 고속철도가 흡수하여 2001년 간선철도의 70%를 고속철도가 차지하면서 간선철도가 고속철도 중심으로 재편되었다. 일본에서는 신칸센이 통과하는 중소도시 인구가 1970~85년에 10% 이상, 기업 설립은 1972~85년에 30% 이상 증가했다.[47] 반면에 지방도시에서 200km 떨어진 도쿄로 출퇴근하는 직장인들이 많아졌다. 프랑스에서도 TGV로 40~50분 거리인 외곽 150km까지 파리

권역이 확대되었다. 한국에서도 고속철도 개통으로 충남권은 서울 또는 수도권 출퇴근 영역으로 편입되었다.[48]

지역과 지역을 빠르게 연결하는 고속철도가 바로 이동의 신속성 때문에 상반된 측면을 드러내는 현실에 대한 대응책이 필요하다. 현실적으로 고속철도 개통으로 역세권의 발전을 유도하고 수도권 인구 집중화 현상을 막아 국토의 균형발전을 추구할 수 있다는 문제의식의 실효성이 떨어지고 있기 때문이다. 실제로 한국에서 고속철도가 개통된 지 10년이 넘었지만 수도권 집중현상은 전혀 완화되지 않았다. 특히 한국은 일본이나 프랑스와 달리 영토가 좁은데다가 경제발전의 지역적 편차가 크고 수도권 집중도가 매우 높아 고속철도가 이러한 문제를 해결하기보다 오히려 심화시키는 측면이 큰 것이다.

여러 반론에도 불구하고 분명한 사실은 도시철도-수도권 전철망이나 고속철도의 확대를 통해 수도권 과밀화 문제가 해소되었다는 증거를 찾기 어렵다는 점이다. 결국 수도권 과밀화 문제는 단순히 교통망 구축을 통해 해결될 수 있는 것이 아니다. 행정수도, 대학, 공공기관의 이전 등을 비롯해서 지역간 균형발전을 위한 전방위적 계획에 입각해 장기적으로 해결해야 하는 과제이다. 이러한 계획 안에서 철도교통이 발달해야 수도권 과밀화 문제 해결에도 기여할 수 있다.

해방 후 한국의 경제발전과 철도망 구축은 일제가 대륙침략을 위해 설정한 종관철도를 유산으로 안고 출발해야 했기 때문에 각 부문에서 수도권 집중을 불러올 우려를 원천적으로 안고 있었다. 이러한 식민철도의 유산을 제대로 점검하지 못한 채 이를 전제로 해방 후 정부가 추진한 철도정책은 지역간 경제 불균형이나 수도권 집중을 심화시키는 문제를 드러냈다. 수도권 집중이 심해질수록 수도권 이외 지역 간의 불균등도 심해졌다. 21세기가 끝날 무렵 남도순환열차(경부선~호남선~전라선~경전선~호남선~경부선: 1999.4.4)와 동서화합열차(익산~경주: 1999.5.7)가 운행되기 시작했다.[49]

그러나 동서간의 경제 교통을 촉진한다기보다 관광열차로서의 기능이나 동서화합의 상징성 측면에서 운영되는 면이 크다.

분단철도의 원천적 한계와 하나의 타개안

도로교통의 경쟁력이 높아지고 철도의 수송분담률이 격감하여 근대 사회의 주요 교통수단이었던 철도의 역할이나 비중이 줄어드는 것이 보편적 현상일까? 결론부터 말하자면 국가마다 지형 환경, 산업구조의 특징 등에 따라 다를 뿐 도로교통이 우위를 차지하는 것이 보편적 현상은 결코 아니라는 사실이다. 한 연구에 의하면 고속도로와 철도의 수송분담율은 출발지~목적지 간의 거리가 300㎞ 미만인 경우는 고속도로가, 300㎞ 이상일 경우 철도가 앞선다.[50] 그런 점에서 서울~부산 거리가 400㎞ 정도에 불과한 한국의 지형에서는 철도가 도로보다 경쟁력을 갖기 어렵다.

그러나 한국에서 철도교통이 도로교통에 비해 수송경쟁력에서 밀려나는 더 큰 이유가 있다. 일본에 의해 종관철도 중심으로 부설된 식민지철도망의 유제를 안을 수밖에 없는 한계, 그리고 분단으로 남북 간이나 대륙으로 이어지는 장거리 노선을 구축할 수 없는 원초적 한계가 그것이다. 현실적으로 이 두 문제는 서로 연결되어 있다.

한반도철도는 일제가 부설하기 시작할 때부터 한반도의 사회경제적 개발이나 내적 산업연관성보다 대륙침략을 위해 '일-선-만'을 잇는 경유지 역할이 일차적 목적으로 규정되었다. 철로 총연장이 길었던 것은 종관철도망 중심으로 구축된 데다가 특히 함경도 지방처럼 지하자원 반출을 위해 촘촘한 철도망이 구축되었기 때문이다. 바로 이 점 때문에 가령 일본에서는 각 지방마다 촘촘하게 철도망이 구축된 것과 달리 한반도에서는 지역적 접근성이 도로에 비해 크게 떨어졌다.

남북분단은 한반도철도의 가장 큰 특징인 대륙연결망으로서의 역할도

사라지게 만들었다. 한국철도가 발전하는 데 가장 큰 장애요인은 바로 분단체제에 있다. 분단된 상황에서 한국은 현실적으로 '섬'에 갇힌 형국을 피할 수 없다. 철도가 한반도 남쪽 내로만 기준하여 수송 및 이동 시간에 초점을 둘 경우, 경제발전이 일정 단계에 이르렀을 때 다른 교통수단에 비해 장기간 지속적으로 경쟁력을 유지하기 어렵다. 이 때문에 더더욱 한반도철도망은 남북연결을 통해 북한을 지나고 나아가서 대륙으로 이어지는 철도망이 되어야 한다.

고속철도 역시 분단된 상태에서는 여러 문제를 근본적으로 넘어설 수 있는 교통수단이 될 수 없다. 드넓은 영토를 지나는 시베리아횡단열차처럼 다른 교통수단인 자동차를 이용하기 어려운 조건이 아닌 상황에서는 언제든지 자동차가 철도를 쉽게 대체할 수 있다. 특히 분단체제 하에서 남북 간조차 단절된 한국 철도망은 노선 길이가 기본적으로 제한될 수밖에 없는 데다가 유럽까지 이어지는 대륙횡단철도와의 연결을 통한 물류수송의 장점을 발휘할 수도 없다.

여러 문제가 예상되지만, 간과할 수 없는 사실이 하나 있다. 동북아 국가 간 교통시설의 상호연결 및 통합운영의 현실적 필요성은 국제적 철도수송 체계에서 한반도철도망의 전략적 중요성이나 경제적 가치를 매우 높인다는 점이다. 이것이 현실화되려면 먼저 단절된 남과 북의 철도가 다시 이어져야 한다. 상호간의 경제적 원원방식으로서 결국 상호간의 안보문제까지 해소해주는 남북경협이 확대되어야 한다.

더구나 2000년 남북정상회담을 계기로 이후 경의선, 동해선 등 남북을 연결하는 철도망은 이미 복원되었다. 냉전체제 하의 분단된 '섬' 안에서만 활용되는 교통수단에 불과했던 한국철도가 대륙으로 이어질 가능성을 현실화하는 계기가 된 것이다. 문제는 남북의 적대적 대립으로 운행이 현실화되고 있지 못하다는 점이다. 이는 남북의 정치세력이 풀어야 하는 과제이다. 이를 통해 러시아, 중국과 협력하여 한반도 종단철도(TKR)와 시베리아횡단철도(TSR), 중국대륙철도(TCR)의 연결을 국가발전전략 차원에서 추진할 수 있는 환경을 만들어야 한다.

한국 철도가 북한 철도와 이어지고 나아가서 대륙철도와 연결되어 말 그대로 수송의 신속성 효과를 거두면 한국 경제의 지역적 편차와 수도권 집중을 완화시키는 조건으로도 작용할 수 있다. 이는 교통수단으로서 철도가 새로운 질적 변화의 시대를 맞게 되었음을 의미한다. 이와 같은 동북아 국가 간 교통시설의 상호연결 및 통합운영을 현실화하려면 분단된 한반도의 남북 철도가 연결 운행되는 것이 가장 먼저 실행되어야 한다.

12

한반도철도(TKR), 동북아경제공동체를 이끄는 평화철도로

1) 남북철도망 연결의 정치경제학

단절된 남북철도 연결의 국내외적 의의

한반도의 남과 북을 연결하는 노선으로 경의선(1906년 개통), 경원선(1914년 개통), 동해북부선(1937년 개통) 등이 있다. 경의선은 서울~개성~평양~신의주를 연결하는 총연장 499km 간선철도로서 신의주에서 압록강철교를 건너 중국의 단둥(丹東)과 연결된다. 1912년부터 경성~창춘(長春) 구간 열차가 운행되었다. 1927년에는 경성~신의주~중국~시베리아~유럽을 연결하는 열차가 운행되었다. 경원선은 서울~원산을 연결하는 총연장 223km 간선철도이며, 경원선의 지선인 금강산선은 철원~김화~금강산 구간을 운행했다. 그러나 적대적 분단 대치가 지속되면서 남북을 오갔던 경의선, 경원선 등 간선철도망은 완전히 단절되었다.

1980년대 들어 남북관계가 개선될 때마다 경의선, 경원선, 금강산선 등을 연결하는 안이 거론되었다. 그 결과 1991년 12월 13일, "남과 북은 끊어

진 철도와 도로를 연결하고 해로, 항로를 개설한다"(남북기본합의서 제19
조)고 명기함으로써 남북 간에 최초로 철도 연결에 대해 합의할 수 있었다.
그런 점에서 남북기본합의서는 매우 중요한 역사적 의미를 지닌다. 그러나
이후 북핵문제를 비롯한 국내외 정치적 문제로 구체적 논의가 진척되지 못
하다가 2000년 6월 15일 남북정상회담을 계기로 남북철도 연결 복원 사업
이 남북협력사업의 하나로 논의되기 시작했다. 그리고 동년 7월 31일부터
6차례 진행된 남북 장관급 회담에서 경의선 연결에 합의했다.[1]

제주도에서 열린 남북국방장관회담(2000.9.25~26)에서는 6 · 15공동선언
이행을 군사적으로 보장하고 한반도에서 전쟁재발을 막기 위해 공동으로
노력한다는 대원칙에 합의했다. 이 합의에 따라 판문점에서 열린 5차 남북
군사실무회담(2000.11.8)에서는 남북한이 '남북 공동관리구역' 설정 등 비무
장지대의 평화적 이용 및 경의선 철도, 도로 공사를 원활하게 진행하기 위
한 41개 항을 합의했다. 철도와 도로 개설에 따르는 주변의 군사분계선과
비무장지대에 남북 관할지역을 설정하는 문제는 정전협정에 의거하여 처
리하기로 합의했다.

제7차 남북장관급회담(2002.8.12)에서 남측은 경의선 연내 연결을 위한
군사당국간 회담을 제의하고 남북이 경의선 및 동해선 철도 · 도로공사를
동시에 착공하기로 합의했다. 한 달여 뒤 경의선 및 동해선 철도 · 도로 연
결 착공식(2002.9.18)이 열렸다.[2] 8차 남북군사실무회담(2003.9.17)에서는
「동 · 서해지구 남북관리구역 임시도로 통행의 군사적 보장을 위한 잠정합
의서의 보충합의서」를 채택했다. 이 무렵 남북한 군사 분야 회담은 직접적
인 군사 관련 조치보다 경제협력을 위한 철도, 도로 연결에 주력했다. 북한
역시 경의선, 동해선의 경제적 가치에 주목하고 국제환경이 유리하다고 판
단하면서 회담에 적극 나섰다.[3]

2000년 9월 18일 경의선 연결 기공식이 임진각에서 열렸다. 2001년 12월
31일 비무장지대(DMZ) 이남 남측 구간 공사(문산~도라산역, 10.2km)가 완

료된 후 2002년 2월 20일 김대중 대통령이 부시 미국 대통령과 함께 도라산역을 방문한 것은 상징적 의미가 크다. 그리고 2002년 9월 18일 남북 구간 연결공사가 착공되었다(북한은 평양역~도라산역 구간을 평부선으로 칭함). 동년 12월 31일 남측 구간이 모두 연결, 복원되었다. 다음해인 2003년 6월 14일에 남북간 연결식이 DMZ 안에서 이뤄졌다.[4] 2005년에 공사가 완료되고 2007년 5월 17일에 2개 노선의 시험운전이 동시에 이루어졌다. 드디어 같은 해 12월부터 경의선을 따라 개성공단 행 화물열차가 정기운행을 시작했다.[5]

또 다른 남북철도 연결 노선인 동해선은 남북한의 수도권을 관통하지 않아 남북 모두에게 정치·군사적 부담이 적은 지역인 셈이다. 동해선을 통해 남북철도와 대륙철도가 연결될 경우 남북한의 이점은 다음과 같다.[6]

(1) 북한은 체제 존속 및 경제적 실리 보장 측면에서 동해선 연결에 대한 관심이 높다.

(2) 한국 입장에서는 다소 많은 비용과 시간이 소요되지만 수도권을 관통하지 않는 노선이라는 점에서 물류수송과 강원도 지역 발전에 기여할 수 있다.

(3) 정부가 추진하는 균형발전전략의 국가교통망 확충에도 기여하고 차후 남북교류의 주요 수송 철도로서 물류비 절감효과가 크다.

(4) 북한의 두만강과 러시아의 하산역을 통해서 TSR로 연결되어 우랄과 시베리아 지역의 내륙으로까지 연결되는 대륙철도망 간선구간으로서의 역할과 기능을 발휘할 수 있다.

(5) 러시아 극동지역에 국한하지 않고 우랄과 시베리아 지역을 포함한 한-러 에너지 개발과 수송 협력을 통해 이 지역에 대한 수송 거점지를 확보하여 시장 개척을 확대할 수 있다.

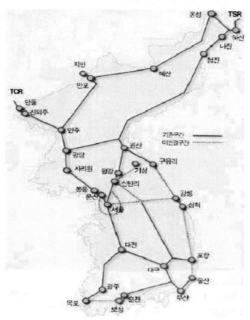

▲ 한반도종단철도(TKR) 구상

출처: 임을출, 「한반도 '복덩이'가 놓인다」, 『한겨레21』, 2002.9.19.

경의선과 동해선을 통한 남북철도의 연결은 남북 간 물적·인적 교류를 활발하게 하여 그 여파가 다른 부분으로 파급된다는 점에서 그 자체만으로도 큰 의미를 지닌다. 경의선, 동해선이 연결되면 남북을 종단과 횡단으로 연결하는 경원선을 복구할 필요가 생긴다는 점은 쉽게 예상할 수 있다. 한반도를 서북, 동북 방향으로 종단하는 경의선, 경원선이 온전하게 복원되면 '부산~신의주', '목포~원산~나진'의 한반도 대동맥 루트가 살아난다. 남북철도 연결은 단순히 한반도철도망의 온전한 복원을 넘어 위 그림과 같이 신의주에서 중국횡단철도(TCR), 하산에서 시베리아횡단철도(TSR) 등과 연결된다.

이 계획이 현실화되면 한국 경제의 고질적 문제인 수도권 집중을 완화시키고 지역 균형경제를 추동할 수 있는 중요한 동인이 될 수 있다. 특히 북한이 선호할 가능성이 높은 동해선 물류가 활성화되면 한국은 강원도와 경상도 지역의 경제가 활성화하는 계기를 만들 수 있다. 또 경의선 물류가 활성화되면 전라도와 충청도 지역의 경제가 중심역인 서울을 지렛대로 삼아 활성화되는 계기가 될 수 있다. 현재는 남북관계 경색으로 경의선 화물열차 운행이 중단되었지만, 이미 개통된 경험을 가진 남북철도 연결이 가진 의미는 여전히 중요하다.

〈표 9〉 한반도철도~대륙철도 연결 노선안

구분	경로	연장(km) 모스크바까지	국경 통과	궤간 변경	전철화(km)	복선화(km)	비고
경원선 ~TSR	부산~서울~원산~두만강~하산(러)~모스크바~브레스트(벨로루시)~바르샤바(폴)~베를린(독)	13,054 (10.521)	6개국 경유	2회	11,343 (86.9%)	7,226 (55.3%)	
경원선 ~TMR~TSR	부산~서울~원산~남양~도문(중)~하얼빈~만저우리~카람스카야(러)~모스크바~베를린(독)	11,608 (9,057)	7개국 경유	2회	9,390 (80.9%)	10.496 (90.4%)	
경의선 ~TMGR~TCR ~TSR	부산~서울~신의주~단동(중)~베이징~울란바토르(몽)~울란우데(러)~모스크바~베를린(독)	11,231 (8,697)	8개국 경유	2회	8,774 (77.9%)	9,332 (83.1%)	
경의선 ~TCR~TSR	부산~서울~단동(중)~베이징~란저우~우루무치~아라산추~카자흐스탄~모스크바(러)~베를린(독)	12,091 (9,558)	8개국 경유	2회	7,968 (65.9%)	10,605 (87.7%)	

출처: 최연혜, 『시베리아 횡단철도-잊혀진 대륙의 길을 찾아서』, 나무의 숲, 2006, 239쪽.

한반도철도의 남북 연결과 복원을 통해 유라시아 대륙으로 이어지는 노선은 〈표 9〉와 같이 대략 4가지 루트를 구상할 수 있다. 어느 노선이든 공통점이 하나 있다. 모든 노선의 출발지이자 종착지가 부산이라는 점이다. 즉 동북아 지형을 바꿔놓을 수 있는 이 거대한 노선은 남북철도 연결이 선행되어야 현실화될 수 있다.

한반도가 남북의 적대적 대립에 종속되어 계속 고립될 수밖에 없는 '섬'

에서 벗어나 관련국가의 이해관계가 두텁게 겹치는 지역으로 전환하기 위해 현실적으로 활용 가능하고 실효성도 가장 높은 교통수단은 철도뿐이다. 이는 '화약고'였던 한반도가 경제협력을 통한 '평화지대'로 일대 전환하는 것을 의미한다. 한반도의 분단을 극복하고 평화체제를 만드는 중요한 수단으로서 한반도에 각국의 이해관계가 중첩되도록 만드는 방식을 상정하지 않을 수 없다. 이를 위해 핵심적 매개 역할을 할 수 있는 교통수단이 바로 철도인 것이다.

현재 남북철도에서 단절된 4개 구간은 ① 경의선: 문산~봉동(20㎞) ② 경원선: 신탄리~평강(31㎞) ③ 금강산선: 철원~수성(75.3㎞) ④ 동해북부선: 강릉~온정리(145㎞)[7] 등이다. 남북철도의 연결은 한반도철도의 가장 주요한 기능을 복원하는 역사적 대사업이다. 이는 한반도가 해양과 대륙 즉 유럽, 아시아, 태평양을 잇는 중심교량 역할을 함과 동시에 유라시아 철도망의 시발점이자 종착점이 되는 것을 의미한다.[8]

남북철도 연결의 정치·경제적 기대효과

한반도철도의 연결은 관련 국가들 사이에 인프라 구축의 협력체제 하에서 가능하다. 남북 간의 인프라 협력은 인프라 개발사업의 계획 및 시행과 관리 영역에서 남북이 협력한다는 매우 중요한 정치적 의미를 지닌다. 이는 남북경제협력의 중요한 토대이자 구성요소이다. 남북 간 인프라협력은 중단기적으로 남북경제교류의 확대에 기여하고 장기적으로 남북경제공동체의 구축에 필요한 기간시설 부문의 남북 간 상호협력을 의미한다. 남북경제공동체는 남한경제, 북한경제, 동북아경제의 상호연계성을 높이고, 남과 북이 자율적 경제체제를 유지하는 경제권을 의미한다. 남과 북이 적대적으로 분리된 채 각자를 폐쇄된 하나의 단위로 경제활동을 영위하는 것이 아니라, 한반도를 단위로 경제활동을 운영함과 동시에 동북아 국가들의 상

호 개방과 협력의 수준을 대폭 높이는 것이다.[9]

국가 간의 인프라협력은 단순히 인프라 시설의 개발과 관련된 협력을 넘어 관련 제도 및 인력의 협력을 포함하게 마련이다. 남북 간 인프라협력도 기술적 측면에서의 협력을 넘어 제도 및 인력의 협력을 포함한다.[10] 수출이 성장과 발전의 주요 동력인 한국 경제의 입장에서 남북철도 연결은 수송시간 단축을 통한 물류비 절감, 직교역 증가의 효과를 불러와 국제경쟁력을 높이는 기회가 된다.

북한도 냉전 붕괴 이후 철도연결 사업이 가져다 줄 수 있는 여러 이익에 깊은 관심을 표명한 바 있다. 김일성은 1990년대 들어 북한철도를 남한철도 및 대륙철도와 연결하면 높은 부가가치를 창출할 수 있다고 강조했다. 한 마디로 말해 한국과 중국, 러시아 사이의 수출입 통과료만 챙겨도 적지 않은 수입을 얻을 수 있고 복선도 부설할 수 있다는 것이다.

> "신의주와 개성 사이의 철길을 한 선 더 건설하여 복선으로 만들고 남조선으로 들어가는 중국 상품을 날라다 주기만 하여도 거기에서 1년 4억 달러를 벌수 있습니다. 우리가 로씨야나 흑룡강에서 수출하는 물자를 두만강 역에서 넘겨 받아 동해안에 있는 철길로 날라다 주면 거기에서도 한 해에 10억 달러의 돈을 벌 수 있습니다. 지금은 거기에 철길이 한 선 밖에 없는데 앞으로 한 선 더 건설하여 복선으로 만들려고 합니다."[11]

경의선과 동해선으로 대표되는 남북철도 연결은 국제정치적 · 경제적으로 큰 의미를 지닌다. 무엇보다 남북 및 동북아의 군사적 긴장완화는 물론, 남북 및 동북아의 경제협력 영역을 두텁게 한다. 현실적으로 분단과 대결의 상징이었던 비무장지대를 관통하는 철도가 연결된다는 것은 비무장지대의 군사시설 제거와 사후 관리 등 군사적 긴장완화를 불러오는 조치를 수반하게 마련이다. 즉 철도연결 사업이 실행 단계에 들어서면 철도인프라협력에서 비롯된 여러 효과를 기대할 수 있다. 물론 남북철도 연결은 남북

간의 군사보장 합의서가 발효되어야 가능하고 대륙철도와 연결되어 경제적 효과를 낳으려면 관련 당사국의 보장이 필수적이다.

그러나 그 출발점은 적대적 남북관계를 푸는 것에서 시작된다. 이 사실은 아무리 강조해도 지나치지 않다. 물론 북한은 철도연결로 인한 경제적 이익을 기대하는 반면에 철도연결이 불러올 수 있는 역효과에 대한 우려도 크다. 각 분야에서 남한과의 교류·협력이 장기적이고 제도화되면서 북한 사회가 외부세계에 노출되는 것을 우려한다.[12] 이 때문에 북한은 경의선보다 동해선 연결을 선호하는 입장을 보인 바 있다. 이는 러시아와의 철도협력을 고려한 측면도 있겠지만, 경의선에 비해 동해선은 지형적으로 산악지대의 천연방어망이 조성되어 있어 철도가 연결되더라도 북한의 입장에서 '안보위협' 요인을 최소화할 수 있다.[13]

한반도의 남북철도가 연결되면 먼저 남북한이 공해나 제3국을 거쳐 경제 교류를 하던 불편함과 비경제적 요인에서 벗어날 수 있다. 적대적 봉쇄를 상징하는 휴전선을 관통해 직접 교류하는 상황으로 바뀌기 때문이다. 남한의 자본과 기술, 북한의 노동력이 결합한 '특수지역'인 개성공단(2004년 12월에 본격 가동되기 시작했지만 2016년 2월 10일 가동이 전면 중단)이 계속 발전했다면 적어도 도라산~개성공단 구간에 경의선 운행이 활발해져 운행노선도 연장되었을 것이다.

남북철도 연결은 무엇보다 한국이 분단으로 인해 '섬'에 갇힌 채 대륙으로의 통로가 막혀있던 상황을 벗어나 중국, 러시아와 직접 연결된 통로를 열어준다. 이는 단순하게 지리·물류적 관점에서 철도가 연결되는 것 이상의 의미를 갖는다. 남북의 적대적 대립관계 속에 불안정했던 동북아 질서가 철도 연결을 통한 경제적 이익을 기초로 안정되고 평화로운 질서를 창출하며 동북아 각국 사이의 교류가 빈번해지는 거대한 국제정치의 환경 변화를 동반하기[14] 때문이다.

남북철도 연결은 대륙을 향한 전쟁과 침략을 위해 일제가 부설한 한반도

종관철도를 평화와 번영의 수단으로 새롭게 탄생시키는 역사적 의의가 있다. 철도주권을 상실한 결과 한반도철도망은 한반도의 사회경제적 개발과 산업연관보다 일제의 대륙침략 교두보-통로로서 종관철도 중심으로 부설되었다. 이러한 역사를 안고 있는 한반도철도망이 한반도 종관~동북아대륙 횡단~유럽으로 이어지는 대동맥으로 부활되어 동북아 평화를 신장시키는 긍정적 기재로 전환된다면 그것의 의미는 실로 중대하다.

일제강점기에 구축된 노선을 근간으로 남북한은 각각 노선의 개량과 현대화, 신규 건설 등을 시행해 왔다. 현재 러시아와 중국의 철도망과 연결될 때 사용되는 북한의 노선은 〈표 10〉과 같이 7개가 있다.

〈표 10〉 북한의 국제철도 노선 현황

노선	구간	연장(km)	비고
평의선	평양 ~ 신의주	225	1964년 전철화
평라선	간리 ~ 나진	781	1965년 청진 ~ 나진간 개통
청년이천선	평산 ~ 세포청년	141	1972년 개통
만포선	순천 ~ 만포	303	1990년 개통(전철)
평부선	평양 ~ 개성	187	
함북선	회령 ~ 나진	327	
강원선	고원 ~ 평강	145	

출처: 김현웅·문대섭, 「한국의 대륙철도 네트워크 전망」, 『한국철도학회 학술발표대회논문집』, 2006, 2쪽.

이들 노선은 크게 4개 지역의 국제철도망과 연결된다. 북한이 중국, 러시아와 연결하는 국제철도망은 중국 방면 3개 노선(신의주~단둥, 남양~투멘, 만포~지안), 러시아 방면 1개 노선(두만강~하산)이 있다. 일제강점기에는 4개 노선 외에 청수~상허커우(上河口), 상삼봉~카이산툰(開山屯), 훈융~훈춘(琿春) 구간도 운영되었으나 교량의 대부분이 파괴되어 지금은 사용되지 않는다.

북한은 이 4개 노선을 통하여 TSR(시베리아횡단철도: Trans Siberian Railway), TCR(중국횡단철도: Trans China Railway), TMR(만주횡단철도: Trans

Manchuria Railway), TMGR(몽골횡단철도: Trans Mongolia Railway)과 연결되어 있다.[15]

2) 대륙철도와 연결된 TKR, 동북아경제공동체의 중심

한반도철도(TKR)와 대륙횡단철도(TSR, TCR, TMR, TMGR)의 연결

향후의 남북관계에서 철도의 역할은 아무리 강조해도 지나치지 않다. 남북은 물론 중국, 시베리아를 거쳐 유럽으로 이어지는 철도를 통해 북한, 중국, 러시아 등 관련 국가들과 상호 이익을 나눔으로써 평화적 동북아경제공동체를 구체화하는 핵심적 고리가 철도이기 때문이다. 단절된 한국철도와 북한철도가 이어져 한반도종단철도(TKR: Trans Korean Railway)로 전환된다는 것은 대륙철도(TSR, TCR)와의 연결을 전제로 한다. TKR이 TSR, TCR과 연결될 경우 그 파급효과 또한 무한하다. 무엇보다 관련 국가들이 각자의 경제전략적 판단을 하면서 철도를 통해 이익의 공동체를 형성할 수 있다.

TSR은 러시아의 동서 양끝인 모스크바~블라디보스톡(9,300km) 구간을 연결하여 1916년 전 구간이 개통된 세계에서 가장 긴 노선의 시베리아횡단철도를 말한다. 현재 TSR 전 구간은 복선화, 전철화가 이뤄져 있다. 그러나 일부 구간에서 전원 공급방식에서 직류와 교류 방식이 교차하는 지점이 있어 기관차를 교체해야 하는 불편함이 있다. 궤간이 광궤(1,520mm)여서 한국의 표준궤 철도와 연결할 때 환적이나 대차 교환시설이 필요하다는 점도 큰 결점이다. TSR의 주요 노선은 유럽행, 중앙아시아행, 러시아행 3개 노선이 있다.

TCR은 롄윈강(連雲港)~아라산쿠(阿拉山口: 중국과 카자흐스탄의 국경) 구간(4,131km)을 이어 중국대륙을 동서로 횡단하는 철도를 말한다. TSR과

연결되어 극동~유럽을 연결하는 철도망을 형성하고 있다. 전체 노선 중 복선화는 77%, 전철화는 29% 정도 되어 있다. TCR을 통한 수송은 주로 한국, 일본 등 동북아 국가에서 렌윈강, 텐진(天津) 등 주요 항만까지 해상으로 운송한 후 이곳에서 철도를 이용하여 카자흐스탄, 러시아를 거쳐 유럽으로 운송된다. 아직 TCR을 통한 화물량은 많지 않다. 운행되지 않는 구간이 많고 많은 국경을 통과하는 불편함 등으로 유럽행 화물을 수송하기에는 TSR보다 경쟁력이 떨어지기 때문이다. 그러나 TSR에 비해 화물의 동파 위험이 없고 운행거리가 짧아 수송 시간 및 비용이 절감되는 장점이 있다.

TMR은 중국 동부지역과 다롄을 연결하는 만주횡단철도로서, 만주를 거쳐 러시아 카림스카야에서 TSR과 연결된다. 다롄~하얼빈 구간(945㎞)을 거쳐 만주까지는 중국 내 철도망을 이용한다. 이 노선은 전철화, 복선화가 완전히 이루어져 있고 표준궤간을 사용하고 있다.

TMGR은 중국 텐진에서 베이징을 거쳐 몽골과의 국경인 에렌호트까지 연결되어 몽골 내 자민우드, 울란바토르, 호이트에서 러시아 내노쉬키를 거쳐 울란우데에서 TSR과 연결되는 몽골횡단철도를 말한다. 텐진에서 약 9,400㎞ 정도인 TMGR은 TSR처럼 광궤여서 중국과 몽골 국경역에서 환적 작업을 해야 한다. 또한 몽골 내를 지나는 자민우드~호이트 구간(1,110㎞) 중 복선구간은 5㎞에 불과하여 원활한 열차운행이 어렵다. 철도용량에 한계가 있는 베이징 근방을 지나야 하기 때문에 수송시간도 상당히 지체된다. 그러나 TMGR은 내륙국가인 몽골에게 해상으로 통하는 가장 짧은 구간일 뿐만 아니라 베이징, 텐진 등에서 러시아 및 유럽으로 연결되는 가장 짧은 구간이어서 향후 발전 잠재력이 매우 크다.[16]

모스크바나 유럽으로 수송되는 한국 전자제품의 수출경로는 대부분 해상루트를 거쳐 핀란드 등으로 우회하여 운송된다. 그러나 TKR~TSR 연결이 이뤄지면 유럽지역으로 수송되는 물류에 획기적 변화를 불러올 수 있다. 한국이 TKR~TSR 연결을 통해 유라시아 대륙횡단철도 노선 및 동남아, 태평양 해운 항로의 시발지로 국제적 복합운송체계의 거점이 되기 때문이다. TKR~TSR의 시종점이자 동북아 지역의 물류 중심지로서 한국은 경제 전반에 걸쳐 큰 이익을 볼 수 있다. 예상되는 철도운임 수입도 막대할 것이고 그 수혜는 남북 모두가 입게 된다.

TKR 즉 남북철도 연결을 통해 시작되는 대륙철도 연결망은 동북아의 물류수송에 혁명적 변화를 불러오게 된다. 무엇보다 물류비 절감, 수송 거리와 시간 단축이 가능하기 때문이다. 수출입 관련 기업들에게는 교역량 증가, 대외경쟁력 강화, 새로운 수요-시장을 창출하는 효과가 수반된다. 한반도 전체가 동북아 역내외 수송의 물류중심지로서 상호동반적 성장 벨트의 입지조건을 확보할 수도 있다. 한반도철도와 대륙철도가 연결되면 한반도는 한국의 자본 및 기술력, 러시아의 풍부한 지하자원, 중국의 풍부한 노동력과 거대한 소비시장이라는 우호적 경제환경을 창출함으로써 동북아 최고의 경제요충지로 부상할 가능성이 높다.[17]

동북 3성 경제발전에 관심이 큰 중국도 경의선 남북구간이 연결되어 TKR이 TMR, TCR로 연결될 경우 이익을 볼 수 있다. 중국이 한국과 1998년 11월 '한중철도협력에 관한 약정'을 체결하고 철도 분야의 협력과 기술교류 증진에 노력하기로 합의한 것도[18] 철도 연결에 따른 경제적 이익의 기대감이 크기 때문이었다. 1999년 10월 북경에서 한중철도협력회의가 처음 개최된 이래 2005년 7월까지 4차례 회의가 서울에서 열렸다.[19] 철도망이 연결되지 않은 국가 간에 철도망 연결을 전제로 한 협력회의가 이례적으로 열린 것이다. 중국 역시 이 노선에 대해 그만큼 관심이 큰 것이다.

러시아 시장은 1999년 이후 석유 등 원자재의 가격 상승과 정치적 안정을 배경으로 한 높은 경제성장률(5~7%)과 1,000억 달러 이상의 무역흑자, 주민들 소득증대에 힘입어 크게 확대되고 있다. 한국, 중국, 일본과 러시아를 최단 거리 및 시간으로 잇는 TSR이 주목받지 않을 수 없다.[20] 러시아로서도 TKR과 연결될 경우 안정된 한반도 질서를 토대로 TKR의 물동량과 한국과의 교류가 늘어나면 극동지역의 경제발전과 일자리 창출에 기여하면서 정치적 안정을 높이는[21] 효과도 있다. 냉전이 붕괴될 무렵 소련이 남북경협을 강조한 것도 이 때문이었다. 1989년 1월, 정주영은 자신이 소련을 방문했을 때 소련이 한국기업의 시베리아 개발참여를 독려하는 환경을 활용하여 세계 최대의 가스 매장지 이르쿠츠크에 주목하고 북한을 경유하는 파이프라인 건설안까지 구상했다. 당시 소련 정부는 시베리아개발 '합작'투자(한국의 자본+북한의 노동)를 촉구하면서 정주영의 방북과 남북경협 추진을 호의적으로 대했다.[22]

한반도철도를 둘러싼 국제정치적 환경이 바뀌면 러시아 역시 남북철도 연결에 큰 관심을 가질 수밖에 없다. 무엇보다 TSR을 활성화하려는 러시아의 의지가 강하기 때문이다. 2001년 3월 러시아 철도부 대표단은 북한을 방문하여 철도연결 사업에 관한 기술적 문제를 협의했다.[23] 철도망 복구를 위한 궤간 개보수 방식 중 세 방안(광궤, 표준궤, 혼합궤) 가운데 러시아 전문가들은 표준궤로의 개보수 방안이 최적의 경제성을 갖는다고 판단했다.[24] 러시아가 이처럼 북한철도망~TSR 연계에 관심이 큰 이유는 한국을 러시아철도에 대한 주요 물동량 공급원으로 주목했기 때문이다. 2000년대 들어 한국의 러시아 수출량은 급증 추세를 보이고 있다. 이러한 상황에서 철도를 통한 수출이 이루어진다면 한국은 가격경쟁력을 높이고 러시아 또한 상당한 철도수입을 기대할 수 있다.[25]

사실 TKR~TSR 연결 사업은 2001년 8월 푸틴-김정일의 공동선언문 발표, 2002년 9월 김대중 대통령의 '철의 실크로드 사업' 제안을 거치면서 3국(한국, 북한, 러시아) 사이에 지속적으로 협의되어 온 중요 사안이었다. 2004년 7월에는 북한과 러시아가 나진~하산 구간 연결 협약을 체결하자 남북철도 연결 노선으로서 동해선의 가치가 급부상했다. 2000년 6 · 15공동선언 이후 남북철도 연결, 나아가 대륙철도와의 연결에서 어느 노선이 더 적합한가를 타진하는 사이에 북한과 러시아는 나진~하산 구간 철도 연결을 통해 나진항을 보스토치니항의 대체항 또는 보조항으로 활용하는 사업을 먼저 합의했다. 보스토치니항의 시설이 부족하고 동해에 정유시설이 없는 러시아는 나진항을 선택했다. 북한은 정치적 부담을 덜면서 외화벌이가 가능한 동해선을 선택함으로써 상호 이해관계가 맞아 떨어진 것이다. 북한과 러시아는 의정서를 전격 교환하면서도 협약 내용을 한국에 통보도 하지 않고 공사에 착수했다.[26] 한국이 국익에 맞게 남북관계를 풀지 못한 결과라고 할 수 있다. 여전히 불안정한 동북아 질서를 안정화시키지 못한 불이익은 결국 한국에게 돌아오고 있다.

대륙횡단철도와 연결된 TKR의 경쟁력과 기대효과

2013년 러시아에서 G20 정상회의(9.5~6)가 개최되었을 때 정몽구 현대차그룹 회장은 부산~함부르크(Hamburg) 간(1만 9천km)을 배로 가면 27일이나 걸리지만, 시베리아 횡단철도를 이용하면 10일이면 충분하고 운반비용(컨테이너 1대당 평균 980달러)도 배를 이용할 때(2,200달러)보다 훨씬 싸고 안전하며 빠르다고 강조했다.[27] 게다가 자동차 운반선은 컨테이너 전용선보다 운송시간이 더 걸린다. 당연한 얘기지만 TKR~TSR이 연결되면 유럽을 향한 수출차량 운송기간을 대폭 줄여 유럽시장 공략에 훨씬 유리하고 현대차그룹도 철도차량 및 주요 부품 제작용 강재의 공급에 현대제철을 비롯한 그룹사가 공동참여하여 시너지효과를 높일 수 있다.

북한과 러시아를 잇는 하산~나진 구간 철도가 정상적으로 운행되면 하루 30대 열차, 연간 20ft 컨테이너 20만 개의 수송이 예상된다. TSR을 거쳐 유럽까지의 수송 기간도 약 2주일밖에 걸리지 않아 한 달 반 정도 걸리는 해상운송에 비해 절대적 우위를 갖는다. 한반도철도~대륙횡단철도 연결 시, 그 파급효과의 정도를 화물이동(한국 → 유럽)의 경로와 규모에서 예측할 수 있다.

한국, 중국, 일본 등 동아시아의 각 항만에서 TSR을 통해 유럽 등지로 향하는 컨테이너 화물의 대부분은 러시아의 보스토치니항에서 환적된다. 이 항만은 연간 2,500만 톤 취급능력을 갖고 있으며 취급 화물의 80%는 TSR을 통해 운송된다. 2008년 당시 부산~보스토치니 간 직행항로는 3개 선사가 매월 24개선을 운영했다.[28] 즉 TKR~TSR이 연결되지 않는 한, 한국에서 모스크바를 거쳐 유럽으로 수송되는 화물은 부산항 → 보스토치니항 → TSR 이동경로가 가장 빠른 길이다. 해상수송을 통해 보스토치니항에서 환적한 후 철도로 수송하는 번잡한 경로를 거쳐야 한다.

한국의 수출물품은 핀란드가 종착지인 통과 화물, 중앙아시아로 수출되는 화물, 러시아 내륙으로 들어가는 화물 등으로 구분된다. 핀란드로 반입되는 주요 물품은 99%가 가전 3사(삼성, LG, 대우)의 전자제품이다. 중앙아시아로 들어가는 화물은 한화나 동부화학, 한농, 케이피케미컬 등 화학제품 회사에서 생산하는 레신(화학제품원료)이 많다. 러시아 내륙으로 향하는 화물은 원자재와 전자제품이 혼재되어 있다.[29]

그러나 2006년 1월부터 러시아 철도공사(RZD)가 TSR 운임을 인상하여 부산~핀란드 구간 통과화물의 운송요금도 급증(1 FEU 당 3,500불 → 4,600불)했다[1 FEU=2 TEU. TEU(Twenty-foot equivalent units)는 20피트 길이의 컨테이너 크기를 부르는 단위]. 이에 따라 2006년에 TSR을 통과하는 보스토치니항의 화물량이 격감했다. 이후 러시아가 운임을 인하했으나 통과화물량은 좀처럼 회복되지 않고 있다. TSR 통과 화물량 격감에 반하여 수출입 화물량은 2000년 이후 계속 증가세를 보이고 있다.[30] 2007년 기준으로 TSR 화물량 25만 TEU의 70%는 한국 수출품이다. TCR 물동량은 TSR의 절반 수준이지만 증가 추세에 있다. 일본은 러시아의 자르비노(연해주 하산 지구에 있는 항) 항만터미널 건설에 자본을 투자하고 모스크바까지의 자동차 수출에 철도를 이용하기 시작했다. 철도의 운송시간이 해운에 비해 절반에 불과하기 때문이다.[31]

러시아철도공사(RZD)와 극동해운회사인 FESCO의 합작기업인 루스카야 트로이카(Russkaya Troika)가 최근 TSR 시발점 중 하나인 나호트카 보스토치니 역을 출발, 흑해와 아조프해 연안의 현대자동차 조립공장이 있는 타간로그(로스토프주에 있는 항만)까지 화물 수송을 시작했다. 한국에서 해상운송을 통해 보스토치니항으로 수입한 자동차 부품들을 대규모 철도수송을 통해 조립공장까지 운반하는 것이다.[32]

TSR 통과 화물량과 달리 수출입 화물량이 계속 증가하는 이유는 ① 러시아 경제의 호황과 이에 따른 한국, 중국 등 동아시아로부터의 소비재 수입 급증, ② 러시아 및 중앙아시아 지역에 대한 한국기업의 진출 증가와 이에 따른 자동차 부품 등 반출물량의 증가, ③ TSR 통과 화물과 달리 해운이라는 대체운송로가 없다는 점(러시아 내륙으로 해상운송할 경우 발틱해의 상트페테스부르크항이 있지만 시설이 부족하고 화물 적체가 심함), ④ TSR 수출입 화물은 통과 화물에 비해 운임인상폭이 적었던 점 등[33] 때문이다.

또 하나 주목할 점이 있다. 해상운임 요율은 해운으로만 수송하는 경우, 복합운송(해운과 철도)인 경우 두 가지가 있다. 유럽까지 해상운송을 해도 이후 목적지인 각 주요 도시까지 거리가 멀어 이에 필요한 수송요금이 추가로 요구된다. 즉 철도를 이용하면 화물 목적지인 주요도시까지 상대적으로 가까운 반면에, 해상운송을 이용하면 입항 항구에서 다시 육상교통수단을 이용하여 장거리 수송을 해야 해서 물류비에 해상운임, 항만비용, 주요 도시간 수송요금이 더해진다. 그러나 러시아, 중국, 북한 지역은 철도수송이 복합운송보다 훨씬 싸다.[34] 물론 TKR~TSR을 이용하여 유럽으로 수송할 경우 많은 국경을 통과하면 환적비용과 국경통과비용이 추가되고 러시아 서부지역의 화물 체증 때문에 비용과 시간이 소요되어 물류비, 즉 철도요금이 비싸진다. 그러나 각국은 철도수송을 통한 이익을 조율할 수 있다. 이 문제는 외교정책으로 풀어야 한다.

TKR~TSR 연결은 경제개발을 추진하려는 북한과 러시아 극동의 나호트카 자유경제지역 내 한국전용 산업공단 조기 설치 및 이르쿠츠크 가스전 공동개발을 촉진하여 한국, 북한, 러시아 3각 경협을 추진하는 데에도 우호적 경제환경으로 작용할 수 있다. 이제까지 수송루트가 열악해 진출이 어려웠던 우랄, 동·서 시베리아, 중앙아시아 지역이 새로운 시장으로 부각되는 파급효과도 기대된다. 특히 시베리아횡단철도의 중간 거점지로서 동·서 시베리아 지역 3천여만 명의 경제권을 포용하는 중심도시 노보시비르스크는 석유 등 자원 부국인 중앙아시아를 연결해 주는 수송 인프라가 발달한 지역이다. 노보시비르스크와 같은 시베리아 진출 교두보의 거점이 구축되면 카자흐스탄, 우즈베키스탄 등 인구 5천여만 명의 중앙아시아 지역으로의 접근 가능성도 넓어지는 것이다.[35]

동시베리아와 극동지역은 다양한 에너지 자원이 풍부하게 매장되어 있는 곳이다. 여기에 러시아의 개방 확대 및 WTO 가입, 그리고 TKR~TSR 연결에 대한 관심 증가로 이 지역의 자원에 대한 국제적 관심이 고조되고 있다. 예컨대 석유의 경우 한국, 중국, 일본 3국의 중동의존도는 1998년에 한국 74%, 일본 82%, 중국 62%나 되는 실정이어서 철도가 연결되면 러시아 지역의 자원 확보가 그만큼 수월해진다.[36]

3) 동북아 평화철도의 마지막 연결점, 한일해저철도

일제 말기 관부(關釜)해저철도와 1980년대 한일해저터널 구상의 차이

한반도의 남북철도가 연결되어 TKR로 전화되고 대륙횡단철도(TSR, TCR, TMR, TMGR)와 연결되어 평화철도로 정착되려면 그 이전에 관련 각국의 이해관계를 조율해야 한다. 여기에는 크게 세 가지 난관이 있다. 첫째 가장 풀기 어렵다고 할 수 있는 적대적 남북관계를 정치적, 제도적으로 풀어야 해결되는 남북철도 연결이다. 다른 두 난제는 상대적으로 쉽다. 둘째, 이

노선을 경유하는 관련국들과 풀어야 할 정치·경제적 난제가 산적해 있다. 셋째, 한일 간에 해저철도터널이 연결될 필요가 있다. TKR~대륙횡단철도 연결망이 온전하게 동북아경제공동체 철도망으로 자리 잡기 위해서는 '경제대국' 일본과 연결되어야 현실적으로 그의 정치·경제적 의미가 채워질 수 있기 때문이다.

그러나 한일해저터널은 식민지배를 받은 한국의 역사적 경험과 침략으로 점철된 자국의 과거사를 정리하지 못하는 일본의 현실 때문에 분명히 쉽지 않은 과제이다. 더구나 앞의 6장 4)절에 서술한 바와 같이 일본은 1930년대 후반 이후 '대동아공영권'을 선전하면서 침략철도의 연장선으로서 관부해저철도터널 건설을 구상한 적이 있었다. 일제의 끝없는 침략 욕망이 직접 철도로 '일-선-만'을 연결하는 구상으로 확대된 것이다. 한반도철도는 '일-선-만'을 잇는 경유노선으로서의 역할이 더욱 중시되었다. 결국 이 해저터널 건설계획은 이후 전황이 악화되고 일본이 방어에 주력하면서 짧은 기간의 조사작업 외에는 더 이상 진척되지 못했다. 관부해저철도는 일본이 부설과 운영을 좌우하는 침략철도로 구상한 노선이었다.

이로부터 40여 년 이상이 지난 1980년대 들어 한일해저터널에 대한 구체적 논의가 민간 차원에서 다시 공론화되기 시작했다. 이 문제를 먼저 제기하고 논의를 제기한 것은 일본의 철도 및 토목 관련학계였다. 일본 학계는 냉전체제가 극에 달한 시점에서도 자국의 이익을 위해 한일해저터널계획을 치밀하게 구상한 것이다. 그러나 이를 침략철도의 연장이라고 규정할 필요는 없다.

일본의 철도 및 토목 관련학계가 한일해저철도터널계획을 먼저 제기한 배경에는 세계 최고수준에 이른 일본의 해저터널 공사 기술과 경험이 작용했다. 당시 일본에서는 혼슈 북단의 아오모리(靑森)에서 츠루가 해협을 관통하여 홋카이도의 하코타네(函館)로 이어지는 세계에서 가장 긴(53.9㎞) 세이칸(靑函) 해저철도터널이 개통을 향해 한창 막바지공사에 박차를 가하는 중에 있었다. 1964년 3월에 착공하여 1985년 3월에 터널을 관통한 후 1988년 3월, 착공한지 24년 만에 개통한 것이다. 사상자도 1,040명이나 발생했다. 홋카이도 신칸센도 2016년 3월 이 터널을 지나서 개통되었다. 세이칸 터널공사를 통해 축적된 일본의 굴착 기술은 도버해저터널 공사에서도 활용될 정도로 최고 수준을 과시했다.[37][2016년 6월 1일, 스위스 중남부 에르스트펠트와 이탈리아 보디오를 연결하는 고트하르트베이스 터널(GBT)이 착공 17년 만에 개통되어 세계 최장(57.1km)의 철도터널이 되었다. 그러나 세이칸 터널은 '해저'철도터널로서는 여전히 세계 최장 터널이다.]

1982년에 결성된 일본의 「일한터널 연구프로젝트 총괄위원회」는 1983년에 공표한 「일한터널 기본구상」을 통해 세 가지 노선 안을 제안했다.[38]

> A경로: 큐슈 사가(佐賀)현의 카라츠(唐津)를 기점으로 이키(壹岐)~쓰시마(對
> 馬島)~거제도
> B경로: 카라츠~이키~쓰시마(對馬島)의 시모지마(下島)와 우에지마(上島)~
> 거제도
> C경로: 카라츠~이키~시모지마와 우에지마~부산

이 해저터널 계획에는 세이칸 터널공사에 참여한 기술자 100여 명이 참여했는데 위 세 경로 각각의 길이는 209km, 217km, 231km였다.[39] 구상한 경로의 수는 세 가지로 늘어났지만 대체로 일본이 40여 년 전 침략노선의 연장으로 계획했던 관부해저철도터널 경로가 참조된 것으로 보인다. 1986년 5월 일한터널연구회가 사갱(斜坑)굴착공사를 여름에 착공한다고 발표할 때 계획하던 터널 루트는 카라츠~이키도~거제도~진해 경로였다.[40] 위의 A, B 안과 비교해서 거제도에서 부산이 아니라 진해로 연결된 것만 달랐다.

1983년 5월에는 이 '기본구상'을 추진하기 위해 일한터널연구회가 결성되어 1984~85년에 지표조사, 지질조사, 음파조사 등을 진행했다. 1986년에는 조사기공식을 시작으로 한국에 '국제하이웨이 연구회 및 부산지부'를 설치했다. 1988년에는 재단법인 아세아기술협력회에 한일터널연구전문위원회를 발족시키고 거제도에서 조사를 하기도 했다. 일한터널연구회는 현재도 해저터널 실현을 위해 활동하고 있지만 오랜 기간 답보 상태에 있다.[41] 이후 오늘까지 한일 양국의 민간 차원에서만 한일 해저철도터널안이 간헐적으로 제기되고 있는 형편이다.

21세기에 부설될 한일해저철도 20세기 30~40년대에 군국주의 일본이 침략철도의 연장으로 구상하던 것과 같은 결과로 귀결될까? 많은 우려와 국제정책적 고려가 필요하다. 그러나 선험적으로 규정할 필요는 없다. 향후에 한일해저철도가 부설된다면 이는 TKR이 중심이 된 철도망 연결을 통해 이익을 공유하게 될 관련 국가들과의 합의를 통해 동북아경제공동체의 기반을 굳게 하는 '평화철도'가 될 수밖에 없기 때문이다.

도버해협터널(영-프) 개통 사례

한일관계만큼은 아니지만 앙숙관계로서 서로에게 불편한 감정을 지닌 영국과 프랑스를 잇는, 착공 8년 4개월 만에 개통(1994.5.6)된 도버해협터널 사례를 들어보자. 영~프 간 해저터널은 19세기 들어서부터 구상되기 시작했다. 역사가 꽤 깊다. 나폴레옹이 유럽을 제패할 무렵인 1802년에 계획된 바 있다. 1880년에는 해저터널 시굴이 시작되었다가 영국이 국방상의 이유로 중단시킨 적이 있었다. 영~프 해저터널 건설이 다시 논의된 것은 이후 75년이나 지난 뒤였다. 제2차 세계대전이 끝나고 유럽의 전후부흥이 시작되어 ECSC(유럽석탄철강공동체, 1952.8)가 결성되고 EEC(유럽경제공동체, 1957.3)로 발전적으로 확대되는 분위기에서 1955년 이후 본격적 논의가 이뤄져 착공에 합의하기도 했다.

그러나 이후 건설안은 수면 아래로 내려갔다가 1980년대 들어 다시 논의되기 시작했다. 1986년 대처 영국 수상과 미테랑 프랑스 대통령이 건설협정에 서명(1980.1.20)한 이후 거의 11년이 지나서 3개의 터널 중 터널 관리와 비상로 역할을 하는 가운데의 작은 터널 하나가 관통(1990.12.1)되었다. 3년 5개월 후 열차가 달릴 2개 터널이 관통되어 엘리자베스 영국 여왕과 미테랑 프랑스 대통령이 참석한 가운데 프랑스 북부의 칼레에서 역사적인 도버해협터널 개통식(1994.5.6)을 가졌다. 애초의 예상보다 공사비가 거의 두 배 가까이 늘어나 공사기간에도 민간주주 모집을 계속하면서 자금을 조달하여 150억여 달러(12조여 원)가 소요되었다. 50km 거리를 3개의 해저터널로 연결하여 비상로 터널 외에 다른 2개의 터널에는 관광객 및 화물용 왕복열차, 런던~파리(3시간) 및 런던~브뤼셀(3시간 15분) 구간을 달리는 초고속열차 유로스타가 운행된다. 배로 2시간 거리를 터널로 35분 만에 해협을 건너는 것이다.[42] 이 열차는 고속전철을 통해 유럽 전역으로 연결된다.

도버해협터널 개통이 EU(유럽연합, 1993.11) 결성 6개월 뒤의 일인 점에서 보듯이 20세기 최대의 바다 밑 토목공사가 실현된 것은 역사적·국제정치적 환경 변화와 무관할 수 없다. 도버해협터널 개통으로 영국인을 포함해서 유럽인들은 입국심사 절차 없이 철도나 도로를 통해 각국의 국경을 자유롭게 넘나든다. 우리로서는 부럽기 짝이 없는데 유럽에서도 그 시작은 역시 경제적 필요 때문이었다. 앙숙관계였던 영국과 프랑스의 화해에서 출발하여 ECSC(1952.8) → EEC(1957.3) → EC(1967.7) → EU로 확대된 결과였다. 영국의 '브렉시트' 결정(2016.6.23)이 보여주듯이 경제력 격차가 크고 산업구성이 매우 이질적인 국가들끼리 단일통화와 단일시장을 통해 '공동체'의 발전을 꾀한다는 이상이 현실적인지 의문이지만, 철도와 도로의 소통만은 한국철도의 미래를 구상할 때 좋은 사례가 된다.

남북과 동북아 각국의 이익을 공유하는 플러스섬, 한일해저철도

도버해협터널과 달리, 한일해저철도 구상이 답보상태에 빠지게 된 여러 원인 가운데 남북철도가 연결되지 않은 점을 빼놓을 수 없다. 물론 한일해 저터널이 건설되려면 환태평양 지진대라는 지리적 악조건 외에도 해결해야 할 기술·재정적 문제도 적지 않다. 우선 한일 양국 철도의 궤간 차이를 극복해야 한다. 일본의 JR철도가 협궤인 반면, 한국철도는 표준궤이기 때문이다. 물론 여객의 경우는 표준궤인 신칸센과 연결될 수 있다. 그러나 협궤인 화물열차는 표준궤로 수송하기 위해 국경역에서 환적하거나 대차 교환을 위한 부가적인 작업이나 가변대차 차량이 필요하다. 가장 큰 문제는 역시 천문학적으로 소요될 건설비다. 일본은 2008년 기준으로 10~15조 엔의 공사비와 최소 15년의 공사기간을 예상한 바 있다. 따라서 이 구상이 실현되려면 한일해저터널 공사에 소요되는 비용과 공사기간 등 리스크를 감수할 수 있는 사업타당성이 확보되어야 한다.[43] 다른 무엇보다 물동량이 늘어나고 터널과 TKR~대륙횡단철도가 연계될 때의 우월한 수송경쟁력과 경제적 필요성에 대한 공감대가 조성되어야 한다. 또한 동북아의 경제 통합과 평화 정착은 철도망 연결을 통한 관련 국가들 사이의 이익 공유가 우선되어야 가능하다.

한일해저터널이 건설된다면 이는 한국은 물론 동북아 각국에게 단순히 교통수단이 하나 늘어나는 것을 넘어 중차대한 의미로 다가올 수밖에 없다. 무엇보다 일본의 경제력이 동북아는 물론 멀리 EU 지역으로까지 철도망으로 직결되기 때문에 한국인에게는 심리적 저항감이 클 수밖에 없다. 실제로 일본이 종착역, 시발역이 되어 한국이 종착역, 시발역으로서의 장점을 잃고 대륙 연결철도망의 경유지로 전락하게 된다는 우려의 목소리도 적지 않다. 그러나 한국이 얻게 될 다양한 기대효과를 감안해서 실리적으로 접근할 필요가 있다.

TKR과 한일해저터널의 연결은 '일본=이익, 한국=손해'라는 제로섬 관계가 아니라 상호 이익을 공유하는 플러스섬 관계를 지향한다. 국제관계가 얽혀 있는 현실 속에서 그러한 전망이 공유되지 않으면 실현될 수도 없다. 이에 대한 의문은 2016년 현재까지 운행이 중단된 상태지만, 외부의 영향력 차단에 특히 신경을 쓸 수밖에 없는 북한이 남북철도 연결에 동의한 것을 반추해보면 쉽게 풀릴 수 있다. 북한도 철도연결이 제로섬 관계가 아니라 플러스섬 관계라는 점을 인식한 것이다.

현실적으로 21세기 동북아의 상황이나 국제관계는 TKR~대륙철도망이 한일해저터널과 이어졌을 때, 일본이 그로부터 파생될 이익을 독점하거나 과거와 같은 군국주의적 침략철도로 전환시킬 수 있는 조건에 있지 않다. 한국, 북한, 일본, 러시아, 중국은 물론, 나아가서 유럽까지 '이익공동체'로 연결하는 국제적 규모의 초대형 건설프로젝트 자체가 이미 '이익공동체'를 만들어간다는 전제조건에서 출발하기 때문이다. '평화철도' 연결을 매개로 형성된 이익공동체는 각국마다 정치적 이해관계나 과거사 인식의 차이에도 불구하고 상호 공유하는 이익을 훼손시키지 않기 위해서라도 평화를 지향할 수밖에 없는 공동체를 말한다.

한일해저터널 건설은 러시아와 중국, 그리고 북한의 자원과 노동력, 한국과 일본 등의 기술 및 자본 등을 결합해 동북아에 거대한 이익공동체를 형성하는 중요한 연결고리가 될 수 있다. 나아가서 국제정치관계나 과거사 정리에서 갈등을 빚고 있는 남북, 북일, 중일 관계를 개선하는 환경으로 작용하여 동북아의 평화 정착에도 실질적으로 기여할 수 있다.

북한으로서도 한일해저터널이 북한철도망과 연결되어 대륙으로 이어진다면 선로사용료 및 통과료 수입을 통해 적지 않은 외화 획득이 가능해진다. 향후 북한경제의 발전 여하는 대외개방 여하와 직결되어 있다. 이는 결국 동북아 각국의 경제적 이익이 두텁게 교차하는 지점에 북한이 놓여 진다는 것을 의미한다. 상호 공유하는 이익이 두터워질 때 평화의 기반도 두

터워진다. 평화는 결코 정치적 선언으로 '얻어지는' 것이 아니다.

한일해저터널이 건설될 경우 한국 역시 경제적 이익이 크다는 전망이 일반적이다. 이는 한반도의 지정학적 위치, 물류비용 측면에서의 우위, 통과 및 중계지로서의 가치, 부산 및 광양 항구의 허브기능 강화 등의 가능성이 크기 때문이다.[44] 실제로 한국은 대륙횡단철도망이 구축되고 이와 연결된 한일해저터널이 건설되면 동북아의 중심에 위치한 지정학적 장점을 극대화시킬 수 있다. 한일해저터널과 연결되는 동해선은 북한이 국내정치적으로 부담을 적게 느끼는 노선이거니와 한국 경제의 지역 편차를 해소할 수 있는 환경으로도 작용할 수 있다. 한국은 적극적이고 장기적 전망을 가지면서 주체적으로 관여하고 이를 위한 선결과제로 남북문제를 적극적으로 풀어가야 한다.

그러나 한국 정부의 대북정책은 지난 9년 이상 동안 적대적 '냉탕'에 빠져 정치·경제적으로 거대한 실리에 눈 감고 있었다. 이 사이에 러시아는 일본에 주목할 만한 제안을 했다. 『산케이신붕(産經新聞)』(2016.10.3)에 따르면, 러시아정부가 2016년 12월에 개최될 러일경제협력회의를 계기로 TSR을 일본과 연결하자고 제안할 계획이라는 것이다. 즉 연해주~사할린 7km, 사할린~홋카이도 42km 구간을 해저터널 또는 다리를 통해 연결하여 일본 철도가 TSR을 통해 유럽으로 이어지는 철의 실크로드를 구축한다는 것이다.[45] 일본이 경제성 타산을 어떻게 할지는 두고 봐야 하겠지만, 분명한 사실은 TSR~홋카이도 연결 구간은 대한해협의 바다 밑을 통과할 때의 200여 km보다 훨씬 짧다는 점이다. 한국이 계속 냉전시대에 갇혀 때를 놓친다면 TKR이 TSR, TCR 양자 모두와 연결되어 한반도가 동북아평화공동체의 경제 중심지대로 부상할 수 있는 절호의 기회는 사라질 수도 있다.

한반도철도의 대전환을 향하여, 침략의 통로에서 평화의 철로로

철도는 유럽이 근대를 만들어가는 과정에서 핵심적 교통수단이었다. 동서를 떠나 우마차가 대종이었던 근대 이전의 교통수단과 달리 근대를 열어간 교통수단은 선박→철도→자동차→항공기의 수순에 따라 비약적 발전을 거듭해왔다. 선박의 발전에 힘입어 특히 철도는 유럽이 근대를 열고 비유럽 세계를 지배하는 동력을 제공한 '혁명적' 교통수단이었다.

유럽에서 철도는 자국 내 경제와 사회를 통합하고 국민국가를 만드는 동맥혈관 역할을 하면서 식민지에 정치·경제적 지배체제를 관철시키는 교통수단이었다. 그리고 구미에서 철도망의 근간이 완성되는 19세기 말에 고무바퀴, 튜브, 가솔린엔진이 개발되고 1920년대에 대량생산이 가능해진 자동차가 철도역에서 지역 곳곳까지 연결하는 모세혈관의 역할을 수행했다.

구미와 일본의 근대는 주권국가를 배경으로 자본주의 경제를 발전시켰다. 대표적 '근대문물'인 철도도 그것을 구상하고 사용하는 주체에 따라 천양지차의 결과를 불러왔다. 철도주권을 지키지 못한 결과 한반도철도망은 부설권을 장악한 일제의 의도대로 대륙침략의 통로로서 만주-일본과의 연결을 최우선 목표로 설정된 종관노선이 뼈대가 되었다. 철도노선(역) 역시 일본인들이 터전을 잡고 주인이 된 식민도시 중심으로 선정되었다. 한반도 경제의 개발이나 산업연관은 고려대상이 아니었다.

그런데 철도는 일단 부설되고 나면 노선 자체를 바꾸기 어려워 이미 건설된 종관노선을 중심으로 도시가 형성되는 경로의존성을 띠게 마련이다. 해방 후 철도정책은 분단된 상황에서 경부라인을 축으로 일제가 남긴 식민철도의 유산을 안고 출발해야 했다. 석탄산업, 시멘트산업 개발 등 비로소 한국 경제를 위한 산업철도가 부설될 때에도 이미 부설된 기존 노선을 횡단하여 연결하는 방식을 취할 수밖에 없었다.

한국 경제의 고질적인 지역 불균형 문제는 일제의 대륙침략정책에 따라 설정된 경부라인에 그 원인(遠因)이 소급될 수 있다. 대표적 식민도시로서 일제시기 철도와 항로의 시발점이었던 부산의 예를 들 수 있다. 부산의 지형은 해안가를 따라 높은 산을 등지고 있어 350~400만 인구의 대도시로 확대되기에는 사실 부적합하다. 해방 당시 인구가 28만여 명에 이르렀던 부산은 해방 후 귀환동포들의 집결지가 되면서 50만여 명으로 급증했다. 한국전쟁을 계기로 경부철도 라인을 따라 월남민이 집중하면서 1955년에 100만 명을 넘었다. 이후의 경제개발정책이 경부라인을 따라 집중됨으로써 인구는 폭발적으로 늘어났다.

전라선(익산~여수)이 있었지만 해방 후 복수의 종단노선을 균형있게 사용하는 철도망은 구축되지 못했다. 지역불균등은 그만큼 심화되었다. 1970년 7월 개통된 최초의 고속국도 역시 경부철도 라인을 따라 부설되었다. 고속국도 번호를 남북방향은 서쪽부터 15~65번 사이의 홀수로, 동서방향은 남쪽부터 10~50번 사이의 짝수로 정하지만 예외적으로 경부고속도로는 상징성 때문에 1번이다. 경부라인은 그만큼 심리적으로도 한국인의 뇌리에 깊이 박혀 있다. 고속철도도 호남선-전라선은 경부선보다 한참 늦게 부설되었거니와 한반도의 서쪽 지역이 여행 대상지로 부상된 것도 철도 때문이라기보다 서해안고속도로 개통(2001.12)의 영향이 컸다.

전철화, 복선화, 고속철도 부설은 한국철도의 새로운 전기를 마련했다. 그러나 수도권 과밀화를 해소하기보다 심화시키는 방향으로 영향을 미쳤다. 물론 이는 종관노선 중심의 '식민지 유산' 때문만은 아니었다. 급속한 개발을 위해 기존 거점도시에 집중된 산업화 전략을 택한 정부의 교통망 개발정책에서 전국토적 균형발전 관점이 취약했기 때문이기도 했다. 또한 정부는 각 교통수단이 상호 보완하는 교통망을 구축하기보다 철도와 도로 교통을 같은 노선을 따라 건설, 운영하는 방식을 택했다. 당연히 시간이 지나면서 철도의 수송분담률이 떨어지는 불균형 관계가 고착되었다.

한국철도는 새로운 전기를 모색해야 하는 시점에 놓여 있다. 무엇보다 좁은 국토에 70년 이상 지속된 분단으로 '섬'에 갇힌 상황에서 벗어나야 한다는 상상력이 필요하다. 한반도 남쪽의 한국 내에서만 기준하여 수송 및 이동 시간에 초점을 두면 경제발전이 일정 단계에 이르면 철도가 지속적으로 경쟁력을 유지하기 어렵다. 고속철도 역시 이러한 한계를 근본적으로 넘어서지 못한다. 남북 간조차 단절된 한국철도망은 노선 길이가 기본적으로 제한되어 자동차로 쉽게 대체할 수 있기 때문이다.

유럽은 입국심사 절차 없이 철도나 도로를 통해 각국의 국경을 자유롭게 넘나든다. 그 시작은 역시 경제적 필요 때문이었다. 앙숙관계였던 영국과 프랑스의 화해에서 출발하여 ECSC(1952.8)에서 40여 년을 거쳐 EU(1993.11)로 확대된 결과였다. 철도와 도로의 소통만은 한국철도의 미래를 구상할 때 좋은 사례가 된다.

한국철도가 새롭게 도약하는 길은 종관철도망을 장점으로 전환시키는 것에 있다. 남북과 동북아의 평화체제 구축을 통해 북한의 철도, 그리고 유럽까지 이어지는 대륙횡단철도와 연결되어 장거리 물류수송의 장점을 발휘하면 된다. 한국철도는 북한과 연결되어 한반도를 관통(trans)하는 TKR로 전환됨으로써 TSR, TCR을 통해 동북아 대륙을 지나 유럽으로까지 이어지는 대동맥으로 전환되어야 한다. 일제의 침략과 전쟁을 위한 수송통로였던 한반도철도를 평화체제 구축과 번영의 상징으로 변모시키는 발상의 대전환이 절실한 때이다. 한반도철도망에 스며있는 침략과 전쟁의 역사를 딛고 동북아 평화와 번영을 신장시키는 기재로 전환된다면 한국철도는 그야말로 역사의 대전환을 만드는 주체로 거듭나는 것이다. 또 한국철도가 TKR로 전환되면 한국 경제의 고질적 문제인 지역적 편차와 수도권 집중도를 완화시키는 환경으로도 작용할 수 있다.

무엇보다 먼저 남북철도가 연결되어야 한다. 현재 운행은 되고 있지 못하지만 2000년 남북정상회담을 계기로 경의선, 동해선 등 남북 연결 철도망은 이미 복원되었다. 분단된 '섬' 안에서만 활용되는 교통수단에 불과했던 한국철도가 세계로 연결될 가능성을 안고 있는 것이다. 이는 주변국 모두가 원하는 일이기도 하다. 가령 남북관계가 최악인 상황에서도 국제철도협력기구(OSJD) 서울회의(2015.5.27)에서는 유라시아 철도 구간 중 유일하게 끊겨있는 남북철도 연결을 지지하는 선언을 했다. OSJD는 1956년 6월에 출범하여 현재 북한, 러시아, 중국, 폴란드, 카자흐스탄 등 구사회주의권 국가 정회원 28개국과 제휴회원(40개 철도회사)이 참여하여 교통 신호, 통행료, 운행방식 등에서 통일 규약을 갖고 있어서 TSR, TCR 운행에 참여하려면 이 기구에 가입해야 한다. 즉 동북아 국가 간 철도의 상호연결 및 통합 운영을 현실화하려면 분단된 한반도의 남북철도가 먼저 연결 운행되어야 한다.

2013년 9월 5~6일 러시아 상페테스부르크에서 열린 G20 정상회의에서 박근혜 대통령은 푸틴 러시아 대통령과 회담하면서 "부산에서 출발해 러시아를 거쳐 유럽까지 가는 철도가 있으면 좋겠다는 꿈을 꿨다"면서 TKR~TSR 연결을 통한 유라시아철도망에 대한 기대감을 표시했다. 문제는 대통령을 비롯한 한국의 정재계가 감상적 기대감을 넘어 이것이 실현 가능하도록 구체적 정책이나 비전을 보여주지 못한다는 점이다. 남북관계를 적대적으로 설정함으로써 국내정치에 활용하려는 세력이 거대한 실리와 평화의 미래를 가로막고 있는 것이다. 남북관계와 동북아 각국의 관계는 어느 일방이 흔들 수 없는 실리적 이해관계가 두텁게 얽혀 있을 때 평화체제를 공고하게 만들어갈 수 있다.

그에 적합한 그랜드 디자인을 보여준 사례가 있다. 1977년부터 10년간 전국경제인연합회 회장을 지낸 정주영은 1980년대에 기업의 실리와 민족사적 명분을 조화시킨 남북경협, 그리고 이를 통한 북방경제권과의 연동을 구상했다. 그는 특히 거대한 실리의 평화프로젝트로서 세계 최대의 가스 매장지역 이르쿠츠크에 주목하고 소련-북한-한국-일본을 잇는 가스관을 구상했다. 여기에 시베리아 유전 개발사업에 참여하여 블라디보스톡에서 나진, 선봉을 지나는 송유관을 통해 서울까지 원유를 가져오는 계획도 세웠다. 돈 버는 일에 도가 튼 그의 구상은 이념적 '명분'에 지배된 남북관계와 동북아관계를 과감하게 벗어난 '큰 장사' 셈법의 산물이었다. 그러나 오늘의 한국 사회는 이런 '상식적' 셈법이 상식화되지 못하는 미성숙함에 갇혀 있다.

우리가 추구해야 하는 '현실'의 문제는 추상적 '이념'에 갇혀있으면 풀리기 어렵다. 전쟁을 부추겼던 지나간 역사를 지양하는 첫걸음은 스스로 만들어가야 한다. 한반도는 19세기 말~20세기를 지나는 긴 세월 동안 불행으로 점철되었지만, 오히려 그 때문에 21세기 인류가 지향해야 할 좌표를 만들어낼 수 있는 토양이 될 수 있다. 철도야말로 그걸 만들어갈 수 있는 가장 적합한 소재이다.

프롤로그

1) 이하 대한제국(1897.10.12~1910.8.29)과 해방후 시기의 경우는 한국(인)으로, 대한
제국 선포 이전의 조선왕조와 일제시기의 경우는 조선(인)으로 표기함.
2) 정태헌, 『일제의 경제정책과 조선사회 : 조세정책을 중심으로』, 역사비평사, 1996,
37쪽.
3) 허수열, 『개발 없는 개발 : 일제하, 조선경제 개발의 현상과 본질』, 은행나무, 2005,
17~18쪽.
4) 박천홍, 『매혹의 질주, 근대의 횡단』, 산처럼, 2002, 43~45쪽.
5) 이송순·정태헌, 「한말(韓末) 정부 관료 및 언론의 철도에 대한 인식과 수용」, 『한
국사학보』 50, 고려사학회, 2013, 164~165쪽.
6) 이송순·정태헌, 위의 글, 2013, 162~163쪽.
7) 이송순·정태헌, 위의 글, 2013, 170, 174쪽.
8) 『朝鮮總督府鐵道局年報』 및 『朝鮮鐵道狀況』 각년판 참조.

1. 철도의 정치경제학

1) 「馬車군까지 登場」, 『경향신문』 1956.3.14.
2) 페르낭 브로델, 주경철 옮김, 『물질문명과 자본주의 I-2 일상생활의 구조 下』,
까치, 2008, 595~596쪽; 606~607쪽; 614~615쪽.
3) 뿔 망뚜, 정윤형·김종철 옮김, 『산업혁명사 上』, 창작과비평사, 1997, 130~136쪽.

4) 정해본,『독일근대사회경제사』, 지식산업사, 1991, 85~87쪽.

5) 윤원호,『자본주의 이야기-축적기의 경제사』, 한울, 1994, 145~146쪽.

6) 이재광,『식민과 제국의 길』, 나남출판, 2000, 194~195쪽.

7) 이재광, 위의 책, 2000, 197쪽.

8) 에릭 홉스봄, 전철환·장수한 옮김,『산업과 제국 : 산업시대 영국 경제와 사회』, 한벗, 1984, 102쪽.

9) 정해본, 앞의 책, 1991, 87~88쪽.

10) 주명건,『미국경제사』, 박영사, 1983, 167~168쪽.

11) 루돌프 힐퍼딩, 김수행 역,『금융자본론』, 비르투, 2011, 467~468쪽.

12) 지오반니 아리기 외, 최홍주 역,『체계론으로 보는 세계사』, 모티브북, 2008, 109~110쪽.

13) 하겐 슐체, 반성완 옮김,『새로 쓴 독일 역사』, 知와 사랑, 2011, 142쪽.

14) 박흥수,『달리는 기차에서 본 세계』, 후마니타스, 2015, 169쪽.

15) 볼프강 쉬벨부쉬, 박진희 옮김,『철도 여행의 역사』, 궁리, 1999, 59~60쪽.

16) 김종현,『영국 산업혁명의 재조명』, 서울대학교 출판부, 2006, 274~275쪽.

17) 이재광, 앞의 책, 2000, 198쪽.

18) 에릭 홉스봄, 전철환·장수한 옮김, 앞의 책, 1984, 106~108쪽.

19) 에릭 홉스봄, 정도역 옮김,『자본의 시대』, 한길사, 1983, 67쪽.

20) 에릭 홉스봄, 전철환·장수한 옮김, 앞의 책, 1984, 109, 103~104쪽.

21) 이재광, 앞의 책, 2000, 190~191쪽; 199쪽.

22) 하야시 나오미치(林直道), 유승민 외 역,『경제는 왜 위기에 빠지는가』, 그린비, 2011, 177~178쪽.

23) 다니엘 리비에르, 최갑수 옮김,『(개정판)프랑스의 역사』, 까치, 1998, 298~335쪽.

24) Pollad, Sidney,『Typology of Industrialization Processes in the Nineteenth Century』, London : Harwood Academic Publishers, 52쪽(이재광, 앞의 책, 2000, 215쪽에서 재인용).

25) 하겐 슐체, 반성완 옮김, 앞의 책, 144~145쪽.

26) 주명건, 앞의 책, 1983, 162쪽; 218~219쪽; 249~250쪽.

27) 윤원호, 앞의 책, 1994, 214~215쪽.

28) 정재현,「윈난 철도의 건설과 프랑스 제국주의」, 고려대학교 사학과 석사학위 논문, 2010, 85쪽.

29) 김형렬,「獨逸의 靑島 經略과 植民空間의 擴張(1898-1914)」,『중국사연구』70, 2011, 285쪽.

30) 존 아일리프, 이한규·강인황 역,『아프리카의 역사』, 이산, 2003, 363~365쪽.

31) 정재현, 앞의 글, 2010, 1~3쪽.

32) 당시 청 조정에서 러시아의 의도를 의심하자 러시아의 만주정책을 주도하던 비떼는 '이홍장 기금'을 통한 로비로 동청철도 이권을 확보했다(최덕규,「러시아의 대만주정책과 동청철도(1894-1904)」,『만주연구』1, 2004, 12~16쪽 참조).

33) 진시원,「동북아시아 철도건설과 지역국가관계의 변화 : 19세기 후반과 20세기 초

반 제국주의시기 중심으로」, 『평화연구』12, 2004, 63, 67쪽; 임성진, 「동북아 철도 네트워크의 지정학적 의미 – 러일전쟁 전후와 탈냉전 이후 시기의 비교 고찰」, 인하대학교 정치학과 석사논문, 2008, 25~28쪽.

34) 이군호, 「일본의 중국 및 만주침략과 남만주철도 : 만주사변(1931) 이전까지를 중심으로」, 『평화연구』12, 2004, 154쪽.

35) 임성진, 앞의 논문, 2008, 29쪽.

36) 이군호, 앞의 논문, 2004, 155~156쪽.

37) 이노우에 유이치, 석화정·박양신 옮김, 『동아시아 철도 국제관계사 : 영일동맹의 성립과 변질 과정』, 지식산업사, 2005, 34~38쪽.

38) 정재정, 『일제침략과 한국철도』, 서울대학교출판부, 1999, 34~35쪽.

39) 高成鳳, 『植民地の鐵道』, 日本經濟評論社, 2006, 38쪽.

40) 정재정, 앞의 책, 1999, 36~39쪽.

41) 財團法人 鮮交會, 『朝鮮交通史 一 : 本卷』, 三信圖書有限會社, 1986, 18쪽.

42) 이노우에 유이치, 석화정·박양신 옮김, 앞의 책, 2005, 99쪽.

43) 「京釜鐵路」, 『皇城新聞』 1899.8.5.

44) 박만규, 「韓末 日帝의 鐵道 敷設·支配와 韓國人動向」, 『한국사론』8, 1982, 256쪽.

45) 주경식, 「경부선 철도건설에 따른 한반도 공간조직의 변화」, 『대한지리학회지』29-3, 1994, 306쪽.

46) 정재정, 앞의 책, 1999, 261, 269쪽.

47) 「今에 日本時事新報를 閱覽ᄒ즉 韓國에 移民이라ᄂ」, 『皇城新聞』 1899.3.23.

48) 정재정, 앞의 책, 1999, 34~35, 39쪽.

49) 정재정, 위의 책, 1999, 250~252쪽.

50) 정재정, 위의 책, 1999, 256~257, 261, 269, 272쪽.

2. 한일 근대사의 향방을 가른 철도주권

1) 老川慶喜, 『日本鐵道社-幕末·明治篇』, 中央公論新社, 2014, 29~31쪽.

2) 서정익, 『일본근대경제사』, 혜안, 2003, 75~76쪽.

3) 류교열, 「明治憲法體制 準備와 鐵道政策(Ⅰ)」, 『일본어문학』3, 1997, 187쪽.

4) 한국철도기술연구원 엮음, 『일본철도의 역사와 발전』, BG북갤러리, 2005, 76~77쪽.

5) 한국철도기술연구원 엮음, 위의 책, 2005, 67~68쪽.

6) 서정익, 앞의 책, 2003, 76쪽.

7) 한국철도기술연구원 엮음, 앞의 책, 2005, 69~71쪽.

8) 老川慶喜, 앞의 책, 2014, 47쪽; 123~124쪽.

9) 한국철도기술연구원 엮음, 앞의 책, 2005, 40~79쪽.

10) 정태헌, 「17세기 북벌론과 21세기 반북론」, 『한반도통일론의 재구상』, 선인, 2012.

11) 金綺秀, 『(譯註) 日東記游』, 부산대학교 한일문화연구소, 62~63쪽.

12) 이송순·정태헌, 앞의 논문, 2013, 147~148쪽.

13) 철도청, 『한국철도사 제1권 – 창시시대』, 1974, 35쪽.

14) KORAIL, 『철도창설 제111주년 기념 철도주요연표』, 2010, 10쪽.

15) 송병기 외 편, 『韓末近代法令資料集』 2, 대한민국국회도서관, 1971, 96~97쪽.

16) 「일본 회사 하나히 셔울 부산 사이에 철도을 놋켓다고」, 『독립신문』 1896.8.15.

17) KORAIL, 앞의 책, 2010, 11쪽.

18) 송병기 외 편, 『韓末近代法令資料集』 2, 대한민국국회도서관, 1971, 128쪽; 192~193쪽.

19) 이병천, 「구한말 호남철도부설운동(1904-08)에 대하여」, 『경제사학』 5, 1981, 119쪽; 박만규, 앞의 논문, 1982. 251쪽.

20) 송병기 외 편, 『韓末近代法令資料集』 2, 1971, 326쪽.

21) 「철도샤관례」, 『독립신문』 1898.7.22.

22) 이병천, 앞의 논문, 1981, 120쪽.

23) 「營設鐵道」, 『皇城新聞』 1899.6.20; 「鐵道依施」, 『독립신문』 1899.7.10.

24) 「부민빅중」, 『독립신문』 1899.8.12; 「德使有言」, 『皇城新聞』 1899.8.12; 「鐵道要求」, 『皇城新聞』 1899.9.14.

25) 송병기 외 편, 『韓末近代法令資料集』 2, 1971, 385~389쪽.

26) 이병천, 앞의 논문, 1981, 122~123쪽; 철도청, 『한국철도100년사』, 1999, 2쪽.

27) 「布達」, 『皇城新聞』 1900.9.6.

28) 송병기 외 편, 『韓末近代法令資料集』 3, 1971, 42~44쪽; 52~54쪽; 319~320쪽.

29) 「동양 풍운」, 『독립신문』 1899.3.25.

30) 「鐵道院設置」, 『皇城新聞』 1900.4.9.

31) 「鐵道要求」, 『皇城新聞』 1899.9.14.

32) 박만규, 앞의 논문, 1982, 261~262쪽.

33) 鄭在貞, 「植民地期의 小運送業과 日帝의 統制政策」, 『역사교육』 48, 1990, 120~121쪽.

34) 「鉄道各會社寄書」, 『皇城新聞』 1903.5.13.

35) 「금년 수월 브터 지금 식지」, 『독립신문』 1897.9.9.

36) 「도명등록」, 『독립신문』 1899.2.7.

37) 「雜類藉名」, 『皇城新聞』 1900.5.2.

38) 「或得或否」, 『皇城新聞』 1902.6.11.

39) 「京釜鐵道의 工役」, 『皇城新聞』 1901.11.7; 정재정, 앞의 책, 1999, 197~198쪽.

40) 「텰도회사」, 『독립신문』 1899.4.18; 「텰도회사」, 『독립신문』 1899.6.5; 이병천, 앞의 논문, 1981, 125~126쪽.

41) 친일인명사전편찬위원회, 『친일인명사전(인명편 3)』, 2009, 205쪽; 『친일인명사전(인명편 1)』, 605~607쪽.

42) 「兩社合同」, 『皇城新聞』 1899.5.22; 「兩社合同」, 『皇城新聞』 1899.5.31; 「텰도회사」, 『독립신문』 1899.6.22.

43) 「大韓國內鐵道用達會社廣告」, 『皇城新聞』 1899.6.12~7.11; 「大韓國內鐵道用達會社廣告」, 『皇城新聞』 1899.6.27~7.26; 「大韓國內鐵道用達會社廣告」, 『독립신문』 1899.6.27~7.27.

44) 「鐵道用達會社」, 『皇城新聞』 1900.3.30; 「京部鐵道委員의 答函」, 『皇城新聞』 1900.4.11.

45) 「회샤셜시」, 『독립신문』 1899.9.23.

46) 「京仁鉄道에 大韓셔 運輸會社를 特設ᄒ고 商旅와 行客에 擔荷貨物를 便利케」, 『皇城新聞』 1900.7.6~7.10; 「大韓運輸會社事務所를 建築ᄒ고 開業禮遇를 陽今月 十一日로 行ᄒ깃기」, 『皇城新聞』 1900.11.10~1901.7.16.

47) 「竹內到仁」, 『皇城新聞』 1902.1.8; 「欲擔運物」, 『皇城新聞』 1902.1.31.

48) 「鉄道各會社寄書」, 『皇城新聞』 1903.5.13.

49) 정재정, 앞의 책, 1999, 206~207쪽.

50) 「鉄道各會社寄書」, 『皇城新聞』 1903.5.13.

51) 정재정, 앞의 책, 1999, 335, 370쪽.

52) 박만규, 앞의 논문, 1982, 267쪽.

53) 「藉托鐵道」, 『皇城新聞』 1900.8.7.

54) 「鐵道要求」, 『皇城新聞』 1899.9.14.

55) 「셔울과 인쳔 ᄉ이에 놋는 철도 감독 리치연씨가 농샹 공부에 보고 ᄒ기를 철도」, 『독립신문』 1897.10.19.

56) 趙璣濬, 「韓國 鐵道業의 先驅者 朴琪淙」, 『韓國企業家史』, 博英社, 1973, 89~96쪽; 『皇城新聞』 1898.12.9, 1898.12.14; 개성고등학교 홈페이지 '학교연혁'.

57) 「營設鐵道」, 『皇城新聞』 1899.6.20.

58) 「훈칙연로」, 『독립신문』 1899.7.24.

59) 「鐵道依施」, 『독립신문』 1899.7.10.

60) 「회샤쳥의」, 『독립신문』 1899.7.12; 이병천, 앞의 논문, 1981, 128쪽(원자료는 朴琪 淙, 『韓末外交秘錄』, 成進文化社, 221~223쪽; 228~230쪽; 275~276쪽).

61) 「德使有言」, 『皇城新聞』 1899.8.12; 「鐵道要求」, 『皇城新聞』 1899.9.14.

62) 이창훈, 「경의선 철도의 정치외교사적 의미」, 『한국정치외교사논총』 22, 2001, 265쪽.

63) KORAIL, 앞의 책, 2010, 16~17쪽.

64) 「請勿許他」, 『皇城新聞』 1903.2.21.

65) 「西鉄不許」, 『皇城新聞』 1903.2.23.

66) 정재정, 앞의 책, 1999, 93~94쪽; 이병천, 앞의 논문, 1981, 130쪽.

67) 「鐵社辨明」, 『皇城新聞』 1903.9.8; 「西鐵疑說」, 『皇城新聞』 1903.10.27.

68) KORAIL, 앞의 책, 2010, 17쪽; 이병천, 앞의 논문, 1981, 131쪽.

69) 이노우에 유이치, 석화정 · 박양신 옮김, 앞의 책, 2005, 158쪽.

70) 「三馬鐵道開通」, 『皇城新聞』 1905.11.8.

71) 이상 호남철도 부설운동에 대해서는 이병천, 앞의 논문, 1981, 135~208쪽.

72) 「本人이 全羅忠淸兩道의 支線鉄道」, 『皇城新聞』 1904.6.11~6.22; 「照請勿許」, 『皇城新聞』 1904.7.28; 「鐵約昭在」, 『皇城新聞』 1904.8.6.

73) 「本會社가 江鏡鉄道를 不日起工ᄒ깃ᄉ오니 京鄕間股主은」, 『皇城新聞』 1905.2.23 ~3.2, 5.12~15.15; 1906.7.18~8.25, 8.7~8.13, 8.21~8.29.

74) 「最大事業」, 『大韓每日申報』 1906.6.26; 「徐認勿施」, 『大韓每日申報』 1906.7.20.

75) 「湖南鐵道株式會社發起人徐午淳氏等 寄書」, 『皇城新聞』 1906.12.15; 「湖南鐵道株

式會社發起人徐午淳氏等 寄書(續)」,『皇城新聞』1906.12.17.

76) 「斷指決心」,『大韓每日申報』1907.1.31;「徐午淳氏裂指血書」,『皇城新聞』1907.1.31;
「(논설)徐午淳氏血書」,『皇城新聞』1907.2.8.

77) 「(논설)湖南鐵道株式募集의 勸告」,『皇城新聞』1908.2.29;『皇城新聞』1909.6.23.~24;
『大韓每日申報』1909.6.24;『大韓每日申報』1909.7.23;『皇城新聞』1909.7.23.

78) 서울특별시사편찬위원회,『국역한성부래거문』, 1996.

79) 박만규, 앞의 논문, 1982. 251~253쪽.

80) 정재정, 앞의 책, 1999, 258쪽.

81) 이병천, 앞의 논문, 1981. 258쪽.

82) 「鉄道地價分給」,『皇城新聞』1907.10.23.

83) 「日韓銀行과 京釜鐵道」,『皇城新聞』1899.3.1.

84) 「鐵監遞官」,『皇城新聞』1902.4.3.

85) 「函撤擅築」,『皇城新聞』1902.4.8.

86) 박만규, 앞의 논문, 1982, 276~278쪽.

87) 「照迫移塚」,『皇城新聞』1904.3.23.

88) 정재정, 앞의 책, 1999, 302~303쪽.

89) 송병기 외 편,『韓末近代法令資料集』6, 1971, 30~31쪽; 36~37쪽.

90) 「各案提出」,『皇城新聞』1908.10.28.

91) 김일수,「일제강점 전후 대구의 도시화 과정과 그 성격」,『역사문제연구』10, 2003,
89쪽.

92) 주경식, 앞의 논문, 1994, 304~305쪽.

93) 정재정, 앞의 책, 1999, 50~57쪽.

94) 이노우에 유이치, 석화정·박양신 옮김, 앞의 책, 2005, 190쪽.

95) 박만규, 앞의 논문, 1982, 277쪽.

96) 이철우,「남북한 철도의 발달과 산업사회 갈등」, 이웅현 편,『동아시아 철도네트
워크의 역사와 정치경제학 Ⅱ 세계화 시대의 '철의 실크로드'』, 리북, 2008, 42쪽.

97) 「役夫契約」,『皇城新聞』1905.8.10.

98) 정재정, 앞의 책, 1999, 303쪽; 312쪽; 330~332쪽.

3. 일제의 대륙침략 통로가 된 한반도철도

1) 정재정,「日本의 侵掠政策과 京仁鐵道 敷設權의 獲得」,『歷史敎育』, 2001, 110쪽.

2) 철도청, 앞의 책, 1999, 51~52쪽.

3) 정재정, 앞의 논문, 2001, 114쪽.

4) 철도청, 앞의 책, 1999, 50쪽.

5) 철도청, 위의 책, 1999, 52~53쪽; 정재정, 앞의 논문, 2001, 114~116쪽; 박흥수, 앞의
책, 2015, 329~333쪽.

6) 이노우에 유이치, 석화정·박양신 옮김, 앞의 책, 2005, 105쪽.

7) 정재정, 앞의 논문, 2001, 123~127쪽.

8) 이노우에 유이치, 앞의 책, 2005, 110~111쪽.

9) 이 시기 러시아의 만주 및 한반도 정책에 대해서는 한정숙, 「제정러시아 제국주의의 만주조선정책」, 『역사비평』 겨울호, 1996; 박준규, 「東亞 국제정치의 구조 변혁과 조선왕조 : 대외관계의 새 전개」, 『논문집』 8권, 서울대학교 국제문제연구소, 1984; 진시원, 「동북아시아 철도건설과 지역국가관계의 변화 : 19세기 후반과 20세기 초반 제국주의시기를 중심으로」, 『평화연구』 12, 고려대학교 평화연구소, 2004; 최광웅, 「러시아의 대조선정책 : 정책변화와 그 요인」, 『법정리뷰』 5집, 동의대학교 법학연구소, 1989 참조.

10) 정재정, 앞의 책, 1999, 47~48쪽.

11) 철도청, 앞의 책, 1999, 60~61쪽.

12) 高成鳳, 앞의 책, 2006, 40~41쪽.

13) 이현희, 『한국철도사』 제1권, 한국학술정보, 2001, 253쪽.

14) 정재정, 앞의 책, 1999, 69~71쪽.

15) 「京釜鐵道」, 『皇城新聞』 1899.3.2.

16) 「국가의 성쇠」, 『독립신문』 1899.3.2.

17) 정재정, 앞의 책, 1999, 65~66쪽.

18) 무라카미 가츠히코(村上勝彦), 정문종 역, 『식민지-일본산업혁명과 식민지 조선』, 한울, 1984, 73~79쪽.

19) 정재정, 앞의 책, 1999, 50~52쪽.

20) 「京釜鐵道」, 『皇城新聞』 1899.3.2.

21) 정재정, 앞의 책, 1999, 54~55쪽.

22) 「京釜鐵道案의 可決」, 『皇城新聞』 1900.2.19.

23) 「日本의 對韓經營」, 『皇城新聞』 1902.11.12.

24) KORAIL, 앞의 책, 2010, 16쪽.

25) KORAIL, 위의 책, 2010, 17쪽.

26) 정재정, 앞의 책, 1999, 56~57쪽.

27) 주경식, 앞의 논문, 1994, 304쪽.

28) 「親王來韓」, 『皇城新聞』, 1905.5.8.

29) 이노우에 유이치, 석화정·박양신 옮김, 앞의 책, 2005, 126~127쪽.

30) 이노우에 유이치, 석화정·박양신 옮김, 위의 책, 2005, 110, 127쪽.

31) 「셔울셔 의쥬 ᄭᆞ지 철도를 놋ᄂᆞᄃᆡ 이거슨 불란셔 사롬이」, 『독립신문』 1896.7.7

32) 철도청, 앞의 책, 1999, 73쪽.

33) 高成鳳, 앞의 책, 2006, 41쪽.

34) 「뎔도 노흘 권리」, 『독립신문』 1899.7.5.

35) 정재정, 앞의 책, 1999, 83~84쪽.

36) 「경의철도」, 『독립신문』 1899.11.16.

37) 高成鳳, 앞의 책, 2006, 41~42쪽.

38) 정재정, 앞의 책, 1999, 93~94쪽.

39) 「西鐵疑說」, 『皇城新聞』1903.10.27.

40) 金元洙, 「日本의 京義鐵道 敷設權 획득기도와 龍岩浦事件 : 러 · 일 개전과 관련하여」, 『한일관계사연구』9, 1998, 51쪽.

41) 정재정, 앞의 책, 1999, 97~101쪽.

42) 철도청, 앞의 책, 1999, 82~84쪽.

43) 최덕수 외, 『조약으로 본 한국 근대사』, 열린책들, 2010, 572쪽.

44) 「京義鉄道要求」, 『皇城新聞』1904.2.29.

45) KORAIL, 앞의 책, 2010, 18~19쪽.

46) 이노우에 유이치, 석화정 · 박양신 옮김, 앞의 책, 2005, 158~160쪽.

47) 財團法人鮮交會, 앞의 책, 1986, 45쪽.

48) 국회도서관 편, 『간도영유권관계투고문서』, 대한민국국회도서관, 1975, 253~258쪽(최덕규, 「러시아의 대만주정책과 동청철도(1894-1904)」, 『만주연구』1, 2004, 212~213쪽에서 재인용).

49) 정재정, 앞의 책, 1999, 117~126쪽; 이군호, 「일본의 중국 및 만주침략과 남만주철도 : 만주사변(1931) 이전까지를 중심으로」, 조진구 외, 『동아시아 철도네트워크의 역사와 정치경제학1 - 근대화와 제국주의의 명암』, 리북, 2008, 327쪽.

50) 朝鮮總督府鐵道局, 『朝鮮鐵道四十年略史』, 朝鮮總督府, 1940, 89~91쪽.

51) 이노우에 유이치, 석화정 · 박양신 옮김, 앞의 책, 2005, 129쪽.

52) 김원수, 앞의 논문, 1998, 48쪽.

53) 정재정, 「근대로 열린 길, 철도」, 『역사비평』70, 2005, 236~239쪽.

54) 철도청, 앞의 책, 1999, 66~67쪽.

55) 동시에 安東~鷄冠山 구간(1910.11.3), 안평철도와 무순선의 분기점인 武安~本溪湖 구간(1911.1.15)이 건설되었고, 武安~安東 구간(1911.11.1) 개통 후 陳相~吳家屯~蘇家屯 연결 노선(1919.12)이 완성되었다(이노우에 유이치, 앞의 책, 2005, 189, 204쪽).

56) 정재정, 앞의 책, 1999, 107~108쪽.

57) KORAIL, 앞의 책, 2010, 22쪽.

58) 철도청, 앞의 책, 1999, 187~188쪽.

59) 鄭在貞, 「韓末 · 日帝初期(1905~1916년) 鐵道運輸의 植民地的 性格(上) : 京釜 · 京義鐵道를 中心으로」, 『韓國學報』, 일지사, 1982, 130쪽.

60) KORAIL, 앞의 책, 2010, 28, 36쪽; 이병천, 앞의 논문, 1981, 184쪽.

61) 철도청, 앞의 책, 1999, 89~90쪽; 정재정, 앞의 책, 1999, 139~142쪽.

62) 「京元線全通式」, 『每日申報』, 1914.9.17.

63) 정재정, 앞의 책, 1999, 142~143쪽.

64) 「철도1천리 축하, 경복궁 근정전에서 閑院宮 兩전하 御臺臨, 佳賓無慮 2천명」, 『每日申報』1915.10.4.

65) 「新總監의 鐵道政策 二種의 觀測」, 『東亞日報』1924.7.8.

66) 철도청, 앞의 책, 1999, 94~96쪽.

67) 朝鮮總督府鐵道局, 『朝鮮鐵道四十年略史』, 1940, 244~247쪽; 송규진, 「함경선 부설과 길회선 종단항 결정이 지역경제에 미친 영향」, 『韓國史學報』57, 2014, 328~330쪽.

68) KORAIL, 앞의 책, 2010, 39쪽.

69) 허우긍, 『일제강점기의 철도수송』, 서울대 출판문화원, 2010, 39쪽; 43쪽.

4. 일제의 대륙침략 첨병, 만철(滿鐵)의 한반도철도 위탁경영

1) 최문형, 『(국제관계로 본) 러일전쟁과 일본의 한국병합』, 지식산업사, 2004, 377쪽.

2) 北岡伸一, 『日本政治史 外交と權力』, 有斐閣, 2011, 122~124쪽.

3) 궤례좡 외, 『일본의 대련 식민통치 40년사 1』, 선인, 2012, 130~132쪽.

4) 山本四郎 編, 『寺內正毅日記』, 京都女子大學, 1980, 1914년 3월 13일.

5) 이군호, 앞의 논문, 2004, 159쪽.

6) 김진우, 「산업시대 해외식민도시개발 주체의 구조적 특성에 관한 연구 : 영국 동인도회사, 일본 남만주철도주식회사를 중심으로」, 성균관대학교 건축학과 석사논문, 2011, 56~57쪽. 만철 조사부에 대해서는 박장배, 「만철 조사부의 확장과 조사내용의 변화」, 『중국근현대사연구』 43, 2009, 145~167쪽 참조.

7) 고바야시 히데오, 임성모 역, 『만철 : 일본제국의 싱크탱크』, 산처럼, 2004, 62~64쪽.

8) 만철의 안평철도 개축과정에 대해서는 이노우에 유이치, 앞의 책, 2005, 184~204쪽 참조.

9) 「滿鮮鐵道의 統一. 帝國의 特殊使命을 完遂(下) 滿鐵創立의 當年을 追憶홈 內務大臣 男爵 後藤新平氏談」. 『每日申報』 1917.8.4.

10) 北岡伸一, 『日本六軍と大陸政策 1906-1918年』, 1978, 116쪽.

11) 小森德治, 『明石元二郎』, 臺灣日日新報社, 1928, 497쪽(마쓰다 도시히코, 「일본 육군의 중국대륙침략정책과 조선(1910~1915)」, 『한국 근대사회와 문화 2-1910년대 식민통치정책과 한국사회의 변화』, 서울대학교 출판부, 2003, 96쪽에서 재인용).

12) 秋山好古大將傳記刊行會 編, 『秋山好古』, 1936, 330~331쪽.

13) 마쓰다 도시히코, 앞의 논문, 2003, 110쪽.

14) 北岡伸一, 앞의 책, 2011, 130~131쪽.

15) 山本四郎 編, 앞의 책, 1914년 8월 9일.

16) 寺內正毅, 「滿洲經營ニ關スル寺內正毅覺書-中心機關設置の要, 管轄区域, 機關銀行, 移民保護, 兵力增强, 靑島問題善後計畫の要(1914)」, 『寺內正毅關係文書 首相以前』, 京都女子大學, 1984, 603쪽.

17) 최문형, 『일본의 만주침략과 태평양전쟁으로 가는 길-만주와 중국대륙을 둘러싼 열강의 각축』, 지식산업사, 2013, 110~116쪽.

18) 「經濟時論 京鐵의 納付金問題(一)」, 『東亞日報』 1924.7.3.

19) 최문형, 앞의 책, 2013, 118~119쪽; 129~132쪽.

20) 「社說 鮮滿鐵道統一論(坤)」, 『每日申報』 1917.8.2.

21) 「滿鮮鐵道의 統一, 帝國의 特殊使命을 完遂(下) 滿鐵創立의 當年을 追憶홈 內務大臣 男爵 後藤新平氏談」, 『每日申報』 1917.8.4.

22) 林權助, 「滿鮮鐵道統一ニ關スル件ニ付在支那男爵林特命全權公使ヨリ報告」, 1917.5.11

(아시아역사자료센터, A04018121700)

23) 在吉林領事代理 深澤暹, 「滿鮮鐵道合併說ニ對スル支那紙論調ニ關スル件」, 1917.5.14 (아시아역사자료센터, A04018121700)

24) 「朝鮮鐵道委託經營ニ關レ寺內總理ヨリ長谷川總督ニ對スル照會要領」(1917.5.11), (조선총독부)鐵道部長, 『朝鮮鐵道ノ經營ニ關スル件』(1919.10.1, 秘), 1~2쪽.

25) 「長谷川總督ノ回答ニ對スル兒玉書記官長ノ電報」(1917.5.21), 鐵道部長, 위의 책, 4쪽.

26) 「右照會ニ對スル長谷川總督ノ回答要領」(1917.5.18), 鐵道部長, 위의 책, 2~4쪽.

27) 「鮮滿鐵道問題」, 『每日申報』 1917.6.19.

28) 「鮮滿鐵道併合實施期」; 「兩鐵併合問題 京城에셔 商議」; 「鮮鐵引繼價格 時價 1억 4천6백7십만 원」, 『每日申報』 1917.6.17.

29) 「滿鮮鐵統一蛇尾」, 『東京萬朝報』, 1917.5.9

30) 「鮮滿鐵道統一內容 十四日樞密院委員會審議終了」, 『每日申報』 1917.7.17.

31) 「鮮滿鐵道統一의實施 朝鮮鐵道의 委託經營」, 『每日申報』 1917.8.1.

32) 川村五峯, 「寺內內閣の大陸政策と朝鮮鐵道 : 滿鐵委託經營實施に絡まる秘史」, 『朝鮮鐵道協會會誌』, 1939.2, 18쪽; 秦郁彦, 『日本近現代人物履歷事典』, 東京大學出版會, 2002, 217쪽.

33) 박성진, 「1910년대 〈매일신보〉의 선만일원화론 연구」, 『일제의 식민지 지배정책과 매일신보 1910년대』, 두리미디어, 2005, 280쪽.

34) 橋谷弘, 「朝鮮鐵道の滿鐵への委託經營をめぐって-第一次戰前後の日帝植民地政策の一斷面」, 『朝鮮史研究会論文集』, 朝鮮史研究会, 1982.

35) 「直營問題는 由來와 實現期」, 『東亞日報』 1924.10.11; 「鮮鐵直營의 豫算과 其將來」, 『東亞日報』 1925.1.15.

36) 「鐵道統一의 精神과 效果. 經營으로ᄒ야금遺憾이 無케ᄒ라 東洋拓植會社總裁 石塚英藏氏談」, 『每日申報』 1917.8.8.

37) 「滿鮮鐵道의 統一, 帝國의 特殊使命을 完遂(下) 滿鐵創立의 當年을 追憶ᄒ 內務大臣 男爵 後藤新平氏談」, 『每日申報』 1917.8.4.

38) 최혜주, 「잡지『朝鮮及滿洲』에 나타난 조선통치론과 만주 인식 : 1910년대 기사를 중심으로」, 『한국민족운동사연구』 62, 2010, 62~64쪽.

39) 「朝鮮鐵道委託經營契約要領」, 鐵道部長, 『朝鮮鐵道ノ經營ニ關スル件』(1917.7.31), 5~6쪽; 朝鮮總督府鐵道局 編纂, 『朝鮮の鐵道』, 朝鮮鐵道協會, 1928, 46~47쪽; 「鮮滿鐵道統一의實施 朝鮮鐵道의 委託經營」, 『每日申報』 1917.8.1.

40) 「社說 鮮滿鐵道統一論(坤)」, 『每日申報』 1917.8.2.

41) 「帝國을 爲ᄒ야 慶祝ᄒ 關東都督 男爵 中村雄次郎氏談」, 『每日申報』 1917.08.2.

42) 정태헌, 앞의 책, 1996, 51쪽.

43) 「經濟時論 京鐵의 納付金問題(四)」, 『東亞日報』 1924.7.6.

44) 朝鮮總督府 鐵道局 編, 『朝鮮鐵道狀況 第9回』, 朝鮮總督府, 1919, 4~5쪽; 「朝鮮鐵道委託經營契約要領 別定契約」(1918.7.23), 鐵道部長, 앞의 책, 6~7쪽.

45) 「鮮鐵의利益은 朝鮮에 投資, 久保京管局長談」, 『每日申報』 1918.7.28.

46)「鐵道校入學式」,『每日申報』1919.4.29;「鐵道學校의現況 在籍生이 229인」,『每日申報』1919.6.28.

5. 한반도철도의 조선총독부 직영 환원

1) 有馬學,『日本の近代 4 -「國際化」の中の帝國日本, 1905-1924』, 中央公論新社, 1998, 149~155, 175~176쪽.
2)「關東廳新官制, 長官의權限=廳務一般 司令官新設=滿鐵監督」,『每日申報』1919.4.7.
3) 서정익,『日本近代經濟史』, 혜안, 2003, 196쪽.
4) 金志煥,「臨城事件과 中國鐵道管理案」,『中國近現代史研究』36, 2007, 57~79쪽;「중국 철도 공동관리안과 북양군벌정부」,『東洋學』43, 단국대 동양학연구소, 2008, 201~204쪽.
5) 진시원,「동아시아 철도 네트워크의 기원과 역사 : 청일전쟁에서 태평양전쟁까지」,『國際政治論叢』44-3, 2004, 136~138쪽.
6) 앤드루 고든, 김우영 역,『현대일본의 역사』, 이산, 2005, 323쪽.
7)「六個條의 排日宣傳」,『東亞日報』1924.3.25.
8)「教育權의 回收運動」,『東亞日報』1924.5.8.
9) 최문형, 앞의 책, 2013, 145~146쪽.
10) 현대일본학회,『일본정치론』, 논형, 2007, 42쪽.
11)「鮮鐵委任經營 繼續如何 川村滿鐵社長談」,『東亞日報』1923.1.11;「滿鐵과 將來諸事業 川村同社長談」,『每日申報』1923.1.11.
12)「客年中 朝鮮線 成績, 滿鐵 80만 7천원 損失」,『每日申報』1920.4.28.
13)「鮮鐵委任經營廢止議 總督府滿鐵間合意進行中」,『每日申報』1918.3.11.
14)「滿鐵增資問題, 社債前途如何=重役의 意見」,『每日申報』1919.11.7.
15)「鮮鐵ヲ滿鐵二合併スルノ可否二關スル意見」,『鮮滿鐵道合併に關する件』, 1919.12 (아시아역사자료센터 C02030966200).
16)「經濟時論 京鐵의 納付金問題(一)」,『東亞日報』1924.7.3.
17)「鮮鐵歸屬問題 大正十年度부터 總督府의 直營」,『東亞日報』1920.7.14.
18)「鮮鐵出資問題 不決定 齋藤總督의極力反對로」,『每日申報』1920.2.22;「滿鐵增資와 鮮鐵出資問題」,『每日申報』1920.3.1;「鮮鐵歸屬問題 大正十年度부터 總督府의 直營」,『東亞日報』1920.7.14.
19) 李炯植,『朝鮮總督府官僚の通治構想』, 吉川弘文館, 2012, 254~255쪽.
20) 김종식,「1920년대 초 일본정치와 식민지 조선지배 : 정무총감 미즈노 렌타로의 활동을 중심으로」,『동북아역사논총』22, 2008, 309~310쪽; 318쪽.
21)「鮮鐵職員淘汰說」,『東亞日報』1921.7.27.
22)「京鐵經營 畢竟直營乎」,『東亞日報』1924.9.26.
23) 이하는 鐵道部長,『朝鮮鐵道ノ經營二關スル件』(1919.7.31), 8~28쪽.
24)「鮮鐵委任經營廢止의 總督府滿鐵間合意進行中」,『每日申報』1920.3.11;「鮮鐵解

約問題否認」,『每日申報』1920.7.25;「鮮鐵直營內定」,『東亞日報』1920.9.24.

25) 「鮮鐵歸屬問題 大正十年度부터 總督府의 直營」,『東亞日報』1920.7.14.

26) 「朝鮮鐵道ヲ朝鮮總督府ノ直營ニ復スル件ニ關スル回答」(아시아역사자료센터 A01
200191200).

27) 「古賀長官車中談」,『東亞日報』1920.9.25.

28) 「橫說竪說」,『東亞日報』1921.3.16.

29) 「鮮鐵直營 鮮滿會議에서 決定 久保滿鐵京城管理局長談」,『東亞日報』1921.5.30;
「滿鐵과 鮮鐵經營 滿鮮會議에 附帶協議乎」,『東亞日報』1921.5.19.

30) 「鮮鐵直營과 滿鐵〔滿鐵改善이 아니면 總督府直營〕」,『東亞日報』1921.6.6.

31) 「鮮鐵經營問題 結局滿鐵에서 經營繼續」,『每日申報』1921.8.14;「橫說竪說」,『東亞日
報』1921.7.10;「鮮鐵直營問題와 軍備制限問題 齋藤總督談」,『東亞日報』1921.7.21.

32) 「鮮鐵協約」,『東亞日報』1921.7.24.

33) 「鮮鐵職員淘汰說」,『東亞日報』1921.7.27.

34) 「鮮鐵經營問題 結局 滿鐵에서 經營繼續」,『每日申報』1921.8.14;「鮮鐵決算終了」,
『東亞日報』1922.5.21.

35) 「納付金契約 改訂에 對하야 弓削鐵道部長談」,『東亞日報』1921.8.21;「京鐵局의
納付金 大體現狀維持乎」,『東亞日報』1924.5.17;「滿鐵朝鮮線 直營問題의進展, 國
營으로하야 冗費를 節約코져 首相의 決議로 不遠 確定」,『每日申報』1924.10.24.

36) 「朝鮮線의 經營과 其將來問題」,『東亞日報』1924.8.24.

37) 李炳植, 앞의 책, 2012, 165~168쪽.

38) 「滿鐵社長辭任과 江木翰長責任案」,『東亞日報』1924.8.16;「滿鐵局機密費는 他의
容喙를 不許한다 小橋前翰長談」,『每日申報』1924.8.18.

39) 「京管局營業成績」,『東亞日報』1923.6.16;「鐵道委任經營 六月頃再契約乎」,『東亞
日報』1924.2.22.

40) 「總督의 歸任談」,『東亞日報』1924.2.27.

41) 「鐵道委任經營과 缺損負擔問題」,『東亞日報』1924.8.6;「新總監의 鐵道政策 二種
의 觀測」,『東亞日報』1924.7.8.

42) 「朝鮮財界重要問題 下岡政務總監車中談」,『東亞日報』1924.9.30.

43) 「滿鐵의固執과其他로 寧히 直營은絶代必要. 反對하면 政府는 二百萬圓 支佛乃已,
齋藤總督談」,『每日申報』1924.10.19.

44) 「朝鮮鐵道案委員託附」,『東亞日報』1925.2.2.

45) 大村卓一追悼錄編纂會,『大村卓一』, 1974, 127~128쪽.

46) 정재정,「조선총독부철도국장 大村卓一과 朝滿鐵道連結政策」,『역사교육』104.
2007, 92~94쪽.

47) 「京鐵直營의 影響 그 範圍擴大乎」,『東亞日報』1924.9.30.

48) 「從業員의 不安 俸給과 手當減少로」,『東亞日報』1924.10.2;「安藤局長通告」,『東
亞日報』1924.10.5.

49) 「滿鐵의 朝鮮線 直營은大體成立, 當局各方의諒解로」,『每日申報』1924.10.25.

50) 「鮮鐵經營의 目的 某有力者談」,『東亞日報』1924.10.20.

51)「直營問題는. 由來와 實現期」,『東亞日報』1924.10.11.

52)「十月會更히緊張 直營이決定된듯하야」,『每日申報』1924.10.24;「滿鐵의 朝鮮線 直營은 大體成立, 當局各方의 諒解로」,『每日申報』1924.10.25;「直營大體成立」,『東亞日報』1924.10.28.

53)「滿鐵朝鮮線의 直營正式決定 關係當局의意見도一致」,『每日申報』1924.10.29;「鮮鐵直營確定 來年四月부터」,『東亞日報』1924.10.29.

54)「滿鐵預金問題」,『東亞日報』1922.8.28;「滿鐵과資金 安藤京鐵局長談」,『每日申報』1923.8.28;「鐵道局의 國庫金取扱은 日銀」,『東亞日報』1925.3.5.

6. 북부지방에 집중된 자원수탈노선과 최단거리 '일-만' 연결

1)「咸鏡線 개통식에 총독의 冒寒試乘」,『每日申報』, 1924.01.11.

2) 송규진, 앞의 논문, 2014, 330~334쪽; 송규진,「일제의 대륙침략기 '북선루트'·'북선3항'」,『한국사연구』163, 2013, 384~385쪽.

3) KORAIL, 앞의 책, 2010, 37~60쪽.

4)「京釜義複線起工」,『每日申報』1919.2.23.

5) 정재정, 앞의 책, 1999, 145~147쪽.

6) 철도청, 앞의 책, 1999, 94~96쪽; 정재정,「北鮮鐵道의 경영과 日朝滿 新幹線의 형성」,『역사교육논집』54, 2015, 226쪽.

7) 송규진, 앞의 논문, 2014, 333쪽.

8) 朝鮮總督府鐵道局, 앞의 책, 1940, 250~252쪽.

9) 전성현,「일제하 조선상업회의소와 '朝鮮鐵道十二年計劃'」,『역사와 경계』71, 2009, 268~270쪽; 283쪽; 288쪽.

10) 矢島 桂,「植民地期朝鮮における「国有鉄道十二箇年計画」」,『歷史と経済』52-2, 政治經濟學·經濟史學會, 2010, 3~4쪽.

11) 정재정, 앞의 논문, 2007, 96~102쪽.

12) 矢島 桂, 앞의 논문, 2010, 4~5쪽.

13) 大平鐵畊,『朝鮮鐵道十二年計畫』, 鮮滿鐵道新報社, 1927, 122쪽.

14) 이하 5개 '국철' 노선에 대해서는 김경림,「日帝下 朝鮮鐵道 12年計畫線에 關한 研究」,『經濟史學』12, 1988, 73~80쪽; KORAIL, 앞의 책, 2010 각 년별 해당 노선 항목 참조.

15)「第二縱貫鐵道 東海線의 建設」,『東亞日報』1927.8.21.

16) 철도청, 앞의 책, 1999, 103~104쪽; 허우긍, 앞의 책, 2010, 44쪽.

17) 정재정, 앞의 논문. 2007, 109쪽.

18) 김경림, 앞의 논문, 1988, 79~83쪽.

19) 김지환,『철도로 보는 중국역사』, 학고방, 2014, 358~360쪽.

20) 고바야시 히데오, 임성모 역, 앞의 책, 2004, 88쪽; 97~99쪽.

21) 김지환, 앞의 책, 2014, 371~373쪽.

22) 김지환, 「만철과 동북교통위원회」, 『중국근현대사연구』 40, 2008, 110~111쪽.

23) 郭洪茂, 「滿鐵과 滿洲事變 : 9 · 18事變」, 『아시아문화』 19, 2003, 57쪽; 59~60쪽; 63~67쪽.

24) 이군호, 「일본의 중국 및 만주침략과 남만주철도 : 만주사변(1931) 이전까지를 중심으로」, 『평화연구』 12, 2004, 169쪽.

25) 오카베 마키오, 『만주국의 탄생과 유산』, 어문학사, 2009, 69쪽.

26) 고바야시 히데오, 임성모 역, 앞의 책, 2004, 169~172쪽.

27) 송규진, 앞의 논문, 2013, 397쪽.

28) 김지환, 앞의 책, 2014, 424~427쪽.

29) 鈴木武雄, 『朝鮮經濟の新構想』, 東洋經濟新報社, 1942, 125~129쪽.

30) 송규진, 앞의 논문, 2014, 327쪽.

31) 송규진, 앞의 논문, 2013, 386쪽.

32) 정재정, 앞의 논문, 2007, 106~107쪽.

33) 정재정, 앞의 논문, 2015, 230~234쪽.

34) 송규진, 앞의 논문, 2013, 403~404쪽.

35) KORAIL, 앞의 책, 2010, 68쪽.

36) 「北鐵의 委任經營 今日中에 正式調印」, 『每日申報』 1933.9.30; 「淸津以北鐵道全部를 滿鐵이 委任經營 今明間 納付金 問題도 落着」, 『東亞日報』 1933.8.2; 「北朝鮮鐵道移管」, 『東亞日報』 1933.10.1.

37) 「北鮮三港과 鐵道 委任經營 打合 村上理事 來城」, 『每日申報』 1933.5.9; 「北鮮鐵道移管은 朝鮮本位로 交涉. 港灣의 委任經營은 絕對不能 今井田政務總監談」, 『每日申報』 1933.5.12.

38) 「羅津港開港」, 『東亞日報』 1935.9.22; 「關北最大難工事 雄羅線開通」, 『東亞日報』 1935.10.3; 「羅津港開港」, 『東亞日報』 1935.9.22; 「京城 羅津間 直通列車運轉」, 『東亞日報』 1935.10.23; 「北朝鮮鐵道 滿鐵買收具體化」, 『東亞日報』 1935.11.9; 「雄基線開通따라 羅津港開港」, 『東亞日報』 1935.10.13.

39) 「鐵道博物館에 機關車分解備置」, 『東亞日報』 1935.12.15; 「鐵道歌審査」, 『東亞日報』 1935.12.29.

40) 송규진, 앞의 논문, 2013, 387~388쪽 및 404~405쪽; KORAIL, 앞의 책, 2010, 74쪽.

41) 「北朝鮮鐵道 朝鐵 滿鐵이 對立」, 『東亞日報』 1935.11.17; 「朝滿鐵道一元化 宇垣總督極力否認」, 『東亞日報』 1935.11.28; KORAIL, 앞의 책, 2010, 80쪽.

42) 철도청, 앞의 책, 1999, 213~214쪽.

43) 「北으로 北으로 突進하는 鐵馬 三大縱貫鐵道」, 『每日申報』 1937.2.16.

44) 高成鳳, 앞의 책, 2006, 63쪽; 박우현, 「대공황기(1930~1934) 조선총독부의 사설철도 정책 전환과 특성」, 『역사와 현실』 101, 2016, 315쪽.

45) 「京釜義複線起工」, 『每日申報』 1919.2.23.

46) 「京釜線複線建設 六千五百萬圓 承認 明年부터 大田水原間着手」, 『每日申報』 1936.12.4; 「京義線複線完成 二十三日, 最後工事區 順安서 連結式」, 『每日新報』 1944.12.22; 「新大陸連絡의 大動脈, 조선철도복선화완성」, 『每日新報』 1945.1.29;

「複線化하는 朝鮮의 大動脈, 挺身九年辛苦의 자취」, 『每日新報』1945.2.25.

47) KORAIL, 앞의 책, 2010, 26쪽; 77~79쪽; 83~85쪽.

48) 「新大陸連絡의 大動脈, 조선철도복선화완성」, 『每日新報』1945.1.29; 「京義線複線 完成 二十三日, 最後工事區 順安서 連結式」, 『每日新報』1944.12.22; 「飛躍朝鮮의 雄姿 大東亞動脈은 完成-昨日 京釜, 경의복선공사준공식」, 『每日新報』1945.3.2.

49) 高成鳳, 앞의 책, 2006, 85~86쪽.

50) 「京仁複線을 當局에 陳情」, 『東亞日報』1933.7.4; 「仁川府勢振興會 重大事業討議」, 『每日申報』1936.8.6; 「京仁線의 複線 明年末까진 開通 電化實現도 促進可能」, 『每日新報』1938.12.10; 「京仁線複線計劃 無期延期키로 決定」, 『每日新報』1939.1.3.

51) 박우현, 앞의 논문, 2016, 315쪽.

52) 「中央線의 計劃」, 『每日申報』1912.8.31; 「中央線의 實地踏査」, 『每日申報』1912.9.20.

53) 「中央線敷設願 朝鐵會社에서提出」, 『每日申報』1927.6.12.

54) 정재정, 앞의 책, 1999, 154~155쪽.

55) 「中央線誘致工作의 目的貫徹論再燃」, 『每日申報』1936.5.29; 「全鮮商議紙上座談 大局的見地에서 勇往邁進할 뿐 中央線開은 大邱에 大打擊」, 『每日申報』1937.1.9.

56) 「各方面의 注目잇그는 朝鮮中央線의 內容」, 『每日申報』1936.4.22.

57) KORAIL, 앞의 책, 2010, 72~77쪽; 82~83쪽.

58) 「中央線의 完全開通 交通史上一新紀元」, 『每日新報』1942.4.2.

59) 정재정, 「일제말기 京慶線(서울-경주)의 부설과 운영」, 『서울학연구』64, 2016, 218~221쪽.

60) 高成鳳, 앞의 책, 2006, 63~64쪽.

61) 「關門海底鐵道」, 『每日申報』1918.12.30; 「人力과 科學으로 大自然征服 總工費만 百三十萬圓」, 『每日新報』1939.4.20; 「關門海底鐵道턴넬 今日貫通!」, 『每日新報』1939.4.20.; 「歷史的인 處女列車 待望의 關門鐵道'터널' 全通」, 『每日新報』1942.11.16; 「關門터널 殉職勇士 明日 開通式압두고 慰靈祭執行」, 『每日新報』1942.11.15; 「關門海底터널工事의 人夫考査極愼重」, 『每日申報』1935.7.26.

62) 「關釜連絡船無用! 朝鮮과九州사이를 連絡하는 大海底턴넬을 計劃」, 『每日申報』1935.7.7; 「科學日本의 凱歌 朝鮮海峽海底隧道 實現性이 濃厚化!」, 『每日申報』1937.7.11.

63) 「(사설)關釜海底鐵道- 新世紀雄圖의 一驚異」, 『每日新報』1938.11.13; 「朝鮮海峽海底隧道計劃 實現可能性充分」, 『每日新報』1938.11.13; 「關釜海底터널-明春부터 地質調査開始」, 『每日新報』1940.11.17; 「內鮮間海底터널 -新春부터 地質調査開始」, 『每日新報』1941.2.9; 「內鮮海底터널 打診記 二十五年까지면 充分完成한다」, 『每日新報』1941.5.14.

64) 「(사설)關釜海底鐵道- 新世紀雄圖의 一驚異」, 『每日新報』1938.11.13; 「朝鮮海峽海底턴넬 計劃進行을 鐵相言明」, 『每日新報』1939.3.18; 「關釜海底턴넬 期於히 實現 方針-村田鐵相이 言明」, 『每日新報』1940.8.8.

65) 허우긍, 앞의 책, 2010, 106~108쪽.

66) 허우긍, 위의 책, 2010, 131~138쪽.

67) 정재정, 앞의 논문, 2005, 228~229쪽; 허우긍, 위의 책, 2010, 68~72쪽.

68) 정재정, 위의 논문, 2005, 229~230쪽.

69) 정재정, 위의 논문, 2005, 231쪽.

70) 허우긍, 앞의 책, 2010, 68쪽; 75~84쪽.

71) 高成鳳, 앞의 책, 2006, 84~89쪽.

72) 高成鳳, 위의 책, 2006, 84~85쪽.

7. 사설철도, 일본정부, 조선총독부의 트라이앵글

1) 조이스 애플비, 주경철 역,『가차없는 자본주의 : 파괴와 혁신의 역사』, 까치, 2012, 208~210쪽.

2) 앤드루 머리, 오건호 역,『탈선 : 영국철도대란의 원인, 경과 그리고 해법』, 이소출판사, 2003, 44~46쪽; 루돌프 힐퍼딩, 김수행 역, 앞의 책, 2011, 172쪽.

3) 에드워드 챈슬러, 강남규 역,『금융투기의 역사 : 튤립투기에서 인터넷 버블까지』, 국일증권경제연구소, 2001, 192~194쪽; 201~204쪽.

4) 에드워드 챈슬러, 강남규 역, 위의 책, 211~218쪽.

5) 조길연,『비틀거리는 자본주의』, 꿈엔비즈, 2015, 270~272쪽.

6) 홍정화, 장영란,『회계사상 및 제도사』, 두남, 2013, 138~139쪽.

7) 에드워드 챈슬러, 강남규 역, 앞의 책, 2001, 228쪽.

8) 케빈 필립스, 오삼교 역,『부와 민주주의 : 미국의 금권정치와 거대부호들의 변천사』, 중심, 2004, 482~484쪽.

9) 앤드루 머리, 오건호 역, 앞의 책, 2003, 48쪽

10) 野田正穗 編,『日本鉄道史の研究 : 政策·経営/金融·地域社会』, 八朔社, 2003, 59~61쪽; 미즈오카 후지오 편, 이동민 역,『세계화와 로컬리티의 경제와 사회』, 논형, 2013, 278~280쪽.

11) 정재현, 앞의 논문, 2010, 2쪽.

12) 財團法人鮮交會, 앞의 책, 1986, 774~775쪽.

13) 허먼 M. 슈워츠, 장석준 역,『국가 대 시장 : 지구 경제의 출현』, 책세상, 2015, 284쪽.

14) 이하 별도의 각주가 없는 경우 사설철도에 관한 설명은 박우현, 앞의 논문, 2016 참조.

15) 矢島 桂,「植民地期朝鮮への鉄道投資の基本性格に関する一考察--1923年朝鮮鉄道会社の成立を中心に」,『経営史学』, 2009, 65쪽.

16) 大平鐵畊, 앞의 책, 1927, 122~123쪽; 朝鮮總督府鐵道局, 앞의 책, 1940, 480쪽.

17) KORAIL, 앞의 책, 2010, 56쪽; 矢島 桂, 앞의 논문, 2010, 11쪽.

18) KORAIL, 위의 책, 2010, 55쪽; 59쪽.

19) 김백영,「식민지 도시계획을 둘러싼 식민 권력의 균열과 갈등 : 1920년대 '대경성(大京城)계획'을 중심으로」,『사회와 역사』67, 2005, 88~89쪽.

20) 김일수,「일제강점기 김천의 일본인사회와 식민도시화」,『사림』56, 2016, 255~257쪽.

21) 허우긍·도토로키 히로시, 『개항기 전후 경상도의 육상교통』, 서울대출판부, 2007, 160~165쪽.

22) 진수찬, 「京東鐵道(水驪·水仁線)의 부설과 변천」, 『인하사학』 10, 2003, 914~918쪽.

23) 도토로키 히로시, 「수려선 철도의 성격변화에 관한 연구」, 『지리학논총』 37, 2001, 50~52쪽.

24) 김찬수, 「일제의 사설철도 정책과 경춘선」, 조병로 외, 『조선총독부의 교통정책과 도로건설』, 국학자료원, 2011, 157~158쪽.

25) 전성현, 「일제시기 지역철도 연구」, 『역사와 경계』 84, 2012, 107~108, 111~112쪽; 홍순권, 「일제시기 부산지역 일본인사회의 인구와 사회계층구조」, 『역사와 경계』 51, 2004, 45쪽.

26) 김양식, 「충북선 부설의 지역사적 성격」, 『한국근현대사연구』 33, 2005 참조.

8. 단순노무직 중심의 조선인 철도인력, 해방 후 긴급 충원과 교육

1) 「最大事業」, 『大韓每日申報』 1906.6.26.

2) 「現今民國의 便利홈이 鐵道가 第一緊要흔지라 兩國이 合資ᄒ야 行將敷設인바」, 『皇城新聞』 1900.5.11~1900.5.22; 「學校長副」, 『皇城新聞』 1900.11.28.

3) 「現今民國의 便利홈이 鐵道가 第一緊要흔지라 兩國이 合資ᄒ야 行將敷設인바」, 『皇城新聞』 1900.5.14~5.22; 「鐵道學校試驗」, 『皇城新聞』 1900.7.7; 「二客論鐵道」, 『皇城新聞』 1900.10.19; 「年終試驗」, 『皇城新聞』 1900.12.29.

4) 「鐵道學校」, 『皇城新聞』 1901.7.8; 「養校試驗」, 『皇城新聞』 1901.8.22~9.2; 「本學校에서 已爲日語先學이 少有흔 人으로 限十人更募ᄒ고」, 『皇城新聞』 1901.10.05, 10.7; 「鐵校試驗」, 『皇城新聞』 1902.6.28.

5) 이병천, 앞의 논문, 1981, 147쪽.

6) 「本學校에셔 陰本月初十日下午三占에 學員을 試才ᄒ깃시니 錄名흔 學員은」, 『皇城新聞』 1900.12.27~12.29; 「本校에서 設校週年의 普通卒業生이 十六人의 至ᄒ고 更히 擴張ᄒ와」, 『皇城新聞』 1901.10.3~10.9; 「本校에서 陰今月初七日에」, 『皇城新聞』 1902.9.4~9.9; 「養校冬試」, 『皇城新聞』 1902.2.4; 「養校試驗」, 『皇城新聞』 1902.7.12.

7) 정재정, 앞의 책, 1999, 185~186쪽.

8) 「建校請認」, 『大韓每日申報』 1906.9.15; 「將興工藝」, 『皇城新聞』 1906.9.15; 「工校不許」, 『皇城新聞』 1906.9.17.

9) 「卒業歸國」, 『皇城新聞』 1902.10.25; 「技無所施」, 『皇城新聞』 1904.9.14.

10) 김근배, 『한국 근대 과학기술인력의 출현』, 문학과 지성사, 2005, 197~198쪽.

11) 朝鮮總督府鐵道局, 앞의 책, 1940, 174~175쪽.

12) 정재정, 앞의 책, 1999, 518~520쪽.

13) 林采成, 『戰時經濟と鐵道運營: 「植民地」朝鮮から「分斷」韓國への歷史的經路を探る』, 東京大學出版會, 2005, 101, 181쪽.

14) 임채성, 「근대 철도 인프라스트럭처의 운영과 그 특징- 한일비교의 시점에서」,

『경영사학』제25집 제1호, 2010, 57~58쪽.

15) 이 소절은 한국철도대학 100년사 편찬위원회, 『한국철도대학 100년사(1905~2005)』, 2005 참조.

16) 「鉄道養成에 卒業」, 『皇城新聞』1905.9.4.

17) 「鐵道學校 假校舍」, 『每日申報』1919.1.25; 「落成된 鐵道學校 八百名 정도를 넉넉히 收容. 新築費 60여만 원」, 『每日申報』1920.12.18; 「京城鐵道學校 落成式의 大盛況」, 『每日申報』1920.12.19; 「京城第一大校舍, 우리朝鮮青年들도 많이 入學하기를 希望해」, 『每日申報』1920.12.19.

18) 「鐵道學校生募集」, 『東亞日報』1922.1.27; 「鐵道學校生徒募集」, 『東亞日報』1923.1.29.

19) 「鐵道校入學式」, 『每日申報』1919.4.29; 「鐵道學校의現況 在籍生이 229인」, 『每日申報』1919.6.28.

20) 「鐵道學校 合格者」, 『每日申報』1921.3.31.

21) 「朝鮮兒童은 부려먹는데만 쓰려는 龍山鐵道校의 殘酷한 日鮮差別」, 『東亞日報』1924.3.15.

22) 李麟默, 『나의 鐵道生活 40年』, 1978, 31~32쪽.

23) 김근배, 앞의 책, 2005, 197~198쪽.

24) 「朝鮮兒童은 부려먹는데만 쓰려는 龍山鐵道校의 殘酷한 日鮮差別」, 『東亞日報』1924.3.15.

25) 「창피면할때는 언제」, 『東亞日報』1924.3.16.

26) 「京鐵의 卒業生採用 本年은 爲先四十名」, 『東亞日報』1924.2.6.

27) 「鐵道校 5 京工業 4」, 『東亞日報』1933.5.25.

28) 「今春各校의 合格者」, 『東亞日報』1933.4.2.

29) 「實業校엔競爭益烈 超過率最高十倍」, 『東亞日報』1930.3.14; 「鐵道養成所十一倍 超過」, 『東亞日報』1931.3.20; 「鐵道學校는 定員의 三十倍」, 『東亞日報』1933.3.26.

30) 「東京岩倉鐵道學校 卒業留學生三名」, 『東亞日報』1930.3.16; 「東京岩倉鐵道學校 卒業留學生三名」, 『東亞日報』1934.3.24.

31) 「今年入學案內」, 『東亞日報』1929.2.9; 「今春入學案內」, 『東亞日報』1930.2.7; 「中等以上男女學校入學案內」, 『東亞日報』1931.2.24; 「鐵道學校는 定員의 三十倍」, 『東亞日報』1933.3.26.

32) 「鐵道局新採用員 中學卒業生試驗」, 『東亞日報』1933.2.14; 「鐵道局員採用 二十四日에 試驗」, 『東亞日報』1933.2.24; 「今春鐵道局新規採用者」, 『東亞日報』1933.3.25.

33) 「中等以上 男女學校 入學案內」, 『東亞日報』1934.2.4; 「應接室」, 『東亞日報』1936.5.12/1936.6.16; 「全朝鮮男女商業校入學決算」, 『東亞日報』1935.4.1. 「試驗地獄의 最高記錄」, 『東亞日報』1935.3.15.

34) 「百五十名採用 鐵道局의 새사람」, 『東亞日報』1934.4.5; 「新出機關士九名」, 『東亞日報』1935.11.8.

35) 「鐵道局의就職應募 昨年보다三分一減」, 『東亞日報』1938.10.4.

36) 「新鐵道從事員」, 『每日申報』1935.3.31.

37) 「技術者難인鐵道」, 『東亞日報』1938.1.30; 「鐵道從業員養成所 一般에게도 開放」,

『每日申報』1938.2.6;「道路令 不遠에 公布」,『東亞日報』1938.3.23;「巨富鐵道局, 天下에求人 技術者應募僅半數」,『東亞日報』1938.11.2.

38)「鐵道技術員 短期로養成」,『東亞日報』1939.1.11;「中學校卒業生모아 技術員을 養成」,『東亞日報』1940.1.17.

39)「鐵道局從事員養成所新入式」,『每日申報』1940.5.3.

40)「일하는 사람들〈28〉列車기관사」,『東亞日報』1979.8.17.

41)「'鐵馬78年' '鐵道의 날' 記念式」,『東亞日報』1977.9.19.

42)「녹조근정훈장받은 咸興來씨」,『每日經濟新聞』1978.9.18.

43)「釜山기관차사무소 所屬 觀光號 운전사 李東鎭씨 세계鐵道史上 新記錄 百萬km 무사고 운전」,『東亞日報』1974.1.22.

44)「물러나는 鐵道半世紀」,『京鄕新聞』1972.12.16;「鐵道의 산證人, 李柄益씨 退任 統一3號를 常綠號로 命名」,『每日經濟新聞』1972.12.20.

45) 이순복 회고,「철원에서 내금강까지 레저열차가 있었어요」,『8·15의 기억 : 해방 공간의 풍경, 40인의 역사체험』, 한길사, 2005, 240~243쪽.

46) 유병화 회고,「노동자 한 사람이 회사를 이길 수는 없다」,『8·15의 기억 : 해방공 간의 풍경, 40인의 역사체험』, 한길사, 2005, 248~249쪽.

47) 김명식 회고,「우리 힘으로 기관차를 만들었어요」,『8·15의 기억 : 해방공간의 풍 경, 40인의 역사체험』, 한길사, 2005, 258~259쪽.

48) 박종철,「남북한 철도의 단절과 사회문화적 변화-해방부터 한국전쟁 기간을 중심 으로」,『평화연구』14-1, 고려대학교 평화연구소, 2006, 28~29쪽.

49) 임채성,「미군정하 신국가건설과 한국철도의 재편」,『경제사학』36, 2004(a), 149 ~150쪽.

50) 최강희,「한국의 철도 일백년(5)」,『대한토목학회지』44-5, 1996, 50쪽.

51) 철도청,『한국철도 100년사』, 1999, 512쪽; 임채성, 앞의 글, 2004(a), 151~152쪽.

52) 박종철,「남북한 철도의 단절과 사회문화적 변화 : 해방부터 한국전쟁 기간을 중 심으로」, 이용현 편, 앞의 책, 2008, 258~259쪽(원자료는「運輸當局 平素의 無誠意」, 『東亞日報』1946.11.15).

53)「列車衝突의 大慘事」,『京鄕新聞』1946.11.15;「鮮血과 火焰의 驛! 學生死傷百十四 名」,『東亞日報』1946.11.15.

54)「列車事故에 對하야(사설)」,『東亞日報』1946.11.16.

55) 4)절에서 별도의 각주가 없는 내용은 한국철도대학 100년사 편찬위원회, 앞의 책, 2005 참조.

56) '철도학교 입학의 꿈을 이루다. 차상근-뜻을 이룬 감동 스토리(74)', 판도라의 춤 삼소의 생각: 네이버 블로그 http://daelee5.blog.me/80123162799.

57)「學校閉鎖 反對 交通學校生들 連坐」,『京鄕新聞』1960.9.8;「警察과도 衝突 交通校 데 모隊員」,『京鄕新聞』1960.9.9;「몇몇校만이 二對一의 弱勢」,『東亞日報』1961.12.11.

58) 용산공업고등학교 홈페이지의 '학교연혁' 참조.

59)「연이은 鐵道事故에 對備 鐵道學校 復活키로」,『京鄕新聞』1967.1.6.

60)「鐵道高等學校(國立) 設立에 즈음하여」,『京鄕新聞』1967.1.28;『東亞日報』1967.1.30.

61) 「鐵道高校 落成」, 『京鄉新聞』 1968.7.19; 『每日經濟新聞』 1968.7.20.
62) 「國立鐵道高等學校 年內에 設立할 方針」, 『每日經濟新聞』 1967.2.11.
63) 「鐵道高校에 專門部 신설」, 『東亞日報』 1975.2.4; 「鐵道高等學校에 專門部 신설키로」, 『京鄉新聞』 1975.2.4.
64) 「鐵道高 專門部 2년제 昇格」, 『京鄉新聞』 1977.1.25.
65) 「鐵道專門校도 新設」, 『東亞日報』 1977.2.16.
66) 「철도전문인력 양성 시급」, 『京鄉新聞』 1992.4.24.

9. 한반도철도의 남북 단절, 한국전쟁기의 파괴와 복구

1) 철도청, 앞의 책, 1999, 511~513쪽; 허우긍, 앞의 책, 2010, 60~61쪽.
2) 「해방이후-전후복구와 산업선건설에 착수, 눈부신 기술 발전 이룩」, 『철도저널』 10-3, 한국철도학회, 2007, 36~37쪽.
3) KORAIL, 앞의 책, 2010, 516~519쪽.
4) 철도청, 앞의 책, 1999, 511~513쪽.
5) KORAIL, 앞의 책, 2010, 89쪽.
6) 최강희, 「한국의 철도 일백년(5)」, 『대한토목학회지』 44-5, 1996, 50~51쪽.
7) 박종철, 앞의 논문, 2008, 259쪽.
8) KORAIL, 앞의 책, 2010, 88~90쪽.
9) 임채성, 앞의 논문, 2004(a), 152~153, 156~158쪽.
10) 김기홍, 「민중조직으로서의 전평과 전농」, 『숙대학보』, 제28집, 1990, 179쪽.
11) 서사범, 「북한철도의 약사와 실상의 소고」, 『철도저널』 11-4, 2008, 68~69쪽.
12) 国分隼人, 『將軍樣の鐵道 : 北朝鮮鐵道事情』, 新潮社, 2007, 71~73쪽.
13) 이연복, 「대한민국임시정부의 交通局과 聯通制」, 『韓國史論』(국사편찬위원회), 1981.
14) 俞鎭午, 『憲法起草回顧錄』, 一潮閣, 1980, 22쪽.
15) 박종철, 앞의 논문, 2006, 30쪽.
16) ECA 원조와 철도부흥계획에 관해서는 임채성, 「한국철도와 산업부흥5개년계획」, 『경영사학』 19-1, 2004(b), 81~84쪽 참조.
17) 鐵道建設局 編, 『鐵道建設略史』, 交通敎養助成會, 1965, 69쪽.
18) 임채성, 앞의 논문, 2004(b), 85~87쪽; 철도청, 앞의 책, 1999, 524쪽.
19) 철도청, 앞의 책, 1999, 529쪽.
20) 鐵道建設局 編, 앞의 책, 1965, 84쪽.
21) 任明, 「北韓의 鐵道交通」, 『大韓交通學會誌』 11-1, 1993, 111쪽.
22) 서보혁, 「북한의 산업화와 철도 근대화 정책」, 『평화연구』 14-1, 고려대학교 평화연구소, 2006, 83~84쪽.
23) 박종철, 앞의 논문, 2008, 275~276쪽.
24) KORAIL, 앞의 책, 2010, 97쪽.
25) 서사범, 앞의 논문, 2008, 69쪽.

26) 편집부, 「해방이후 : 전후복구와 산업선건설에 착수, 눈부신 기술 발전 이룩」, 『철도저널』 10-3, 2007, 36~37쪽.

27) 철도청, 앞의 책, 1999, 534~535쪽.

28) 김태우, 『폭격 : 미공군의 공중폭격 기록으로 읽는 한국전쟁』, 창비, 2013, 238~239, 243~246쪽.

29) 박종철, 앞의 논문, 2008, 277쪽; KORAIL, 앞의 책, 2010, 99~100쪽.

30) 철도청, 앞의 책, 1999, 536~546쪽.

31) KORAIL, 앞의 책 2010, 104~111쪽.

32) 박종철, 앞의 논문, 2008, 277~278쪽.

33) 김태우, 앞의 책, 2013, 104~105쪽.

34) 김태우, 앞의 책, 2013, 133~138쪽.

35) 서사범, 앞의 논문, 2008, 69~70쪽.

10. 경제개발의 동맥, 한국철도의 디젤화·전철화·복선화

1) 철도청, 앞의 책, 1999, 546~548쪽.

2) 「三大産業鐵路建設」, 『東亞日報』 1953.10.15.

3) 「交通部, 建設局을 新設」, 『東亞日報』 1953.3.10; 「鐵道建設局 開局式」, 『京鄕新聞』 1953.5.16.

4) 「鐵道建設局 淸凉里에 設置」, 『京鄕新聞』 1949.10.6; 「國有財産法 등 國會에서 討議」, 『東亞日報』 1950.2.24

5) 鐵道建設局 編, 앞의 책, 1965, 94~97쪽.

6) 철도청, 앞의 책, 1999, 589~591쪽.

7) 철도청, 위의 책, 1999, 526~528쪽; 「鐵道史上에 功績 찬연 榮岩線開通式擧行」, 『京鄕新聞』 1956.1.18.

8) 이철우, 앞의 논문, 2008, 42쪽.

9) 鐵道建設局 編, 앞의 책, 1965, 84쪽.

10) 철도청, 앞의 책, 1999, 530~531쪽.

11) 「小白山脈에도 汽笛소리 忠北線試運轉成功」, 『京鄕新聞』 1958.12.28.

12) 鐵道建設局 編, 앞의 책, 1965, 118~121쪽.

13) 철도청, 앞의 책, 1999, 551~554쪽; KORAIL, 앞의 책, 2010, 118~122쪽.

14) KORAIL, 앞의 책, 2010, 124, 131~132쪽; 「東海北部線 개통」, 『東亞日報』 1962.11.6.

15) 이철우, 『한반도 철도와 철의 실크로드의 정치경제학』, 한국학술정보, 2009, 232쪽.

16) 이철우, 위의 책, 2009, 241쪽.

17) 「鐵岩·榮岩·東海北部線 묶어 '嶺東線' 탄생」, 『京鄕新聞』 1963.4.29; 「黃池本線 20日開通」, 『京鄕新聞』 1963.5.9.

18) KORAIL, 앞의 책, 2010, 163쪽.

19) 철도청, 앞의 책, 1999, 555~560쪽.

20) 鐵道建設局 編, 앞의 책, 1965, 198~199쪽.
21) 鐵道建設局 編, 위의 책, 1965, 198쪽.
22) 「京仁複線을 當局에 陳情」,『東亞日報』1933.7.4;「京仁線의 複線 明年末까진 開通
電化實現도 促進可能」,『每日新報』1938.12.10;「京仁線複線計劃 無期延期키로 決
定」,『每日新報』1939.1.3.
23) 「京仁複線着工」,『京鄉新聞』1963.11.22;「80里길에 두줄기 轟音높이」,『京鄉新聞』
1965.9.18;「郊外分散策으로 京仁등複線工事」,『京鄉新聞』1964.7.24.
24) KORAIL, 앞의 책, 2010, 159쪽.
25) 이철우, 앞의 책, 2009, 242~243쪽.
26) 「『디젤』機關車 交通部서 購入計劃」,『東亞日報』1955.1.17;「十月一日부터 中央線
에 登場 디젤機關車試運轉成功」,『京鄉新聞』1955.9.6;「全部 ‘디젤’로 運行」,『京
鄉新聞』1957.12.25.
27) 「사라진 칙칙폭폭」,『京鄉新聞』1967.8.26;「4個月만에 컴백 ‘頌歌’의 餘韻 끝나기
도 전에」,『每日經濟新聞』1967.12.15;「鐵馬 62年(上) 白根植씨 機關士」,『京鄉新
聞』1961.9.15.
28) 「現代造船 디젤·電氣機關車 국산화」,『每日經濟新聞』1968.2.27;「現代車輛, 디젤
기관차 국산화」,『京鄉新聞』1979.6.22.
29) 「現代車輛 廣軌用客車 20량 落札」,『每日經濟新聞』1979.11.1.
30) 「서울교외선에 명물로 등장하게 된 증기기관차」,『京鄉新聞』1972.4.19;「退役14
年만에 再登場한 蒸氣열차 10月부터 釜山~慶州」,『每日經濟新聞』1981.9.29;「철
도청 증기기관차가 다시 달린다 5월5일 어린이초청 試乘」,『東亞日報』1985.4.30;
「교외선 기차여행 철길따라 ‘늦가을 낭만’ 가득」,『한겨레신문』1997.11.26.
31) 철도청, 앞의 책, 1999, 825쪽.
32) 정용철,「한국철도의 전기철도화 정책」,『전기의 세계』51-3, 대한전기학회, 2002,
46쪽.
33) 철도청, 앞의 책, 1999, 825~826쪽.
34) 「鐵道高速化에 拍車」,『每日經濟新聞』1969.9.12;「中央線電鐵 개통」,『東亞日報』
1973.6.20;「7年中끌어온 ‘動力革命’ 중앙선·태백선 ‘電鐵化’의 意義」,『每日經濟新
聞』1968.8.3.
35) 「中央線電鐵 개통」,『東亞日報』1973.6.20.
36) 「또 하나의 輸送革命」,『京鄉新聞』1974.6.21;「堤川~古汗 80.1킬로 太白線電鐵
개통」,『京鄉新聞』1974.6.20.
37) 「嶺東電鐵준공 參席 朴대통령, 어제 歸京」,『京鄉新聞』1975.12.6; KORAIL, 앞의 책,
2010, 193쪽.
38) 정용철, 앞의 논문, 2002, 46쪽.
39) 한국철도시설공단, 위의 책, 352~357쪽; KORAIL, 앞의 책, 2010, 199, 241, 245,
286~289, 297쪽;「원주~제천간 중앙선 복선전철사업 28일 기공식」,『아시아경제』
2011.9.28.
40) 「鐵道신설可及억제 朴大統領, 交通部서」,『每日經濟新聞』1968.1.19.

41) KORAIL, 앞의 책, 2010, 252쪽; 285쪽.
42) 「電化料度數制로 鐵道建設은 産業線에 置重」, 『東亞日報』 1961.8.31; 「湖南・中央複線化」, 『每日經濟新聞』 1966.12.24; 「選擧緖戰(5) 地域의 比重」, 『東亞日報』 1967.3.27; 「第二푸대접 是正委 구성 기미」, 『東亞日報』 1968.1.13.
43) 한국철도시설공단, 『한국철도건설백년사』, 2005, 338~351쪽; KORAIL, 앞의 책, 2010, 158쪽; 「京釜間고속 電鐵化 76年 착공」, 『每日經濟新聞』 1972.11.17; 「湖南線 (大田~裡里)複線化의 意義」, 『每日經濟新聞』 1978.3.30; 「湖南線 大田~松汀里 1단계複線공사 준공」, 『京鄕新聞』 1988.9.6; 「호남선 30년만에 복선 개통」, 『京鄕新聞』 2003.12.11.

11. 고속철도 시대의 개막과 '섬'에 갇힌 분단철도의 한계

1) 이철우, 앞의 책, 2009, 232~233쪽.
2) 이용상 외, 『한국철도의 역사와 발전 I』, 북갤러리, 2011, 31~35쪽.
3) 정재정, 「한국의 철도역사」, 『한국철도의 르네상스를 꿈꾸며』, 삼성경제연구소, 2001, 134쪽.
4) 「鐵道70年의 새課題」, 『京鄕新聞』 1969.9.18.
5) 「高速'붐'에 멍든 鐵馬」, 『每日經濟新聞』 1969.12.11; 「鐵道旅客 35%줄어」, 『每日經濟新聞』 1970.6.5; 「철도청 高速버스 兼營검토」, 『每日經濟新聞』 1970.6.29.
6) 한국철도시설공단, 앞의 책, 2005, 380~381쪽.
7) 정재정, 앞의 논문, 2001, 136~137쪽.
8) 「首都圈交通의 高速化=高速電鐵化계획의 靑寫眞」, 『每日經濟新聞』 1970.10.3; 「서울의 活路는 高速電鐵에. 日本기술자들의 報告書(上)」, 『每日經濟新聞』 1971.3.15; 「서울의 活路는 高速電鐵에. 日本기술자들의 報告書(下)」, 『每日經濟新聞』 1971.3.16.
9) 「首都圈의 電鐵계획」, 『京鄕新聞』 1970.10.23.
10) 이용상 외, 『한국 철도의 역사와 발전 II』, 북갤러리, 2013, 229~231쪽; 235~239쪽.
11) 이용상 외, 위의 책, 232쪽.
12) 한국철도시설공단, 앞의 책, 2005, 943~966쪽.
13) 이용상 외, 앞의 책, 2013, 239쪽.
14) 「京釜間고속電鐵化 76年 착공」, 『每日經濟新聞』 1972.11.17.
15) 「朴大統領에 計劃을 報告 京釜 '新幹線電鐵' 建設 검토」, 『東亞日報』 1977.3.18.
16) 「京釜高速電鐵 타당성조사 朴大統領 순시 黃交通보고」, 『每日經濟新聞』 1979.2.6; 「新京釜高速철도 82년착공검토」, 『京鄕新聞』 1979.5.28.
17) 「京釜超高速鐵道를 검토」, 『京鄕新聞』 1980.11.12.
18) 「黃철도청장 京釜고속電鐵 건설」, 『每日經濟新聞』 1981.2.20; 「交通部 5년간 長期計劃 확정 京釜고속電鐵 서울~大田 86년 完工」, 『京鄕新聞』 1981.2.24; 「交通部보고 서울~大田 電鐵87년 완공 내년까지 路線확정 지적고시」, 『東亞日報』 1982.2.04; 「日紙보도 日, 對韓經協60億달러에 난색」, 『東亞日報』 1981.8.3; 「中曾根수상 訪韓

때 京釜高速철도계획에 日日 參與문제 打診방침」, 『東亞日報』 1983.1.8.

19) 「美등 4개業體 선정 京釜간 高速電鐵 건설 조사용역」, 『每日經濟新聞』 1983.4.22; 「京釜고속電鐵 내년 着工」, 『京鄉新聞』 1987.10.13.

20) 「합동 用役團보고서 신설 京釜고속電鐵 2시간臺 走破계획」, 『東亞日報』 1985.5.7; 「京釜간 새 高速電鐵」, 『每日經濟新聞』 1985.5.8.

21) 「京釜간 새 高速電鐵」, 『每日經濟新聞』 1985.5.8; 「京釜 1시간50分走破 高速電鐵 90年代 개통」, 『東亞日報』 1985.1.31.

22) 「京~釜 電鐵複線 신설」, 『東亞日報』 1986.11.15.

23) 「京釜고속電鐵 내년 着工」, 『京鄉新聞』 1987.10.13.

24) 「京釜고속전철 11개驛 확정」, 『京鄉新聞』 1989.12.6; 「京釜고속電鐵 노선 확정」, 『東亞日報』 1990.6.15.

25) 「경부고속철도 문제점과 보완책」, 『한겨레신문』 1992.7.1.

26) 「高速鐵 차종 佛 TGV로」, 『每日經濟新聞』 1993.8.21.

27) 한국철도시설공단, 『꿈의 실현, 고속철도 시대를 열다』, 중심, 2004, 43~51쪽.

28) KORAIL, 앞의 책, 2010, 276쪽.

29) 이용상 외, 『한국 철도의 역사와 발전 Ⅲ』, 북갤러리, 2015, 392~393쪽.

30) 이창운·서광석, 『고속철도교통시대를 위한 국가교통체계연구(1단계)』, 교통개발연구원, 2003, 14~15쪽; 48쪽; 54~55쪽; 58쪽.

31) 한국철도시설공단, 앞의 책, 2004, 358쪽.

32) 이용상, 「고속철도(KTX)의 발전과 철도의 미래」, 『철도저널』 17-2, 한국철도학회, 2014, 10~11쪽.

33) 김석현, 「우리나라 철도산업의 현황과 미래상」, 목포대 산업기술대학원 석사학위논문, 2008, 31쪽.

34) 「(전기문화대상) 철도시설공단」, 『전기신문』 2016.6.24.

35) 「수도권 30분, 전국 2시간 시대' 온다」, 『인천일보』 2016.6.20.

36) 「朴大統領에 計劃을 報告 京釜 '新幹線電鐵' 建設 검토」, 『東亞日報』 1977.3.18.

37) 「시속 2百10km의 京釜超高速電鐵 구상 '新幹線'공사 참여한 李奉珍박사에 듣는다」, 『京鄉新聞』 1977.3.19.

38) 「京釜고속전철 기공」, 『每日經濟新聞』 1992.6.30; "21세기 대비 大役事" 盧대통령 치사」, 『東亞日報』 1992.6.30.

39) 「호남철도 고속화 '요원'」, 『한겨레신문』 1993.8.24; 「金대통령 "湖南고속철도 건설 추진"」, 『東亞日報』 1993.8.25; 「경부고속철도 문제점과 보완책」, 『한겨레신문』 1992.7.1; 「公約사업順位 전면재조정」, 『東亞日報』 1990.2.24; 「고속전철 건설 백지화」, 『한겨레신문』 1990.2.25.

40) 「京釜고속電鐵은 이르다」, 『東亞日報』 1991.4.15.

41) 「경부고속전철 급하지 않다」, 『한겨레신문』 1991.4.16.

42) 「다가선 高速電鐵시대(3) 생활권변화 인구분산 기대」, 『每日經濟新聞』 1993.8.24.

43) 초의수, 「수도권 집중화에 따른 지역격차 문제와 해소방안」, 『지방정부연구』 4-1, 한국지방정부학회, 2000, 189쪽.

44) 남영우 외,『세계화시대의 도시와 국토』, 법문사, 2016, 513~514쪽.

45) 고속철도 개통에 따른 '빨대효과'에 대한 견해는 아직까지 논쟁 중이다(허재완, 「고속철도(KTX)의 빨대효과에 대한 비판적 검토」,『도시행정학보』23-4, 2010; 조재욱·우명제, 「고속철도 개통이 지역경제 및 균형발전에 미치는 영향 : 대한민국 KTX 경부선, 경전선을 중심으로」,『국토계획』49-5, 대한국토도시계획학회, 2014; 정미나·노정현, 「KTX 개통에 따른 지역 간 상대적 의존성 변화에 관한 실증 연구」,『국토계획』50-7, 2015).

46) 이창운·서광석, 앞의 책, 2003, 20쪽.

47) 강길현, 「한국고속철도 개통과 운영준비」,『한국철도학회』추계학술대회 논문집 (I), 2003, 46~47쪽.

48) 한국철도시설공단, 앞의 책, 2004, 358쪽.

49) KORAIL, 앞의 책, 2010, 297쪽.

50) 백승걸·김범진, 「고속도로와 철도의 통행거리별 수송비율 및 수송분담률」,『대한토목학회 학술대회 자료집』10, 2008, 7~9쪽.

12. 한반도철도(TKR), 동북아경제공동체를 이끄는 평화철도로

1) 이용상 외, 앞의 책, 2015, 419쪽.

2) KORAIL, 앞의 책, 2010, 318~319쪽.

3) 이수석, 「남북한 철도와 군사적 가치 : 대결의 수단에서 협력의 수단으로」, 이웅현 편, 앞의 책, 2008, 177쪽.

4) 전동진, 「경의선 개통에 대비한 남북한 물류협력방안에 관한 연구」,『통일전략』3-1, 한국통일전략학회, 2003, 362~363쪽.

5) 이용상 외, 앞의 책, 2015, 420쪽.

6) 윤영미, 「남북한 종단철도(TKR)와 시베리아 횡단철도(TSR) : 연계정책의 파급효과를 중심으로」,『한국정책과학학회보』8-2, 2004, 175쪽.

7) 최연혜,『시베리아횡단철도 : 잊혀진 대륙의 길을 찾아서』, 나무의 숲, 2006, 232쪽.

8) 이철우, 「한반도 철도네트워크의 미래와 그 의미 : 대륙횡단철도와 해상네트워크의 비교」,『평화연구』14-1, 고려대학교 평화연구소, 2006, 103쪽.

9) 나희승, 「단계별 남북·대륙철도 구축방안과 한·러 철도협력」,『한국시베리아연구』제13집 제1호, 2009, 113쪽.

10) 이상준 외,『남북인프라협력사업의 통합적 추진방안 연구』, 국토연구원, 2005, 17~18쪽.

11) 이웅현 편, 앞의 책, 2008, 175~176쪽에서 재인용.

12) 박종철, 「남북한 철도의 단절과 사회문화적 변화 : 해방부터 한국전쟁 기간을 중심으로」, 이웅현 편, 앞의 책, 2008, 191~192쪽.

13) 김재한 외,『접경지역을 중심으로 한 남북교류방안』, 통일부, 2002, 140~141쪽.

14) 이수석, 「남북한 철도 연결사업과 주변 관련국가들의 이해」,『평화학연구』제9권

2호, 2008, 213쪽.

15) 안병민, 「한반도와 대륙철도망의 빛과 그림자」, 『한국철도의 르네상스를 꿈꾸며』, 삼성경제연구소, 2001, 314쪽.

16) TKR, TSR, TCR, TMR, TMGR에 대해서는 권기택, 『Q&A로 알아보는 철도의 이해』, 무역경영사, 2010, 153~158쪽.

17) 이철우, 앞의 논문, 2006, 104~106쪽.

18) 이수석, 앞의 논문, 2008, 206쪽.

19) 나희승, 「최근 남북 대륙철도 협력현황과 동북아 철도 협력 구상」, 『철도학회지 2006년 추계 학술대회논문집』, 2006.11, 50쪽.

20) 김건석, 「시베리아횡단철도와 도해선 철도의 연결 가능성과 강원도의 대응과제」, 『지역발전 연구』 제8권 제1호(통권 제14호), 2008, 24쪽.

21) 이수석, 앞의 논문, 2008, 214쪽.

22) 정태헌, 「1980년대 정주영의 탈이념적 남북경협과 북방경제권 구상」, 『민족문화 연구』 59, 2013, 140~143쪽.

23) 이수석, 앞의 논문, 2008, 206~207쪽.

24) 안병민, 「남북철도 건설의 효과 및 효율적 향후 추진방안」, 『2007 미래 한국철도의 건설과 투자전략』, 제2회 한국철도학회·한국철도시설공단 공동 심포지엄, 2007, 38쪽.

25) 이수석, 앞의 논문, 2008, 207~210쪽.

26) 조진행, 「東海線철도와 시베리아횡단철도의 연결전략」, 『한국물류학회지』 제15권 제4호(통권 제24호), 2005, 40~41쪽.

27) 『울산매일』 2013.9.10.

28) 김건석, 앞의 논문, 2008, 28쪽.

29) 김경희·이학승, 「동북아물류중심인 한반도종단철도(TKR)와 시베리아횡단철도 (TSR)·중국종단철도(TCR)의 연계추진에 관한 실태분석」, 한국무역학회, 『국제학 술대회 논문집』 4, 2004, 292~293쪽.

30) 김건석, 앞의 논문, 2008, 37쪽.

31) 이용상 외, 앞의 책, 2011, 305쪽.

32) 이광희, 「한반도종단철도(TKR)와 시베리아횡단철도(TSR) 연결의 경제적 파급효과 에 대한 연구」, 경원대학교 석사학위 논문, 2008, 50쪽.

33) 김건석, 앞의 논문, 2008, 37쪽.

34) 이광희, 앞의 논문, 2008, 47~48쪽.

35) 윤영미, 앞의 논문, 2004, 184쪽; 188쪽.

36) 이광희, 앞의 논문, 2008, 53~54쪽.

37) 「餘滴」, 『경향신문』 1983.5.26; 「日, 세계 最長 해저터널 개통」, 『每日經濟新聞』 1988.3.14; 「北海道 海底터널개통 세계 最長 53.85km」, 『東亞日報』 1988.3.14; 「日 세이칸터널 完工」, 『東亞日報』 1985.3.9.

38) 김현웅·전병현, 「일본의 아시아대륙 연결철도망 구상」, 『철도저널』 11-4, 2008, 64~65쪽.

39) 「餘滴」, 『경향신문』 1983.5.26; 「"득인가 실인가" 한일해저터널 어디까지 논의됐나」, 『연합뉴스』 2016.8.18.

40) 「韓日해저터널 사전조사 올여름에 斜坑굴착공사 韓日터널硏 발표」, 『東亞日報』 1986.5.30.

41) 최치국, 「한·일해저터널건설의 영향과 향후 대책」, 『교통 기술과 정책』 1-2, 대한교통학회, 2004, 54쪽; 강나정·이동화·박정수, 「한일 해저터널 구상 및 향후 과제」, 『한국철도학회춘계학술대회논문집』, 2013, 30쪽.

42) 「英佛연결 海底터널 建設합의」, 『每日經濟新聞』 1986.1.21; 「英-佛 유러터널 관통」, 『每日經濟新聞』 1990.12.1; 「'20세기 최대토목공사' 영-프 해저터널 개통」, 『한겨레신문』 1994.5.7.

43) 김현웅·전병현, 앞의 논문, 2008, 66~68쪽..

44) 신장철, 「한, 일 해저터널 건설과 동북아 물류시스템의 새로운 구축을 위한 시론적 접근」, 『日本研究論叢』 21, 현대일본학회, 2005, 187~190쪽.

45) 『프레시안』 2016.10.19.

1. 사료

1) 해방 이전 자료

朝鮮總督府鐵道局, 『朝鮮總督府鐵道局年報』 각년판.

朝鮮總督府鐵道局, 『朝鮮鐵道狀況』 각년판.

林權助, 「滿鮮鐵道統一ニ關スル件ニ付在支那男爵林特命全權公使ヨリ報告」, 1917.5.11.

在吉林領事代理 深澤暹, 「滿鮮鐵道合併說ニ對スル支那紙論調ニ關スル件」, 1917.5.14.

鐵道部長, 「朝鮮鐵道ノ經營ニ關スル件」, 1919.

「鮮鐵ヲ滿鐵ニ合併スルノ可否ニ關スル意見」, 『鮮滿鐵道合併に關する件』, 1919.12.

大平鐵畊, 『朝鮮鐵道十二年計畫』, 鮮滿鐵道新報社, 1927.

朝鮮總督府鐵道局 編纂, 『朝鮮の鐵道』, 朝鮮鐵道協會, 1928.

秋山好古大將傳記刊行會 編, 『秋山好古』, 秋山好古大將傳記刊行會, 1936.

朝鮮總督府鐵道局 編, 『朝鮮鐵道四十年略史』, 朝鮮總督府鐵道局, 1940.

鈴木武雄, 『朝鮮經濟の新構想』, 東洋經濟新報社, 1942.

山本四郎 編, 『寺內正毅日記』, 京都女子大學, 1980.

寺內正毅, 『寺內正毅關係文書 首相以前』, 京都女子大學, 1984.

2) 신문 · 잡지류

『독립신문』,『皇城新聞』,『大韓每日申報』,『每日申報』,『東亞日報』,『東京萬朝報』,『京鄕新聞』,『朝鮮鐵道協會會誌』,『每日經濟新聞』,『한겨레신문』,『아시아경제』,『전기신문』,『인천일보』,『울산매일』,『연합뉴스』,『프레시안』

3) 해방 이후 자료

鐵道建設局 編,『鐵道建設略史』, 交通敎養助成會, 1965.
송병기 외 편,『韓末近代法令資料集』, 대한민국국회도서관, 1971.
철도청,『한국철도사 제1권 - 창시시대』, 철도청, 1974.
李麟默,『나의 鐵道生活 40年』, 1978.
서울특별시사편찬위원회,『국역한성부래거문』, 1996.
철도청,『한국철도100년사』, 1999.
한국철도대학 100년사 편찬위원회,『한국철도대학 100년사(1905~2005)』, 한국철도대학, 2005.
한국철도시설공단,『한국철도건설백년사』, 2005.

2. 논저

1) 단행본

金綺秀,『(譯註) 日東記游』, 부산대학교 한일문화연구소, 1962.
趙璣濬,『韓國企業家史』, 博英社, 1973.
俞鎭午,『憲法起草回顧錄』, 一潮閣, 1980.
무라카미 가츠히코(村上勝彦), 정문종 역,『식민지 : 일본 산업혁명과 식민지 조선』, 1983.
에릭 홉스봄, 정도역 옮김,『자본의 시대』, 한길사, 1983.
주명건,『미국경제사』, 박영사, 1983.
에릭 홉스봄, 전철환 · 장수한 옮김,『산업과 제국 : 산업시대 영국 경제와 사회』, 한벗, 1984.

정해본, 『독일근대사회경제사』, 지식산업사, 1991.

윤원호, 『자본주의 이야기 : 축적기의 경제사』, 한울, 1994.

정태헌, 『일제의 경제정책과 조선사회 : 조세정책을 중심으로』, 역사비평사, 1996.

뽈 망뚜, 정윤형 · 김종철 옮김, 『산업혁명사 上』, 창작과비평사, 1997.

다니엘 리비에르, 최갑수 옮김, 『(개정판)프랑스의 역사』, 까치, 1998.

볼프강 쉬벨부쉬, 박진희 옮김, 『철도 여행의 역사』, 궁리, 1999.

정재정, 『일제침략과 한국철도』, 서울대학교출판부, 1999.

이재광, 『식민과 제국의 길』, 나남출판, 2000.

서선덕 외, 『한국철도의 르네상스를 꿈꾸며』, 삼성경제연구소, 2001.

에드워드 챈슬러, 강남규 역, 『금융투기의 역사 : 튤립투기에서 인터넷 버블까지』, 국
    일증권경제연구소, 2001.

이현희, 『한국철도사』 제1권, 한국학술정보, 2001.

김재한 외, 『접경지역을 중심으로 한 남북교류방안』, 통일부, 2002.

박천홍, 『매혹의 질주, 근대의 횡단』, 산처럼, 2002.

서정익, 『일본근대경제사』, 혜안, 2003.

앤드루 머리, 오건호 역, 『탈선 : 영국철도대란의 원인, 경과 그리고 해법』, 이소출판
    사, 2003.

이창운 · 서광석, 『고속철도교통시대를 위한 국가교통체계연구(1단계)』, 교통개발연
    구원, 2003.

존 아일리프, 이한규 · 강인황 역, 『아프리카의 역사』, 이산, 2003.

고바야시 히데오, 임성모 역, 『만철 : 일본제국의 싱크탱크』, 산처럼, 2004.

최문형, 『(국제관계로 본) 러일전쟁과 일본의 한국병합』, 지식산업사, 2004.

케빈 필립스, 오삼교 역, 『부와 민주주의 : 미국의 금권정치와 거대부호들의 변천사』,
    중심, 2004.

한국철도시설공단, 『꿈의 실현, 고속철도 시대를 열다』, 중심, 2004.

김근배, 『한국 근대 과학기술인력의 출현』, 문학과 지성사, 2005.

문제안 외, 『8 · 15의 기억 : 해방공간의 풍경, 40인의 역사체험』, 한길사, 2005.

앤드루 고든, 김우영 역, 『현대일본의 역사』, 이산, 2005.

이노우에 유이치, 석화정 · 박양신 옮김, 『동아시아 철도 국제관계사-영일동맹의 성립
    과 변질 과정』, 지식산업사, 2005.

이상준 외, 『남북인프라협력사업의 통합적 추진방안 연구』, 국토연구원, 2005.

한국철도기술연구원 엮음, 『일본철도의 역사와 발전』, BG북갤러리, 2005.

허수열, 『개발 없는 개발 : 일제하, 조선경제 개발의 현상과 본질』, 은행나무, 2005.

김종현,『영국 산업혁명의 재조명』, 서울대학교 출판부, 2006.

최연혜,『시베리아 횡단철도 : 잊혀진 대륙의 길을 찾아서』, 나무의 숲, 2006.

현대일본학회,『일본정치론』, 논형, 2007.

지오반니 아리기 외, 최홍주 역,『체계론으로 보는 세계사』, 모티브북, 2008.

페르낭 브로델, 주경철 옮김,『물질문명과 자본주의 I-2 일상생활의 구조 下』, 까치, 2008.

오카베 마키오,『만주국의 탄생과 유산』, 어문학사, 2009.

이철우,『한반도 철도와 철의 실크로드의 정치경제학』, 한국학술정보, 2009.

친일인명사전편찬위원회,『친일인명사전』, 민족문제연구소, 2009.

권기택,『Q&A로 알아보는 철도의 이해』, 무역경영사, 2010.

최덕수 외,『조약으로 본 한국 근대사』, 열린책들, 2010.

허우긍,『일제강점기의 철도수송』, 서울대학교출판부, 2010.

KORAIL,『철도창설 제111주년 기념 철도주요연표』, 2010.

루돌프 힐퍼딩, 김수행 역,『금융자본론』, 비르투, 2011.

이용상 외,『한국철도의 역사와 발전 I』, 북갤러리, 2011.

하겐 슐체, 반성완 옮김,『새로 쓴 독일 역사』, 知와 사랑, 2011.

하야시 나오미치(林直道), 유승민 외 역,『경제는 왜 위기에 빠지는가』, 그린비, 2011.

궤례쾅 외,『일본의 대련 식민통치 40년사 1』, 선인, 2012.

조이스 애플비, 주경철 역,『가차없는 자본주의 : 파괴와 혁신의 역사』, 까치, 2012.

김태우,『폭격 : 미공군의 공중폭격 기록으로 읽는 한국전쟁』, 창비, 2013.

미즈오카 후지오 편, 이동민 역,『세계화와 로컬리티의 경제와 사회』, 논형, 2013.

이용상 외,『한국 철도의 역사와 발전 Ⅱ』, 북갤러리, 2013.

최문형,『일본의 만주침략과 태평양전쟁으로 가는 길 : 만주와 중국대륙을 둘러싼 열강의 각축』, 지식산업사, 2013.

홍정화 · 장영란,『회계사상 및 제도사』, 두남, 2013.

김지환,『철도로 보는 중국역사』, 학고방, 2014.

박홍수,『달리는 기차에서 본 세계』, 후마니타스, 2015.

이용상 외,『한국 철도의 역사와 발전 Ⅲ』, 북갤러리, 2015.

조길연,『비틀거리는 자본주의』, 꿈엔비즈, 2015.

허먼 M, 슈워츠, 장석준 역,『국가 대 시장 : 지구 경제의 출현』, 책세상, 2015.

남영우 외,『세계화시대의 도시와 국토』, 법문사, 2016.

大村卓一追悼錄編纂會,『大村卓一』, 1974.

北岡伸一,『日本六軍と大陸政策 1906-1918年』, 東京大學出版會, 1978.

財團法人 鮮交會,『朝鮮交通史 一 : 本卷』, 三信圖書有限會社, 1986.

有馬學,『日本の近代 4 - 「國際化」の中の帝國日本, 1905-1924』, 中央公論新社, 1998.

野田正穂 編,『日本鉄道史の研究 : 政策 · 経営/金融 · 地域社会』, 八朔社, 2003.

林采成,『戰時經濟と鐵道運營 :「植民地」朝鮮から「分斷」韓國への歷史的經路を探る』,
　　　東京大學出版會, 2005.

高成鳳,『植民地の鐵道』, 日本經濟評論社, 2006.

国分隼人,『將軍樣の鐵道 : 北朝鮮鐵道事情』, 新潮社, 2007.

北岡伸一,『日本政治史 外交と権力』, 有斐閣, 2011.

李炯植,『朝鮮總督府官僚の通治構想』, 吉川弘文館, 2012.

老川慶喜,『日本鐵道社-幕末 · 明治篇』, 中央公論新社, 2014.

2) 연구논문

이병천,「구한말 호남철도부설운동(1904-08)에 대하여」,『경제사학』5, 1981.

이연복,「대한민국임시정부의 交通局과 聯通制」,『韓國史論』, 국사편찬위원회, 1981.

박만규,「韓末 日帝의 鐵道 敷設 · 支配와 韓國人動向」,『한국사론』8, 서울대학교 국
　　　사학과, 1982.

鄭在貞,「韓末 · 日帝初期(1905~1916년) 鐵道運輸의 植民地的 性格(上) : 京釜 · 京義鐵
　　　道를 中心으로」,『韓國學報』, 일지사, 1982.

박준규,「東亞 국제정치의 구조 변혁과 조선왕조 : 대외관계의 새 전개」,『논문집』8,
　　　서울대학교 국제문제연구소, 1984.

김경림,「日帝下 朝鮮鐵道 12年計畫線에 關한 研究」,『經濟史學』12, 1988.

최광웅,「러시아의 대조선정책 : 정책변화와 그 요인」,『법정리뷰』5, 동의대학교 법학
　　　연구소, 1989.

김기홍,「민중조직으로서의 전평과 전농」,『숙대학보』제28집, 1990.

鄭在貞,「植民地期의 小運送業과 日帝의 統制政策」,『역사교육』48, 1990.

주경식,「경부선 철도건설에 따른 한반도 공간조직의 변화」,『대한지리학회지』29-3,
　　　1994.

최강희,「한국의 철도 일백년(5)」,『대한토목학회지』44-5, 1996.

한정숙,「제정러시아 제국주의의 만주조선정책」,『역사비평』겨울호, 1996.

류교열,「明治憲法體制 準備와 鐵道政策(Ⅰ)」,『일본어문학』3, 1997.

金元洙,「日本의 京義鐵道 敷設權 획득기도와 龍岩浦事件 : 러 · 일 개전과 관련하여」, 『한일관계사연구』 9, 1998.

초의수,「수도권 집중화에 따른 지역격차 문제와 해소방안」,『지방정부연구』 4-1, 한국지방정부학회, 2000.

도도로키 히로시,「수려선 철도의 성격변화에 관한 연구」,『지리학논총』 37, 2001.

이창훈,「경의선 철도의 정치외교사적 의미」,『한국정치외교사논총』 22, 2001.

정재정,「日本의 侵掠政策과 京仁鐵道 敷設權의 獲得」,『歷史敎育』, 2001.

정용철,「한국철도의 전기철도화 정책」,『전기의 세계』 51-3, 대한전기학회, 2002.

강길현,「한국고속철도 개통과 운영준비」,『한국철도학회』 추계학술대회 논문집 (I), 2003.

곽홍무,「滿鐵과 滿洲事變-9 · 18事變」,『아시아문화』 19, 2003.

김일수,「일제강점 전후 대구의 도시화 과정과 그 성격」,『역사문제연구』 10, 2003.

마쓰다 도시히코,「일본 육군의 중국대륙침략정책과 조선(1910~1915)」,『한국 근대사회와 문화 2-1910년대 식민통치정책과 한국사회의 변화』, 서울대학교 출판부, 2003.

전동진,「경의선 개통에 대비한 남북한 물류협력방안에 관한 연구」,『통일전략』 3-1, 한국통일전략학회, 2003.

진수찬,「京東鐵道(水驪 · 水仁線)의 부설과 변천」,『인하사학』 10, 2003.

김경희 · 이학승,「동북아물류중심인 한반도종단철도(TKR)와 시베리아횡단철도(TSR) · 중국종단철도(TCR)의 연계추진에 관한 실태분석」,『국제학술대회 논문집』 4, 한국무역학회, 2004.

윤영미,「남북한 종단철도(TKR)와 시베리아 횡단철도(TSR) : 연계정책의 파급효과를 중심으로」,『한국정책과학학회보』 8-2, 2004.

이군호,「일본의 중국 및 만주침략과 남만주철도 : 만주사변(1931) 이전까지를 중심으로」,『평화연구』 12, 2004.

임채성,「미군정하 신국가건설과 한국철도의 재편」,『경제사학』 36, 2004.

임채성,「한국철도와 산업부흥5개년계획」,『경영사학』 19-1, 2004.

진시원,「동북아시아 철도건설과 지역국가관계의 변화 : 19세기 후반과 20세기 초반 제국주의시기 중심으로」,『평화연구』 12, 2004.

진시원,「동아시아 철도 네트워크의 기원과 역사 : 청일전쟁에서 태평양전쟁까지」, 『國際政治論叢』 44-3, 2004.

최덕규,「러시아의 대만주정책과 동청철도(1894-1904)」,『만주연구』 1, 2004.

최치국,「한 · 일해저터널건설의 영향과 향후 대책」,『교통 기술과 정책』 1-2, 대한교통학회, 2004.

홍순권, 「일제시기 부산지역 일본인사회의 인구와 사회계층구조」, 『역사와 경계』 51, 2004.

김백영, 「식민지 도시계획을 둘러싼 식민 권력의 균열과 갈등 : 1920년대 '대경성(大京城)계획'을 중심으로」, 『사회와 역사』 67, 2005.

김양식, 「충북선 부설의 지역사적 성격」, 『한국근현대사연구』 33, 2005.

박성진, 「1910년대 〈매일신보〉의 선만일원화론 연구」, 『일제의 식민지 지배정책과 매일신보 1910년대』, 두리미디어, 2005.

신장철, 「한, 일 해저터널 건설과 동북아 물류시스템의 새로운 구축을 위한 시론적 접근」, 『日本硏究論叢』 21, 현대일본학회, 2005.

정재정, 「근대로 열린 길, 철도」, 『역사비평』 70, 역사비평사, 2005.

조진행, 「東海線철도와 시베리아횡단철도의 연결전략」, 『한국물류학회지』 제15권 제4호 통권 제24호, 2005.

나희승, 「최근 남북 대륙철도 협력현황과 동북아 철도 협력 구상」, 『철도학회지 2006년 추계 학술대회논문집』, 2006.

박종철, 「남북한 철도의 단절과 사회문화적 변화 : 해방부터 한국전쟁 기간을 중심으로」, 『평화연구』 14,1, 고려대학교 평화연구소, 2006.

이철우, 「한반도 철도네트워크의 미래와 그 의미 : 대륙횡단철도와 해상네트워크의 비교」, 『평화연구』 14-1, 고려대학교 평화연구소, 2006.

서보혁, 「북한의 산업화와 철도 근대화 정책」, 『평화연구』 14-1, 고려대학교 평화연구소, 2006.

金志煥, 「臨城事件과 中國鐵道管理案」, 『中國近現代史研究』 36, 2007.

안병민, 「남북철도 건설의 효과 및 효율적 향후 추진방안」, 『2007 미래 한국철도의 건설과 투자전략』, 제2회 한국철도학회 · 한국철도시설공단 공동 심포지엄, 2007.

정재정, 「조선총독부철도국장 大村卓一과 朝滿鐵道連結政策」, 『역사교육』 104, 2007.

편집부, 「해방이후-전후복구와 산업선건설에 착수, 눈부신 기술 발전 이룩」, 『철도저널』 10-3, 2007.

김건석, 「시베리아횡단철도와 도해선 철도의 연결 가능성과 강원도의 대응과제」, 『지역발전 연구』 제8권 제1호(통권 제14호), 2008.

김석현, 「우리나라 철도산업의 현황과 미래상」, 목포대 산업기술대학원 석사학위논문, 2008.

김종식, 「1920년대 초 일본정치와 식민지 조선지배 : 정무총감 미즈노 렌타로의 활동을 중심으로」, 『동북아역사논총』 22, 2008.

김지환, 「만철과 동북교통위원회」, 『중국근현대사연구』 40, 2008.

김지환, 「중국 철도 공동관리안과 북양군벌정부」, 『東洋學』 43, 단국대 동양학연구소, 2008.

김현웅 · 전병현, 「일본의 아시아대륙 연결철도망 구상」, 『철도저널』 11-4, 2008.

백승걸 · 김범진, 「고속도로와 철도의 통행거리별 수송비율 및 수송분담률」, 『대한토목학회 학술대회 자료집』 10, 2008.

이광희, 「한반도종단철도(TKR)와 시베리아횡단철도(TSR) 연결의 경제적 파급효과에 대한 연구」, 경원대학교 석사학위 논문, 2008.

이수석, 「남북한 철도 연결사업과 주변 관련국가들의 이해」, 『평화학연구』 제9권 2호, 세계평화통일학회, 2008.

이철우, 「남북한 철도의 발달과 산업사회 갈등」, 『동아시아 철도네트워크의 역사와 정치경제학 II : 세계화 시대의 '철의 실크로드'』, 리북, 2008.

임성진, 「동북아 철도네트워크의 지정학적 의미 : 러일전쟁 전후와 탈냉전 이후 시기의 비교 고찰」, 인하대학교 정치학과 석사논문, 2008.

서사범, 「북한철도의 약사와 실상의 소고」, 『철도저널』 11-4, 2008.

나희승, 「단계별 남북 · 대륙철도 구축방안과 한 · 러 철도협력」, 『한국시베리아연구』 제13집 제1호, 2009.

박장배, 「만철 조사부의 확장과 조사 내용의 변화」, 『중국근현대사연구』 43, 2009.

전성현, 「일제하 조선상업회의소와 '朝鮮鐵道十二年計劃'」, 『역사와 경계』 71, 부산경남사학회, 2009.

임채성, 「근대 철도 인프라스트럭처의 운영과 그 특징 : 한일비교의 시점에서」, 『경영사학』 제25집 제1호, 2010.

정재현, 「윈난 철도의 건설과 프랑스 제국주의」, 고려대학교 사학과 석사학위 논문, 2010.

최혜주, 「잡지 『朝鮮及滿洲』에 나타난 조선통치론과 만주 인식 : 1910년대 기사를 중심으로」, 『한국민족운동사연구』 62, 2010.

허재완, 「고속철도(KTX)의 빨대효과에 대한 비판적 검토」, 『도시행정학보』 23-4, 2010.

김진우, 「산업시대 해외식민도시개발 주체의 구조적 특성에 관한 연구 : 영국 동인도회사, 일본 남만주철도주식회사를 중심으로」, 성균관대학교 건축학과 석사논문, 2011.

김찬수, 「일제의 사설철도 정책과 경춘선」, 『조선총독부의 교통정책과 도로건설』, 국학자료원, 2011.

김형렬, 「獨逸의 靑島 經略과 植民空間의 擴張(1898-1914)」, 『중국사연구』 70, 2011.

전성현, 「일제시기 지역철도 연구」, 『역사와 경계』 84, 2012.

정태헌, 「17세기 북벌론과 21세기 반북론」, 『한반도통일론의 재구상』, 선인, 2012.

강나정·이동화·박정수, 「한일 해저터널 구상 및 향후 과제」, 『한국철도학회춘계학술대회논문집』, 2013.

송규진, 「일제의 대륙침략기 '북선루트'·'북선3항'」, 『한국사연구』 163, 2013.

이송순·정태헌, 「한말(韓末) 정부 관료 및 언론의 철도에 대한 인식과 수용」, 『한국사학보』 50, 고려사학회, 2013.

정태헌, 「1980년대 정주영의 탈이념적 남북경협과 북방경제권 구상」, 『민족문화연구』 59, 2013.

송규진, 「함경선 부설과 길회선 종단항 결정이 지역경제에 미친 영향」, 『韓國史學報』 57, 2014.

이용상, 「고속철도(KTX)의 발전과 철도의 미래」, 『철도저널』 17-2, 한국철도학회, 2014.

조재욱·우명제, 「고속철도 개통이 지역경제 및 균형발전에 미치는 영향 : 대한민국 KTX 경부선, 경전선을 중심으로」, 『국토계획』 49-5, 대한국토도시계획학회, 2014.

정미나·노정현, 「KTX 개통에 따른 지역 간 상대적 의존성 변화에 관한 실증 연구」, 『국토계획』 50-7, 2015.

정태헌, 「조선철도에 대한 滿鐵 委託經營과 총독부 直營으로의 환원 과정 및 배경」, 『한국사학보』 60, 2015.

정재정, 「北鮮鐵道의 경영과 日朝滿 新幹線의 형성」, 『역사교육논집』 54, 2015.

김일수, 「일제강점기 김천의 일본인사회와 식민도시화」, 『사림』 56, 2016.

박우현, 「대공황기(1930~1934) 조선총독부의 사설철도 정책 전환과 특성」, 『역사와 현실』 101, 2016.

정재정, 「일제말기 京慶線(서울-경주)의 부설과 운영」, 『서울학연구』 64, 2016.

橋谷弘, 「朝鮮鐵道の滿鐵への委託經營をめぐって-第一次戰前後の日帝植民地政策の一斷面」, 『朝鮮史研究会論文集』, 朝鮮史研究会, 1982.

矢島桂, 「植民地期朝鮮への鉄道投資の基本性格に関する一考察--1923年朝鮮鉄道会社の成立を中心に」, 『経営史学』, 2009.

矢島桂, 「植民地期朝鮮における「国有鉄道十二箇年計画」」, 『歴史と経済』 52-2, 政治經濟學·經濟史學會, 2010.